新編預算會計

[預算會計（第四版）]

主編○羅紹德、鄔勵軍

前　　言

近年來，中國經濟體制改革不斷深入，國家預算管理體制也發生了重大變化。其主要表現有：部門預算的改革、國庫單一帳戶制度的實行、政府採購制度的全面推廣、政府收支科目分類改革的實施以及行政、事業單位新的會計準則和會計制度的頒布。所有這些都對預算會計的管理和會計核算提出了新的要求。鑒於此，我們根據財政部近年推出的改革方案和新政策重新編寫了此書，便於讀者更系統、及時地掌握和瞭解預算會計管理和核算的新要求和新變化。

本書緊密結合了中國預算管理體制的變化與發展，全面反應了預算會計最新的理論與實務。同時，本書系統地介紹了國庫集中收付制度、新的政府收支會計科目和行政、事業單位的最新會計準則與制度及核算方法。另外，本書也十分注重實際操作，每章都有大量的例題，在章節後還附有本章的思考題、練習題，方便讀者及時鞏固與復習知識，從而進行深入思考。本書新穎實用、內容全面系統、結構層次分明，不僅適合各本科院校會計專業和財稅專業的學生作為教材使用，也是廣大行政事業單位財會人員進行繼續教育與自學的良師益友。

本書共分為四篇。第一篇是導論，介紹了預算會計的基本理論及其核算方法；第二篇是財政總預算會計，介紹了財政總預算的資產、負債、淨資產、收入、支出的會計核算與財政總預算的會計報告；第三篇是行政單位會計，介紹了行政單位的資產、負債、淨資產、收入、支出的會計核算與行政單位的會計報告；第四篇是事業單位會計，介紹了事業單位的資產、負債、淨資產、收入、支出的會計核算與事業單位的會計報告。

本書由羅紹德、鄔勵軍主編。鄔勵軍副教授編寫了第一篇、第二篇、第四篇；羅紹德教授編寫了第三篇。周芳、甘芳萍、李旭艷、何敏燕為本書的編寫做了大量的工作，在此表示感謝。在編寫本書的過程中，我們參閱了行政事業單位會計準則、會計制度相關說明和指南，還參考了大量相關預算會計的資料，並從中吸取了許多精華和有價值的東西。

由於我們的水平有限，加上時間也較為倉促，書中難免有疏漏與不當之處，懇請讀者批評指正！

羅紹德

目　錄

第一篇　導　論

第一章　預算會計的基本理論 ……………………………………………（2）

　　第一節　預算會計的概念及特點 ……………………………………（2）
　　第二節　預算會計的組成體系 ………………………………………（5）
　　第三節　預算會計的基本理論 ………………………………………（7）
　　第四節　國庫集中收付制度 …………………………………………（10）

第二章　預算會計的核算方法 ……………………………………………（16）

　　第一節　會計要素及會計等式 ………………………………………（16）
　　第二節　會計科目和記帳方法 ………………………………………（18）
　　第三節　會計憑證和會計帳簿 ………………………………………（23）

第二篇　財政總預算會計

第三章　財政總預算會計概述 ……………………………………………（30）

　　第一節　財政總預算會計的概念及組成 ……………………………（30）
　　第二節　財政總預算會計的核算組織 ………………………………（32）

第四章　財政總預算會計資產的核算 ……………………………………（38）

　　第一節　貨幣資金的管理與核算 ……………………………………（38）
　　第二節　財政債權的管理與核算 ……………………………………（42）

第五章　財政總預算會計負債與淨資產的核算 …………………………（47）

　　第一節　負債的核算 …………………………………………………（47）
　　第二節　淨資產的核算 ………………………………………………（49）

第六章　財政總預算會計收入的核算 ……………………………………（54）

　　第一節　預算收入的分類和內容 ……………………………………（54）
　　第二節　預算收入的收納、劃分和報解 ……………………………（58）

第三節　預算收入的核算 …………………………………… （63）
　　　第四節　其他財政收入的核算 ………………………………… （67）

第七章　財政總預算會計支出的核算 ………………………………… （73）

　　　第一節　預算支出概述 ………………………………………… （73）
　　　第二節　預算支出的管理 ……………………………………… （77）
　　　第三節　預算支出的核算 ……………………………………… （79）
　　　第四節　其他財政支出的核算 ………………………………… （83）

第八章　財政總預算會計報告 ………………………………………… （88）

　　　第一節　財政總預算會計報告體系概述 ……………………… （88）
　　　第二節　年終清理結算和結帳 ………………………………… （90）
　　　第三節　財政總預算會計報表的編製 ………………………… （93）
　　　第四節　財政總預算會計報表的審核與分析 ……………… （100）

第三篇　行政單位會計

第九章　行政單位會計概述 ………………………………………… （106）

　　　第一節　行政單位會計的概念及特點 ……………………… （106）
　　　第二節　行政單位會計的組織 ……………………………… （108）
　　　第三節　行政單位會計帳戶 ………………………………… （109）

第十章　行政單位資產的核算 ……………………………………… （116）

　　　第一節　貨幣資金的核算 …………………………………… （116）
　　　第二節　應收及預付款項的核算 …………………………… （122）
　　　第三節　存貨的核算 ………………………………………… （125）
　　　第四節　固定資產及累計折舊的核算 ……………………… （128）
　　　第五節　在建工程的核算 …………………………………… （135）
　　　第六節　無形資產及攤銷的核算 …………………………… （136）
　　　第七節　其他非流動資產的核算 …………………………… （139）

第十一章　行政單位負債和淨資產的核算 ………………………… （147）

　　　第一節　負債的核算 ………………………………………… （147）
　　　第二節　淨資產的核算 ……………………………………… （156）

第十二章　行政單位會計收入和支出的核算 ……………………… （166）

　　　第一節　收入的核算 ………………………………………… （166）
　　　第二節　支出的核算 ………………………………………… （171）

第十三章　行政單位會計報告 ……………………………………（178）

第一節　會計報告的意義和分類 ……………………………………（178）
第二節　主要會計報表的編製 ………………………………………（181）
第三節　行政單位會計報表分析 ……………………………………（196）

第四篇　事業單位會計

第十四章　事業單位會計概述 ………………………………………（202）

第一節　事業單位會計的概念和特點 ………………………………（202）
第二節　事業單位會計核算的組織 …………………………………（203）

第十五章　事業單位資產的核算 ……………………………………（208）

第一節　事業單位資產概述 …………………………………………（208）
第二節　流動資產的核算 ……………………………………………（209）
第三節　非流動資產的核算 …………………………………………（226）

第十六章　事業單位負債與淨資產的核算 …………………………（247）

第一節　負債的核算 …………………………………………………（247）
第二節　淨資產的核算 ………………………………………………（260）

第十七章　事業單位收入與支出的核算 ……………………………（274）

第一節　事業單位收入與支出的含義及管理 ………………………（274）
第二節　業務收入的核算 ……………………………………………（278）
第三節　繳撥款收入及其他收入的核算 ……………………………（283）
第四節　業務活動支出的核算 ………………………………………（290）
第五節　其他活動支出的核算 ………………………………………（294）

第十八章　事業單位會計報告 ………………………………………（300）

第一節　事業單位會計報告概述 ……………………………………（300）
第二節　事業單位主要會計報表的編製 ……………………………（303）
第三節　會計報表的審核、匯總與分析 ……………………………（317）

第一篇
導　論

　　隨著中國社會主義經濟體制改革的不斷深入，整個會計體系發生了極其深刻的變化，作為會計的重要分支，預算會計在反應與監督政府、行政單位和事業單位資金活動方面，發揮著越來越重要的作用。

第一章
預算會計的基本理論

預算會計是中國兩大類會計體系之一，是整個會計學科體系的重要組成部分。學習預算會計，應從基本理論和方法開始。

通過本章的學習，應該掌握以下內容：
- 預算會計的概念及特點
- 預算會計的組成體系
- 預算會計的目標、核算前提和一般原則
- 預算會計的核算對象和會計要素
- 國庫集中收付制度

第一節 預算會計的概念及特點

一、預算會計的概念

（一）預算會計的形成

會計按其適用範圍和核算對象可分為兩大類：企業會計體系和預算會計體系。

企業會計反應和監督社會再生產過程中屬於生產、流通領域中的各類企業經營資金的活動。這類企業的主要特徵是以營利為目的。它們基本上屬於物質生產部門，通過從事各項生產經營活動，向社會提供各種必需的生產資料和生活資料，由此而推動整個社會的經濟發展。企業會計體系主要包括工業、商業、交通、農業、金融、旅遊、郵電、房地產等企業會計。

預算會計反應和監督中央與地方各級政府的財政資金以及行政事業單位的業務資金活動。預算會計體系主要包括財政總預算會計、行政單位會計和國有事業單位會計等。政府、行政單位和事業單位都屬於非物質生產部門，它們不直接提供物質產品，而是通過各種專業業務活動，向社會生產和人民生活提供服務，在社會再生產過程中同樣起著不可忽視的作用。

政府財政機關是各級政府負責組織國家財政收支、辦理政府預算決算的工作部門，它執行財政總預算會計，並以各級政府為會計主體，對各級政府的各項財政收支進行管理和核算。

行政單位是指管理國家事務、組織經濟建設和文化建設、維護社會公共秩序的國家機關及其派出機構，包括國家立法機關、行政機關、司法機關。各黨派和社會各團體不屬於行政單位，但在預算管理和會計核算上比照行政單位處理。行政單位會計以單位為會計主體，對本單位的各項財務收支進行管理和核算。

國有事業單位也稱公立非營利組織，是指不具有物質產品生產和國家事務管理職能，主要以精神產品和各種勞務形式，向社會提供生產性或生活性服務的單位。國有事業單位包括科學、教育、文藝、廣播電視、信息服務、衛生、體育等科學文化事業單位；氣象、水利、地震、環保等公益事業單位；兒童福利院、養老院等社會福利救濟事業單位。事業單位會計也是以單位為會計主體，對事業單位的各項財務收支進行管理和核算。對於事業單位所屬的經濟實體，則適用於企業會計。

上述非物質生產部門雖然不直接創造物質財富，但對於整個社會再生產起著基礎、先行的作用，是整個國民經濟不可缺少的組成部分。通過預算會計的核算，可以反應和監督政府預算資金的集中、分配、使用和結果的全過程，反應和監督政府預算執行的實際效果，為政府預算管理提供有效的信息。

(二) 政府預算及其構成

什麼是政府預算？政府預算是指經法定程序批准的政府年度公共財政收支計劃。預算指的是「事先、預先的計劃或打算」，特別是指資金收支方面，政府預算則是指政府的資金籌集、使用計劃及相關的一系列制度，具有法制性的根本特性。中國政府預算體系由中央政府預算和地方政府預算組成，並分別由中央和地方人民代表大會按法定程序審批。

中國各級政府為了執行其職能，按照國家法規將國民收入有計劃地集中起來，形成政府預算收入。這一收入反應著國民經濟的發展規模、累積水平和國家財力。各級政府根據其施政方針以及國民經濟和社會發展規劃，把集中起來的預算資金統籌兼顧進行有計劃的再分配，形成政府預算支出。這一支出則體現了社會再生產的規模、建設及國民經濟各部門的發展。通過政府預算的編製，就可以有計劃地組織收入和合理地安排支出，貫徹國家的各項方針政策，保證各項工作的完成。

政府預算的編製只是政府預算管理的起點。政府預算收支項目和數字，只反應了政府籌集和分配預算資金的客觀可能性。要真正實現這一可能性，就必須加強預算執行和管理工作。為了反應和監督政府預算收入的實現和預算支出的使用，需借助於會計這一有效工具，因而形成了預算會計。

綜上所述，預算會計是以預算管理為中心的宏觀管理信息系統和管理手段，是核算、反應和監督中央與地方各級政府以及行政事業單位收支預算執行情況的一種專業會計。預算會計與其他會計一樣都是以貨幣為主要計量單位，對會計主體的經濟業務，採用專門的會計方法，進行連續、系統、完整的反應和監督。

二、預算會計的特點

預算會計的特點主要是與企業會計相比較而言的。政府、行政單位和事業單位等的性質、任務和資金運動方式與企業不同，不僅核算的對象、任務不同，而且核算的內容、方法也有很大的差別。

企業會計反應和監督的內容是社會再生產過程中生產、流通領域企業經營資金的運動及其結果。企業會計的主要特點是核算費用成本，計算經營盈虧，會計核算以經營盈虧核算為中心。

預算會計反應和監督的內容則是社會再生產過程中分配領域裡的政府預算資金運

作及其結果。政府、行政單位和事業單位等預算單位主要完成行政事業的業務工作，其業務目標在於謀求最廣泛的社會效益。其資金來源除事業單位有程度不同的市場業務收入以外，大部分是直接或間接來自納稅人及其他出資者，並在此條件下力求做到收支相抵。因此，預算會計的主要特點是核算業務收支，計算收支余超，會計核算以收支結余核算為中心。

具體來說，預算會計的特點可表現在以下幾個方面：

（一）具有公共性、非營利性和財政性

預算會計是以預算管理為中心的，以經濟和社會事業發展為目的，適用於各級政府和各類行政、事業單位的會計。因此，公共性、非營利性和財政性是預算會計的典型特徵。所謂公共性，是指預算會計主體（政府和行政、事業單位）屬於公共部門，以實現公共職能為目的，以公共資金為核算對象，以公共義務為核算依據，以公共業務成果為主要考核指標。這些特徵是一般企業會計所不具有的。所謂非營利性，就是預算會計主體不以營利為目的。行政、事業單位的公共性，決定財政部門必須在經費上予以保證，而財政的撥款或補助收入，是不要求回報也不可能有回報的。行政、事業單位開展經濟業務活動，使用財政資金，主要講求社會效益，而不是追求經濟效益。因此，不論事業單位以何種方式進入市場，其經濟活動的非營利性並沒有改變。這也是企業會計主體所不具有的。所謂財政性，是指預算會計與國家財政存在著密不可分的聯繫。第一，預算會計是政府預算管理的基礎，它本身就是政府預算管理工作的一部分。第二，各單位會計雖然都是獨立的會計主體，但都必須遵守財政政策和財政紀律，既有自主性的一面，又有統一性的一面，兩者是相輔相成的。第三，預算會計所管理和核算的主要是財政撥付的預算資金和政府憑借權力收取的各種財政性資金。第四，預算會計的指標體系要與《政府收支分類科目》相一致，以反應政府預算的執行情況。預算會計的收支必須按《政府收支分類科目》設置明細科目核算。所有這些，更是一般企業會計所不具有的。

（二）不進行盈虧核算，但資金的使用具有限制性

企業會計必須按照經濟核算的原則，進行成本核算，確定企業盈虧。預算會計不以營利為目的，並且在預算年度發生的收入和支出一般並無直接的配比關係，其收支差額不反應經營成果，只反應資金使用的余缺，因此不核算成本、不計算盈虧。在某些事業單位中，為了考核經濟效益、促進增收節支、改善事業管理，也可以進行成本核算，如科研課題成本核算、醫療成本核算、出版成本核算等。但是，財政資金的使用具有嚴格的用途，不得挪作他用。

（三）政府會計由財務會計和預算會計構成

財務會計應當採用權責發生制；預算會計一般採用收付實現制，實行權責發生制的特定事項應當符合相關規定。事業單位會計一般採用收付實現制，但部分經濟業務或者事項的核算應當按照規定採用權責發生制。

在預算會計中，從預算的角度出發，為了如實反應當期預算收入和預算支出的貨幣金額，平衡當期的貨幣收支，政府預算會計主要採用收付實現制的會計基礎。對於某些應收、應付業務，可設置暫收、暫付、應繳等科目，行政單位會計還可以設置計提折舊科目。由於事業單位的種類繁多、資金來源多渠道，可根據情況進行選擇。對

於需要成本核算的事業單位，為了對收入、支出進行配比核算，考核業務成果，可採用權責發生制。對於一般事業單位則可主要選擇收付實現制，個別業務選擇權責發生制。

第二節　預算會計的組成體系

一、預算會計體系的構成

中國預算會計體系是為政府預算管理服務的，政府預算體系決定了預算會計體系的群體構成。中國政府預算體系是根據國家政權結構、行政區域劃分和財政管理體制而確定的預算級次和預算單位按一定的方式組合成的統一整體。政府預算按照預算收支管理範圍，分為總預算和部門預算。為實現事權與財政的統一，中國各預算級次的設置與政體系的層次基本對應，實行一級政府一級預算，設立中央、省（自治區、直轄市）、市（自治州）、縣（自治縣、市）、鄉（民族鄉、鎮）五級預算。

總預算由中央預算和地方預算組成。中央總預算，即中央政府預算，主要承擔國家的安全、外交和中央國家機關運轉所需的經費，調整國民經濟結構、協調地區發展、實施宏觀調控的支出以及由中央直接管理的事業發展支出。地方各級總預算由本級政府預算和下一級政府總預算組成，地方預算擔負著地方行政管理和經濟建設、文化教育、衛生以及撫恤等支出，特別是支持農村經濟的發展。中國政府預算收入絕大部分來自地方預算，政府預算支出也相當大部分通過地方預算實現，地方預算在政府預算中佔有重要地位。部門預算是指納入地方總預算的國家機關、事業單位和其他單位的收支計劃，是政府預算的基本組成部分。各部門預算由本部門及其所屬各單位預算組成。

根據中國政府預算體系的組成及分類，由財政總預算會計反應和監督中央預算和地方預算的執行情況；由行政單位會計和事業單位會計分別反應和監督單位預算的執行情況。在組織各級總預算和部門預算的執行中，除了前述三個會計外，還需要其他一些部門參與。財政資金的收入、撥出和留解，是由中國人民銀行代理的國庫經辦的，由此形成國庫會計；稅務機關、海關負責徵收稅收收入，由此形成收入徵解會計；國家基建撥款由專門銀行負責，由此形成基建撥款會計。這一預算會計體系是中國在市場經濟發展過程中，總結並繼承多年來的會計管理經驗而形成規範的預算會計模式和運行機制，對於保護國家公共財產的安全完整和強化政府預算管理具有重要作用。

二、預算會計的分級

（一）財政總預算會計的分級

中國的政府預算是按照統一領導、分級管理原則進行的，每一級政府設立一級總預算，每一級總預算都設置相應的總預算會計。由此，中國的五級政府預算都設立總預算會計，即國家財政部設立中央財政總預算會計；省級（包括自治區、直轄市）的財政廳（局）設立省級財政總預算會計；市（地、州）財政局設立市級財政總預算會計；縣（市）財政局設立縣級財政總預算會計；鄉（鎮）財政所設立鄉級財政總預算

會計。

各級總預算會計不僅要做好自身的會計核算、反應和監督工作，還要負責組織和指導本地區的整個預算會計工作，指導下級總預算工作，保證政府預算工作的順利完成。

(二) 行政、事業單位會計的分級

中國的行政、事業單位按照現行的管理體制、預算撥款關係和單位財務收支計劃的編製程序，可分為以下三級會計組織系統：

(1) 主管會計單位，簡稱主管單位。與同級財政部門直接發生經費領撥關係或建立財務關係，並有所屬會計單位的，為主管會計單位。

(2) 二級會計單位，簡稱二級單位。與主管會計單位或上級會計單位發生經費領撥關係、財務收支計劃與會計決算審批關係，並有所屬會計單位的，為二級會計單位。二級會計單位下面沒有所屬會計單位的視同基層會計單位。

(3) 三級會計單位，也稱基層會計單位。與主管會計單位或二級會計單位直接發生經費領撥關係、財務收支計劃與會計決算審批關係，下面沒有附屬會計單位的為三級會計單位。

以上的會計單位，都應建立獨立的單位預算，實行完善的會計核算制度。不具備獨立核算條件的，實行單據報帳制度，作為「報帳單位」管理。

三、預算會計組成體系中各部分的聯繫

(一) 總預算會計、行政單位會計和事業單位會計的聯繫

總預算會計、行政單位會計和事業單位會計都是參與政府預算執行的主要部門，三者之間有著直接的聯繫，主要表現如下：

1. 單位財務收支是同級政府預算的重要組成部分

政府預算核撥的行政、事業經費和從財政專戶核撥的非稅收入資金，是同級行政、事業單位收入的主要來源之一。單位會計與財政總預算會計相互配合，共同為促進社會事業發展，加強政權建設服務。

2. 在繳撥款上有著直接的聯繫

單位應上繳財政的收入，要按規定繳入國家金庫，應上繳的非稅資金，要按時繳入同級財政專戶。而各級財政應撥付的行政事業經費和從財政專戶核撥的非稅資金，要按計劃及時撥給主管部門和單位。上述繳款、撥款手續，均應通過各級財政總預算會計和單位會計辦理。

3. 會計報表是聯繫的橋梁

各單位在預算執行過程中，平時要向主管部門和同級財政部門報送月報或季報，年終要報送年報。同級財政總預算會計要對各單位或主管部門的月報、季報、年報進行審核，並據以編製預算執行月報、季報和財政決算報表。

4. 總預算會計負有對單位會計的管理和監督責任

行政、事業單位作為會計主體，具有一定的自主權，但必須接受同級財政總預算會計的管理與監督，執行本級財政部門提出的檢查意見。各級財政總預算會計也要加強單位會計的工作指導，提高單位會計的管理水平。

(二) 財政總預算會計和收入徵解會計、國庫會計的聯繫

財政總預算會計和收入徵解會計、國庫會計同屬預算會計體系，是核算、反應和監督各級財政預算執行情況的專業會計，是財政預算管理的重要基礎工作。在政府預算執行中，它們的共同目的是為圓滿完成中央預算和地方預算服務。其中，財政總預算會計是主要核算、反應和監督本級財政預算資金集中和分配的職能機構，掌握本級財政預算收支的全面情況和結果，處於綜合的地位。收入徵解會計是核算、反應和監督中央預算和地方預算中各級稅收徵管、繳庫過程資金運動的職能機構，負責核算各項稅收的組織、實現與繳納，處於專業的地位。國庫會計是辦理各級預算收支繳撥的機關，一切預算收入均由國庫收納，一切支出均由國庫撥付，處於重要的出納地位。

從整個會計核算程序來看，財、稅、庫三者的聯繫非常密切。例如，收入徵解會計的繳款書由國庫收納後，既是稅務部門的實際入庫憑證，又是國庫入庫的原始憑證，同時也是財政總預算會計收入記帳的原始憑證。收入徵解會計的「實際繳庫款」同各級國庫的實際入庫數以及財政總預算會計相應的預算收入數應當是一致的，尤其是在年終清理時。在財、稅、庫的對帳工作中，國庫起著重要作用。各級國庫每日應向各級徵收機關報送預算收入日報表，同時也向財政總預算會計報送預算收入日報表。財政總預算會計憑國庫編製的預算收入日報表記錄預算收入明細帳和總帳，同時根據財政庫存日報表核對預算支出撥款及庫存餘額。財政總預算會計的預算收入、預算支出和國庫存款數與國庫會計的收入、支出和庫款餘額應當保持一致。

第三節　預算會計的基本理論

預算會計的基本理論以目標為先導、在確定核算前提和核算原則的基礎上，規定會計要素的基本內容，展開具體的核算程序和方法的運用。

一、預算會計的目標

會計目標是指會計的目的或宗旨，是會計人員在一定時期內和一定條件下從事會計實踐活動所追求和希望達到的預期結果。會計目標是連接會計理論與會計實踐的紐帶和橋梁。會計目標可分為基本目標和直接目標。現代會計作為一個經濟信息系統，其基本目標是提供符合客觀實際的會計信息。因此，會計目標是會計理論結構的最高層次，並指導會計準則的制定和會計業務的處理。

同樣，預算會計應在會計基本目標的確定下，明確自身的直接目標。從預算會計的宗旨來看，其直接目標就是通過編製會計報表、分析財政和財務收支執行情況、實行會計監督，向各級政府、單位主管部門、社會公眾和廣大納稅人提供預算會計信息，讓其瞭解政府財政資金的使用和效益。圍繞此目標而制定的核算前提、一般原則、核算程序和核算方法才能體現預算會計的要求和內容。

二、預算會計的核算前提

會計前提又稱會計假設，是指組織會計核算工作必須具備的前提條件。進一步說，

這些前提都是人們在長期的會計實踐中多次施行過，雖尚未形成具體的原則和理論，但已被人們在處理會計工作時習慣通行的做法。這是人們對會計領域中尚未肯定的事項所進行的合乎情理的設想，是進行正常會計工作的基本前提和制約條件，也是會計理論的基礎。預算會計前提包括：會計主體、持續運行、會計分期和貨幣計量。

(一) 會計主體

會計主體是指預算會計工作特定的空間範圍，也就是應當對其自身發生的經濟業務或者事項進行會計核算。預算會計主體應為各級政府和各類行政、事業單位。財政總預算會計的主體是各級政府而不是財政機關，因為財政總算各項收支的安排、使用，是國家各級政府的職權範圍，財政機關只是代表政府執行預算、管理財政收支。行政、事業單位的會計主體，是指會計為之服務的單位，這一單位在經濟上是獨立的或相對獨立的，不能把單位會計主體視作財政總預算會計的附屬，忽視其獨立的主體地位。

(二) 持續運行

持續運行是指各會計主體的會計核算應當以各項經濟業務活動持續正常地進行為前提。只有在這一前提下，預算會計處理才能按照正常的會計核算程序和方法進行，帳面價值合理地進行計算，單位的債權債務才能得到合理的清償。

(三) 會計分期

會計分期是指會計核算應當劃分會計期間，分期結算帳目和編製財務報告。會計期間至少分為年度和月度。會計年度、月度等會計期間的起訖日期採用公曆日期。

(四) 貨幣計量

貨幣計量是指政府與行政、事業單位的會計核算以人民幣作為記帳本位幣。發生外幣業務時，應當將有關外幣金額折算為人民幣金額計量，同時登記外幣金額。編製會計報表時，也應按照編報日的人民幣外匯匯率折算為人民幣反應。貨幣計量是會計的基本特徵。同時，還要假設幣值是相對穩定的。

三、預算會計的一般原則

會計的一般原則是對會計核算提供信息的基本要求，是處理具體會計業務的基本依據。會計原則既是會計理論的概括，又是會計實踐經驗的總結。會計原則在會計準則中居於主導地位，指導著會計要素準則的制定和會計方法的選擇，因此也就成為衡量會計信息質量的重要標準。預算會計核算原則有以下十一項，並劃分為兩大類：一類是會計信息質量要求；另一類是會計確認計量要求。

(一) 會計信息質量要求的原則

會計信息質量要求是衡量信息質量的標準或控制信息質量的要求。這是對會計信息的最基本要求，對所有會計都是適用的。屬於會計信息質量要求的核算原則如下：

1. 客觀性原則

客觀性原則也稱可靠性原則，是指政府與事業單位的會計核算應當以實際發生的經濟業務或者事項為依據進行會計核算，每項經濟業務必須取得或填製合法的書面憑證，做到明瞭可靠、內容真實、數字準確、手續完備，如實反應各項會計要素的情況和結果，保證會計信息真實可靠。

2. 全面性原則

全面性原則是指政府與事業單位應當將發生的各項經濟業務或者事項統一納入會

計核算，確保會計信息能夠全面反應政府及事業單位的財務狀況、運行情況、現金流量和預算執行情況等。

3. 及時性原則

及時性原則是指政府與事業單位對已經發生的經濟業務或者事項，應當及時進行會計核算，不得提前或者延后，以發揮會計信息的效應。失去時效的會計信息，便成了歷史材料，不能對決策有用。

4. 可比性原則

可比性原則是指政府與事業單位提供的會計信息應當具有可比性。

同一政府與事業單位不同時期發生的相同或者相似的經濟業務或者事項，應當採用一致的會計政策，不得隨意變更。確需變更的，應當將變更的內容、理由和對財務狀況及運行情況的影響在附註中予以說明。

不同政府與事業單位發生的相同或者相似的經濟業務或者事項，應當採用一致的會計政策，確保同類會計信息口徑一致，相互可比。

5. 相關性原則

相關性原則也稱適應性原則，是指政府與事業單位的會計信息應當與政府償債能力的反應、受託責任履行情況的反應以及財務報告使用者的管理、監督和決策需要相關，有助於財務報告使用者對過去、現在或者未來的情況進行評價或者預測。

6. 清晰性原則

清晰性原則也稱可理解性原則，是指政府與事業單位提供的會計信息應當清晰明瞭，數字和文字說明一目了然，簡明、清晰，便於財務報告使用者理解和使用。

7. 實質重於形式原則

實質重於形式原則是指政府與事業單位應當按照經濟業務或者事項的經濟實質進行會計核算，不應僅以經濟業務或者事項的法律形式為依據。

(二) 對會計確認計量要求的原則

會計確認計量要求是對會計信息處理方法和程序的要求，規定了對會計要素確認計量的基本原則，實際上也是規範財務報告列示的原則。

1. 收付實現制和權責發生制原則

具體來說，行政、事業單位會計核算一般採用收付實現制，部分經濟業務或者事項可採用權責發生制；政府的財務會計採用權責發生制。不同的會計主體實行不一樣的記帳基礎，而且在執行中還可能有程度上的差別，這是預算會計一般原則方面的重要特徵。

2. 專款專用原則

專款專用原則是指對國家預算撥款和其他指定用途的資金，應當按規定的用途使用，不能擅自改變用途、挪作他用。這也是預算會計一般原則方面的重要特徵。

3. 歷史成本原則

歷史成本原則是指各項財產物資應當按取得或購進時的實際成本計價，當市場價格發生變化時，除國家另有規定外，不得自行調整帳面價值。

4. 配比原則

配比原則是指從事經營活動的事業單位，其經營支出與相關的經營收入應當配比。

四、預算會計的核算對象

一般來說，會計核算對象是指會計所反應、監督的內容。預算會計核算的對象應是政府預算的執行情況。由於各級政府以及各類行政、事業單位的業務活動和收支範圍不盡相同，財政總預算會計、行政單位會計和事業單位會計的對象也就存在一定的差異，必須分別加以研究。

各級政府為了實現憲法賦予的使命，保障經濟和社會的健康發展，要有計劃地集中一部分國民收入，按照國家的施政方針以及國民經濟和社會發展計劃進行再分配。來自各種類型企業和經濟組織的稅收、政府性基金預算收入、國有資本經營預算收入和社會保險基金預算收入，形成了政府預算收入。國家集中的各種收入，通過預算撥款和經費使用的方式，有計劃地分配給企業、機關、事業和行政單位，並按照規定的用途用於經濟建設、發展社會文化事業、支付國家軍政費用等，形成了政府預算支出。尚未分配使用的資金和每年預算執行的結果，則形成收支結餘。因此，財政總預算會計的對象，就是在執行總預算過程中各級政府財政資金的集中、分配及其結果。

行政單位為了行使政府職能、執行國家機關的工作任務，需要向財政部門或上級部門領撥經費，形成單位的收入。行政單位將這些經費按規定用於有關的人員經費和公用經費方面，形成單位的支出。尚未使用部分則是行政單位的收支結餘。因此，行政單位會計的對象，就是在執行單位預算過程中各級行政單位財政資金領撥、使用及其結果。

國有事業單位的業務活動多種多樣，資金來源有自身的業務收入、政府撥款、有關機構撥款以及通過市場取得的收入，由此形成單位的資金收入。事業單位為了開展業務活動，需要購置設備和材料物資、支付有關費用，由此形成單位的資金支出。收支相抵後，即表現為事業單位的收支結餘。因此，事業單位會計的對象，就是國有事業單位各類業務資金的取得、使用及其結果。

由此可知，預算會計的對象，既包括各級政府財政資金的集中和分配，也包括行政單位財政資金和事業單位業務資金的取得和運用。預算會計既反應非物質生產部門的財政資金、業務資金的活動，也反應了物質生產部門的繳款以及對經濟建設和經營單位的撥款。因此，資金來源和用途的廣泛性、資金活動不具有完全的周轉性，是預算會計對象的特點。

第四節　國庫集中收付制度

國庫集中收付制度是指以國庫單一帳戶體系為基礎，將所有財政性資金都納入國庫單一帳戶體系管理，收入直接繳入國庫和財政專戶，支出通過國庫單一帳戶體系直接支付到商品和勞務供應者或用款單位的一項國庫管理制度。這一制度的本質在於實現兩個「直達」，即「收入直繳，支出直撥」。通過這兩個「直達」，對財政收入直接繳入國庫和財政支出以預算分配、資金撥付、資金使用、銀行清算以及財政資金到達商品和勞務提供者的整個過程實施有效的監控。

實行國庫集中收付制度，改革了以往財政資金主要通過徵收機關和預算單位設立多重帳戶分散進行繳庫和撥付的方式，有利於財政性資金按規定程序在國庫單一帳戶體系內規範運作，有利於收入繳庫和支出撥付過程的有效監管，有利於預算單位用款及時，解決了財政性資金截留、擠占、挪用等問題。

一、國庫單一帳戶體系

（一）國庫單一帳戶體系的構成

國庫單一帳戶體系由下列銀行帳戶構成：

（1）財政部門在中國人民銀行開設的國庫單一帳戶（簡稱國庫單一帳戶）；

（2）財政部門在商業銀行開設的零余額帳戶（簡稱財政部門零余額帳戶）；

（3）財政部門在商業銀行為預算單位開設的零余額帳戶（簡稱預算單位零余額帳戶）；

（4）財政部門在商業銀行開設的財政專戶；

（5）經國務院或國務院授權財政部批准為預算單位在商業銀行開設的特殊專戶（簡稱特設專戶）。

（二）各帳戶的功能

1. 國庫單一帳戶

國庫單一帳戶用於記錄、核算、反應財政預算資金和納入預算管理的政府性基金的收入和支出。代理銀行應當按日將支付的財政預算內資金和納入預算管理的政府性基金與國庫單一帳戶進行清算。國庫單一帳戶在財政總預算會計中使用，行政單位和事業單位會計中不設置該帳戶。

2. 財政部門零余額帳戶

財政部門零余額帳戶用於財政直接支付和與國庫單一帳戶清算。該帳戶每日發生的支付，於當日營業終了前與國庫單一帳戶清算；營業中單筆支付額5,000萬元人民幣以上（含5,000萬元）的，應當及時與國庫單一帳戶清算。財政部門零余額帳戶在財政總預算會計和國庫會計中使用，行政單位和事業單位會計中不設置該帳戶。

3. 預算單位零余額帳戶

預算單位零余額帳戶用於財政授權支付和清算。該帳戶每日發生的支付，於當日營業終了前，由代理銀行在財政部門批准的用款額度內與國庫單一帳戶清算；營業中單筆支付額在5,000萬元人民幣以上（含5,000萬元）的，應及時與國庫單一帳戶清算。預算單位零余額帳戶可以辦理轉帳、提取現金等結算業務，可以向本單位按帳戶管理規定保留的相應帳戶劃撥工會經費、住房公積金及提租補貼以及經財政部門批准的特殊款項，不得違反規定向本單位其他帳戶和上級主管單位、所屬下級單位帳戶劃撥資金。預算單位零余額帳戶在行政單位和事業單位會計中設置和使用。

4. 財政專戶

財政專戶用於記錄、核算和反應非稅資金的收入和支出活動，並用於非稅資金日常收支清算。

5. 特設專戶

特設專戶用於記錄、核算和反應預算單位的特殊專項支出活動，並用於與國庫單

一帳戶清算。特設專戶在按規定申請設置特設專戶的預算單位中使用。

(三) 國庫集中收付制度中各部門的職責

財政部門是持有和管理國庫單一帳戶體系的職能部門，任何單位不得擅自設立、變更或撤銷國庫單一帳戶體系中的各類銀行帳戶。中國人民銀行按照有關規定，對國庫單一帳戶和代理銀行進行管理和監督。這裡所指的代理銀行，是指由財政部門確定的、具體辦理財政性資金支付業務的商業銀行。

預算單位使用財政資金，應當按照規定的程序和要求，向財政部門提出設立零余額帳戶、特設專戶等銀行帳戶的申請，財政部門審核同意后，書面通知代理銀行，為預算單位開設預算單位零余額帳戶。一個基層預算單位開設一個預算單位零余額帳戶。凡是需要開設特設專戶的預算單位，需經財政部審核並報國務院批准或經國務院授權財政部批准后，由財政部在代理銀行為預算單位開設。

二、收入的收繳程序

財政收入的收繳分為直接繳庫和集中匯繳兩種方式，並形成相應的繳款程序。

(一) 直接繳庫程序

直接繳庫的稅收收入，由納稅人或稅務代理人提出納稅申報，經徵收機關審核無誤后，由納稅人通過開戶銀行將稅款繳入國庫單一帳戶。直接繳庫的其他收入，比照上述程序繳入國庫單一帳戶或財政專戶。

(二) 集中匯繳程序

小額零散稅收和法律另有規定的應繳收入，由徵收機關於收繳收入的當日匯總繳入國庫單一帳戶。非稅收入中的現金繳款，比照本程序繳入國庫單一帳戶或財政專戶。

三、支出的撥付程序

(一) 支出的類型及方式

按照國庫管理辦法的規定，財政支出總體上分為購買性支出和轉移性支出。根據支付管理需要，具體分為工資支出、購買支出、零星支出、轉移支出等。其中，工資支出是指預算單位的工資性支出。購買支出是指預算單位除工資支出、零星支出之外購買服務、貨物、工程項目等支出。零星支出是指預算單位購買支出中的日常小額部分，除「政府採購品目分類表」所列品目以外的支出，或雖列入「政府採購品目分類表」所列品目，但未達到規定數額的支出。轉移支出是指撥付給預算單位或下級財政部門、未指明具體用途的支出，包括撥付企業補貼和未指明具體用途的資金、中央對地方的一般性轉移支付等。

財政性資金的支付方式包括財政直接支付和財政授權支付。其中，財政直接支付是指由財政部門向中國人民銀行和代理銀行簽發支付指令，代理銀行根據支付指令通過國庫單一帳戶體系將資金直接支付到收款人（即商品或勞務的供應商等，下同）或用款單位（即具體申請和使用財政性資金的預算單位，下同）帳戶方式。財政授權支付是指預算單位按照財政部門的授權，自行向代理銀行簽發支付指令，代理銀行根據支付指令，在財政部門批准的預算單位的用款額度內，通過國庫單一帳戶體系將資金

支付到收款人帳戶的方式。財政直接支付方式和財政授權支付方式的流程分別如圖 1-1、圖1-2 所示。

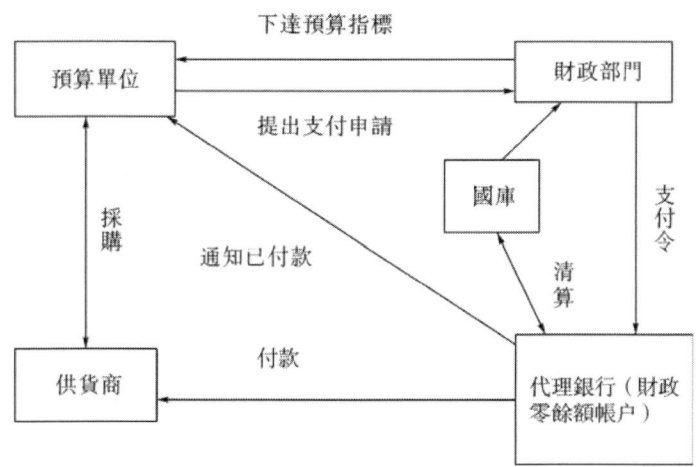

圖 1-1　財政直接支付方式流程圖

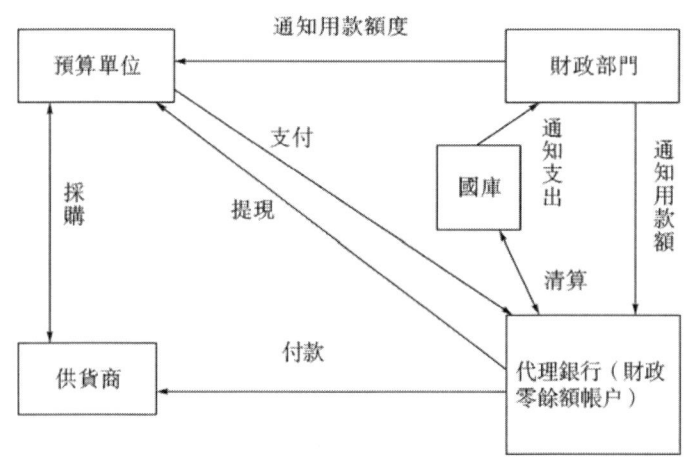

圖 1-2　財政授權支付方式流程圖

(二) 支付程序

1. 財政直接支付程序

預算單位實行財政直接支付的財政性資金包括工資支出、工程採購支出、物品和服務採購支出。

在財政直接支付方式下，預算單位按照批覆的部門預算和資金使用計劃，提出支付申請；財政直接支付的申請由一級預算單位匯總，填寫「財政直接支付匯總申請書」，報財政部門國庫支付執行機構。財政部門國庫支付執行機構根據批覆的部門預算和資金使用計劃及相關要求，對一級預算單位提出的支付申請審核無誤后，開具「財政直接支付匯總清算額度通知單」和「財政直接支付憑證」，經財政部門國庫管理機構

加蓋印章簽發后，分別送中國人民銀行和代理銀行。

代理銀行根據「財政直接支付憑證」及時將資金直接支付給收款人或用款單位。代理銀行依據財政部門國庫支付執行機構的支付指令，將當日實際支付的資金，按一級預算單位分預算科目匯總，並附上實際支付清單與國庫單一帳戶進行資金清算。

代理銀行根據「財政直接支付憑證」辦理支出后，開具「財政直接支付入帳通知書」發給一級預算單位和基層預算單位。「財政直接支付入帳通知書」作為一級預算單位和基層預算單位付出或收到款項的憑證。一級預算單位有所屬二級或多級預算單位的，由一級預算單位負責向二級或多級預算單位提供收到和付出款項的憑證。預算單位根據收到的支付憑證做好相應的會計核算。

2. 財政授權支付程序

財政授權支付適用於未納入工資支出、工程採購支出、物品及服務採購支出管理的購買支出和零星支出，具體包括單件物品或單項服務購買額不足 10 萬元人民幣的購買支出、年度財政投資不足 50 萬元人民幣的工程採購支出、特別緊急的支出、經財政部門批准的其他支出。

在財政授權支付方式下，預算單位按照批覆的部門預算和資金使用計劃，申請授權支付的月度用款限額。財政授權支付的月度用款限額申請由一級預算單位匯總，報財政部門國庫支付執行機構。財政部門根據批准的一級預算單位用款計劃中月度授權支付額度，每月 25 日前以「財政授權支付匯總清算額度通知單」和「財政授權支付額度通知單」的形式分別通知中國人民銀行和代理銀行。

代理銀行在收到財政部門下達的「財政授權支付額度通知單」時，向相關預算單位發出「財政授權支付額度到帳通知書」。基層預算單位憑「財政授權支付額度到帳通知書」所確定的額度支用資金。代理銀行憑據「財政授權支付額度通知單」受理預算單位財政授權支付業務，控制預算單位的支付金額，並與國庫單一帳戶進行資金清算。

預算單位支用授權額度時，填製財政部門統一制定的「財政授權支付憑證」（或新版銀行票據和結算憑證）送代理銀行，代理銀行根據「財政授權支付憑證」，通過零余額帳戶辦理資金支付。

四、年終預算結余資金的處理

預算結余資金是指實行國庫集中收付制度的預算單位在預算年度內，按照財政部門批覆的部門預算，當年尚未支用並按有關規定應留歸預算單位繼續使用的資金。預算單位結余資金的數額按照財政部門批覆的部門預算數額加上年預算結余數額減去當年財政國庫已支付數額（包括財政直接支付數額和財政授權支付數額）和應繳回財政部門數額后的余額計算。

預算單位的預算結余資金應按規定程序由財政部門核定。財政部門核定下達預算結余后，預算單位根據財政部門核定的上一年度預算結余和下一年度預算，按規定的程序申請使用資金。

目前，中國中央預算和地方預算都普遍進行了國庫管理制度的改革，最明顯的是結合政府採購制度的實施，實行國庫集中收付制度。現代國庫集中收付管理制度的正

式實施后，將會影響傳統的預算會計體系和分級。建立了國庫單一帳戶體系后，傳統的預算領撥款關係將發生變化，前述的行政單位和事業單位會計的分級含義也將會隨之發生變化，主管會計單位、二級會計單位和基層會計單位之間的經費領撥關係淡化。但是，各級單位的會計仍將保留，仍然發揮著會計核算和會計監督作用。

思考題

1. 什麼是預算會計？它有哪些特點？
2. 預算會計的對象如何確定？
3. 預算會計有哪些核算原則？對會計信息的質量要求有哪些原則？
4. 預算會計組成體系包括哪些部分？
5. 預算會計的基本理論包括哪些內容？
6. 什麼是國庫集中收付制度？
7. 國庫集中收付制度對預算會計有哪些影響？

第二章

預算會計的核算方法

運用預算會計對各級政府、行政單位、事業單位的業務進行核算，必須確定會計要素及其之間的關係，採取適當的核算方法和程序。

通過本章的學習，應該掌握以下內容：
- 預算會計的會計要素
- 預算會計的會計等式及其關係
- 預算會計對科目設置的要求
- 借貸記帳法在預算會計中的運用
- 預算會計的會計憑證和會計帳簿

第一節 會計要素及會計等式

一、預算會計要素

會計要素就是會計對象的構成要素，又是設置會計科目、構成報表結構的基礎。會計核算的具體內容多種多樣，為了對有關核算內容進行確認、計量、記錄、報告，就需要對會計對象進行基本的、帶有規律性的科學分類。將會計對象分解為若干基本的構成要素，這就是會計要素。

按照會計制度的規定，預算會計要素可分為資產、負債、淨資產、收入、支出或費用五個要素，各要素的具體內容由各具體會計制度或準則加以確定。

（一）資產

資產是指過去的經濟業務或者事項形成的，由政府所有、管理、佔有或使用、控制的，預期能夠產生服務潛能或帶來經濟利益流入的經濟資源。資產包括以下特徵：

（1）資產應是會計主體擁有或者控制的資源。會計主體享有對某項資源的所有權，或者雖然不享有對某項資源的所有權，但應能被會計主體所控制。

（2）資產應是由過去的經濟業務形成而產生的結果。只列入預算而未發生的購置活動，不能確認會計主體的資產。

（3）資產必須是具有為會計主體業務服務潛能的資源。服務潛能是指政府利用資產提供物品和服務以實現政府目標的能力。不具有服務潛能或潛能已喪失的，不能作為資產來核算。

會計主體的資產按照流動性，分為流動資產和非流動資產。

流動資產是指預計在1年內（含1年）變現或者耗用的資產，包括貨幣資金、短期投資、應收及預付款項、存貨等。

非流動資產是指流動資產以外的資產，包括固定資產、公共基礎設施、在建工程、無形資產、長期投資等。

（二）負債

負債是指由過去的經濟業務或者事項形成的現時義務，履行該義務預期會導致含有服務潛能或者經濟利益的經濟資源流出。負債包括以下特徵：

（1）負債是由過去的經濟業務形成的。會計主體將在未來發生的承諾、簽訂的合同等事項，不形成負債。

（2）負債是會計主體在現行條件下承擔的義務。未來發生的事項形成的義務，不屬於現時義務，不應當確認為負債。

（3）現時義務的履行預期會導致經濟利益流出會計主體，即用資產或勞務償還債務。

負債按照流動性，分為流動負債和非流動負債。

流動負債是指預計在1年內（含1年）償還的負債，包括短期借款、短期債券、應付及預收款項、應付職工薪酬、應繳款項等。

非流動負債是指流動負債以外的負債，包括長期借款、長期應付款、應付政府債券、預計負債等。

行政事業單位不是生產物質產品的純經營單位，應該嚴格控制負債規模。

（三）淨資產

淨資產是指資產扣除負債后的淨額。淨資產包括以下特徵：

（1）淨資產是政府和事業單位資產的基本來源，資財供給者對淨資產沒有要求權，但對資金使用有限制權。

（2）淨資產具有長期使用性質，在單位持續運行中，資產供給者不能將其抽走。

（3）資產增值會使淨資產增加，會計主體收支結余也使淨資產增加。

不同的會計主體，其淨資產的內容有較大的差別。財政總預算會計的淨資產包括預算結余、基金預算結余、專用基金結余和預算周轉金等；行政單位的淨資產包括財政撥款結轉、財政撥款結余、其他資金結轉結余、資產基金、待償債淨資產等；事業單位會計的淨資產包括事業基金、非流動資產基金、專用基金、財政補助結轉結余、非財政補助結轉結余等。

（四）收入

收入是指會計主體為執行公共事務、開展業務活動和其他活動而依法取得的經濟利益流入，主要為非償還性資金流入。收入導致政府淨資產增加的服務潛能。不同的會計主體的收入的含義有差別。

（1）財政總預算會計的收入是各級政府為實現其職能，根據法令和法規所取得的非償還性資金，是一級財政的資金來源。它包括一般公共預算收入、政府性基金預算收入、國有資本經營預算收入和社會保險基金預算收入等。

（2）行政單位會計的收入是指單位為了完成業務活動，從同級財政部門取得的各項非償還性財政撥款以及按規定取得的其他收入。

（3）事業單位會計的收入是指單位為開展業務活動和其他活動，依法取得的非償還性資金，包括財政補助收入、事業收入、上級補助收入、附屬單位上繳收入、經營

收入和其他收入等。

(五) 支出或費用

支出或費用是指會計主體為開展公共服務活動和其他活動所發生的經濟利益流出，即各項資金耗費和損失。不同會計主體的支出的含義有一定差別。

(1) 財政總預算會計的支出是指一級政府為實現其職能，而對財政資金的再分配。財政總預算會計的支出包括一般公共預算支出、政府性基金預算支出、國有資本經營預算支出和社會保險基金預算支出等。

(2) 行政單位會計的支出是指行政單位為完成公務所發生的各項實際耗費和支出。行政單位會計的支出包括經費支出、撥出經費等。

(3) 事業單位會計的支出或費用是指事業單位為開展業務活動和其他活動所發生的各項資金耗費及損失。事業單位會計的支出包括事業支出、對附屬單位補助支出、上繳上級支出、經營支出和其他支出等。

二、會計等式及其關係

以上五個會計要素可用會計等式表示其相互關係。會計等式也稱會計平衡式，反應會計要素的基本關係，是復式記帳得以建立的基礎，也是進行會計核算、設計會計報表的理論依據。

從一般核算來看，靜態會計要素的平衡關係式為：

資產＝負債＋淨資產

預算會計淨資產的變化在很大程度上是由於收入和支出或費用的發生而形成的，其動態會計要素的平衡關係式為：

收入－支出（費用）＝結余（淨資產）

以上兩種平衡式可以結合在一起，形成會計要素的綜合平衡式：

資產＝負債＋原淨資產＋收入－支出（費用）

資產－負債＝原淨資產＋結余

資產－負債＝新淨資產

任何一個預算會計主體在其業務活動和經營活動過程中，隨著收支業務的發生，必然要引起資產、負債、淨資產不斷地發生變化。然而不管它們怎麼變化，始終不會破壞上述會計平衡式。從這個意義上講，會計平衡式是恒等的。

第二節 會計科目和記帳方法

一、預算會計的會計科目

會計科目是對預算會計的核算對象即會計要素，按其經濟內容或用途所做的進一步的科學分類。會計科目是設置帳戶的依據，也是逐級匯總與檢查預算資金活動情況和執行結果的統一項目標準。

會計要素是對會計對象的基本分類。為了提供更為具體的會計信息，還需要對會計要素做進一步的具體分類，從而將會計要素分為若干個項目。每一個項目都可以設

置一個會計科目。為了使預算會計提供的會計信息口徑一致、相互可比，應按照一定的原則統一制定會計科目。在中國，會計科目是由國家財政部統一制定的。財政總預算會計科目、行政單位會計科目和事業單位會計科目分別參見本書各相關章節的具體介紹。

預算會計科目設置的基本原則如下：

第一，會計科目要適應各單位業務活動的特點，適應預算管理要求。各級政府、行政和事業單位的業務活動與企業的生產經營活動不一樣，它們之間的業務活動差別也很明顯，具體表現在它們的會計要素的具體內容有很大的差別。例如，事業單位可實行有償服務，有一定的經營收入，而行政單位只能按規定履行公務，沒有自身的業務收入；事業單位中有的要進行成本核算，而行政單位則不存在成本核算問題。因此，會計科目要充分考慮各單位業務活動的實際需要來設置。同時，對於收入、支出科目應按照《政府收支分類科目》來設置明細科目，以便將核算結果同政府預算進行對比分析，加強預算管理。

第二，會計科目設置應統一準確、簡明扼要，特別是一級科目宜簡不宜繁。

第三，要充分體現各會計主體的主體地位。收入科目按來源設置，支出科目按用途統一設置。

財政部制定的統一會計科目，非經財政部同意，各地區、各部門不得自行增減或更改。對其中在本地區、本部門不需要的科目，可以不必使用；各地區、各部門如對財政部統一制定的會計科目感到有所不足時，可以根據需要予以補充，但不得與財政部統一制定的會計科目相抵觸或矛盾。

各會計科目的編號，主要便於編製會計憑證、登記帳簿、查閱帳目和實行會計電算化。各單位在使用會計科目編號時，應與會計科目名稱同時使用。可以只用會計科目名稱而不用編號，但不得只用科目編號而不寫會計科目名稱。會計科目編號不得打亂重編，在某些會計科目之間留有一定的空號，供各單位根據實際需要增設會計科目之用。

財政部統一制定的會計科目只是預算會計的總帳科目，都是一些概括性、綜合性的科目，對於總括地反應預算資金的收支與結存是完全必要的。但正因為其概括性強，從而使它們不能詳細地反應每一筆預算收支的具體情況，所以有必要根據預算收支核算的要求，分別在總帳科目下，設置必要的明細科目。明細科目是對總帳科目的詳細再分類，說明總帳科目的更具體、更詳細的內容。按照財政部門的規定，明細科目可以由各地區、各部門根據需要自行設置。

二、預算會計的核算程序和記帳方法

預算會計作為一種專業會計，也應當遵循一般會計的核算程序和方法進行核算，只是在內容上體現自己的特點。

預算會計的核算程序應體現出會計憑證、會計帳簿和會計報表有機聯繫的過程。根據核算內容，預算會計可選擇記帳憑證核算程序或科目匯總表核算程序進行核算，並按照會計基礎工作規範的要求進行填製憑證、登記帳簿和編製會計報表。核算程序在行政、事業單位會計中的運用如圖2-1所示：

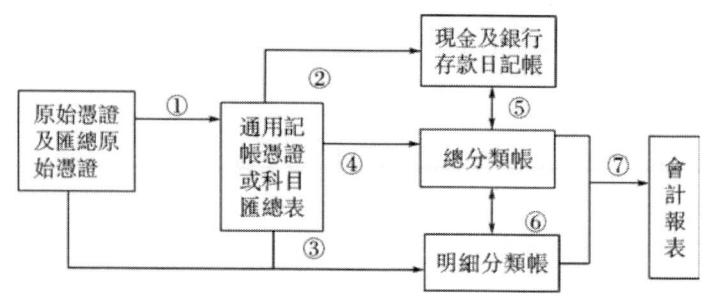

圖 2-1　行政、事業單位會計核算程序圖

　　記帳方法是根據一定的原則，運用一定的符號和記帳規則，記錄經濟業務於帳簿之中的一種手段。記帳方法按其記錄是否完整分為單式記帳法和復式記帳法。

　　單式記帳法是對發生的經濟業務引起的會計要素增減變化，在一個會計帳戶中進行單方面記錄的一種記帳方法。

　　復式記帳法是指對每筆經濟業務發生所引起的一切變化，都以相同的金額在兩個或兩個以上的帳戶中進行相互聯繫地進行登記的會計記帳方法。採用復式記帳法能夠把每筆業務相互聯繫地、全面地記錄在有關帳戶中，從而能夠完整地、系統地反應各單位資金運動的來龍去脈。

　　預算會計的記帳方法應採用借貸記帳法。借貸記帳法是國際通用的復式記帳法。在中國，復式記帳法曾經分為增減復式記帳法、收付復式記帳法和借貸復式記帳法。1998年以前，中國預算會計一直採用收付復式記帳法。為了與各國的政府及非營利組織會計的溝通，從1998年開始，中國預算會計採用借貸記帳法。

　　借貸記帳法中的「借」表示資產和支出類帳戶的增加，以及負債、淨資產和收入類帳戶的減少或轉銷；「貸」則表示資產和支出類帳戶的減少或轉銷，以及負債、淨資產和收入類帳戶的增加。

　　借貸記帳法的基本內容如下：

　　（一）記帳符號

　　借貸記帳法以「借」和「貸」作為記帳符號。各個帳戶都分為「借方」和「貸方」，用來反應各會計要素的增減變動。「借」和「貸」兩字已不含原來的字義。

　　（二）帳戶設置及其結構

　　借貸記帳法的帳戶設置與預算會計的「資產＝負債＋淨資產」的平衡公式有聯繫。按照平衡公式左邊「資產」的有關具體項目（科目）設置的帳戶，一般都屬於借方余額型帳戶，借方登記增加，貸方登記減少。按照平衡公式右邊的「負債」和「淨資產」的有關具體項目（科目）設置的帳戶，一般都屬於貸方余額型帳戶，貸方登記增加，借方登記減少。按照收入的具體科目設置的帳戶類似於淨資產的帳戶，貸方登記增加，借方登記減少，只是在期末結帳后無余額。按照支出的具體科目設置的帳戶類似於資產帳戶，借方登記增加，貸方登記減少，只是在期末結帳后無余額。借貸記帳法在預算會計中的帳戶結構如圖2-2所示：

借　　方	貸　　方
資產類帳戶的增加 支出類帳戶的增加 負債類帳戶的減少 淨資產類帳戶的減少 收入類帳戶的減少或轉銷	負債類帳戶的增加 淨資產類帳戶的增加 收入類帳戶的增加 資產類帳戶的減少 支出類帳戶的減少或轉銷
資產帳戶餘額	負債和淨資產帳戶餘額

圖 2-2　借貸記帳法在預算會計中的帳戶結構

(三) 記帳規則

記帳規則不是由人們主觀意志決定的，而是由記帳方法各組成要素有機結合構成的方法體系本身的內在要求決定的。記帳規則可以作為某種記帳方法記錄經濟業務的指導，也可以用作事後檢查記帳、算帳是否正確的依據。因此，記帳規則的科學與否直接體現某種記帳方法的科學與否。

從上述帳戶的結構中，不難發現，資產和支出的帳戶結構相同，可視為資產類帳戶；負債、淨資產和收入的帳戶結構相同，可視為負債類帳戶。這樣，單位發生的所有經濟業務可歸納為以下四種情況：

(1) 引起資產類帳戶一增（借）一減（貸）；
(2) 引起負債類帳戶一增（貸）一減（借）；
(3) 引起資產類帳戶增加（借），引起負債類帳戶增加（貸）；
(4) 引起資產類帳戶減少（貸），引起負債類帳戶減少（借）。

圖 2-3 就是這四種情況的變動結果。

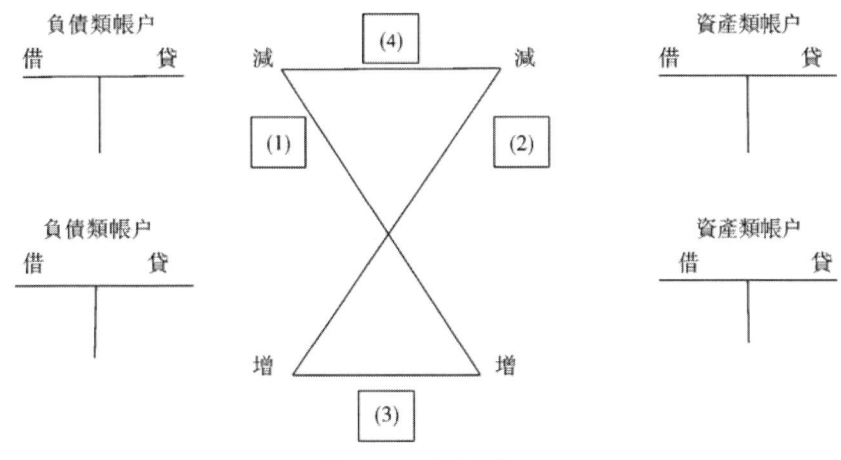

圖 2-3　經濟業務情況

下面以事業單位會計事項為例說明以上記帳規則的運用。

【例 2-1】某事業單位從銀行提取現金 1,000 元。

這筆經濟業務涉及現金資產的增加，應該記入「庫存現金」帳戶的借方；同時，

引起銀行存款資產的減少，應記入「銀行存款」帳戶的貸方。

  借：庫存現金   1,000
   貸：銀行存款   1,000

【例2-2】某事業單位以財政直接支付方式購買自用材料一批，收到國庫支付中心委託代理銀行轉來的「財政直接支付入帳通知書」及有關原始憑證，材料已入庫價款為100,000元。

這筆經濟業務涉及存貨資產的增加，應該記入「存貨」帳戶的借方；同時，引起財政補助收入的增加，應記入「財政補助收入」帳戶的貸方。

  借：存貨   100,000
   貸：財政補助收入   100,000

【例2-3】某事業單位以銀行存款償還應付帳款50,000元。

這筆經濟業務涉及銀行存款資產的減少，應記入「銀行存款」帳戶的貸方；同時，引起應付帳款負債的減少，應記入「應付帳款」帳戶的借方。

  借：應付帳款   50,000
   貸：銀行存款   50,000

【例2-4】某事業單位接銀行通知，收到上級單位撥入的補助款80,000元。

這筆業務涉及銀行存款資產的增加，應記入「銀行存款」帳戶的借方；同時，引起上級補助收入的增加，應記入「上級補助收入」帳戶的貸方。

  借：借入款項   80,000
   貸：上級補助收入   80,000

從以上四筆經濟業務的記帳情況不難發現，借貸記帳法本身存在著這樣一個規律：任何一筆業務發生記入帳戶時，都要記入一個帳戶（或幾個帳戶）的借方；同時，還要記入另一個帳戶（或幾個帳戶）的貸方，並且借、貸方的金額相等。沒有哪筆業務只記入某一帳戶的借方，而不記入另一帳戶的貸方，或者借、貸金額不相等的情況。因此，人們將這一規律用10個字歸納為「有借必有貸、借貸必相等」。這就是借貸記帳法的記帳規則。

（四）試算平衡

試算平衡是根據一定的原理採用一定的方法測算會計記錄數據是否平衡，以檢查會計記錄的正確性的一種方法。

借貸記帳法的試算平衡方法有兩種：本期發生額試算平衡和余額試算平衡。

1. 本期發生額試算平衡

本期發生額試算平衡是運用「有借必有貸、借貸必相等」這一記帳規則進行試算的。其試算平衡公式為：

所有帳戶本期借方發生額合計＝所有帳戶本期貸方發生額合計

2. 余額試算平衡

余額試算平衡是運用「資產＝負債＋淨資產」這一平衡原理進行試算的。其試算平衡公式為：

所有資產帳戶期末借方余額合計＝所有負債和淨資產帳戶期末貸方余額合計

本期發生額試算平衡方法一般用於平時試算平衡，余額試算平衡方法一般用於期

末試算平衡。事業會計總帳科目試算平衡表如表 2-1 所示：

表 2-1　　　　　　　　　　總帳科目試算平衡表　　　　　　　　　　單位：元

會計科目	期初餘額		本期發生額		期末餘額	
	借方	貸方	借方	貸方	借方	貸方
庫存現金						
銀行存款						
……						
合計	36,000	36,000	31,160	31,160	47,000	47,000

第三節　會計憑證和會計帳簿

一、會計憑證

（一）會計憑證的概念和意義

會計憑證是用來記錄經濟業務、明確經濟責任的書面證明，是登記帳簿的重要依據。

會計憑證不僅具有初步記載經濟業務、作為記帳依據和重要經濟檔案的作用，而且還具有管理、協調經濟活動，傳輸經濟信息的作用。填製和審核會計憑證，對於完成會計任務、發揮會計在反應和監督預算收支執行情況過程中的作用，具有十分重要的意義。

（1）會計憑證可以及時、如實地反應財務收支等業務內容，是登記帳簿的依據。

（2）會計憑證可以發揮會計監督的作用。通過填製和審核憑證可以檢查、監督業務支出的合理性、合法性。

（3）會計憑證可以分清經濟責任。每張會計憑證都詳細地記錄了經濟業務的內容、時間，並有經辦單位相關人員簽字或蓋章，這就明確了有關人員的經濟責任。

會計憑證按照填製程序和用途，可分為原始憑證和記帳憑證。

（二）原始憑證

原始憑證是經濟業務發生時取得的書面證明，是會計事項的唯一合法憑證，是登記明細帳的依據。

1. 原始憑證的內容

原始憑證記錄和反應的經濟業務是多樣的，各種原始憑證的具體內容和格式也不盡相同。但是一般來說，原始憑證具備的基本內容為：

（1）原始憑證的名稱；
（2）填製原始憑證的日期和憑證編號；
（3）接收原始憑證的單位名稱；
（4）經濟業務內容，包括業務名稱、數量、單價、金額等；
（5）填製憑證單位及其有關經辦人簽字、蓋章。

2. 原始憑證的種類

原始憑證按取得的來源不同，可分為自制原始憑證和外來原始憑證。

原始憑證按使用次數不同，可分為一次使用原始憑證和多次（累計）使用原始憑證。

原始憑證按經濟內容不同，可分為：

(1) 收款憑證；
(2) 借款憑證；
(3) 預算撥款憑證；
(4) 各種稅票；
(5) 材料出、入庫單；
(6) 固定資產出、入庫單；
(7) 開戶銀行轉來的收、付款憑證；
(8) 往來結算憑證；
(9) 其他足以證明會計事項發生經過的憑證和文件等。

3. 原始憑證的基本要求

正確填製和審核原始憑證是如實反應經濟活動的關鍵。填製原始憑證就是要根據經濟業務的實際情況，依據一定的填寫要求，在規定的憑證格式中，逐項填寫內容。只有通過審核後確認有效的原始憑證才能作為記帳的依據。原始憑證的基本要求如下：

(1) 原始憑證的內容必須齊全。

(2) 外來原始憑證應蓋有填製單位的公章和個人的簽名或蓋章。自制原始憑證必須有領導人或指定人員的簽名或蓋章。

(3) 凡填有大寫和小寫金額的原始憑證，大小寫金額應當一致。購貨憑證應有驗收證明，支款憑證應有收款單位和收款人證明。

(4) 一式幾聯的原始憑證應當註明各聯的用途，只能以一聯作為報銷憑證。一式幾聯的發票和收據必須用雙面復寫紙套寫，並連續編號。作廢時應當加蓋「作廢」戳記，連同存根一起保存，不得撕毀。

(5) 發生銷貨退回，除填製退貨發票外，還必須有退貨驗收證明。退款時，必須取得對方的收款收據或者匯款銀行憑證，不得以退貨發票代替收據。

(6) 職工出差借款憑據必須附在記帳憑證之後。收回借款時，應當另開收據或者退還借據副本，不得退還原借款收據。

(7) 經上級有關部門批准的經濟業務，應當將批准文件作為原始憑證附件。

此外，原始憑證不得塗改、挖補。發現原始憑證有錯誤的，應當由開出單位重開或者更正，更正處應當加蓋開出單位的公章。會計機構、會計人員要根據審核無誤的原始憑證填製記帳憑證。

(三) 記帳憑證

記帳憑證是由本單位會計人員根據審核無誤的原始憑證編製的，載有反應經濟業務的會計分錄及簡要內容，是直接作為登記帳簿依據的一種會計憑證。

記帳憑證可以分為收款憑證、付款憑證和轉帳憑證，也可以只使用通用記帳憑證。其格式分別參見本書財政總預算會計、行政單位會計和事業單位會計的相關章節。

1. 記帳憑證的內容
記帳憑證的內容如下：
（1）記帳憑證的名稱；
（2）記帳憑證的編號；
（3）填製記帳憑證的日期；
（4）經濟業務的內容摘要；
（5）會計分錄；
（6）記帳標記；
（7）所附原始憑證的張數；
（8）有關人員簽名、蓋章。
2. 記帳憑證的填製要求

填製記帳憑證時，應當按記帳憑證的格式、內容填列清楚，並對記帳憑證進行連續編號。一筆經濟業務需要填製兩張以上記帳憑證的，可以採用分數編號法編號。

記帳憑證可以根據每一張原始憑證填製或者根據若干張同類原始憑證匯總填製，也可以根據原始匯總表填製，但不得將不同內容和類別的原始憑證匯總填在一張記帳憑證上。

除結帳和更正錯誤的記帳憑證可以不附原始憑證外，其他記帳憑證必須附有原始憑證。如果一張原始憑證涉及幾張記帳憑證，可以把原始憑證附在一張主要的記帳憑證后面，並在其他記帳憑證上註明附有該原始憑證的記帳憑證的編號或者附上原始憑證復印件。

一張原始憑證所列支出需要幾個單位共同負擔的，應當將其他單位負擔的部分，開給對方原始憑證分割單，進行結算。原始憑證分割單必須具備原始憑證的基本內容。

如果在填製記帳憑證時發生錯誤，應當重新填製。已經登記入帳的記帳憑證，在當年內發現填寫錯誤時，可以用紅字填製一張與原內容相同的記帳憑證，在摘要欄註明「註銷某月某日某號憑證」字樣，登記入帳；同時，再用藍字重新填製一張正確的記帳憑證，註明「訂正某月某日某號憑證」字樣，並登記入帳。如果會計科目未錯，只是金額錯誤，也可以將正確數字與錯誤數字之間的差額，另編一張調整的記帳憑證，調增用藍字，調減用紅字。發現以前年度記帳憑證有錯誤的，應當用藍字填製一張更正的記帳憑證。

記帳憑證填製完經濟業務事項后，如有空行，應當自金額欄最后一筆金額數字下的空行處劃線註銷。

填製會計憑證，字跡必須清晰、工整，符合規定的要求，並進行嚴格的審核。

實行會計電算化的單位，對於機制記帳憑證要認真審核，做到會計科目使用正確、數字準確無誤。打印的機制記帳憑證要加蓋製單人員、審核人員、記帳人員及會計機構負責人、會計主管人員印章或者簽字。

（四）會計憑證的傳遞和保管

各單位會計憑證的傳遞程序應當科學、合理，具體辦法由各單位根據會計業務需要自行規定。會計機構、會計人員要妥善保管會計憑證。會計憑證應當及時傳遞，不得積壓。會計憑證登記完畢后，應當按照分類和編號順序保管，不得散亂丟失。

記帳憑證應當連同所附的原始憑證匯總表，按照編號順序，按期裝訂成冊並加具封面，註明單位名稱、年度、月份和起訖日期、憑證種類、起訖號碼，由裝訂人在裝訂線簽名處簽名或蓋章。

二、會計帳簿

（一）會計帳簿的概念和意義

預算單位的預算收支業務都是在有關會計憑證上加以反應和監督的。由於會計憑證數量多、種類雜，又比較分散，並且每張憑證只能反應個別業務情況，不能全面地、綜合地反應單位在一定時期內同類或全部預算收支的完成情況。因此，就有必要設置帳簿將會計憑證所提供的各種分散資料加以歸類，登記到各種專設的帳簿中。

會計帳簿是由具有一定格式、互相聯繫的帳頁組成的，以供會計人員在會計憑證的基礎上，全面、連續、系統地記錄和反應各項收支業務的簿籍。

設置和登記帳簿的主要意義在於：

（1）帳簿是系統地、全面地歸納累積會計核算資料的基本形式；
（2）帳簿是單位定期編製會計報告，提供綜合會計信息的基礎；
（3）帳簿是劃清特定範圍經濟責任的有效工具；
（4）帳簿是會計分析和會計檢查的重要依據；
（5）帳簿是單位重要的經濟檔案。

（二）會計帳簿的種類

會計帳簿按用途，可分為分類帳簿、序時帳簿和備查帳簿。

1. 分類帳簿

分類帳簿是對全部經濟業務按其性質分類設置帳戶進行登記的帳簿。分類帳簿的登記是以會計科目為經，以時間順序為緯來進行的。分類帳簿又可分為總分類帳簿和明細分類帳簿。總分類帳簿是按一級會計科目設置並進行分類登記的帳簿，用來核算會計要素的總內容；明細分類帳簿是按明細科目設置並進行分類登記的帳簿，用來核算會計要素的明細內容。總分類帳簿和明細分類帳簿有一定的統屬關係。總帳中所登記的金額總數，應與其有關的各明細帳中所登記金額之和相等。明細帳中登記的詳細數字是對總帳內容的具體化和詳細說明。

2. 序時帳簿

序時帳簿也稱日記帳，是按經濟業務發生的時間先后順序，逐日逐筆連續登記的帳簿。日記帳又分為現金日記帳和銀行存款日記帳。現金日記帳用來核算單位現金收支情況，一般採用訂本式的三欄式帳簿，由出納人員根據現金收支原始憑證按照業務發生的先后順序逐日逐筆登記。每日結出現金餘額與庫存現金核對。銀行存款日記帳是用來核算單位存入開戶銀行的款項收支情況。其外表形式與格式和現金日記帳一樣。出納人員應根據銀行存款收支憑證按照業務發生的先后順序逐日逐筆登記，並定期與銀行對帳單核對。

3. 備查帳簿

備查帳簿是指對某些未能在分類帳簿和序時帳簿中進行登記的會計事項進行補充登記的輔助帳簿。

實行會計電算化的單位，用計算機打印的會計帳簿必須連續編號，經審核無誤后裝訂成冊，並由記帳人員和會計機構負責人、會計主管人員簽字或蓋章。

啓用會計帳簿時，應當在帳簿封面上寫明單位名稱和帳簿名稱。在帳簿扉頁上應當附啓用表，內容包括啓用日期、帳簿頁數、記帳人員和會計機構負責人、會計主管人員姓名，並加蓋名章和單位公章。記帳人員或者會計機構負責人、會計主管人員調動工作時，應當註明交接日期、接辦人員或者監交人員姓名，並由交接雙方人員簽名或者蓋章。

啓用訂本式帳簿時，應當從第一頁到最后一頁按順序編定頁碼數，不得跳頁、缺號。使用活頁式帳簿，應當按帳戶順序編號，並定期裝訂成冊。裝訂后再按實際使用的帳頁順序編定頁碼。

(三) 登記會計帳簿的要求

會計人員應當根據審核無誤的會計憑證登記帳簿。相關基本要求如下：

(1) 登記會計帳簿時，應當將會計憑證日期、編號、業務內容摘要、金額和其他有關資料逐項記入帳內，做到數字準確、摘要清楚、登記及時、字跡工整。

(2) 登記完畢，要在記帳憑證上簽名或蓋章，並註明已經登帳的符號，表示已經記帳。

(3) 帳簿中書寫的文字和數字上面要留有適當的空格，不要寫滿格，一般應占格距的1/2。

(4) 登記帳簿要用藍黑墨水或碳素墨水書寫，不得使用圓珠筆或者鉛筆書寫。

(5) 下列情況可用紅色墨水書寫：①按照紅字沖帳法的記帳憑證，沖銷錯誤記錄；②在不設借、貸欄的多欄式帳頁中，登記減少數；③在三欄式帳戶的余額欄前，如未印明余額方向的，在余額欄內登記負數余額。

(6) 各種帳簿按頁次順序登記，不得隔頁、跳行。如果發生跳行、隔頁，應當將空行、空頁劃線註銷並由記帳員蓋章。

(7) 凡需要結出余額的帳戶，結出余額后，應當在「借」或「貸」等欄內寫明「借」或「貸」等字樣。沒有余額的帳戶，應當在「借」或「貸」欄內寫上「平」字，並在余額欄內用「0」表示。現金日記帳和銀行存款日記帳必須逐日結出余額。

(8) 每一帳頁登記完畢結轉下頁時，應當結出本頁合計數及余額，寫在本頁最后一行和下頁第一行有關欄內，並在摘要欄內註明「過次頁」和「承前頁」字樣；也可以將本頁合計數及金額只寫在下頁第一行有關欄內，並在摘要欄內註明「承前頁」字樣。對需要結計本月發生額的帳戶，結計「過次頁」的本頁合計數應當為自本月月初起至本頁末止的發生額合計數；對需要結計本年累計發生額的帳戶，結計「過次頁」的本頁合計數應當為自本年年初起至本頁末止的累計數；對既不需要結計本月發生額也不需要結計本年累計發生額的帳戶，也可只將每頁末的余額結轉次頁。

(四) 帳簿錯誤的更正方法

如果帳簿記錄發生錯誤，不準塗改、挖補、刮擦或者用藥水消除字跡，不準重新抄寫，必須按照下列方法進行更正：

(1) 登記帳簿時發生錯誤，應當將錯誤的文字或者數字劃紅線註銷，但必須使原有字跡仍可辨認；然后在劃線上方填寫正確的文字或者數字，並由記帳人員在更正處蓋章。對於錯誤的數字，應當全部劃紅線更正，不得只更正其中的錯誤數字。對於錯

誤的文字，可只劃去錯誤的部分。

（2）由於記帳憑證錯誤而使帳簿記錄發生錯誤，應當按更正的記帳憑證登記帳簿。

（五）對帳

對帳是指對各會計帳簿的記錄，依據借貸記帳法的原理和有關勾稽關係進行帳簿核對的過程。

各單位應當定期對會計帳簿記錄的有關數字與庫存實物、貨幣資金、有價證券、往來單位或者個人等進行相互核對，保證帳證相符、帳帳相符、帳實相符。對帳工作每年至少進行一次。

（1）帳證核對。核對會計帳簿記錄與原始憑證、記帳憑證的時間、憑證字號、內容、金額是否一致，記帳方法是否相符。

（2）帳帳核對。核對不同會計帳簿之間的帳簿記錄是否相符。這包括總帳與有關的帳戶餘額核對、總帳與明細帳核對、總帳與日記帳核對、會計部門的財產物資明細帳與財產物資保管和使用部門的有關明細帳核對等。

（3）帳實核對。核對會計帳簿記錄與財產等實有數額是否相符。這包括現金日記帳帳面餘額與現金實際庫存數相核對、銀行存款日記帳帳面餘額定期與銀行對帳單相核對、各種財物明細帳帳面餘額與財物實存數相核對以及各種應收、應付款明細帳帳面餘額與有關債務、債權單位或者個人核對等。

（六）結帳

結帳是在每個會計期末，將所發生的經濟業務全部記錄入帳的基礎上，結出本期各帳簿發生額和期末餘額並進行試算平衡的過程。各單位應當按照規定定期結帳。

（1）結帳前，必須將本期內所發生的各項經濟業務全部登記入帳，然后在此基礎上進行期末餘額試算平衡。

（2）結帳時，應當結出每個帳戶的期末餘額。需要結出當月發生額的，應當在摘要欄內註明「本月合計」字樣，並在下面通欄劃雙紅線。需要結出本年累計發生額的，應當在摘要欄內註明「本年累計」字樣，並在下面通欄劃單紅線；12月末的本年累計就是全年累計發生額。全年累計發生額下面應當通欄劃雙紅線。年度終了結帳時，所有總帳帳戶都應當結出全年發生額和年末餘額。

（3）年度終了，需要將各帳戶的餘額結轉到下一會計年度，並在摘要欄註明「結轉下年」字樣；在下一會計年度新建有關帳簿的第一行余額欄內，填寫上年結轉的余額，在摘要欄註明「上年結轉」字樣。

思考題

1. 預算會計的會計要素有哪些？
2. 設置會計科目的原則有哪些？
3. 什麼是借貸記帳法？其要點有哪些？
4. 預算會計憑證如何分類？
5. 原始憑證的內容和填製要求有哪些？
6. 記帳憑證的種類和填製要求有哪些？
7. 帳簿分為哪幾類？如何登記帳簿？

第二篇
財政總預算會計

　　財政總預算會計通過會計核算程序，全面反應和監督各項財政資金的活動情況，為各級政府及廣大納稅人提供有用的會計信息。

# 第三章
財政總預算會計概述

要進行財政總預算會計的核算，必須明確財政總預算會計的具體概念及特點，掌握政府預算的管理體制、具體會計核算原則和帳務處理要求。

通過本章的學習，應該掌握以下內容：
- 財政總預算會計的特點
- 財政總預算會計的核算原則
- 財政總預算會計科目及會計帳簿的設置要求

第一節　財政總預算會計的概念及組成

一、財政總預算會計的概念及特點

財政總預算會計簡稱總預算會計，是各級政府財政部門核算、反應和監督政府財政總預算執行情況和結果的一門專業會計，是預算會計的重要組成部分。財政總預算會計由中央和地方各級政府的財政機關具體實施。

財政機關集中各項財政資金形成財政收入，是一級財政的資金來源；以撥款和支出的形式分配使用財政資金形成財政支出，是財政資金的運用；在執行財政收支後，尚未使用的資金形成各項資金結餘，是一級政府財政預算執行的結果。這種財政資金的收支、結存活動就是財政總預算會計反應、監督的基本內容。按照現行政府預算體制的要求，中國的五級政府預算都設置了財政總預算會計，並在全國組成了一個相互聯繫的信息網絡。

根據《財政總預算會計制度》的規定，財政總預算會計的主要任務是進行會計核算，反應預算執行，實行會計監督，參與預算管理，合理調度資金。

財政總預算會計的特點是同行政單位會計、事業單位會計及企業會計相比較而言的。各級政府與一般行政單位、事業單位及企業的經濟活動有著明顯的差異。財政機關是代表各級政府組織財政收支，辦理政府預算、決算的管理機關，其主要職責是如何組織財政資金的收入和使用。行政單位、事業單位的主要任務是進行預算管理，組織經濟、文化建設，發展社會各項事業，其所需資金大部分由財政資金分配撥付。企業則是以盈利為主要目標的經濟組織，獨立地從事商品生產經營活動，需要獨立核算，自負盈虧。這些經濟活動的差異，決定了財政總預算會計具有如下幾個特點：

第一，財政總預算會計是為政府預算服務的，對財政資金進行核算與監督，為管理調度資金提供會計信息。政府預算體現了國家社會經濟發展規劃，是國民收入分配的一個重要環節，對國家經濟建設和各項事業發展都起到重要作用。財政總預算會

計作為反應和監督政府預算執行情況的專業會計，具有宏觀意義，在預算會計體系中居主導地位。

第二，財政總預算會計所提供的信息不僅要符合一般的會計原則，還要符合《中華人民共和國預算法》的要求，以滿足上級財政部門及本級政府對預算管理和財政決策方面的需要。財政總預算會計的信息使用者是上級財政部門、政府部門、廣大納稅人和社會公眾，其需要瞭解財政資金的收支情況，需要瞭解財政資金的使用效益，從而明確政府所做的工作。這一點，財政總預算會計與企業會計有很大的區別。

第三，財政總預算會計核算各級政府的預算收支情況，不需要進行成本核算和損益計算。財政總預算會計的對象和職能決定了它主要反應財政資金的收入、支出情況，合理調度財政資金，提高資金使用效益，不像企業會計和某些事業單位會計，需要進行成本核算和損益核算。

第四，財政總預算會計核算的對象是財政總預算資金的運動，具體包括財政總預算資金的收入和支出以及由此形成的財政總預算資金的結餘等內容。財政總預算的編製形式和收支分類是財政總預算會計組織會計核算的主要依據。

第五，為了規範政府的會計核算，編製權責發生制的政府財務報告，保證會計信息質量，《政府會計準則——基本準則》對政府會計的核算基礎制定了原則性規定：政府會計由財務會計和預算會計構成。財務會計應當採用權責發生制；預算會計一般採用收付實現制，實行權責發生制的特定事項應當符合國務院的規定。這表現了政府會計與企業、事業單位會計有著明顯的區別。

二、財政總預算會計管理工作

（一）財政總預算會計的崗位設置

財政總預算會計的崗位設置如下：

（1）帳戶管理崗位。
（2）資金調度崗位。
（3）審核崗位。
（4）支付崗位。
（5）會計核算崗位。
（6）監督管理崗位。

（二）銀行帳戶管理

（1）國庫單一帳戶在中國人民銀行國庫部門開設。未設中國人民銀行機構的地方，應當在商業銀行、信用社開設代理國庫。國庫單一帳戶為實存財政資金帳戶。

（2）財政專戶在有關商業銀行開設。財政部門開立財政專戶應當按規定辦理審批手續。

（3）零余額帳戶在有關商業銀行開設。

（4）預算單位銀行帳戶在有關商業銀行開設。

（三）財政資金管理

各級財政部門應當按照國庫集中收付制度的規定，建立科學規範的財政資金收付管理流程，將所有財政資金收付納入信息系統管理，實現資金收付各環節之間的有效

制衡。

(四) 會計核算管理

各級財政部門應當按照現行法律法規和有關國家統一會計制度的規定建立會計帳冊，進行會計核算，及時提供真實完整的會計信息。

(五) 會計監督檢查

監督檢查相對獨立於具體業務工作，其目的是確保各項具體業務工作規範運行。

第二節　財政總預算會計的核算組織

財政總預算會計的核算組織主要包括設置會計科目、採用適當的記帳方法、規定會計憑證、設置會計帳簿以及設計會計報表等內容，現主要對財政總預算會計的會計科目、會計憑證和會計帳簿進行介紹，其他內容在本書相關章節介紹。

一、財政總預算會計科目設置的要求

(一) 財政總預算會計科目設置的特點

會計科目是對會計對象具體內容進行分類核算的項目，是會計要素的進一步分類。因此，會計科目是各級財政總預算會計設置帳戶、確定核算內容的依據，也是匯總和檢查財政資金活動情況及其結果的基本依據。財政總預算會計的會計科目是根據統一性、適應性和簡明性的要求設置的，與其他預算會計比較具有以下的特點：

(1) 收支科目相對應，並占據主要位置。總預算會計的收支科目較多，並有直接的對應關係，主要是遵循專款專用的原則。

(2) 收支科目與《政府收支分類科目》相適應。收支科目以《政府收支分類科目》的級次設置明細科目，即總預算會計的明細科目要與《政府收支分類科目》的類、款、項一致。這樣使會計記錄和反應的結果能與政府預算相對應，便於分析和比較，更好地為預算管理服務。

(3) 不核算實物資產，故不設這一類會計科目，也沒有「庫存現金」科目。

(二) 財政總預算會計科目表及使用要求

總預算會計的一級科目必須統一，明細科目允許有一定的靈活性。一級科目統一由財政部制定和發布施行，不需要的科目可以不用，但不得任意改變科目名稱和編號。明細科目除統一規定外，各級總預算會計也可按本身的需要自行設置。

各級財政總預算會計按會計要素可分為資產、負債、淨資產、收入和支出五類科目，其適用的會計科目如表3-1所示：

表 3-1　　　　　　　　　財政總預算會計常用會計科目表

編號	會計科目分類和名稱	核　算　內　容
	一、資產類	
110	1. 國庫存款	核算各級總預算會計在國庫的預算資金（含一般預算和基金預算）存款

表3-1(續)

編號	會計科目分類和名稱	核算內容
102	2. 其他財政存款	核算各級總預算會計未列入「國庫存款」科目反應的各項財政性存款和政府採購資金專戶的存款
103	3. 財政零餘額帳戶存款	核算財政國庫支付執行機構在銀行辦理財政直接支付的業務
104	4. 有價證券	核算各級政府按國家統一規定用各項財政結餘購買有價證券的庫存數
105	5. 在途款	核算決算清理期和庫款報解整理期內發生的上下年度收入、支出業務及需要通過本科目過渡處理的資金數
111	6. 暫付款	核算各級財政部門借給所屬預算單位或其他單位臨時急需的款項以及財政總預算會計將預算資金劃入政府採購資金專戶的款項
112	7. 與下級往來	核算與下級財政的往來款項
121	8. 預撥經費	核算財政部門預撥給行政事業單位、尚未列為預算支出的經費
122	9. 基建撥款	核算撥付給經辦基本建設支出的專業銀行或撥付基本建設財務管理部門的基本建設撥款數
131	10. 財政周轉金放款	核算財政有償資金的撥出、貸付及收回情況
132	11. 借出財政周轉金	核算上級財政部門借給下級財政部門周轉金的借出和收回情況
133	12. 待處理財政周轉金	核算經審核已經成為呆帳，但尚未按規定程序報批核銷的逾期財政周轉金轉入和核銷情況
	二、負債類	
211	13. 暫存款	核算各級財政臨時發生的應付、暫收和收到不明性質的款項以及採購機關將預算外資金和單位自籌資金劃入政府採購資金專戶的款項
212	14. 與上級往來	核算與上級財政的往來結算款項
213	15. 已結報支出	核算財政國庫資金已結清的數額
222	16. 借入款	核算中央財政和地方財政按照國家法律、國務院規定向社會以發行債券方式舉借的債務
223	17. 借入財政周轉金	核算地方財政部門向上級財政部門借入有償使用的財政周轉金
	三、淨資產類	
301	18. 預算結餘	核算各級財政預算收支的年終執行結果
305	19. 基金預算結餘	核算各級財政管理的政府性基金收支的年終執行結果
306	20. 國有資本經營預算結餘	核算各級財政執行國有資本經營預算結果
307	21. 專用基金結餘	核算總預算會計管理的專用基金收支的年終執行結果
321	22. 預算周轉金	核算各級財政設置的用於平衡季節性預算收支差額周轉使用的資金
322	23. 財政周轉基金	核算各級財政部門設置的有償使用資金

表3-1(續)

編號	會計科目分類和名稱	核算內容
	四、收入類	
401	24. 一般預算收入	核算各級財政部門組織的納入預算的各項收入
405	25. 基金預算收入	核算各級財政部門管理的政府性基金預算
406	26. 國有資本經營預算收入	核算各級政府及其部門以所有者身分依法取得的國有資本收益
407	27. 專用基金收入	核算財政部門按規定設置或取得的專用基金收入
408	28. 債務收入	核算省級財政部門作為債務主體發行地方政府債券收到的發行收入
409	29. 債務轉貸收入	核算省級以下財政部門收到來自上級財政部門轉貸的債務收入
411	30. 補助收入	核算上級財政部門撥來的補助款，包括稅收返還收入、按財政體制規定由上級財政補助的款項和上級財政對本級財政的專項補助及臨時性補助
412	31. 上解收入	核算下級財政上繳的預算上解款，包括按體制規定由國庫在下級預算收入中直接劃解給本級財政的款項，按體制結算後由下級財政補繳給本級財政的款項及各種專項上解款項
414	32. 調入資金	核算各級財政部門為平衡一般預算收支從基金預算和其他管道調入的資金以及為平衡基金預算從一般預算調入基金預算的資金
425	33. 財政周轉金收入	核算財政周轉金利息及占用費的收入情況
	五、支出類	
501	34. 一般預算支出	核算總預算會計辦理的應由預算資金支付的各項支出
505	35. 基金預算支出	核算各級財政部門用基金預算收入安排的支出
506	36. 國有資本經營預算支出	核算各級政府及其部門用國有資本經營收入安排的支出
507	37. 專用基金支出	核算各級財政部門用專用基金收入安排的支出
508	38. 債務還本支出	核算地方各級財政部門發生的債務還本支出
509	39. 債務轉貸支出	核算各級地方財政部門對下級財政部門轉貸的債務支出
511	40. 補助支出	核算本級財政對下級財政的補助支出，包括稅收返還支出、按原財政體制結算應補助給下級財政的款項、專項補助或臨時性補助
512	41. 上解支出	核算解繳上級財政的款項，包括按體制由國庫在本級預算收入中直接劃解給上級財政的款項，按體制結算補解給上級財政的款項和各種專項上解款項
514	42. 調出資金	核算各級財政部門從基金預算中調出用於平衡一般預算收支的資金以及從一般預算調出用於平衡基金預算的資金
516	43. 國有資本經營預算調出資金	核算各級財政部門從國有資本經營預算中調出的資金
524	44. 財政周轉金支出	核算借入上級財政周轉金支付的占用費及周轉金管理使用過程中按規定開支的相關費用支出情況

(三) 財政總預算會計科目的使用要求

(1) 應當使用按規定統一設置的會計科目，不需要的可以不用，但不得擅自更改統一設置的會計科目的名稱。

(2) 明細科目的名稱，除已有統一規定的外，各級財政總預會計可根據需要自行設置。

(3) 為便於編製會計憑證、登記會計帳簿、查閱帳目和實行會計電算化，對於已按規定統一編製的會計科目的編碼，各級財政總預算會計不得隨意變更或打亂重編。

(4) 各級財政總預算會計在填製會計憑證、登記會計帳簿時，應填列會計科目的名稱，或同時填列會計科目的名稱和編碼，但不得只填編碼而不填名稱。

二、財政總預算會計帳務處理的要求

會計憑證是記錄經濟業務、明確經濟責任的書面證明，也是登記會計帳簿的依據。政府會計在核算各項經濟業務時，都應取得或填製原始憑證，並根據審核無誤的原始憑證填製記帳憑證。

(一) 原始憑證的構成

原始憑證是經濟業務發生時，載明其經濟業務完成情況的原始證明。

各級財政總預算會計採用的原始憑證主要如下：

(1) 國庫報來的各種收入日報表及附件，如各種「繳款書」「收入退還書」「更正通知書」等；

(2) 各種撥款和轉帳收款憑證，如預算撥款憑證、各種銀行匯款憑證等；

(3) 主管部門報來的各種非包干專項撥款支出報表和基本建設支出月報等；

(4) 其他足以證明會計事項發生經過的憑證和文件。

(二) 記帳憑證的格式

記帳憑證是會計人員根據審核無誤的原始憑證填製的記錄經濟事項、借貸方向、會計科目及其金額的證明文件，是登記帳簿的依據。政府會計的記帳憑證不分收、付、轉三種專用格式，一律採用通用記帳憑證。其基本格式有兩種，如表 3-2 所示：

表 3-2　　　　　　　　　　　記帳憑證

　　　　　　　　　　　　　　　　　　　　　　　　　總號_____
　　　　　　　　　　　　年　月　日　　　　　　　　分號_____

對方單位	摘要	借　方		貸　方		金額	記帳符號	
		科目編號	科目編號	科目編號	科目編號			
								附憑證　張

會計主管　　　記帳　　　稽核　　　出納　　　製單　　　領繳款人

記帳憑證應按制度的規定進行編製和執行，有關人員必須履行自己的職責。月末，應將記帳憑證按順序號整理，連同所附的原始憑證加上封面，裝訂成冊保管。記帳憑證封面格式如表3-3所示：

表3-3　　　　　　　　　　　(財政部門或單位名稱)
　　　　　　　　　　　　　　　記帳憑證封面

時　　間	年　　　　月份
冊　　數	本月共　　冊　　本冊是第　　冊
張　　數	本冊自第　　號至第　　號

會計主管　　　　　　　　　　　　　裝訂人

(三) 會計帳簿的設置

帳簿是由一定的格式、互相聯繫的帳頁組成，以供會計人員在會計憑證的基礎上，全面、連續、系統地記錄和反應各項經濟業務的簿籍。為了核算各級政府、行政單位的財政資金，政府會計應根據需要設置以下帳簿：

1. 總帳

總帳是用來核算財政總預算會計資金活動的總括情況、平衡帳務、控制和核對各種明細帳的帳簿。總帳格式採用三欄式帳簿，並按會計科目名稱設置帳戶。總帳格式如表3-4所示：

表3-4　　　　　　　　　　　　　　　總　帳

會計科目：＿＿＿＿＿

本帳頁數	
本戶頁數	

戶名：＿＿＿＿＿

年		憑證號	摘　要	借方金額	貸方金額	餘　　　　額	
月	日					借或貸	金　額

2. 明細帳

明細帳是用來核算對總帳有關科目進行明細核算的帳簿。明細帳可以選用三欄式帳簿或多欄式帳簿。多欄式帳簿格式如表3-5所示：

表 3-5　　　　　　　　　　　　　　明　細　帳

明細科目或戶名：_____　　　　　　　　　　　　　　　　　　　　　第　　頁

年		憑證號	摘　要	借　方	貸　方	餘　額	借(貸)方餘額分析			
月	日									

說明：各種收支明細帳可採用本帳格式。
　　　本帳作為支出明細核算時，「借（貸）方余額分析」欄以借方為主。
　　　本帳作為收入明細核算時，「借（貸）方余額分析」欄以貸方為主。

具體來說，財政總預算會計需設置的主要明細帳如下：

（1）收入明細帳，包括一般預算收入明細帳、基金預算收入明細帳、專用基金收入明細帳、上解收入明細帳等。

（2）支出明細帳，包括一般預算支出明細帳、基金預算支出明細帳、專用基金支出明細帳、補助支出明細帳等。

（3）往來明細帳，包括暫付款明細帳、暫存款明細帳、與下級往來明細帳等。

（4）存款明細帳，包括一般預算存款明細帳、基金預算存款明細帳、專用基金存款明細帳、未設國庫的鄉鎮財政預算資金存款明細帳等。

思考題

1. 什麼是財政總預算會計？
2. 財政總預算會計的對象是什麼？
3. 財政總預算會計有哪些特點？
4. 財政總預算會計的管理體系是如何構成的？
5. 財政總預算會計科目的設置有哪些特點？
6. 財政總預算會計應設置哪些帳簿？

第四章
財政總預算會計資產的核算

財政總預算會計所核算的資產，是一級財政掌管或控制的能以貨幣計量的經濟資源，包括貨幣資金和債權兩大部分。

通過本章的學習，應該掌握以下內容：
- 總預算會計資產的內容
- 各項資產的管理要求
- 各項資產的帳務處理

第一節　貨幣資金的管理與核算

從財政總預算會計核算的角度來看，貨幣資金包括財政性存款、有價證券和在途款等內容。

一、財政性存款的管理與核算

（一）財政性存款的管理原則

財政總預算會計的財政性存款是財政部門代表政府所掌管的財政資金，包括國庫存款和其他財政存款。財政性存款的支配權屬於同級財政部門，由財政總預算會計負責管理和統一收付。財政總預算會計在管理財政性存款中應當遵循以下原則：

1. 集中資金，統一調度

各種應由財政部門掌管的資金，都要納入財政總預算會計的存款帳戶，並根據各項業務的進度撥付資金，以滿足計劃內各項正常支出的需要。實行集中資金，統一調度，一方面有利於資金周轉，提高資金的使用效益；另一方面又有利於明確職責，健全內部控制機制。

2. 嚴格控制存款開戶

各級政府的預算資金除財政部有明確規定者外，都要由財政總預算會計統一在國庫或指定的銀行開立存款帳戶。不得在國家規定之外將預算資金或其他財政資金任意轉存其他金融機構。

3. 執行預算，計劃支撥

財政總預算會計應根據人民代表大會通過的年度預算和經財政有關職能部門批准的單位季度分月用款計劃撥付財政資金，不得辦理超預算、無計劃的撥款。尤其在行政事業單位實行經費包干、財政總預算「以撥列支」的情況下，必須嚴格執行預算和用款計劃，以加強源頭控制。

4. 轉帳結算，不提現金

財政總預算會計的各種支撥憑證，都只能用以轉帳結算，不得提取現金。財政部門是資金分配部門，不是財政資金的具體使用單位，採用轉帳結算，符合財政總預算會計的實際情況，也有利於保護國庫存款的安全。

5. 在存款余額內支付，不得透支

財政總預算會計只能在國庫存款和其他財政存款余額內辦理支付。不得透支是金融管理的常規，也是管理財政資金的原則。不得透支，能夠使各級財政部門做好季節間的資金調度工作，確保財政收支平衡。

(二) 財政性存款的開戶

對於財政性存款，一般由財政機關開具證明，加蓋機關公章，並提交印鑑卡，到同級國庫或指定的銀行辦理開戶，待第一筆收入收到後，該戶即開始成立。

開戶時提交的印鑑卡應預留財政機關名稱、機關首長、預算部門負責人和會計的印鑑。

(三) 財政性存款的核算

為了反應和監督財政性存款的增減及其結存情況，各級財政總預算會計應設置「國庫存款」「其他財政存款」和「在途款」等總帳科目。

「國庫存款」科目是用來核算各級財政總預算會計在國庫的預算資金存款的增減變動及其結存情況。該科目借方登記國庫存款的增加數；貸方登記國庫存款的減少數；余額在借方，反應國庫存款的結存數。該科目可設置「一般預算存款」和「基金預算存款」明細科目進行明細核算。

財政總預算會計收到預算收入時，根據國庫報來的預算收入日報表入帳。收到上級預算補助時，根據國庫轉來有關結算憑證入帳。辦理庫款支付時，根據支付憑證回單入帳。

「其他財政存款」科目是用來核算各級財政總預算會計未列入「國庫存款」科目反應的各項財政性存款的增減變動及結存情況。其他財政存款包括未設國庫的鄉（鎮）財政在專業銀行的預算資金存款，由財政部指定存入專業銀行的專用基金存款以及政府採購資金存款等。該科目借方登記其他財政存款的增加數；貸方登記其他財政存款的減少數；余額在借方，反應其他財政存款的結存數。為便於分類管理，「其他財政存款」總帳科目下應按交存地點和資金分設明細帳，進行明細分類核算。

財政總預算會計應根據國庫報來的收入日報表或銀行收款通知入帳；支付其他財政存款時，應根據有關支付憑證的回單入帳。另外，採用國庫集中收付方式時，也需要運用「其他財政存款」科目進行政府採購業務方面的核算。

在途款是指在規定的庫款整理期和決算清理期內，收到的應屬於上年度收入的款項和收回的不應在上年度列支的款項，或其他需要作為在途款過渡的資金數。通過「在途款」科目進行核算，則能劃清上下年度的收支。

「在途款」科目用來核算決算清理期內和庫款報解整理期內發生的上下年度收入、支出業務及需要通過該科目過渡處理的資金數。該科目借方登記各級國庫在決算清理期內和庫款報解整理期內收到應屬於上年度的收入款以及收回不應在上年度列支的款項；貸方登記收到的在途款已沖轉；余額在借方，反應仍未到達的在途款。

【例4-1】某市財政局收到國庫報來本市「預算收入日報表」及「繳款書」等原始憑證，列示當日市級預算收入為 1,500,000 元，國有資本經營預算收入為 780,000 元。該財政局應編製如下會計分錄：

借：國庫存款——一般預算存款　　　　　　　　2,280,000
　　貸：一般預算收入　　　　　　　　　　　　　　　1,500,000
　　　　國有資本經營預算收入　　　　　　　　　　　　780,000

【例4-2】某市財政局收到國庫報來「基金預算收入日報表」，列明收入為 5,000,000 元。該財政局應編製如下會計分錄：

借：國庫存款——基金預算存款　　　　　　　　5,000,000
　　貸：基金預算收入　　　　　　　　　　　　　　　5,000,000

【例4-3】某市財政局收到下級財政上解的預算收入 300,000 元。該財政局應編製如下會計分錄：

借：國庫存款　　　　　　　　　　　　　　　　　300,000
　　貸：上解收入　　　　　　　　　　　　　　　　　　300,000

【例4-4】某市財政局將基金預算結餘 1,000,000 元調入一般預算中，平衡一般預算收支不足。該財政局應編製如下會計分錄：

借：國庫存款——一般預算存款　　　　　　　　1,000,000
　　貸：調入資金　　　　　　　　　　　　　　　　　1,000,000

同時：

借：調出資金　　　　　　　　　　　　　　　　　1,000,000
　　貸：國庫存款——基金預算存款　　　　　　　　　1,000,000

【例4-5】某市財政局按計劃撥付市民政局本月行政經費 250,000 元，撥付國有資本經營預算支出 380,000 元。該財政局應編製如下會計分錄：

借：一般預算支出　　　　　　　　　　　　　　　250,000
　　國有資本經營預算支出　　　　　　　　　　　380,000
　　貸：國庫存款　　　　　　　　　　　　　　　　　　630,000

【例4-6】某市財政局撥付一筆專用基金給 A 單位用於經批准實施的某一專門項目資金 400,000 元。該財政局應編製如下會計分錄：

借：專用基金支出　　　　　　　　　　　　　　　400,000
　　貸：其他財政存款——專用基金存款　　　　　　　400,000

【例4-7】某市財政局在庫款整理期內收到屬於上年度的一般預算收入 700,000 元。該財政局應編製如下會計分錄：

在本年度帳上記：

借：國庫存款　　　　　　　　　　　　　　　　　700,000
　　貸：在途款　　　　　　　　　　　　　　　　　　　700,000

上年度帳已有的記錄：

借：在途款　　　　　　　　　　　　　　　　　　700,000
　　貸：一般預算收入　　　　　　　　　　　　　　　700,000

【例4-8】某市財政局在決算清理期內收回上年度已列支的基金預算支出 75,000

元。該財政局應編製如下會計分錄：

在本年度帳上記：

借：國庫存款——基金預算存款　　　　　　　　　　　　　75,000
　　貸：在途款　　　　　　　　　　　　　　　　　　　　　　75,000

上年度帳已有的記錄：

借：在途款　　　　　　　　　　　　　　　　　　　　　　　75,000
　　貸：基金預算支出　　　　　　　　　　　　　　　　　　　75,000

【例4-9】某鄉財政總預算未設國庫，收到縣財政總預算會計返回的一般預算收入890,000元。該財政局應編製如下會計分錄：

借：其他財政存款　　　　　　　　　　　　　　　　　　　890,000
　　貸：一般預算收入　　　　　　　　　　　　　　　　　　890,000

【例4-10】接上例，鄉財政總預算會計開出付款通知單，向鄉所屬中學撥付本月經費560,000元。該財政局應編製如下會計分錄：

借：一般預算支出　　　　　　　　　　　　　　　　　　　560,000
　　貸：其他財政存款　　　　　　　　　　　　　　　　　　560,000

二、有價證券的管理與核算

有價證券是國家指定的證券發行部門依照法定程序發行的，並約定在一定期限內還本付息的信用憑證。財政總預算會計核算的有價證券是指中央政府以信用方式發行的國家公債。發行有價證券是政府調節宏觀經濟、平衡預算、集中財力、籌集國家重點建設項目資金的一種手段。財政總預算會計對有價證券的管理與核算有以下方面的要求：

（1）各級政府只能用各項財政結餘資金（指一般預算結餘和基金預算結餘）購買國家指定的有價證券，如國庫券、國家重點建設債券等，但不能購買公司債券和股票。

（2）支付購買有價證券的資金不能列作支出。

（3）當期有價證券兌付的利息及轉讓有價證券取得的收入，與有價證券帳面成本的差額，應按購入有價證券時的資金來源作為一般預算收入或基金預算收入。

（4）有價證券（含債券收款單）要視同貨幣一樣妥善保管。

（5）為了反應和監督各級財政部門有價證券的購買、兌換及結存情況，需設置「有價證券」科目。

「有價證券」科目用來核算各級政府按國家統一規定用各項財政結餘購買有價證券的庫存數。該科目借方登記購入款；貸方登記到期兌付款；余額在借方，反應尚未兌換的有價證券實際庫存款。

【例4-11】某市財政局根據市政府指示用預算結餘購買國庫券5,000,000元；用基金預算結餘購買國庫券1,000,000元。該財政局應編製如下會計分錄：

借：有價證券　　　　　　　　　　　　　　　　　　　　6,000,000
　　貸：國庫存款——一般預算存款　　　　　　　　　　　　5,000,000

基金預算存款   1,000,000

【例4-12】上述國庫券到期，收回本金6,000,000元，利息180,000元（利率3%）。該財政局應編製如下會計分錄：

借：國庫存款——一般預算存款   5,150,000
　　　　——基金預算存款   1,030,000
 貸：有價證券   6,000,000
  一般預算收入   150,000
  基金預算收入   30,000

第二節　財政債權的管理與核算

財政總預算會計債權主要有三類：一是對用款單位借墊款形成的債權，二是財政部門上下級往來形成的債權，三是預撥款項形成的債權。這些債權具體包括暫付款、與下級往來、預撥經費、基建撥款等。

一、對用款單位借墊款形成的債權的管理與核算

預算執行過程中，財政部門和預算單位之間會發生一些臨時性的應收、暫付款項，如對所屬預算單位和其他單位的臨時急需借款和其他應收暫付款，政府採購採用國庫集中收付方式時，也會產生暫付款。這一債權是待結算資金，既可能收回，也可能轉為支出。在會計上應設置「暫付款」科目進行核算。由於暫付款屬於債權性質，財政總預算會計應及時組織清理，不能長期掛帳。

為了核算暫付款業務，需設置「暫付款」總帳科目。該科目借方登記債權的發生數；貸方登記債權的清償數；余額在借方，反應尚未清償的債權數。該科目應及時清理結算，年終該科目原則上應無余額。該科目應按資金性質及借款單位名稱設置明細帳，進行明細分類核算。

【例4-13】某市因救災急需，按領導指示，市財政局借給民政局自然災害救災款350,000元。該財政局應編製如下會計分錄：

借：暫付款   350,000
 貸：國庫存款   350,000

【例4-14】接上例，經研究，該暫付款已落實預算，全數轉為對民政局的支出。該財政局應編製如下會計分錄：

借：一般預算支出   350,000
 貸：暫付款   350,000

【例4-15】某市財政局將預算資金250,000元劃入政府採購資金專戶，用於A部門採購設備。該財政局應編製如下會計分錄：

借：暫付款——政府採購款   250,000

貸：國庫存款	250,000

同時：

借：其他財政存款──財政部門零余額帳戶	250,000
貸：暫存款──政府採購款	250,000

【例4-16】接上例，A部門採購的設備價款為240,000元，國庫支付局根據有關文件和資料撥付款項，並將節約的資金劃回財政總預算會計。該財政局應編製如下會計分錄：

借：暫存款──政府採購款（支付）	240,000
──政府採購款（劃回）	10,000
貸：其他財政存款──財政部門零余額帳戶	250,000

【例4-17】市財政總預算會計將政府採購所用預算資金240,000元列報支出，並收到劃回的政府採購資金。該財政局應編製如下會計分錄：

借：一般預算支出	240,000
貸：暫付款──政府採購款	240,000
借：國庫存款	10,000
貸：暫付款──政府採購款	10,000

二、財政部門上下級往來形成的債權的管理與核算

財政部門在執行總預算過程中，有時會出現年度內預算收入和預算支出不平衡的情況。當預算支出大於預算收入時，按規定可以先動用本級財政的預算周轉金；如果預算收支仍不平衡，下級財政部門可以向上級財政部門申請短期借款。上級財政部門也可以向有結余的下級財政部門借入款項。這些款項就形成了財政上下級之間的債權債務。另外，年終財政體制結算中，全年上下級財政的實際上解或補助款與應上解或應補助款之間也會形成暫時借墊款項，這也是財政上下級之間的債權債務。

為了核算與上級往來業務，應設置「與下級往來」總帳科目。該科目借方登記借給下級財政款和體制結算中應由下級財政上交的收入數；貸方登記收回下級財政償還的、轉作補助支出或體制結算應補助下級財政的數額；余額在借方，反應下級財政應歸還本級財政的款項。如余額在貸方，則反應本級財政欠下級財政的款項，在編製資產負債表時應以負數表示。

該科目應及時清理結算，轉作補助支出的部分，應在當年結清，不得長期掛帳；其他年終未能結清的余額，結轉下年。該科目應按資金性質和下級財政部門名稱設置明細帳，進行明細分類核算。

【例4-18】某市財政局同意其下屬財政單位申請臨時借款500,000元，以作周轉調度用。該財政局應編製如下會計分錄：

借：與下級往來	500,000
貸：國庫存款	500,000

【例4-19】市財政局同意將上述借款的80%轉作對下屬財政單位的補助款，20%

歸還給本局，並已收到還款。該財政局應編製如下會計分錄：

借：國庫存款　　　　　　　　　　　　　　　　　　100,000
　　補助支出　　　　　　　　　　　　　　　　　　400,000
　　貸：與下級往來　　　　　　　　　　　　　　　　　　500,000

【例4-20】財政體制結算中，某市財政應收下級財政上交的款項150,000元未收到。該財政局應編製如下會計分錄：

借：與下級往來　　　　　　　　　　　　　　　　　150,000
　　貸：上解收入　　　　　　　　　　　　　　　　　　150,000

【例4-21】在財政體制結算中，某市財政應補助所屬某縣財政款項235,000元未撥付。該財政局應編製如下會計分錄：

借：補助支出　　　　　　　　　　　　　　　　　　235,000
　　貸：與下級往來　　　　　　　　　　　　　　　　　235,000

三、預撥款項形成的債權的管理與核算

預撥款項是各級財政機關根據核定的預算計劃，按規定預撥給用款單位的待結算資金，包括預撥經費和基建撥款。

（一）預撥經費的含義及管理要求

預撥經費是由於特殊情況預撥給預算單位，不在當期列支的經費。發生預撥經費主要有兩種特殊情況：一是交通不便的邊遠地區，需要上級部門提前撥付下一個月的經費；二是上年預撥屬於下年預算的經費。凡是年度預算執行中，財政總預算會計用預算資金預撥出應在以後各期列支的款項以及會計年度終了前預撥給用款單位的下年度經費均應作為預撥經費管理。

財政總預算會計對於預撥經費的管理要求如下：

（1）預撥經費應掌握個別、特殊的原則，並控制在計劃額度內，不能任意預撥。

（2）預撥經費應按照單位經費領報關係預撥。凡有上級主管部門的單位，不能直接與各級財政部門發生領撥經費關係。

（3）預撥經費應在規定的列支期間及時列為支出，不能長期掛帳。

（二）基建撥款的含義及管理要求

基建撥款是指財政部門按基本建設計劃撥付給經辦基本建設支出的專業銀行或基本建設財務管理部門的基本建設撥款和貸款數。

中國的基本建設資金由財政總預算會計進行管理和監督使用。當財政總預算會計將基本建設款撥付給經辦基本建設支出的專業銀行或基本建設財務管理部門時，財政總預算會計的支出數尚未形成，基建撥款則表現為財政總預算會計的債權。當財政總預算會計收到經辦基本建設支出的專業銀行或基本建設財務管理部門報來的基本建設撥款報表時，相應的撥款數則轉為支出數。對於不實行限額管理的基建撥款，應直接按照撥付給建設單位的資金數額列為支出，不通過「基建撥款」科目核算。

(三) 應設置的會計科目及帳務處理

財政總預算會計為了核算預撥款項，應設置「預撥經費」和「基建撥款」兩個總帳科目。

「預撥經費」科目用來核算財政部門預撥給行政事業單位、尚未列為預算支出的經費。該科目借方登記預撥款；貸方登記轉列支出數或用款單位交回款；余額在借方，反映尚未轉列支出或尚未收回的預撥經費數。該科目應按撥款單位設置明細帳。凡是撥出經費屬於本期支出的，應直接通過有關支出科目核算，不能記入「預撥經費」科目。

「基建撥款」科目用來核算撥付給經辦基本建設支出的專業銀行或撥付基本建設的財務管理部門的基本建設撥款和貸款數。該科目借方登記撥出數；貸方登記基本建設財務管理部門或受委託的專業銀行撥來撥付建設單位數及繳回財政數；余額在借方，反應尚未列報支出數。該科目應按撥款單位設置明細帳，進行明細分類核算。直接撥付建設單位的基本建設資金，不通過「基建撥款」科目核算。

【例4-22】某市財政局根據下年度計劃和水利局申請，預撥給水利局下年度農田水利經費80萬元。該財政局應編製如下會計分錄：

借：預撥經費——水利局——下年度水利經費　　　　　800,000
　　貸：國庫存款　　　　　　　　　　　　　　　　　　800,000

【例4-23】某市財政局7月份按預算預撥給市教委下月教育經費100萬元。該財政局應編製如下會計分錄：

借：預撥經費——市教委　　　　　　　　　　　　　1,000,000
　　貸：國庫存款　　　　　　　　　　　　　　　　　1,000,000

【例4-24】接上例，經審核，市財政局將預撥給市教委的經費轉列支出。該財政局應編製如下會計分錄：

借：一般預算支出　　　　　　　　　　　　　　　　1,000,000
　　貸：預撥經費——市教委　　　　　　　　　　　　1,000,000

【例4-25】某市財政總預算會計根據基本建設計劃，撥給市財政局基本建設財務管理處基建資金250萬元。該財政局應編製如下會計分錄：

借：基建撥款——基建財務處　　　　　　　　　　　2,500,000
　　貸：國庫存款　　　　　　　　　　　　　　　　　2,500,000

【例4-26】某市財政局月末收到基本建設財務管理處報來的基建撥款報表，撥款數為230萬元。該財政局應編製如下會計分錄：

借：一般預算支出　　　　　　　　　　　　　　　　2,300,000
　　貸：基建撥款——基建財務處　　　　　　　　　　2,300,000

【例4-27】某市財政局收到基本建設財務管理部門繳回多余的基建撥款20萬元。該財政局應編製如下會計分錄：

借：國庫存款　　　　　　　　　　　　　　　　　　　200,000
　　貸：基建撥款——基建財務處　　　　　　　　　　　200,000

思考題

1. 財政性存款的管理原則是什麼？
2. 「其他財政存款」科目主要核算哪些存款？
3. 什麼是有價證券？各級政府如何購買國庫券？
4. 總預算會計的「與下級往來」科目核算的內容表現在什麼方面？
5. 在途款業務是如何形成的？應當如何核算？
6. 什麼是預撥款項？它有哪些內容？
7. 財政總預算會計對預算單位的借款用什麼科目核算？

練習題

1. 某市財政局預撥給市水利局下月行政經費200,000元。
2. 某市財政局根據基建計劃，撥付給市財政局基建財務處基本建設資金1,800,000元。
3. 某市財政局預撥給教育局下月教育經費100,000元，以滿足邊遠學校經費開支。
4. 在庫款報解整理期內，某縣財政局收到國庫報來預算收入日報表及其附件，列示所屬上年度的預算收入150,000元。
5. 某市財政局收到基建財務處報來的基本建設撥款報表，撥款數為1,600,000元。
6. 某市財政局收到基建財務處繳回的基建資金餘款200,000元。
7. 經審核，某市財政局將預撥給市水利局的經費500,000元轉作支出。
8. 某市財政局同意縣財政局的申請，借給該縣財政局臨時周轉金300,000元。
9. 某市財政局用基金預算存款借給市公共事業單位部門臨時用款100,000元。
10. 上述借款經批准轉作基金預算支出。
11. 某市財政局借給市教育局款項200,000元，用於維修中小學教室。
12. 上述借款經批准轉作預算撥款。
13. 在決算清理期內，某市財政局收回上年度已列支的基金預算支出95,000元。

請根據以上情況編製相應會計分錄。

第五章
財政總預算會計負債與淨資產的核算

負債是會計主體所承擔的、需以資產償付的債務，而淨資產則是指資產減去負債的差額。它們在核算上有著相同的借貸方向，但在核算內容上具有各自的特點和不同的規定。

通過本章的學習，應該掌握以下內容：
- 總預算會計負債的內容及管理要求
- 各項負債的帳務處理
- 總預算會計淨資產的內容及管理要求
- 各項淨資產的帳務處理

第一節 負債的核算

在財政總預算會計中，財政負債是一級財政所承擔的能以貨幣計量，需以資產償付的債務。財政雖然是分配資金的部門，但在預算執行中，與上下級財政、與預算單位之間也存在著人欠或欠人事項，加上發行國債，這就形成以下三類財政負債事項：

一、與預算單位結算形成的債務管理與核算

財政部門與預算單位之間發生的臨時應付、暫收和收到不明性質的款項，稱為暫存款業務。暫存款業務反應了財政與預算單位之間的債務關係。暫存款屬於待結算款項，結算時可能需要退還，也可能轉為收入。暫存款必須及時清理，不能長期掛帳。

為了核算暫存款業務，需設置「暫存款」總帳科目。該科目貸方登記收到的款項；借方登記沖轉退還或轉作收入的款項；余額在貸方，反應尚未結清的暫存款數額。「暫存款」科目應按資金性質、債權單位或款項來源設置明細帳，進行明細分類核算。

【例5-1】某市財政局收到某行政單位交來性質不明的暫收款 20,000 元。該財政局應編製如下會計分錄：

借：國庫存款　　　　　　　　　　　　　　　　　　　　　　　　20,000
　　貸：暫存款　　　　　　　　　　　　　　　　　　　　　　　　　　　20,000

【例5-2】該財政局后查明上述暫收款中有 15,000 元為該單位合法的罰款收入，另外 5,000 元為不合法罰款，退回原單位。該財政局應編製如下會計分錄：

借：暫存款　　　　　　　　　　　　　　　　　　　　　　　　　20,000
　　貸：一般預算收入　　　　　　　　　　　　　　　　　　　　　　　15,000
　　　　國庫存款　　　　　　　　　　　　　　　　　　　　　　　　　　5,000

【例5-3】某市財政局將預算資金 500,000 元劃入政府採購資金專戶，用於為 A 單位採購設備。該財政局應編製如下會計分錄：

借：暫付款——政府採購款　　　　　　　　　　　　　500,000
　　貸：國庫存款　　　　　　　　　　　　　　　　　　　　500,000

同時：

借：其他財政存款　　　　　　　　　　　　　　　　　500,000
　　貸：暫存款——政府採購款　　　　　　　　　　　　　　500,000

【例5-4】承上例，國庫支付中心收到 A 單位自籌資金 200,000 元，並劃入政府採購專戶。該財政局應編製如下會計分錄：

借：其他財政存款　　　　　　　　　　　　　　　　　200,000
　　貸：暫存款——政府採購配套資金　　　　　　　　　　　200,000

【例5-5】承上例，國庫支付中心依據採購合同和有關文件資料，支付採購款 700,000 元。該財政局應編製如下會計分錄：

借：暫存款——政府採購款　　　　　　　　　　　　　500,000
　　暫存款——政府採購配套資金　　　　　　　　　　　200,000
　　貸：其他財政存款　　　　　　　　　　　　　　　　　　700,000

同時：

借：一般預算支出　　　　　　　　　　　　　　　　　500,000
　　貸：暫付款　　　　　　　　　　　　　　　　　　　　　500,000

二、上下級財政結算形成的債務管理與核算

財政部門向上級財政借入調度款和因年終體制結算而形成的債務，稱為與上級往來業務。上下級往來業務反應了上下級財政之間的無息債務關係。

為了核算與上級往來業務，需設置「與上級往來」總帳科目。該科目貸方登記借入款或應上交的數額；借方登記歸還借款、轉作上級補助收入或上級應補款項的數額；如餘額在貸方，反應為本級財政欠上級財政的款項；如餘額在借方，則反應為上級財政欠本級財政的款項，在編製「資產負債表」時應以負數反應。「與上級往來」科目應按資金性質和部門名稱設置明細帳，並應及時清理結算，年終未能結清的余額應結轉下年。

【例5-6】某市財政局向省財政廳申請一筆臨時借款 800,000 元獲得批准。該財政局應編製如下會計分錄：

借：國庫存款　　　　　　　　　　　　　　　　　　　800,000
　　貸：與上級往來　　　　　　　　　　　　　　　　　　　800,000

【例5-7】省財政廳月末同意將上述臨時借款中的 600,000 元作為預算補助款，200,000 元歸還給省財政廳。該財政局應編製如下會計分錄：

借：與上級往來　　　　　　　　　　　　　　　　　　800,000
　　貸：補助收入　　　　　　　　　　　　　　　　　　　　600,000
　　　　國庫存款　　　　　　　　　　　　　　　　　　　　200,000

【例5-8】某市財政局在年終財政體制結算中還應上交上級財政款項為 500,000

元。該財政局應編製如下會計分錄：
　　借：上解支出　　　　　　　　　　　　　　　　　　500,000
　　　貸：與上級往來　　　　　　　　　　　　　　　　　　500,000

三、預算舉借債務的管理與核算

中央財政和地方財政按照國家法律、國務院規定向社會以發行債券等方式舉借的債務，稱為借入款業務。借入款業務反應了財政與社會的債務關係。具體來說，目前財政總預算會計所核算的債務，並不是各級政府的全部債務，而是各級政府按照法定程序及核定預算舉借的債務。

為了核算借入款業務，需設置「借入款」總帳科目。該科目貸方登記發行債券款或舉借款；借方登記到期償還的款項；餘額在貸方，反應尚未償還的債務。「借入款」科目應按債券種類或債權人設置明細帳，進行明細分類核算。應清償的利息應在「一般預算支出」科目中核算。

【例5-9】中央財政經全國人大批准，按規定程序向全國發行國庫券5億元，當日收到款項600,000元。中央財政應編製如下會計分錄：
　　借：國庫存款　　　　　　　　　　　　　　　　　　600,000
　　　貸：借入款　　　　　　　　　　　　　　　　　　　600,000

【例5-10】中央財政清償去年發行已到期的一年期國庫券4,000萬元，利息為80萬元。中央財政應編製如下會計分錄：
　　借：借入款　　　　　　　　　　　　　　　　　40,000,000
　　　　一般預算支出　　　　　　　　　　　　　　　　800,000
　　　貸：國庫存款　　　　　　　　　　　　　　　40,800,000

第二節　淨資產的核算

財政總預算會計的淨資產是一級政府所掌管的資產淨值。從會計等式來看，淨資產是指資產減去負債的差額。這些淨資產正是各級政府可支配的各項結餘資金和預算周轉資金。

一、各項結余的核算

各項結余是財政收支的執行結果，是下年度可以結轉使用或重新安排使用的資金，包括一般預算結餘、基金預算結餘、國有資本經營預算結餘和專用基金結餘。各項結餘必須分別核算，不得混淆。各項結餘每年結算一次，平時不結算，年終將各項收入與相應的支出分別結轉到有關結餘科目后，即成為該項資金的當年結餘。當年結餘加上上年年末滾存結餘為本年年末滾存結餘。預算結餘可補充預算周轉金。

為了反應和監督各項結餘業務，需分別設置「預算結餘」「基金預算結餘」「國有資本經營預算結餘」和「專用基金結餘」總帳科目。

「預算結余」科目核算各級財政預算收支的年終執行結果。該科目貸方登記年終從

「一般預算收入」「補助收入——一般預算補助」「上解收入」「調入資金」等科目轉入的預算收入數額；借方登記從「一般預算支出」「補助支出——一般預算補助」「上解支出」等科目轉入的預算支出數額；余額在貸方，反應本年的預算滾存結余轉入下年度。

「基金預算結余」科目核算各級財政管理的政府性基金收支的年終執行結果。該科目貸方登記年終從「基金預算收入」「補助收入——基金預算補助」科目轉入的基金預算收入數額；借方登記年終從「基金預算支出」「補助支出——基金預算補助」「調出資金」科目轉入的基金預算支出數額；余額在貸方，反應本年基金預算滾存結余數，轉入下年度。

「國有資本經營預算結余」科目各級財政執行國有資本經營預算結果。該科目貸方登記年終從「國有資本經營預算收入」轉入的數額；借方登記年終從「國有資本經營預算支出」轉入的數額；余額在貸方，反應本年國有資本經營預算滾存結余數，轉入下年度。

「專用基金結余」科目用來核算總預算會計管理的專用基金收支的年終執行結果。該科目貸方登記年終從「專用基金收入」科目轉入的數額；借方登記年終從「專用基金支出」科目轉入的數額；余額在貸方，反應本年專用基金的滾存結余，轉入下年度。

【例 5-11】某市財政局進行年終轉帳時有關收入和支出帳戶余額如表 5-1 所示：

表 5-1　　　　　　　　　　收入支出帳戶餘額表　　　　　　　　　單位：元

帳戶名稱	借方餘額	帳戶名稱	貸方餘額
一般預算支出	45,000,000	一般預算收入	50,000,000
補助支出——一般預算補助	1,500,000	補助收入——一般預算補助	2,000,000
上解支出	800,000	上解收入	1,000,000
基金預算支出	4,000,000	調入資金	3,000,000
國有資本經營預算支出	3,700,000	基金預算收入	5,000,000
補助支出——基金預算補助	1,200,000	國有資本經營預算收入	5,600,000
調出資金	500,000	補助收入——基金預算補助	1,500,000
國有資本經營預算調出資金	850,000	專用基金收入	2,000,000
專用基金支出	1,800,000		

根據以上資料，該財政局應編製如下結帳分錄：
(1) 結轉一般預算收入類帳戶。
借：一般預算收入　　　　　　　　　　　　　　　　50,000,000
　　補助收入——一般預算補助　　　　　　　　　　 2,000,000
　　上解收入　　　　　　　　　　　　　　　　　　 1,000,000
　　調入資金　　　　　　　　　　　　　　　　　　 3,000,000
　貸：預算結余　　　　　　　　　　　　　　　　　56,000,000
(2) 結轉一般預算支出類帳戶。
借：預算結余　　　　　　　　　　　　　　　　　　47,300,000

貸：一般預算支出	45,000,000
補助支出——一般預算補助	1,500,000
上解支出	800,000

(3) 結轉基金預算收入類帳戶。

借：基金預算收入	5,000,000
補助收入——基金預算補助	1,500,000
貸：基金預算結余	6,500,000

(4) 結轉基金預算支出類帳戶。

借：基金預算結余	5,700,000
貸：基金預算支出	4,000,000
補助支出——基金預算補助	1,200,000
調出資金	500,000

(5) 結轉國有資本經營預算收入。

借：國有資本經營預算收入	5,600,000
貸：國有資本經營預算結余	5,600,000

(6) 結轉國有資本經營預算支出。

借：國有資本經營預算結余	4,550,000
貸：國有資本經營預算支出	3,700,000
國有資本經營預算調出資金	850,000

(7) 結轉專用基金收入。

借：專用基金收入	2,000,000
貸：專用基金結余	2,000,000

(8) 結轉專用基金支出。

借：專用基金結余	1,800,000
貸：專用基金支出	1,800,000

二、預算周轉金的管理與核算

預算周轉金是指各級財政為平衡預算年度內季節性收支差額，保證及時用款而設置的周轉資金，是國家財政后備基金的一種形式。

政府預算在年度執行過程中，由於季節性等原因，可能出現暫時的收不敷支情況。例如，預算收入在徵收、報解、轉撥的過程中運行需要一定的時間，而且收入是逐日收取的，但每日的支出卻要在月初就撥付，如果沒有一定的周轉金，要完成預算收支任務是難以想像的，這就要求各級財政設置一筆供臨時周轉墊支使用的預算周轉金。

設置必要的預算周轉金是各級財政靈活調度預算資金的重要保證，預算周轉金的設置必須經上級財政部門批准，從預算結余中提取或補充。對於新成立的一級財政，由於原來沒有設置預算周轉金，上級財政在財力許可的範圍內給予一定的資金。預算周轉金只供平衡預算收支的臨時周轉使用，不能用於安排財政開支。未經上級財政部門批准，不能隨意減少預算周轉金的數額，並且應隨著本級政府預算支出規模的擴大逐年增補。預算周轉金不另設存款戶，當動用預算周轉金時，則表現為國庫存款的減

少，若國庫存款的余額小於預算周轉金的余額，即表明預算周轉金已經動用。

為了核算預算周轉金業務，需設置「預算周轉金」總帳科目。設置和補充預算周轉金時，借記「預算結余」科目，貸記該科目。該科目的借方一般無發生額。余額在貸方，反應預算周轉金的累積余額。

【例5-12】某市財政局按規定設置用於平衡季節性預算收支差額周轉使用的預算周轉金500,000元。該財政局應編製如下會計分錄：

  借：預算結余　　　　　　　　　　　　　　　　500,000
　　貸：預算周轉金　　　　　　　　　　　　　　　　　500,000

【例5-13】某鄉財政收到上級縣財政撥來的資金230,000元，供該鄉設立預算周轉金。鄉財政應編製如下會計分錄：

  借：國庫存款　　　　　　　　　　　　　　　　230,000
　　貸：預算周轉金　　　　　　　　　　　　　　　　　230,000

思考題

1. 財政總預算會計的負債包括哪些內容？表明了什麼關係？
2. 什麼是結余？財政總預算會計應設置哪些結余科目？
3. 什麼是預算周轉金？預算周轉金的作用是什麼？
4. 預算周轉金有哪些來源？
5. 預算周轉金的核算有什麼特點？

練習題

1. 某市財政局向省財政廳借款1,200,000元。
2. 某市財政局收到性質不明的預算繳款50,000元，后查明是營業稅收入。
3. 經省財政廳批准，同意將上述1,200,000元借款轉為對其的補助款。
4. 市財政總預算會計將預算資金450,000元劃入政府採購資金專戶。
5. 中央財政根據全國人民代表大會的決定在國內發行5,000萬元的國庫券，期限為一年，年利率為2.5%。
6. 一年期已到，中央財政總預算會計償還國庫券本金和利息。
7. 在年終體制結算中，市財政應上交省財政款項280,000元。
8. 某市財政局年末有關收入、支出帳戶余額如下（單位：元）：

一般預算收入	3,000,000
國有資本經營預算收入	800,000
基金預算收入	450,000
補助收入——一般預算	1,500,000
補助收入——基金預算	200,000
上解收入	300,000
調入資金	250,000

專用基金收入	,600,000
一般預算支出	2,600,000
國有資本經營預算支出	600,000
基金預算支出	400,000
補助支出——一般預算	1,300,000
補助支出——基金預算	160,000
上解支出	280,000
調出資金	150,000
專用基金支出	500,000

根據以上資料編製有關結帳分錄。

9. 某市財政局收到上級撥來的預算周轉金500,000元。

10. 市財政總預算會計用預算結余560,000元增補預算周轉金。

請根據以上情況編製相應會計分錄。

第六章
財政總預算會計收入的核算

收入是指各級政府為了實現其管理職能，根據法令和法規取得的非償還性資金，是一級財政的資金來源。財政總預算會計核算的收入包括一般預算收入、國有資本經營預算收入、基金預算收入、專用基金收入、資金調撥收入和債務收入等。

通過本章的學習，應該掌握以下內容：
- 預算收入的分類及內容
- 預算收入的收納、劃分和報解
- 國家金庫的構成
- 預算收入的帳務處理
- 專用基金收入和資金調撥收入的內容及帳務處理

第一節 預算收入的分類和內容

預算收入是國家為了實現其職能，通過政府預算所集中的資金，是進行社會主義現代化建設的財力保證，包括一般公共預算收入、政府性基金預算收入、國有資本經營預算收入和社會保險基金預算收入。預算收入項目的具體分類和內容，是按照《政府收支分類科目》的規定，由財政部根據預算管理的要求統一制定的。

《政府收支分類科目》是政府預算收支的總分類及明細分類，體現了政府收支分類體系，由收入分類、支出功能分類和支出經濟分類三部分構成，並從 2007 年 1 月 1 日開始全面實施。

一、政府收入的分類及內容

收入分類主要反應政府收入的來源和性質。根據中國政府收入構成情況，結合國際通行的分類方法，可將政府收入分為類、款、項、目四級。政府收入分類科目概括了預算收入的全部內容，並將隨著社會經濟的發展和政府收入形式的變化，及時進行修訂。按照《政府收支分類科目》的劃分，收入主要由稅收收入、社會保險基金收入、非稅收入、貸款轉貸回收本金收入、債務收入和轉移性收入組成。收入分類的類、款級科目主要內容如表 6-1 所示：

表 6-1　　　　　　　　　　　收入分類科目表

科目編碼		科目名稱	說明
類	款		
101		稅收收入	
	01	增值稅	反應按《中華人民共和國增值稅暫行條例》徵收的國內增值稅、進口貨物增值稅和經審批退庫的出口貨物增值稅
	02	消費稅	反應按《中華人民共和國消費稅暫行條例》徵收的國內消費稅、進口消費品消費稅和經審批退庫的出口消費品消費稅
	03	營業稅	反應稅務部門按《中華人民共和國營業稅暫行條例》徵收的營業稅
	04	企業所得稅	反應稅務機關按《中華人民共和國企業所得稅法》徵收的企業所得稅以及依照《中華人民共和國外商投資企業和外國企業所得稅法》徵收的外商投資企業和外國企業所得稅，稅務機關對港澳臺商投資企業徵收的企業所得稅也在此類有關科目反應
	05	企業所得稅退稅	反應財政部門按「先徵後退」政策審批退庫的企業所得稅，其口徑與「企業所得稅」相同
	06	個人所得稅	反應按《中華人民共和國個人所得稅法》《對儲蓄存款利息所得徵收個人所得稅的實施辦法》徵收的個人所得稅
	07	資源稅	反應按《中華人民共和國資源稅暫行條例》徵收的資源稅
	08	固定資產投資方向調節稅	反應地方稅務局按《中華人民共和國固定資產投資方向調節稅暫行條例》補徵的固定資產投資方向調節稅
	09	城市維護建設稅	反應按《中華人民共和國城市維護建設稅暫行條例》徵收的城市維護建設稅
	10	房產稅	反應地方稅務局按《中華人民共和國房產稅暫行條例》徵收的房產稅以及依照《城市房地產稅暫行條例》徵收的城市房地產稅
	11	印花稅	反應按《中華人民共和國印花稅暫行條例》徵收的印花稅
	12	城鎮土地使用稅	反應按《中華人民共和國城鎮土地使用稅暫行條例》徵收的城鎮土地使用稅
	13	土地增值稅	反應按《中華人民共和國土地增值稅暫行條例》徵收的土地增值稅
	14	車船使用和牌照稅	反應按《中華人民共和國車船使用稅暫行條例》徵收的車船使用稅以及依照《車船使用牌照稅暫行條例》徵收的車船使用牌照稅
	15	船舶噸稅	反應船舶噸稅收入
	16	車輛購置稅	反應按《中華人民共和國車輛購置稅暫行條例》徵收的車輛購置稅

表6-1(續)

科目編碼 類	科目編碼 款	科目名稱	說明
	17	關稅	反應海關按《中華人民共和國進出口關稅條例》徵收的關稅，按《中華人民共和國反傾銷條例》徵收的反傾銷稅，按《中華人民共和國反補貼條例》徵收的反補貼稅，按《中華人民共和國保障措施條例》徵收的保障措施關稅以及財政部按「先徵後退」政策審批退稅的關稅
	18	耕地占用稅	反應地方稅務局按《中華人民共和國耕地占用稅暫行條例》徵收的耕地占用稅
	19	契稅	反應地方稅務局按《契稅暫行條例》徵收的契稅
	20	其他稅收收入	
102		社會保險基金收入	
	01	基本養老保險基金收入	反應參加基本養老保險的單位和個人繳納的基本養老保險費、財政補貼、利息等收入
	02	失業保險基金收入	反應參加失業保險的單位和個人繳納的失業保險費、財政補貼、利息等收入
	03	基本醫療保險基金收入	反應參加基本醫療保險的單位和個人繳納的基本醫療保險費、財政補貼、利息等收入
	04	工傷保險基金收入	反應參加工傷保險的單位繳納的工傷保險費、財政補貼、利息等收入
	05	生育保險基金收入	反應參加生育保險的單位繳納的生育保險費、財政補貼、利息等收入
	06	其他社會保險基金收入	
103		非稅收入	
	01	政府性基金收入	反應各級政府及其所屬部門根據法律、行政法規以及中共中央、國務院有關文件的規定，向公民、法人和其他組織無償徵收具有專項用途的財政資金（包括基金、資金、附加和專項收費）
	02	專項收入	反應中央和地方政府根據有關規定對排污、資源、礦藏、教育、運輸等徵收費用形成的共用收入
	03	彩票獎金收入	反應彩票機構上繳財政部門的彩票公益金和發行費等資金
	04	行政事業性收費收入	反應依據法律、行政法規、國務院有關規定、國務院財政部門與計劃部門共同發布的規章或者規定以及省、自治區、直轄市的地方性法規、政府規章或者規定，省、自治區、直轄市人民政府財政部門與計劃（物價）部門共同發布的規定所收取的各項收費收入。目級科目編碼01至50的收入繳入國庫，51至99的收入繳入財政專戶
	05	罰沒收入	反應執法機關依法收繳的罰款（罰金）、沒收款、贓款，沒收物資、贓物的變價款收入

表6-1(續)

科目編碼		科目名稱	說明
類	款		
	06	國有資本經營收入	反應各級人民政府及其部門、機構履行出資人職責的企業上繳的國有資本收益
	07	國有資源（資產）有償使用收入	反應有償轉讓國有資源（資產）使用費而取得的收入
	08	其他收入	
104		貸款轉貸回收本金收入	
	01	國內貸款回收本金收入	反應收回的技改貸款及其他財政貸款本金收入
	02	國外貸款回收本金收入	反應收回的中國政府向國外政府貸款、向國際組織貸款的本金收入
	03	國內轉貸回收本金收入	反應收回的政府部門向外國政府、國際金融機構借款轉貸給地方政府、相關部門和企業的款項
	04	國外轉貸回收本金收入	反應收回的中央政府部門向外國政府、國際金融機構借款轉貸給國外有關機構和企業的款項
105		債務收入	
	01	國內債務收入	反應從國內取得的債務收入
	02	國外債務收入	反應從國外取得的債務收入
110		轉移性收入	
	01	返還性收入	反應下級政府收到上級政府的返還性收入
	02	財力性轉移收入	反應政府間財力性轉移支付收入
	03	專項轉移支付收入	反應政府間專項轉移支付收入
	04	政府性基金轉移收入	反應政府性基金轉移收入
	05	彩票公益金轉移收入	反應政府間彩票公益金轉移收入
	06	預算外轉移收入	反應政府間預算外資金轉移收入
	07	單位間轉移收入	反應各單位間的轉移收入
	08	上年結餘收入	反應各類資金的上年結餘
	09	調入資金	反應不同性質資金之間的調入收入

二、政府收入分類科目與財政總預算會計預算收入科目之間的聯繫

《政府收支分類科目》反應了中國為適應市場經濟條件下的政府職能轉變、建立健全公共財政體系的總體要求，而逐步形成的一套既適合中國國情又符合國際通行做法的較為規範合理的政府收支分類體系。該體系的不斷完善，將為進一步深化財政改革、

提高預算透明度、強化預算監督創造有利條件。

中國在1998年開始實施的財政總預算會計制度是和現行的預算管理方式相適應的。為積極穩妥地推進政府收支分類改革，2007年實施《政府收支分類科目》後，暫不改變現行預算管理的基本流程和管理模式，也不改變財政總預算會計制度核算預算收入和預算支出的科目。因此，財政總預算會計的預算收支科目仍然是一般預算收入、基金預算收入、國有資本經營預算收入以及一般預算支出、基金預算支出、國有資本經營預算支出。分別以《政府收支分類科目》作為明細科目進行核算。

第二節　預算收入的收納、劃分和報解

一、預算收入的組織機構

為了組織和監督預算收入，國家設立了專門的徵收和管理機構，包括徵收機關和國家金庫。

(一) 徵收機關

政府預算經過法定程序批准后，必須正確地組織實施，保證預算收入任務的完成，這就進入了預算執行階段。組織預算執行是實現預算收支任務的重要環節。政府預算收入的執行是由財政部門負責組織的，但由於各項預算收入的性質和來源不同，徵收的單位也有所不同。中國的徵收機關主要有稅務機關、財政機關和海關等。

1. 稅務機關

稅務機關主要負責各項工商稅收和企業所得稅的徵收管理以及國家交辦的其他預算收入的徵收管理。

2. 財政機關

財政機關主要負責國有企業上繳利潤及其他預算收入的徵收管理。

3. 海關

海關主要負責對進出口的貨物和各種物品、旅客行李等依法徵收關稅和規費，為稅務機關代徵進出口產品的增值稅、消費稅、對臺貿易調節稅以及政府交辦的涉及進出口產品的其他稅收的徵收管理。

4. 其他機關

不屬於上述範圍的預算收入，以國家規定負責徵收管理的單位為徵收機關，如公安、法院、檢察院等。

(二) 國家金庫

1. 國家金庫的概念

國家金庫是經理政府財政收支的總出納機關，簡稱國庫。國庫負責政府預算資金的收納、劃分、留解和庫款支撥的業務。國庫的概念包括了兩層意思：一是說明國庫是政府財政的「財政庫」，是國家財政的總出納機關。國庫既不是銀行收存金銀實物的「實物庫」，也不是銀行保管貨幣的「發行庫」。二是說明國庫作為出納機關，政府的全部預算收入都由國庫收納入庫，一切預算支出都由國庫撥付。但國庫不是單純的現金出納，而是參與組織和執行政府預算的專門機關。因此，國庫必須認真執行國家的

方針、政策和財經制度,發揮國庫的執行作用、促進作用和反應作用。

2. 國家金庫的管理體制和組織機構

從世界各國的情況看,政府預算收支的保管出納制度主要有獨立國庫制、委託國庫制和銀行制三種。獨立國庫制指的是國家單獨設立經管國家財政預算收支的機構,辦理國家財政預算收支的保管出納工作;委託國庫制指的是委託銀行辦理政府預算收支工作;銀行制指的是國家不設國庫,國家的財政收入作為一般存款存入銀行進行管理。

中國的國庫制度一直採用委託制,即國家金庫由中國人民銀行代理。目前世界各國,尤其是經濟較發達的國家大多數採用委託制。實行委託制的優點在於:一是可利用遍及全國城鄉的銀行機構,方便繳款和撥款;二是通過銀行單位能迅速靈活地劃轉預算收支的上解下撥;三是通過銀行辦理有利於加強對預算收支的監督管理。

中國國家金庫的組織機構是按照國家財政管理體制設立的,原則上一級財政設立一級國庫。根據《中華人民共和國預算法》及《中華人民共和國預算法實施條例》的規定,中國國庫分設中央國庫和地方國庫兩套機構,並分別向中央財政和地方財政負責。中央國庫業務由中國人民銀行經理;地方國庫業務由中國人民銀行分支機構經理;未設中國人民銀行分支機構的地區,由中國人民銀行及地方財政委託有關銀行辦理。

目前,中國國庫設有總庫、分庫、中心支庫、支庫,有部分地方建立了鄉鎮國庫。中國人民銀行總行負責經理總庫;各省、自治區、直轄市分行負責經理分庫,計劃單列市分行可設置分庫,其庫業務受省分庫領導;省轄市、自治州和成立一級財政的地區,由市、地(州)分支行經理中心支庫;縣(市)支行經理支庫。支庫以下可設置國庫經收處,業務由專業銀行的分支機構辦理,負責收納、報解財政庫款。國庫經收處不是一級獨立的國庫,其業務工作受支庫領導。

二、預算收入的收納

(一)繳庫方式

政府預算收入的收繳,一律通過國庫辦理。按國庫集中收付制度的規定,預算收入的繳庫方式分為直接繳庫和集中匯繳兩種。

1. 直接繳庫

直接繳庫是指由繳款單位或繳款人按有關法律法規規定,直接將應繳收入繳入國庫單一帳戶或預算外資金財政專戶。具體來說,就是通過繳款人所在地的開戶行,以轉帳方式將款項繳入國庫。這種方式使政府預算收入的收繳減少了層層匯總繳款的繁瑣手續,同時便於稅務機關的監督和指導。目前,中國企業、事業單位等納稅人主要採用直接繳庫方式。

2. 集中匯繳

集中匯繳是指由徵收機關(有關法定單位)按有關法律規定,於收繳收入的當日匯總,將所收的應繳收入繳入國庫單一帳戶或預算外資金財政專戶。這種方式主要適用於農村集貿市場、個體商販及農民繳納的小額零散稅款、個人的進口關稅及法律另有規定的應繳收入和非稅收入中的現金繳款。

(二)預算收入的繳款憑證

國庫在辦理收入繳庫時,必須填製繳款憑證,即繳款書。繳款書是國庫辦理收納

預算收入唯一合法的原始憑證，也是各級徵收機關、國庫、銀行和繳款單位分析檢查預算收入任務完成情況，進行記帳、統計的重要基礎資料。繳款書一般分為工商稅收專用繳款書、一般繳款書和其他繳款書三種。

1. 工商稅收專用繳款書

工商稅收專用繳款書共分六聯：第一聯為收據（代完稅證），國庫收款蓋章后退繳款單位或納稅人；第二聯為付款憑證，由繳款單位開戶行作付出傳票；第三聯為收款憑證，由收款國庫作收入傳票；第四聯為回執，國庫收款蓋章后退徵收機關；第五聯為報查，國庫收款蓋章后退基層徵收機關；第六聯為存根，由徵收機關根據需要增加，由稅務機關留存。

2. 一般繳款書

實行利潤承包的國有企業上繳利潤等收入、各機關事業單位上繳有關收入等使用一般繳款書。一般繳款書一式五聯，一至四聯的用途與工商稅收專用繳款書相同，第五聯為報查，國庫收款蓋章后退同級財政部門。

3. 其他專用繳款書

其他專用繳款書主要包括企業所得稅專用繳款書、涉外稅收專用繳款書、海關專用繳款書以及其他不屬於稅收、利潤和其他收入的繳款書等。其他專用繳款書共分六聯，與工商稅收專用繳款書各聯內容相同。

三、預算收入的劃分和報解

(一) 預算收入的劃分

各級國庫對於每日收納入庫的預算收入，應按照預算管理體制規定的範圍和比例，將預算收入在中央預算與地方預算之間以及地方各級預算之間正確地進行劃分。預算收入在各級財政之間的劃分是國家預算管理體制的一項基本內容，是實現國家預算分級管理，確保財權、事權統一，解決中央財政與地方財政之間分配關係的核心內容。中國公共財政預算收入一般可劃分為固定收入、分成收入兩大部分。固定收入分為「中央固定收入」和「地方固定收入」，固定為各級的預算收入；分成收入按各級財政的財力情況以比例或其他方法進行分配。公共財政預算收入在中央財政和地方財政之間的劃分如下：

1. 中央財政固定收入

中央財政固定收入包括關稅、海關代徵的進口環節消費稅和增值稅、消費稅、鐵道部門、各銀行總行、各保險公司總公司等集中繳納的收入（包括營業稅、利潤和城市維護建設稅）以及未納入共享範圍的中央企業所得稅等。

2. 地方財政固定收入

地方財政固定收入包括營業稅（不含鐵道部門、各銀行總行、各保險公司總公司等集中繳納的營業稅）、城鎮土地使用稅、耕地占用稅、土地增值稅、房產稅、車船稅、契稅等。

3. 中央財政與地方財政共享收入

中央財政與地方財政共享收入包括增值稅、企業所得稅、個人所得稅、資源稅、印花稅等。

公共財政預算收入在地方各級財政之間的劃分情況，由上一級財政制定本級和下級財政之間的財政管理體制，按規定劃分的方法執行。由於各地的情況不同，其劃分的方法也不盡相同。這種分稅、分徵和分管的制度，規範了中央與地方的財力分配關係，保證了中央財政收入的穩定，也調動了地方財政組織收入的積極性。

基金預算收入也按預算級次劃分為中央基金預算收入、地方基金預算收入和中央、地方共享基金收入，具體項目的劃分目前仍按原規定執行。

(二) 預算收入的報解

預算收入的報解是指通過國庫向上級國庫和財政部門報告預算收入情況，並將屬於上級財政的預算收入解繳到中心支庫、分庫和總庫的過程。「報」就是國庫要向各級財政機關報告預算收入的情況，以便各級財政機關掌握預算收入的進度和情況；「解」就是國庫要在對各級預算收入的劃分和辦理收入分成後，將財政庫款解繳到各級財政的國庫存款帳戶上。

支庫是基層國庫，各級預算收入款項應以繳入支庫為正式入庫。國庫經收處只是代收，不能作為正式入庫。支庫收到屬於中央預算固定收入、省級預算固定收入、地(市)級預算固定收入時，憑「繳款書」，直接編製「預算收入日報表」，將款項逐級報解到上級國庫。「預算收入日報表」填寫時附「繳款書」報查聯隨劃款報單上報分庫或中心支庫。收到屬於本級預算固定收入時，應按「繳款書」編製「預算收入日報表」一式三份，一份留存，一份附繳款書回執聯送交徵收機關，一份送縣財政總預算會計。收到屬於分成收入時，還應編製「分成收入計算日報表」，按上級規定的分成比例對參與分成的收入辦理分成留解，「分成收入計算日報表」一份留存，一份送縣財政總預算會計，一份隨劃款報單上報中心支庫。

中心支庫、分庫和總庫預算收入的報解程序與支庫的報解程序基本相同。

「預算收入日報表」和「分成收入計算日報表」的格式分別如表 6-2、表 6-3 所示：

表 6-2　　　　　　　　　　　　預算收入日報表

級次：　　　　　　　　　　　年　月　日　　　　　　　第　號　　單位：元

預算科目編號	預算科目名稱	本日收入金額

國庫（公章）　　　　　　　復核　　　　　　　製表

表 6-3　　　　　　　　　　　　分成收入計算日報表

級次：　　　　　　　　　　　年　月　日　　　　　　　　　　單位：元

分成項目	本月收入	本年累計
收入總額		
60%地（市）級分成		
40%縣級分成		

國庫（公章）　　　　　　　復核　　　　　　　製表

四、預算收入的退庫

預算收入退庫是指在預算收入執行過程中，經本級財政部門批准，將已入庫的預算收入退還給原繳款單位或個人。退庫屬於減少政府預算收入，需要認真審核。辦理退庫時，必須遵守《中華人民共和國國家金庫條例》及《中華人民共和國國家金庫條例實施細則》規定的退庫範圍和審批程序。凡是不符合規定的收入退庫，各級財政機關、稅務機關和海關不得辦理審批手續，各級國庫對不符合規定的退庫有權拒絕辦理。

(一) 預算收入退庫的原則和範圍

一切預算收入均應及時足額繳入國庫，已繳入國庫的收入數額，屬於正當理由需要辦理退庫的，應遵循以下原則：

(1) 應經財政機關或其授權的主管徵收機關，如稅務局、海關批准，從國庫中退庫支款，國庫經收處只辦理庫款收納，不辦理預算收入退庫。

(2) 辦理收入退庫必須由申請退庫的單位或個人提出書面申請，經財政或徵收機關審查批准后，退給申請單位或個人。國庫辦理庫款的退付，應當憑財政或徵收機關填製的「收入退還書」辦理。

(3) 預算收入的退庫，應按預算收入的級次辦理，即中央預算收入退庫，從中央級庫款中退付；地方各級預算固定收入的退庫，從地方各級庫款中退付；各級分成收入的退庫，按規定的分成比例分別從上級和本級庫款中退付。

(4) 各級預算收入的退庫，原則上通過轉帳辦理，不能支付現金。對個別特殊情況，必須退付現金時，財政徵收機關在從嚴審查核定后，在「收入退還書」上加蓋「退付現金」的戳記，由收款人持其向指定的國庫按規定審查退庫。

預算收入的退庫必須在國家規定的退庫範圍內，按照規定的審批程序辦理，屬於下列範圍的可以辦理退庫：

(1) 技術性的差錯和結算性質的退庫，如預算收入的錯繳或繳錯預算級次。
(2) 對國有企業的所得稅退稅和計劃虧損補貼。
(3) 企業按計劃上繳稅利，超過應繳稅額需要退庫的。
(4) 財政部明文規定或專項批准的其他退庫項目。

(二) 預算收入退庫的手續

繳款單位或繳款人申請退庫，應向財政機關申報填寫退庫申請書，嚴格履行退庫手續。退庫申請書經財政機關審核批准后，在退庫申請書上簽署審批意見和核定退庫金額，並填製收入退還書，加蓋公章，交申請單位或申請人持收入退還書向指定的國庫辦理退庫。

收入退還書是通知國庫退付庫款的唯一合法憑證。收入退還書一式五聯：第一聯為報查聯，由退款國庫蓋章后退簽發收入退還書的機關；第二聯為付款憑證，由退款國庫作付出傳票；第三聯為收入憑證，由收款單位開戶行作收入傳票；第四聯為收帳通知，由收款單位開戶銀行通知收款單位收帳；第五聯為付款通知，由國庫隨收入日報表送退款的財政機關。收入退還書第五聯的格式如表 6-4 所示：

表 6-4　　　　　　　　　　　收入退還書（付款通知）
　　　　　　　　　　　　　　　　年　月　日　　　　　　　　　　　　編號

收款單位	全　稱										退款單位	機關全稱	
	帳　號											預算級次	
	開戶銀行											退款國庫	

預算科目			金　　額									退庫原因
款	項	目	百	十	萬	千	百	十	元	角	分	
合　　計												

人民幣（大寫）：

上列款項已辦妥退庫手續，並劃轉收款單位帳戶
　　　　　　　　　國庫（銀行）蓋章
　　　　　　　　　　　　　　　　　年　月　日

第五聯　由國庫隨收入日報表送退款的財政機關

第三節　預算收入的核算

各級財政總預算會計辦理預算收入的核算，主要是以同級國庫報來的「預算收入日報表」「分成收入計算日報表」及所附的「繳款書」「收入退還書」等原始憑證為依據。財政總預算會計不得直接收納任何預算收入，也不得自行調整國庫報來的數字。財政總預算會計收到上述原始憑證后，應進行認真的審核，經審核無誤才能進行帳務處理。

一、預算收入核算的會計科目

為了核算預算收入業務，財政總預算會計應設置「一般預算收入」科目、「基金預算收入」科目和「國有資本經營預算收入」科目。

「一般預算收入」科目用來核算各級財政部門組織的納入預算的各項收入，即一般公共預算收入。該科目貸方登記從國庫報來的各項預算收入數，以紅字記錄虧損補貼數和退庫數；平時的貸方余額，反應預算收入累計數；年終，借方登記將貸方余額全數轉入「預算結余」科目的數額。該科目應根據《政府收支分類科目》中的收入分類科目下應列入一般預算收入的類、款、項、目級科目設置相應明細帳，進行明細分類核算。

一般公共預算收入是各級政府財政集中對以稅收為主體的財政收入，安排用於保障和改善民生、推動經濟社會發展、維護國家安全、維持國家機構正常運轉等方面的一般公共預算支出，是各級政府最主要的財力來源。在《政府收支分類科目》中，財政收入共分為六大類，屬於「一般預算收入」科目核算的項目有稅收收入類和非稅收

入部分內容，其餘四類不在「一般預算收入」科目中核算。一般預算收入以本年度繳入基層國庫（含鄉鎮國庫）的數額為準。

未設國庫的鄉（鎮）總預算會計根據徵收機關（如稅務所）報來的預算收入日報表登記收入輔助帳，待收到縣財政返回收入時，再做收入的帳務處理。

「基金預算收入」科目用來核算各級財政部門管理的政府性基金預算收入。該科目貸方登記平時取得的收入數；平時貸方余額，反應當年基金預算收入累計數；年終，借方登記將貸方余額全數轉入「基金預算結余」科目的數額。該科目應按《政府收支分類科目》中的收入分類科目下應列入基金預算收入的類、款、項、目級科目設置明細帳，進行明細分類核算。

基金預算收入也稱政府性基金預算收入，是指各級人民政府及其所屬部門根據法律、行政法規規定並經國務院或財政部批准，向公民、法人和其他組織徵收的政府性基金以及參照政府性基金管理或納入基金預算、具有特定用途的財政資金。在《政府收支分類科目》中，屬於「基金預算收入」科目核算的內容是非稅收入中政府性基金收入等內容。各項基金預算收入以本年度繳入基層國庫數為準。

「國有資本經營預算收入」科目核算各級政府及其部門以所有者身分依法取得的國有資本收益。該科目貸方登記平時取得的收入數；平時貸方余額反應當年國有資本經營預算收入累計數；年終，借方登記將貸方余額全數轉入「國有資本經營預算結余」科目的數額。該科目應按《政府收支分類科目》中的收入分類科目中應列入國有資本經營預算收入的類、款、項、目級科目設置明細帳，進行明細分類核算。

國有資本經營預算收入是對國有資本收益作出支出安排的資金來源。國有資本經營預算應當按照收支平衡的原則編製，不列赤字，並安排資金調入一般公共預算。

二、一般預算收入的帳務處理

財政總預算會計收到國庫報來的預算收入日報表等憑證時，經審核無誤，應按所列當日預算收入數，借記「國庫存款」科目，貸記「一般預算收入」科目。如果當日的收入為負數時，應以紅字記入。年終結帳時，將「一般預算收入」科目的貸方余額全數轉入「預算結余」科目。

【例6-1】 某市財政局收到國庫報來本市市級「預算收入日報表」，列示當日營業稅收入為1,100,000元。該財政局應編製如下會計分錄：

借：國庫存款　　　　　　　　　　　　　　　　　　　　1,100,000
　　貸：一般預算收入——稅收收入——營業稅　　　　　　1,100,000

【例6-2】 某市財政局收到國庫報來本市市級「預算收入日報表」，列示一般預算收入為負數100,000元，其中營業稅收入200,000元，個人所得稅收入100,000元，國有企業計劃虧損補貼退庫280,000元，企業所得稅退稅120,000元。該財政局應編製如下會計分錄：

借：國庫存款　　　　　　　　　　　　　　　　　　　　-100,000
　　貸：一般預算收入——稅收收入——營業稅　　　　　　200,000
　　　　　　　　　　　　　　　　　　——個人所得稅　　100,000
　　　　　　　　　　　　　　　　——國有企業計劃虧損補貼　-280,000

　　　　　　　　　　　——企業所得稅退稅　　　　　　　　　-120,000

【例6-3】某市財政局收到「收入退還書」一聯，計應退 A 單位一般預算收入80,000元，經批准同意退還。該財政局應編製如下會計分錄：

　　借：國庫存款　　　　　　　　　　　　　　　　　　-80,000
　　　貸：一般預算收入　　　　　　　　　　　　　　　　-80,000

【例6-4】某市財政局收到「分成收入日報表」，列示當日一般預算收入為300,000元，按分成比例本級收入為60%，上級收入為40%。該財政局應編製如下會計分錄：

　　借：國庫存款　　　　　　　　　　　　　　　　　　300,000
　　　貸：一般預算收入　　　　　　　　　　　　　　　　300,000
　　借：上解支出　　　　　　　　　　　　　　　　　　120,000
　　　貸：國庫存款　　　　　　　　　　　　　　　　　　120,000

【例6-5】某市財政局將中央一般預算收入1,000,000元，誤記本級一般預算收入，並按40%上解分成和入帳。該財政局現根據「預算收入日報表」「分成收入日報表」「更正通知書」予以更正。該財政局應編製如下會計分錄：

　　借：國庫存款　　　　　　　　　　　　　　　　　-1,000,000
　　　貸：一般預算收入　　　　　　　　　　　　　　　-1,000,000
　　借：上解支出　　　　　　　　　　　　　　　　　　-400,000
　　　貸：國庫存款　　　　　　　　　　　　　　　　　　-400,000

【例6-6】某市財政局將應屬於分成的預算收入700,000元，誤作為中央預算收入未入帳。該財政局現根據「分成收入計算日報表」「更正通知書」予以更正（上解40%）。該財政局應編製如下會計分錄：

　　借：國庫存款　　　　　　　　　　　　　　　　　　700,000
　　　貸：一般預算收入　　　　　　　　　　　　　　　　700,000
　　借：上解支出　　　　　　　　　　　　　　　　　　280,000
　　　貸：國庫存款　　　　　　　　　　　　　　　　　　280,000

【例6-7】某縣財政局將地方固定收入房產稅200,000元誤列為城市維護建設稅入帳，現予以更正。該財政局應編製如下會計分錄：

　　借：國庫存款　　　　　　　　　　　　　　　　　　-200,000
　　　貸：一般預算收入——稅收收入——城市維護建設稅　　-200,000
　　借：國庫存款　　　　　　　　　　　　　　　　　　200,000
　　　貸：一般預算收入——稅收收入——房產稅　　　　　　200,000

【例6-8】某市財政局年終將「一般預算收入」科目的貸方餘額2,850,000元全部轉入「預算結餘」科目。該財政局應編製如下會計分錄：

　　借：一般預算收入　　　　　　　　　　　　　　　　2,850,000
　　　貸：預算結餘　　　　　　　　　　　　　　　　　　2,850,000

三、未建立鄉（鎮）國庫的鄉（鎮）財政預算收入的帳務處理

　　未建立國庫的鄉（鎮）財政，其預算收入都是由縣（市）國庫收納並向縣（市）財政報送預算收入日報表，成為縣（市）財政的預算收入，但鄉財政又須作預算收入

入帳，這就使預算收入重複。因此，對未設國庫的鄉（鎮）財政預算收入，應進行如下處理：

（1）縣（市）財政根據本縣（市）的鄉（鎮）財政管理體制，與徵收機關共同制定「鄉（鎮）財政預算收入報表」，由徵收機關分鄉（鎮）報縣（市）財政和有關鄉（鎮）財政各一份。

（2）縣（市）財政根據「鄉（鎮）財政預算收入報表」，審查核對無誤后，根據鄉（鎮）應得數撥款；鄉（鎮）財政總預算會計根據縣（市）財政的撥款通知和審核后的「鄉（鎮）財政預算收入報表」記帳。

【例6-9】某縣財政總預算會計收到國庫報來的「預算收入日報表」，列示當日的預算收入為650,000元，其中所屬A鄉財政（未設國庫）的預算收入為350,000元。縣財政應編製如下會計分錄：

借：國庫存款　　　　　　　　　　　　　　　　　　　650,000
　　貸：一般預算收入　　　　　　　　　　　　　　　　　　650,000

【例6-10】接上例，縣財政按財政體制結算向A鄉撥付屬於該鄉的預算收入。縣財政應編製如下會計分錄：

借：一般預算收入　　　　　　　　　　　　　　　　　350,000
　　貸：國庫存款　　　　　　　　　　　　　　　　　　　350,000

A鄉財政應編製如下會計分錄：

借：其他財政存款　　　　　　　　　　　　　　　　　350,000
　　貸：一般預算收入　　　　　　　　　　　　　　　　　350,000

四、基金預算收入的帳務處理

基金預算收入是專用性較強的資金，應納入政府性基金預算管理。根據2011年1月1日實施的《政府性基金管理暫行辦法》的規定，政府性基金是指各級人民政府及其所屬部門根據法律、行政法規和中共中央、國務院文件規定，為支持特定公共基礎設施建設和公共事業發展，向公民、法人和其他組織無償徵收的具有專項用途的財政資金。政府性基金實行中央一級審批制度，遵循統一領導、分組管理的原則，作為政府非稅收入，全額納入財政預算，實行「收支兩條線」管理。

財政總預算會計在管理與核算基金預算收入時，應遵循以下基本要求：

（1）以收定支，自求平衡。財政總預算會計應當在已有基金預算收入數額內辦理基金預算支出。要堅持收入按標準、支出按規定的原則。基金預算收入與基金預算支出應當做到自求平衡。

（2）專款專用，分項核算，結余結轉下年安排使用。基金預算收入應當用於相應的基金預算支出項目，各項基金預算收入與基金預算支出之間不能相互調劑。各項基金預算收入、支出和結余要單獨核算，不能相互混淆。

【例6-11】某市財政局收到國庫報來的「基金預算收入日報表」，其中交通部門基金收入180,000元，文教部門基金收入60,000元，地方教育附加收入10,000元。該財政局應編製如下會計分錄：

借：國庫存款　　　　　　　　　　　　　　　　　　　250,000

貸：基金預算收入——非稅收入——政府性基金收入　　　　　250,000
　【例6-12】某市財政局當日收到國庫報來的「基金預算收入日報表」，其中旅遊發展基金收入 500,000 元，鐵路建設基金收入 50,000 元。該財政局應編製如下會計分錄：
　　借：國庫存款　　　　　　　　　　　　　　　　　　　　　　550,000
　　貸：基金預算收入——非稅收入——政府性基金收入　　　　　550,000
　【例6-13】年終，某市財政局總預算會計將「基金預算收入」帳戶貸方餘額 100 萬元轉入「基金預算結餘」帳戶。該財政局應編製如下會計分錄：
　　借：基金預算收入　　　　　　　　　　　　　　　　　　　1,000,000
　　貸：基金預算結餘　　　　　　　　　　　　　　　　　　　1,000,000

五、國有資本經營預算收入的帳務處理

　　建立國有資本經營核算，對增強政府的宏觀調控能力，規範國家與國有企業的分配關係，深化國有企業改革，推進國有經濟佈局和結構的戰略性調整，推動國有企業發展，具有重要意義。財政總預算會計在管理與核算國有資本經營預算收入時，應遵循以下基本要求：
　　第一，統籌兼顧，適度集中。
　　第二，相對獨立，相互銜接。
　【例6-14】某市財政局當日收到國庫報來的「國有資本經營預算收入日報表」，其中金融企業利潤收入 500,000 元，房地產企業利潤收入 55,000 元。該財政局應編製如下會計分錄：
　　借：國庫存款　　　　　　　　　　　　　　　　　　　　　　555,000
　　貸：國有資本經營預算收入——非稅收入——國有資本經營收入　555,000
　【例6-15】年終，某市財政局總預算會計將「國有資本經營預算收入」帳戶貸方餘額 120 萬元轉入「國有資本經營預算結餘」帳戶。該財政局應編製如下會計分錄：
　　借：國有資本經營預算收入　　　　　　　　　　　　　　　1,200,000
　　貸：國有資本經營預算結餘　　　　　　　　　　　　　　　1,200,000

第四節　其他財政收入的核算

　　在財政總預算會計核算的收入業務中，除了通過國庫和指定銀行集中一般預算收入、基金預算收入和國有資本經營預算收入外，還要核算具有專門用途的資金業務、反應在財政上下級之間的資金調撥業務和債務收入及債務轉貸收入等業務。

一、專用基金收入的管理與核算

　　專用基金收入是指財政總預算會計管理的各項具有專門用途的資金收入，如糧食風險基金收入等。各級財政總預算會計可按規定用本級預算支出設置或從上級財政部門撥入等途徑取得專用基金，並設置有關科目進行核算。
　　專用基金收入與基金預算收入在管理要求上的相同之處是它們都需要專款專用，

不能隨意改變用途；它們也都需要做到先收后支、量入為出。不同的是，基金預算收入是財政部門按規定收取的納入預算管理的資金收入，而專用基金收入是財政部門按規定設置或取得的在基金預算收入之外單獨管理的資金收入；基金預算收入需要繳入國庫，而專用基金收入則要求開立專戶。

為了核算專用基金收入業務，財政總預算會計應設置「專用基金收入」總帳科目。該科目貸方登記從上級財政部門或通過本級預算支出安排的取得數；借方登記專用基金收入的退回數；年終借方登記將貸方余額全部轉入「專用基金結余」科目的數額。該科目平時余額在貸方，反應財政部門當年專用基金收入累計數，年終結轉後，該科目無余額。專用基金收入以財政總預算會計實際收到數額為準。

【例6-16】某市財政局收到從上級財政部門取得專用基金收入600,000元。該財政局應編製如下會計分錄：

借：其他財政存款　　　　　　　　　　　　　　　　600,000
　　貸：專用基金收入　　　　　　　　　　　　　　　600,000

【例6-17】某市財政局從本級預算支出安排取得專用基金收入400,000元。該財政局應編製如下會計分錄：

借：其他財政存款　　　　　　　　　　　　　　　　400,000
　　貸：專用基金收入　　　　　　　　　　　　　　　400,000
借：一般預算支出　　　　　　　　　　　　　　　　400,000
　　貸：國庫存款　　　　　　　　　　　　　　　　　400,000

【例6-18】年終，某市財政局將本年「專用基金收入」科目貸方余額200,000元轉入「專用基金結余」科目。該財政局應編製如下會計分錄：

借：專用基金收入　　　　　　　　　　　　　　　　200,000
　　貸：專用基金結余　　　　　　　　　　　　　　　200,000

二、資金調撥收入的核算

預算資金調撥是中央財政與地方財政、地方上下級財政之間以及同級財政不同資金項目之間，通過補助、上解、返還等方式調整各級財政的財力，平衡各級財政預算收支的一種手段。資金調撥收入主要包括：一是上下級財政之間由於分成收入的分配、轉移支付、體制結算而產生的上下級財政資金調撥收入；二是本級財政因預算收支平衡而產生的一般預算與基金預算之間的資金調撥收入。這些資金調撥收入主要包括補助收入、上解收入和調入資金。

（一）資金調撥收入的內容

1. 補助收入

補助收入是指上級財政按財政管理體制規定或因專項、臨時性資金需求等原因對本級財政進行補助而形成的收入。補助收入包括稅收返還收入、按財政管理體制規定由上級財政補助的款項、上級財政對本級的專項補助和臨時補助等。

2. 上解收入

上解收入是指按財政管理體制規定由下級財政上交給本級財政的收入。上解收入包括按財政管理體制規定由國庫在下級預算收入中直接劃解給本級財政的收入、按財

政管理體制結算後由下級財政補繳給本級財政的收入和各種專項上解收入等。

3. 調入資金

調入資金是指為平衡一般預算收支，從基金預算結餘調入一般預算的資金以及按規定從其他渠道調入的資金。

(二) 資金調撥收入的會計科目及帳務處理

為了核算資金調撥收入業務，財政總預算會計應設置「補助收入」「上解收入」「調入資金」總帳科目。各級財政總預算會計的資金調撥收入應按上級財政部門的規定或實際發生數額記帳。

「補助收入」科目用來核算上級財政部門撥來的補助款。該科目貸方登記收入數；借方登記退還數和年終轉入「預算結餘」的數額。該科目平時餘額在貸方，反應上級補助收入累計數，年終轉帳後無餘額。該科目應分別按一般預算和基金預算設置明細帳，進行明細分類核算。

本級財政的「補助收入」應與上級財政的「補助支出」的數額相等。

「上解收入」科目用來核算下級財政上繳的預算上解款。該科目貸方登記上解款；借方登記收入退還款和年終轉入「預算結餘」的數額。該科目平時餘額在貸方，反應下級上解收入累計數，年終轉帳後無餘額。該科目應按上解地區設置明細帳，進行明細分類核算。

本級財政的「上解收入」應與所屬下級財政的「上解支出」的數額相等。

「調入資金」科目用來核算各級財政部門因平衡一般預算收支，從有關渠道調入的資金。該科目貸方登記調入數；借方登記年終轉入「預算結餘」科目的數額。該科目平時餘額在貸方，反應調入資金的累計數，年終轉帳後無餘額。

調入資金屬於預算資金的橫向調度，不涉及上下級財政的收支變動。調入資金僅限於地方彌補財政總決算赤字，未經財政部批准，不得擴大調入資金範圍。

【例6-19】某市財政局收到上級財政部門撥來的一般預算補助款600,000元，基金預算補助款200,000元。該財政局應編製如下會計分錄：

借：國庫存款　　　　　　　　　　　　　　　　　　　800,000
　　貸：補助收入——一般預算補助　　　　　　　　　　600,000
　　　　補助收入——基金預算補助　　　　　　　　　　200,000

【例6-20】某市財政局接到上級財政部門通知，將原所欠往來款1,000,000元轉作一般預算補助。該財政局應編製如下會計分錄：

借：與上級往來　　　　　　　　　　　　　　　　　1,000,000
　　貸：補助收入——一般預算補助　　　　　　　　　1,000,000

【例6-21】某市財政局收到下級財政部門按財政體制補繳的預算款500,000元。該財政局應編製如下會計分錄：

借：國庫存款　　　　　　　　　　　　　　　　　　　500,000
　　貸：上解收入　　　　　　　　　　　　　　　　　　500,000

【例6-22】某市財政局收到下級財政單位上繳的預算款400,000元，並將其抵前欠下級財政單位的往來款。該財政局應編製如下會計分錄：

借：與下級往來　　　　　　　　　　　　　　　　　　400,000

　　　　貸：上解收入　　　　　　　　　　　　　　　　　　　　　　　　400,000

【例6-23】某市財政局年終根據上級批文從「基金預算結餘」科目調出資金700,000元彌補一般預算收支不足。該財政局應編製如下會計分錄：

　　借：國庫存款——一般預算存款　　　　　　　　　　　　　　　700,000
　　　　貸：調入資金　　　　　　　　　　　　　　　　　　　　　　　700,000
　　借：調出資金　　　　　　　　　　　　　　　　　　　　　　　　　700,000
　　　　貸：國庫存款——基金預算存款　　　　　　　　　　　　　　　700,000

【例6-24】某市財政局收到省財政廳撥來的稅收返還收入款500,000元。該財政局應編製如下會計分錄：

　　借：國庫存款　　　　　　　　　　　　　　　　　　　　　　　　　500,000
　　　　貸：補助收入　　　　　　　　　　　　　　　　　　　　　　　500,000

【例6-25】某市財政局年終將「補助收入」科目貸方累計余額3,500,000元，「上解收入」科目貸方累計余額1,800,000元，「調入資金」科目貸方累計余額1,700,000元轉入「預算結餘」科目。該財政局應編製如下會計分錄：

　　借：補助收入　　　　　　　　　　　　　　　　　　　　　　　　3,500,000
　　　　上解收入　　　　　　　　　　　　　　　　　　　　　　　　1,800,000
　　　　調入資金　　　　　　　　　　　　　　　　　　　　　　　　1,700,000
　　　　貸：預算結餘　　　　　　　　　　　　　　　　　　　　　　7,000,000

三、債務收入和債務轉貸收入的管理與核算

按照《財政部代理發行地方政府債券財政總預算會計核算辦法》的規定，地方財政總預算會計應設置「債務收入」和「債務轉貸收入」兩個收入類科目，以核算財政部代理發行的地方政府債券收入。

（一）債務收入的核算

為了核算省級財政部門作為債務主體發行地方政府債券收到的發行收入業務，省級財政總預算會計應設置「債務收入」總帳科目。省級財政部門實際收到地方政府債券發行收入時，借記「國庫存款」科目，貸記「債務收入」科目。年終轉帳時，將「債務收入」科目貸方余額全部轉入「預算結餘」科目，借記「債務收入」科目，貸記「預算結餘」科目。年終結帳后，「債務收入」科目應無余額。平時「債務收入」科目貸方余額反應省級財政部門當年實際收到的地方政府債券發行收入累計數。「債務收入」科目應按照《政府收支分類科目》的規定設置明細帳，進行明細分類核算。

【例6-26】某省財政收到地方政府債券發行收入180萬元。其應編製如下會計分錄：

　　借：國庫存款　　　　　　　　　　　　　　　　　　　　　　　1,800,000
　　　　貸：債務收入——地方政府債券收入　　　　　　　　　　　　1,800,000

【例6-27】年終，某省財政「債務收入」帳戶貸方余額為180萬元，進行年終結帳。其應編製如下會計分錄：

　　借：債務收入　　　　　　　　　　　　　　　　　　　　　　　1,800,000
　　　　貸：預算結餘　　　　　　　　　　　　　　　　　　　　　1,800,000

(二) 債務轉貸收入的核算

為了核算省級以下財政部門（不含省級，下同）收到的來自上級財政部門轉貸的債務收入業務，地方財政總預算會計（不含省級）應設置「債務轉貸收入」總帳科目。省級以下財政部門實際收到債務轉貸收入時，借記「國庫存款」科目，貸記「債務轉貸收入」科目。年終轉帳時，將「債務轉貸收入」科目貸方余額全部轉入「預算結余」科目，借記「債務轉貸收入」科目，貸記「預算結余」科目。年終結帳後，「債務轉貸收入」科目應無余額。「債務轉貸收入」科目平時貸方余額，反應省級以下財政部門當年實際收到的來自上級財政部門轉貸的債務收入累計數。「債務轉貸收入」科目應按照《政府收支分類科目》規定設置明細帳，進行明細分類核算。

【例6-28】某市財政收到債務轉貸收入65萬元。其應編製如下會計分錄：
　借：國庫存款　　　　　　　　　　　　　　　　　650,000
　　　貸：債務轉貸收入——轉貸地方政府債券收入　　　650,000

【例6-29】年終，某市財政將當年的「債務轉貸收入」貸方余額150萬元進行年終結帳。其應編製如下會計分錄：
　借：債務轉貸收入——轉貸地方政府債券收入　　1,500,000
　　　貸：預算結余　　　　　　　　　　　　　　　　1,500,000

思考題

1. 政府預算收入主要分為哪幾類？
2. 國家組織預算收入的機關有哪些？
3. 國家金庫按財政管理體制如何設立？
4. 在國庫集中收付制度下，預算收入的繳庫方法有幾種？
5. 預算收入退庫的原則和範圍是什麼？
6. 政府預算收入全部是財政總預算會計的收入嗎？為什麼？
7. 簡述預算收入的劃分、報解程序。
8. 未設國庫的鄉鎮財政是如何組織預算收入的入庫的？
9. 在資金調撥收入中，哪些是上下級之間的調撥？哪些是不同資金之間的調撥？
10. 基金預算收入與專用基金收入在管理上有何區別？

練習題

1. 某市財政局收到國庫報來本市市級「預算收入日報表」及「繳款書」等原始憑證，列示當日市級預算收入為150萬元。
2. 某省財政總預算會計收到國庫報來「預算收入日報表」所列數字如下（單位：元）：

科目名稱	本月收入
企業所得稅	1,000,000
文教衛生所得稅	100,000
煤炭企業虧損補貼	-200,000

糧食企業虧損補貼　　　　　　　-150,000
　　　本月合計　　　　　　　　　　　750,000
　根據上述資料（各種收補相抵）編製會計分錄。

　3. 某市財政局收到國庫報來的預算收入日報表，所列國有資本經營預算收入150,000元。

　4. 某市財政局按規定通過財政安排，取得由財政管理並指定有專門用途的政府性基金500,000元。

　5. 某市財政局從上級財政部門取得專用基金收入300,000元，從當月預算支出中安排取得專用基金收入100,000元。

　6. 某市財政局收到上級財政撥來的預算補助款250,000元。

　7. 某市財政局接到上級財政部門的通知，將原所欠往來款1,500,000元轉作預算補助1,000,000元，專項補助,500,000元。

　8. 某市財政局收到下級財政單位上繳的預算上繳款700,000元。

　9. 某市財政局年終根據上級批文，從基金預算結余調出資金950,000元，以彌補預算收支不足。

　10. 某市財政局將已收到的所屬A縣的預算上繳款18,000元退還給該縣財政局。

　11. 某市財政局將自籌資金200,000元調入預算內。

　12. 某市財政收到國庫報來的預算收入日報表、分成收入計算表及所附的繳款書與收入退還書，列明當日收入為負數10,000元（當日預算收入30,000元，收入退庫40,000元），其中上解省財政60%，市留成40%。

　請根據以上情況編製相應會計分錄。

第七章
財政總預算會計支出的核算

支出是一級政府為實現其職能，對財政資金的再分配。根據財政總預算會計支出的性質、特點及與收入相對應的原則，支出的內容包括一般預算支出、基金預算支出、國有資本經營預算支出、專用基金支出、資金調撥支出和債務還本支出等。

通過本章的學習，應該掌握以下內容：
- 預算支出的分類和內容
- 預算支出的核算基礎
- 預算撥款的原則
- 預算支出的帳務處理

第一節　預算支出概述

預算支出是國家為實現其職能，通過法定的預算程序對預算收入進行再分配的活動。預算支出的安排，實際上是國家通過對部分社會資源配置、收入分配、效益約束來影響社會資源的配置結構。為了有計劃地安排有限的財政資金，預算支出項目的具體分類和內容，是按照《政府收支分類科目》的規定，由財政部根據預算管理的要求統一制定的。

一、預算支出的分類和內容

《政府收支分類科目》根據政府職能活動及國際通行做法，以政府開支的具體用途，設置支出功能分類科目和支出經濟分類科目。其中，支出功能分類主要反應政府活動的不同功能和政策目標，並設類、款、項三級。類級科目包括一般公共服務、外交、國防、公共安全、教育、科學技術、文化體育與傳媒、社會保障和就業、社會保險基金支出、醫療衛生、環境保護、城鄉社區事務、農林水事務、交通運輸、工業商業金融等事務、其他支出和轉移性支出17類。支出經濟分類主要反應政府支出的經濟性質和具體用途，並設類、款兩級。類級科目包括工資福利支出、商品和服務支出、對個人和家庭的補助、對企事業單位的補貼、轉移性支出、贈與、債務利息支出、債務還本支出、基本建設支出、其他資本性支出、貸款轉貸及產權參股、其他支出12類。支出分類的類、款級具體內容如表7-1、表7-2所示：

表 7-1 支出功能分類科目表

科目編碼 類	科目編碼 款	科目名稱	說明
201		一般公共服務	反應政府提供一般公共服務的支出，包括人大、政協、政府辦公廳（室）及相關機構、發展與改革、統計信息、財政、稅收、審計、海關、人事、紀檢監察、人口與計劃生育、商貿、知識產權、工商行政管理、質量技術監督與檢驗檢疫、民族、宗教、港澳臺僑、檔案、民主黨派及工商聯、群眾團體事務、黨委辦公廳（室）及相關機構事務、組織事務、宣傳事務、統戰事務、對外聯絡事務、其他共產黨事務支出、其他一般公共服務支出等 29 項
202		外交	反應政府外交事務支出，包括外交行政管理、駐外機構、對外援助、國際組織、對外合作與交流、對外宣傳、邊界勘界聯檢等方面的支出、其他外交支出。人大、政協、政府及所屬各部門（除國家領導人、外交部門）的出國費，招待費列入相關科目，不在本科目反應
203		國防	反應政府用於現役部隊、國防科研事業、專項工程、國防動員、其他國防支出
204		公共安全	反應政府維護社會公共安全方面的支出，包括武裝警察、公安、國家安全、檢察、法院、司法行政、監獄、勞教、國家保密等事務的支出
205		教育	反應政府教育事務支出，包括教育行政管理、學前教育、小學教育、國中教育、普通高中教育、普通高等教育、初等職業教育、中專教育、技校教育、職業高中教育、高等職業教育、廣播電視教育、留學生教育、特殊教育、幹部繼續教育、教育機關服務等事務的支出
206		科學技術	反應用於科學技術方面的支出，包括管理、研究、應用、開發等事務的支出
207		文化體育與傳媒	反應政府在文化、文物、體育、廣播影視、新聞出版等方面的支出
208		社會保障和就業	反應政府在社會保障與就業方面的支出，包括社會保障和就業管理事務、民政管理事務、財政對社會保險基金的補助、補充全國社會保障基金、行政事業單位離退休、企業關閉破產補助、就業補助、撫恤、退役安置、社會福利、殘疾人事業、城市居民最低生活保障、其他城鎮社會救濟、農村社會救濟、自然災害生活救助、紅十字事務等
209		社會保險基金支出	反應政府由社會保險基金列支的各項支出，包括基本養老保險基金支出、失業保險基金支出、基本醫療保險基金支出、工傷保險基金支出、生育保險基金支出等。特別說明：在將社會保險基金包括在內統計政府支出時，應將財政對社會保險基金的補助以及由財政承擔的社會保險繳款予以扣除，以免重複計算

表7-1(續)

科目編碼		科目名稱	說明
類	款		
210		醫療衛生	反應政府醫療衛生方面的支出，具體包括醫療衛生管理事務支出、醫療服務支出、醫療保障支出、疾病預防控制支出、衛生監督支出、婦幼保健支出、農村衛生支出、中醫藥支出等
211		環境保護	反應政府環境保護支出，具體包括環境保護管理事務支出、環境監測與監察支出、污染治理支出、自然生態保護支出、天然林保護工程支出、退耕還林支出、風沙荒漠治理支出、退牧還草支出、已墾草原退耕還草支出等
212		城鄉社區事務	反應政府城鄉社區事務支出，具體包括城鄉社區管理事務支出、城鄉社區規劃與管理支出、城鄉社區公共設施支出、城鄉社區住宅支出、城鄉社區環境衛生支出、建設市場管理與監督支出、政府住房基金支出、國有土地使用權出讓金支出城鎮公用事業附加支出等
213		農林水事務	反應政府農林水事務支出，具體包括農業支出、林業支出、水利支出、南水北調工程支出、扶貧支出、農業綜合開發支出
214		交通運輸	反應政府交通運輸方面的支出，包括公路運輸支出、水路運輸支出、鐵路運輸支出、民用航空運輸支出等
215		工業商業金融等事務	反應政府工業、商業、金融等事務支出，具體包括採掘業支出、製造業支出、建築業支出、電力支出、郵政電信支出、旅遊業支出、涉外發展支出、糧油事務支出、商業流通事務支出、物資儲備支出、金融保險支出、菸草事務支出、安全生產支出、國有資產監管支出、中小企業發展支出、清潔生產支出等
229		其他支出	反應不能劃分到上述功能科目的其他支出，主要有預算中安排的預備費、財政安排的住房改革支出等
230		轉移性支出	反應政府的轉移支付以及不同性質資金之間的調撥支出，具體包括返還性支出、財力性轉移支付、專項轉移支付、政府性基金轉移支付、彩票公益金轉移支付、預算外轉移支出、調出資金、年終結餘等

表 7-2　　　　　　　　　　　支出經濟分類科目表

科目編碼		科目名稱	說明
類	款		
301		工資福利支出	反應單位開支的在職職工和臨時聘用人員的各類勞動報酬以及為上述人員繳納的各項社會保險費等，具體包括基本工資、津貼補貼、獎金、社會保障繳費、伙食費、伙食補助費和其他工資福利支出等

表7-2(續)

科目編碼 類	科目編碼 款	科目名稱	說明
302		商品和服務支出	反應單位購買商品和服務的支出（不包括用於購置固定資產的支出、戰略性和應急儲備支出，但軍事方面的耐用消費品和設備的購置費、軍事性建設費以及軍事建築物的購置費等在本科目中反應），具體包括辦公費、印刷費、咨詢費、手續費、水費、電費、郵電費、取暖費、物業管理費、交通費、差旅費、出國費、維修（護）費、租賃費、會議費、培訓費、招待費、專用材料費、裝備購置費、工程建設費、作戰費、勞務費、工會經費等
303		對個人和家庭的補助	反應政府用於對個人和家庭的補助支出，具體包括離休費、退休費、退職（役）費、撫恤金、生活補助、救濟費、醫療費、助學金、獎勵金、生產補貼、住房公積金、提租補貼、購房補貼等
304		對企事業單位的補貼	反應政府對各類企業、事業及民間非營利組織的補貼，具體包括企業政策性補貼、事業單位補貼、財政貼息等
305		轉移性支出	反應政府的轉移性支出，具體包括不同級政府間轉移性支出、同級政府間轉移性支出等
306		贈與	反應對國內外政府、組織等提供的援助、捐贈以及交納國際組織會費等方面的支出，具體包括對國內的贈與、對國外的贈與
307		債務利息支出	反應政府的債務利息支出，具體包括國庫券付息、向國家銀行借款付息、其他國內借款付息、向國外政府借款付息、向國際組織借款付息、其他國外借款付息等
308		債務還本支出	反應政府歸還各類借款本金方面的支出（債務利息列入「債務利息支出」科目，不在此科目反應），具體包括國內債務還本、國外債務還本
309		基本建設支出	反應各級發展與改革部門集中安排的用於購置固定資產、戰略性和應急性儲備、土地和無形資產以及購建基礎設施、大型修繕所發生的支出，具體包括房屋建築物購建、辦公設備購置、專用設備購置、交通工具購置、基礎設施建設、大型修繕、信息網絡購建、物資儲備和其他基本建設支出等
310		其他資本性支出	反應非各級發展與改革部門集中安排的用於購置固定資產、戰略性和應急性儲備、土地和無形資產以及購建基礎設施、大型修繕和財政支持企業更新改造所發生的支出，具體包括房屋建築物購建、辦公設備購置、專用設備購置、交通工具購置、基礎設施建設、大型修繕、信息網絡購建、物資儲備和其他資本性支出
311		貸款轉貸及產權參股	反應政府部門發放的貸款和向企業參股投資方面的支出，具體包括國內貸款、國外貸款、國內轉貸、國外轉貸、產權參股和其他貸款轉貸有產權參股支出
399		其他支出	反應不能劃分到上述經濟科目的其他支出，具體包括財政部門專用的預備費、補充全國社會保障基金等

二、預算支出與政府分類支出科目的聯繫

為了積極穩妥地推進政府收支分類改革，2007 年實施《政府收支分類科目》后，暫不改變目前預算支出的預算管理基本流程和管理模式。從反應政府職能的角度考慮，財政總預算會計的一般預算支出科目、基金預算支出科目和國有資本經營預算支出科目主要以政府收支分類的支出功能分類科目作為明細科目核算。

第二節　預算支出的管理

政府預算支出的執行就是按年初確定的預算支出任務分配和使用財政資金的過程。為了保證政府預算支出的正確執行，財政總預算會計要根據年度支出預算，適時地、正確地把預算資金撥付給用款單位，反應和監督預算支出情況。

一、預算支出的執行機構

政府預算的執行機構按各種不同用途的預算支出和管理分工分為政府財政部門、各行政事業單位主管部門以及負責撥款、付款的銀行。

（1）各級財政部門是分配和管理財政資金的主管部門，也肩負著核算和監督財政資金使用的責任。在實施國庫集中收付制度中，財政部門應按照財政國庫管理制度的基本要求，建立國庫單一帳戶體系，將支出通過國庫單一帳戶體系支付到商品和勞務供應者或用款單位。

（2）各行政事業單位主管部門應按照要求核算和監督撥入經費的使用。

（3）中國人民銀行及相關代理銀行要和各級財政部門一起，履行對國庫單一帳戶和有關代理銀行的管理和監督職能。

二、預算撥款的原則

預算支出執行的一個重要環節是預算撥款。在實行國庫集中收付制度下，預算資金的撥付由財政部門統一在國庫單一帳戶中進行管理，並由國庫集中支付。為了保證預算支出的順利執行，預算撥款應遵循下列原則：

（1）按照預算和用款計劃撥款。各級財政部門的預算撥款，必須控制在年度預算和季度（分月）用款計劃範圍內，不能辦理無預算、無計劃、超預算、超計劃的撥款。如遇有特殊情況需要超過預算時，必須經過辦理追加支出預算的手續后，才能撥款。

（2）綜合國庫存款餘額、本期資金需求和上期資金使用等情況安排撥款。按照用款單位的基本建設工程進度、生產和事業發展的實際進度辦理撥款，既要保證資金需要，又要防止積壓浪費，保證預算資金的統一安排和靈活調度。按生產和建設事業進度進行撥款時，不僅要考慮國庫存款餘額、本期資金需求，還要考慮上期資金的使用和結存情況，以促進各單位節約有效地使用預算資金。

（3）按支出用途分類管理財政資金撥款。預算支出的各種資金，都是根據一定的需要安排的，按計劃、按規定的用途使用資金，才能保證各項生產建設事業發展的資

金需要。因此，辦理預算撥款時，應根據預算規定的用途撥款，不能改變支出用途。

（4）按照預算級次撥款。各支出部門和單位都應按國家規定的預算級次，逐級辦理預算款項的領撥。各級主管部門一般不準向沒有支出預算關係的單位垂直撥款；主管單位之間也不能發生支出預算的撥款關係。如有需要，應當通過同級財政部門辦理劃轉手續，以減少預算撥款渠道，加強預算撥款的管理。

（5）充分利用現代財政管理信息系統，實施財政支出電子化動態監控與管理。

三、預算支出的核算基礎

（一）一般預算支出的核算基礎

預算支出的核算基礎是指財政部門和預算單位列報支出的口徑和依據。預算支出分為財政撥付資金、單位逐級撥付資金、用款單位從銀行支取資金和單位實際使用資金四個階段。在這四個階段中，由於財政部門和預算單位的具體任務不同，預算支出的核算基礎也有區別。財政總預算會計制度規定一般預算支出的列報口徑有兩個：銀行支出數和預算撥款數。

銀行支出數是指用款單位在核定的預算範圍內，從開戶銀行存款帳戶中支取款項的數額。預算撥款數則是指財政部門向各部門、單位撥付資金的實際數額。但在實際執行中，以上兩個數據以四種具體情況表現：

（1）實行限額管理的基本建設支出按用款單位銀行支出數列報支出。不實行限額管理的基本建設支出按撥付用款單位的撥款數列報支出。

（2）對行政事業單位的非包干性支出和專項支出，平時按財政撥款數列報支出，清理結算收回撥款時，再沖銷已列支出。對於收回以前年度已列支出的款項，除財政部門另有規定者外，應沖銷當年支出。

（3）除以上兩款以外的其他各項支出均以財政撥款數列報支出。特別是經費包幹部分，實行以撥列支。

（4）凡是預撥以後各期的經費，不得直接按預撥數列作本期支出，應作為預撥款處理。到期後，按前述規定的事項及口徑轉列支出。

（二）辦理預算支出的核算要求

根據現行制度，大部分的預算支出均以預算撥款數列報支出。因此，財政總預算會計按撥款數辦理預算支出時必須做到以下幾點：

（1）嚴格執行《中華人民共和國預算法》。辦理撥款支出必須以預算為準，預備費的動用必須經同級人民政府批准。

（2）對主管部門（主管會計單位）提出的季度分月用款計劃及分「款」「項」填製的「預算經費請撥單」應認真審核。根據經審核批准的撥款申請，結合庫款餘存情況按時向用款單位撥款。

（3）財政總預算會計應根據預算管理要求和撥款的實際情況，分「款」「項」核算，列報當期預算支出。

（4）主管會計單位應按計劃控制用款，不得隨意改變資金用途，「款」「項」之間如確需調劑，應填製「科目流用申請書」，報經同級財政部門核准後使用。財政總預算會計憑核定的流用數調整預算支出明細帳。

(5) 財政總預算會計不得列報超預算的支出；不得任意調整預算支出科目；未撥付的經費，原則上不得列報當年支出。因特殊情況確需在當年預留的支出，應嚴格控制，並按規定的審批程序辦理。

基金預算支出的核算基礎及要求，比照一般預算支出的有關規定辦理。總體來說，應按規定的用途開支，做到先收后支，量入為出。

第三節　預算支出的核算

一、預算支出核算的主要科目

為了核算預算支出業務，財政總預算會計需設置「一般預算支出」科目、「基金預算支出」科目和「國有資本經營預算支出」科目。

「一般預算支出」科目用來核算應由預算資金支付的各項支出。該科目借方登記應由預算資金支付的各項支出，包括財政總預算會計辦理的直接支出、將預撥經費轉列的支出以及基本建設支出；貸方登記支出收回數及年終轉帳數。該科目平時為借方余額，反應預算支出累計數，年終將借方余額全數轉入「預算結余」科目，轉帳后該科目無余額。該科目應根據《政府收支分類科目》中的支出功能分類科目的款級設置明細帳，進行明細分類核算。

「基金預算支出」科目用來核算各級財政部門用基金預算收入安排的支出。該科目借方登記發生的支出數；貸方登記支出收回數及年終轉帳數。該科目平時為借方余額，反應基金預算支出累計數，年終將借方余額全數轉入「基金預算結余」科目，轉帳后該科目無余額。該科目應根據《政府收支分類科目》中的支出功能分類科目的款級設置明細帳，進行明細分類核算。

「國有資本經營預算支出」科目用來核算各級財政部門從國有資本經營預算中調出的資金。該科目借方登記發生的支出數；貸方登記支出收回數及年終轉帳數。該科目平時為借方余額，反應國有資本經營預算支出累計數，年終將借方余額全數轉入「國有資本經營預算結余」科目，轉帳后該科目無余額。該科目應根據《政府收支分類科目》中的支出功能分類科目的款級設置明細帳，進行明細分類核算。

二、一般預算支出的帳務處理

在現行制度下，一般預算支出業務主要有四類：一是政府採購資金轉列支出；二是對經費包干和不實行限額管理的基本建設資金的直接支出；三是預撥經費和實行限額管理的基本建設資金的轉列支出；四是對非包干經費和專項經費的支出。

(一) 政府採購資金轉列支出的帳務處理

目前，中國各級政府為加強政府採購資金的監督和管理，提高資金使用效益，保證政府採購資金及時足額支付，採用政府採購資金財政直接撥付的方式。這一方式是發達國家普遍採用的資金支付模式。具體程序表現為：財政部門按照政府採購合同約定，將政府採購資金通過代理銀行（國有商業銀行或股份制商業銀行）直接支付給中標供應商的撥款方式。這一方式主要有全額撥付和差額撥付兩種。

在全額撥付方式下，財政總預算會計把預算資金劃入政府採購資金專戶時，在「暫付款——政府採購款」科目中核算，在支付採購資金後，按實際支付數轉列支出。

【例7-1】某市財政總預算會計按照合同將預算資金劃入政府採購資金專戶，款項為1,500,000元。有關行政單位的配套資金500,000元也劃入採購資金專戶。其應編製如下會計分錄：

借：暫付款——政府採購款　　　　　　　　　　　　　　　1,500,000
　　貸：國庫存款　　　　　　　　　　　　　　　　　　　　　　1,500,000
借：其他財政存款　　　　　　　　　　　　　　　　　　　2,000,000
　　貸：暫存款——政府採購款　　　　　　　　　　　　　　　　1,500,000
　　　　　　——政府採購配套資金　　　　　　　　　　　　　　　500,000

【例7-2】接上例，某市財政總預算會計根據合同和有關支付文件資料，向供應商付款1,800,000元，其中政府採購款1,350,000元，配套資金450,000元；支付後，將財政安排的政府採購資金列報支出。其應編製如下會計分錄：

借：暫存款——政府採購款　　　　　　　　　　　　　　　1,350,000
　　　　——政府採購配套資金　　　　　　　　　　　　　　　450,000
　　貸：其他財政存款　　　　　　　　　　　　　　　　　　　　1,800,000
借：一般預算支出　　　　　　　　　　　　　　　　　　　1,350,000
　　貸：暫付款　　　　　　　　　　　　　　　　　　　　　　　1,350,000

【例7-3】接上例，某市財政總預算會計將節約的預算資金150,000元劃回國庫，將節約的配套資金50,000元劃回採購單位。其應編製如下會計分錄：

借：國庫存款　　　　　　　　　　　　　　　　　　　　　150,000
　　貸：暫付款——政府採購款　　　　　　　　　　　　　　　　150,000
借：暫存款——政府採購款　　　　　　　　　　　　　　　150,000
　　　　——政府採購配套資金　　　　　　　　　　　　　　　50,000
　　貸：其他財政存款　　　　　　　　　　　　　　　　　　　　200,000

【例7-4】某市財政總預算會計收到代理銀行（國有商業銀行）交來政府採購資金專戶的利息收入5,000元，並按規定將此利息全額轉入同級國庫。其應編製如下會計分錄：

收到利息時：
借：其他財政存款　　　　　　　　　　　　　　　　　　　5,000
　　貸：暫存款——利息收入　　　　　　　　　　　　　　　　　5,000
轉入國庫時：
借：國庫存款　　　　　　　　　　　　　　　　　　　　　5,000
　　貸：一般預算收入　　　　　　　　　　　　　　　　　　　　5,000
借：暫存款——利息收入　　　　　　　　　　　　　　　　5,000
　　貸：其他財政存款　　　　　　　　　　　　　　　　　　　　5,000

（二）經費包干和不實行限額管理的基本建設資金的帳務處理

財政的重要任務是分配資金，並以「能體現分配的完成」這一特點作為列支的依據。在目前普遍實行經費預算包干制度的情況下，預算撥款之時，也就是體現財政預

算支出分配完成之時。因此，實行經費包干的單位和不實行限額管理的基本建設支出單位，應按預算撥款數為核算基礎，也就是財政總預算會計的直接支出。

【例7-5】某市財政局開出撥款憑證，直接撥給煤建公司挖潛革新改造資金800,000元。該財政局應編製如下會計分錄：

借：一般預算支出　　　　　　　　　　　　　　　　800,000
　貸：國庫存款　　　　　　　　　　　　　　　　　　800,000

【例7-6】某市財政局根據核定的預算和季度分月用款計劃，開出撥款憑證，將本月包干經費500,000元撥付給市民政局。該財政局應編製如下會計分錄：

借：一般預算支出　　　　　　　　　　　　　　　　500,000
　貸：國庫存款　　　　　　　　　　　　　　　　　　500,000

【例7-7】某市財政局直接撥付給某建設單位不實行限額管理的基本建設資金600,000元。該財政局應編製如下會計分錄：

借：一般預算支出　　　　　　　　　　　　　　　　600,000
　貸：國庫存款　　　　　　　　　　　　　　　　　　600,000

(三) 預撥經費和實行限額管理的基本建設資金轉列支出的帳務處理

預撥經費和實行限額管理的基本建設資金都是待結算資金，只有在使用或撥付後才能轉列支出。

【例7-8】某市財政局經審核，將上月預撥給市教育局的教育事業費1,000,000元轉列支出。該財政局應編製如下會計分錄：

借：一般預算支出　　　　　　　　　　　　　　　1,000,000
　貸：預撥經費　　　　　　　　　　　　　　　　　1,000,000

【例7-9】某市財政局收到建設銀行報來的實行限額管理的某建設單位的基本建設銀行支出數為1,100,000元。該財政局應編製如下會計分錄：

借：一般預算支出　　　　　　　　　　　　　　　1,100,000
　貸：基建撥款　　　　　　　　　　　　　　　　　1,100,000

【例7-10】某市財政局收到基本建設財務管理部門報來的支出報表，撥付建設單位資金1,000,000元。該財政局應編製如下會計分錄：

借：一般預算支出　　　　　　　　　　　　　　　1,000,000
　貸：基建撥款　　　　　　　　　　　　　　　　　1,000,000

(四) 非包干經費和專項經費支出的帳務處理

對行政、事業單位的非包干支出和有關專項支出，應按照銀行支出數進行核算。

【例7-11】某市財政局按預算撥付A事業單位本月非包干經費850,000元，後接到該單位繳回余款50,000元。該財政局應編製如下會計分錄：

撥款時：
借：一般預算支出　　　　　　　　　　　　　　　　850,000
　貸：國庫存款　　　　　　　　　　　　　　　　　　850,000
收回余款時：
借：國庫存款　　　　　　　　　　　　　　　　　　 50,000
　貸：一般預算支出　　　　　　　　　　　　　　　　 50,000

【例7-12】某市財政局撥付市衛生局專項經費75,000元。衛生局完成專項任務，報來專項經費報表，實際使用70,000元，余款繳回國庫。該財政局應編製如下會計分錄：

撥款時：
借：一般預算支出　　　　　　　　　　　　　　　　　750,000
　　貸：國庫存款　　　　　　　　　　　　　　　　　　750,000
收回余款時：
借：國庫存款　　　　　　　　　　　　　　　　　　　5,000
　　貸：一般預算支出　　　　　　　　　　　　　　　　5,000

【例7-13】年終，某市財政局將「一般預算支出」科目借方余額5,000,000元全數轉入「預算結余」科目。該財政局應編製如下會計分錄：

借：預算結余　　　　　　　　　　　　　　　　　　5,000,000
　　貸：一般預算支出　　　　　　　　　　　　　　　5,000,000

三、基金預算支出的帳務處理

基金預算支出是用基金預算收入安排的支出，在管理上具其特殊性。基金預算支出核算除遵循一般預算支出的管理要求外，還應遵循以下原則：

(1) 先收后支，自求平衡。由於基金預算收支有較強的專用性，財政總預算會計在辦理基金預算撥款時必須認真審查單位的請撥項目是否有足夠的資金來源，即該項目的歷年滾存結余+本年已實現的收入-本年已支撥數≥請撥數。否則，即使符合計劃，也不得撥款。

(2) 分項核算，專款專用。由於政府基金的專用性，大部分基金幾乎都由對口主管部門管理，專款專用，不能相互調劑。應按要求核算反應各項基金的收入、支出和余額，不得相互混淆。

【例7-14】某市財政局根據預算及基金使用情況，向交通部門撥付公路建設基金200,000元。該財政局應編製如下會計分錄：

借：基金預算支出——交通運輸　　　　　　　　　　200,000
　　貸：國庫存款　　　　　　　　　　　　　　　　　200,000

【例7-15】某市財政局根據基金預算向農業部門撥付新菜地開發款項150,000元。該財政局應編製如下會計分錄：

借：基金預算支出——農業支出　　　　　　　　　　150,000
　　貸：國庫存款　　　　　　　　　　　　　　　　　150,000

【例7-16】年終，某市財政局將「基金預算支出」科目的借方余額850,000元全數轉入「基金預算結余」科目。該財政局應編製如下會計分錄：

借：基金預算結余　　　　　　　　　　　　　　　　850,000
　　貸：基金預算支出　　　　　　　　　　　　　　　850,000

四、國有資本經營預算支出的帳務處理

國有資本經營預算支出是指用國有資本經營預算收入安排的支出。國有資本經營

預算單獨編製，預算支出按照當年預算收入規模安排，不列赤字，並應遵循以下基本要求：

（1）審核資金使用申請，撥付財政資金。

（2）加強監管。

【例7-17】某市財政總預算會計收到同級國庫轉來的預算支出結算清單，列報支出屬於國有資本經營預算支出共計350,000元，經核對無誤后，應編製如下會計分錄：

借：國有資本經營預算支出　　　　　　　　　　　　　　350,000
　　貸：國庫存款　　　　　　　　　　　　　　　　　　350,000

【例7-18】年終，某市財政總預算會計將「國有資本經營預算支出」科目的借方余額960,000元全數轉入「國有資本經營預算結余」科目，應編製如下會計分錄：

借：國有資本經營預算結余　　　　　　　　　　　　　　960,000
　　貸：國有資本經營預算支出　　　　　　　　　　　　960,000

第四節　其他財政支出的核算

除了預算支出業務以外，財政總預算會計還要根據有關事項核算專用基金支出、資金調撥支出、債務還本支出和債務轉貸支出的業務。

一、專用基金支出的核算

專用基金支出是各級財政部門用專用基金收入安排的支出。例如，糧食風險基金是國家為平抑糧食價格促進農業生產發展，將預算安排的專用基金撥付給糧食部門統籌使用的資金。專用基金也應按規定的用途開支，做到先收後支、量入為出、專款專用。

為了核算專用基金支出業務，財政總預算會計應設置「專用基金支出」總帳科目。該科目借方登記發生的支出數；貸方登記支出收回數；平時余額在借方，反應專用基金支出累計數；年終將該科目余額全部轉入「專用基金結余」科目，轉帳后該科目無余額。

【例7-19】某市財政局按規定將存在農業銀行的糧食風險基金600,000元撥付給市糧食部門，用於秋糧收購的資金需要。該財政局應編製如下會計分錄：

借：專用基金支出　　　　　　　　　　　　　　　　　　600,000
　　貸：其他財政存款　　　　　　　　　　　　　　　　600,000

【例7-20】年終，該市財政局將「專用基金支出」借方累計數2,500,000元進行年終轉帳。該財政局應編製如下會計分錄：

借：專用基金結余　　　　　　　　　　　　　　　　　　2,500,000
　　貸：專用基金支出　　　　　　　　　　　　　　　　2,500,000

二、資金調撥支出的核算

資金調撥支出是根據財政管理體制規定在各級財政之間進行資金調撥以及在本級

財政各項資金之間進行調劑所形成的支出，包括補助支出、上解支出和調出資金等。

(一) 資金調撥支出的內容

1. 補助支出

補助支出是指本級財政按財政管理體制規定或因專項、臨時性資金需求等原因補助給下級財政的款項及其他轉移支付的支出。補助支出包括稅收返還支出、按原財政管理體制結算應補助給下級財政的款項、專項補助或臨時性補助等。

2. 上解支出

上解支出是指按財政管理體制規定由本級財政上交給上級財政的款項。上解支出包括按財政管理體制由國庫在本級預算收入中直接劃解給上級財政的款項、按財政管理體制規定結算補解給上級財政的款項和各種專項上解款項。

3. 調出資金

調出資金是指為平衡一般預算收支而從基金預算的地方財政稅費附加收入結餘中調出，補充一般預算的資金。

(二) 資金調撥支出的會計科目

為了核算各級財政資金調撥支出業務，財政總預算會計應設置「補助支出」「上解支出」和「調出資金」總帳科目。

「補助支出」科目核算上級財政對下級財政的補助支出。該科目借方登記支出數或從「與下級往來」科目轉入數；貸方登記支出退還數或年終轉入「預算結餘」或「基金預算結餘」的數額。該科目平時餘額在借方，反應補助支出累計數。年終轉帳后，該科目無餘額。

該科目應按補助地區設明細帳。用基金預算資金補助下級財政的地區，應分設基金預算補助明細帳。

「上解支出」科目核算解繳上級財政的款項。該科目借方登記上解支出數；貸方登記支出退轉或年終轉入「預算結餘」的數額。該科目平時餘額在借方，反應上解支出累計數。年終轉帳后，該科目無餘額。

「調出資金」科目核算各級財政部門在本級各項財政資金中調出的資金。該科目借方登記調出資金數；貸方登記年終轉入「基金預算結餘」科目數；年終轉帳后，該科目無餘額。

調出資金時，凡是一般預算與基金預算分設存款帳戶的地區，應同時調整國庫存款的明細帳。

「國有資本經營預算調出資金」科目核算各級財政部門從國有資本經營預算中調出的資金。該科目借方登記調出資金數；貸方登記年終轉入「國有資本經營預算結餘」科目數；年終轉帳后，該科目無餘額。

(三) 資金調撥支出的帳務處理

【例7-21】某市財政局按規定開出「撥款通知」，對所屬B縣財政局撥出一般預算補助款1,500,000元。該財政局應編製如下會計分錄：

借：補助支出──一般預算補助　　　　　　　　　　　1,500,000
　　貸：國庫存款　　　　　　　　　　　　　　　　　　　　1,500,000

【例7-22】某市財政局通知所屬A縣財政局，將原欠本財政局的往來款1,200,000

元轉作預算補助款。該財政局應編製如下會計分錄：

　　借：補助支出————一般預算補助　　　　　　　　　　1,200,000
　　　　貸：與下級往來　　　　　　　　　　　　　　　　　1,200,000

【例 7-23】某市財政局向所屬 D 縣財政局撥出灌溉水源灌排工程補償費基金補助款 300,000 元。該財政局應編製如下會計分錄：

　　借：補助支出————基金預算補助　　　　　　　　　　300,000
　　　　貸：國庫存款　　　　　　　　　　　　　　　　　　300,000

【例 7-24】某市財政局收到國庫報來「預算收入日報表」，其列明分成收入 1,000,000 元，上解省財政 30%，自留 70%。該財政局應編製如下會計分錄：

　　借：國庫存款　　　　　　　　　　　　　　　　　　　1,000,000
　　　　貸：一般預算收入　　　　　　　　　　　　　　　　1,000,000
　　借：上解支出　　　　　　　　　　　　　　　　　　　　300,000
　　　　貸：國庫存款　　　　　　　　　　　　　　　　　　300,000

【例 7-25】某市財政局在年終結算中按財政管理體制規定應上解省財政款項 180,000 元。該財政局應編製如下會計分錄：

　　借：上解支出　　　　　　　　　　　　　　　　　　　　180,000
　　　　貸：與上級往來　　　　　　　　　　　　　　　　　180,000

【例 7-26】某市財政局按規定上解省財政某專項資金 90,000 元。該財政局應編製如下會計分錄：

　　借：上解支出　　　　　　　　　　　　　　　　　　　　90,000
　　　　貸：國庫存款　　　　　　　　　　　　　　　　　　90,000

【例 7-27】某市財政局為了平衡一般預算，從基金預算結余中調出資金 235,000 元。該財政局應編製如下會計分錄：

　　借：調出資金　　　　　　　　　　　　　　　　　　　　235,000
　　　　貸：國庫存款————基金預算存款　　　　　　　　　235,000
　　借：國庫存款————一般預算存款　　　　　　　　　　 235,000
　　　　貸：調入資金　　　　　　　　　　　　　　　　　　235,000

【例 7-28】某市財政總預算會計經批准從國有資本經營預算中調出一筆資金 850,000 元至一般預算，專門用於一般預算的社會保障項目。其應編製如下會計分錄：

　　借：國有資本經營預算調出資金　　　　　　　　　　　　850,000
　　　　貸：國庫存款————一般預算存款　　　　　　　　　850,000

【例 7-29】年終，某市財政局將「補助支出」借方余額 3,000,000 元、「上解支出」借方余額 2,400,000 元，「調出資金」借方余額 500,000 元，分別轉入「預算結余」和「基金預算結余」科目。該財政局應編製如下會計分錄：

　　借：預算結余　　　　　　　　　　　　　　　　　　　5,400,000
　　　　貸：補助支出————一般預算補助　　　　　　　　　3,000,000
　　　　　　上解支出　　　　　　　　　　　　　　　　　　2,400,000
　　借：基金預算結余　　　　　　　　　　　　　　　　　　500,000
　　　　貸：調出資金　　　　　　　　　　　　　　　　　　500,000

三、債務還本支出和債務轉貸支出的管理與核算

(一) 債務還本支出的核算

為了核算各級財政部門發生的債務還本支出，地方各級財政總預算會計應設置「債務還本支出」科目。各級財政部門償還債務本金時，借記「債務還本支出」科目，貸記「國庫存款」科目。年終轉帳時，將「債務還本支出」科目借方餘額全部轉入「預算結餘」科目，借記「預算結餘」科目，貸記「債務還本支出」科目。年終結帳後，「債務還本支出」科目無餘額。「債務還本支出」科目平時借方餘額，反應各級財政部門當年發生的債務還本支出累計數。「債務還本支出」科目應按照《政府收支分類科目》規定設置明細帳，進行明細分類核算。

【例7-30】某市財政局償還債務本金300,000元，上繳本級承擔的地方政府債券利息12,000元。該財政局應編製如下會計分錄：

借：債務還本支出——地方政府債券還本　　　　　　　300,000
　　　一般預算支出——地方政府債券利息　　　　　　　12,000
　　貸：國庫存款　　　　　　　　　　　　　　　　　　312,000

【例7-31】年終，某市財政局將「債務還本支出」科目的借方餘額800,000元進行年終結帳。該財政局應編製如下會計分錄：

借：預算結餘　　　　　　　　　　　　　　　　　　　800,000
　　貸：債務還本支出　　　　　　　　　　　　　　　　800,000

(二) 債務轉貸支出的核算

為了核算地方各級財政部門對下級財政部門轉貸的債務支出，地方各級財政總預算會計應設置「債務轉貸支出」總帳科目。地方各級財政部門對下級財政部門進行債務轉貸時，借記「債務轉貸支出」科目，貸記「國庫存款」科目。年終轉帳時，應將「債務轉貸支出」科目借方餘額全部轉入「預算結餘」科目，借記「預算結餘」科目，貸記「債務轉貸支出」科目。年終結帳後，「債務轉貸支出」科目無餘額。「債務轉貸支出」科目平時借方餘額，反應地方各級財政部門當年對下級財政部門轉貸的債務支出累計數。「債務轉貸支出」科目應按照《政府收支分類科目》規定設置明細帳，進行明細分類核算。

【例7-32】某省財政廳對所屬下級財政部門進行債務轉貸350,000元，應編製如下會計分錄：

借：債務轉貸支出——轉貸地方政府債券支出　　　　　350,000
　　貸：國庫存款　　　　　　　　　　　　　　　　　　350,000

【例7-33】年終，某省財政廳對「債務轉貸支出」科目的借方餘額890,000元進行年終結帳，應編製如下會計分錄：

借：預算結餘　　　　　　　　　　　　　　　　　　　890,000
　　貸：債務轉貸支出——轉貸地方政府債券支出　　　　890,000

思考題

1. 什麼是預算撥款和預算支出？
2. 預算支出如何分類？

3. 政府預算支出是指財政總會計的全部支出嗎？為什麼？
4. 由哪些單位組織執行政府預算支出？
5. 預算支出的核算基礎是什麼？
6. 預算撥款的原則是什麼？
7. 一般預算支出列報口徑是什麼？
8. 「預算撥款數」「銀行支出數」和「實際支出數」之間的關係怎樣？
9. 資金調撥支出有哪些內容？
10. 調出資金的年終結轉有何特點？
11. 什麼是債務還本支出？

練習題

1. 某市財政局直接撥煤價補貼給煤建公司 860,000 元。
2. 某市財政局撥給某行政事業單位基本建設款 1,000,000 元，根據建行報來的「銀行支出數匯總表」編製有關會計分錄。
3. 某市財政局將撥給 W 行政單位預算撥款 1,000,000 元，M 事業單位主管部門預算撥款 1,500,000 元轉列支出。
4. 某市財政局用基金預算收入安排支出 250,000 元。
5. 某市財政局用專用基金收入安排一項支出 80,000 元。
6. 某市財政局開出「撥款通知」對其下級財政撥出預算補助款 1,200,000 元。
7. 某市財政局通知下級財政部門將前欠本財政局的 1,200,000 元往來款轉作預算補助款。
8. 某市財政局為彌補預算收支不足，決定調出基金預算附加收入 800,000 元。
9. 某市財政局從國有資本經營預算調出資金 200,000 元，用於平衡一般預算。
10. 某市財政局在年終結算中按財政管理體制規定應上解上級財政款項共計 160,000 元。
11. 某市財政局年終根據財政管理體制規定尚欠所屬縣財政補助款 66,000 元。
12. 某市財政局根據有關文件，向糧食部門撥付糧食風險基金 850,000 元。
13. 某市財政總預算會計採用政府採購方式進行撥款。以下是對某項採購發生的撥款業務：

(1) 按照合同將預算資金劃入政府採購資金專戶，款項為 1,300,000 元。有關行政單位的配套資金 200,000 元也劃入採購資金專戶。

(2) 市財政總預算會計根據合同和有關支付文件資料，向供應商付款 1,400,000 元，政府採購款 1,250,000 元，配套資金 150,000 元；支付後，將財政安排的政府採購資金列報支出。

(3) 市財政總預算會計將節約的預算資金 50,000 元劃回國庫，將節約的配套資金 50,000 元劃回採購單位。

請根據以上情況編製相應會計分錄。

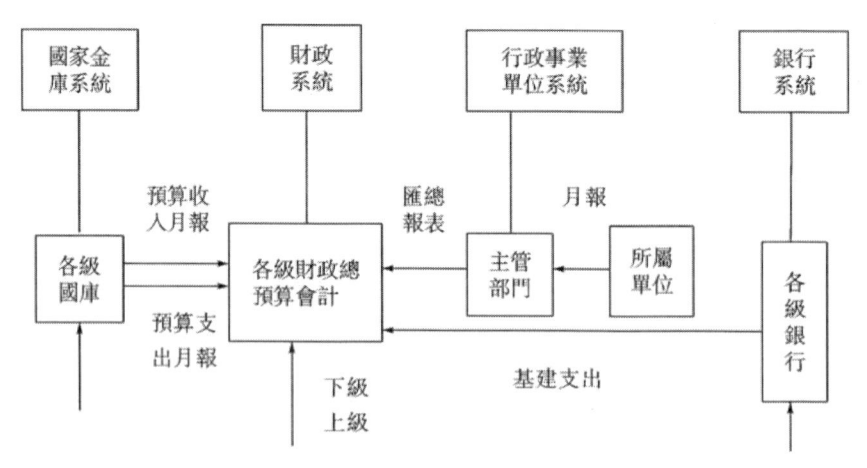

第八章

財政總預算會計報告

財政總預算會計報告是各級財政部門在期末必不可少的重要工作，它不僅反應了各級財政總預算會計的結果，也反應了各級政府的工作業績。

通過本章的學習，應該掌握以下內容：
- 財政總預算會計報告體系的構成
- 年末清理、結算和結帳工作的內容
- 主要會計報表的編製、審核和分析

第一節　財政總預算會計報告體系概述

一、財政總預算會計報告體系的構成

財政總預算會計報告是各級預算收支執行情況及其結餘的定期書面報告，是各級政府和上級財政部門瞭解情況、掌握政策、指導預算執行工作的重要資料，也是編製下一年度預算的基礎。

財政總預算會計報告是由各級財政部門逐級編製，並與各級國庫、各級行政事業單位、相關銀行編報的報表一起，組成一個完整的會計報告體系（見圖8-1所示）。

圖8-1　財政總預算會計報告體系構成圖

從圖8-1可以看出：第一，由各級國庫編報的預算收支月報，逐級匯總上報，反應了不同預算級次的預算收支執行情況，也反應了徵收機關組織預算收入的工作；第

二，由各級行政事業主管部門向同級財政部門報送的單位收支匯總表，反應了各單位的收支情況和業務發展進度；第三，由各級相關銀行向同級財政部門報送的基本建設支出報表，反應了各級政府的基建投資狀況和固定資產投資狀況。

二、財政總預算會計報表的編製要求和編報程序

（一）編製要求

各級財政總預算會計報表要做到報送及時、數字正確、內容完整。具體要求如下：

（1）各級財政總預算會計要加強日常會計核算工作，督促有關單位及時記帳、結帳。所有預算會計單位都應在規定的期限內報出報表，以便主管部門和財政部門及時匯總。

（2）財政總預算會計報表的數字，必須根據核對無誤的帳戶記錄匯總。切實做到帳表相符、有根有據，不能估列代編，更不能弄虛作假。

（3）財政總預算會計報表要嚴格按照統一規定的種類、格式、內容、計算方法和編製口徑填製，以保證全國統一匯總和分析。匯總報表的單位，要把所屬單位的報表匯集齊全，防止漏報。

（二）編報程序

財政總預算會計報表應由鄉（鎮）、縣（市）、市（設區的市）、省（自治區、直轄市）以及計劃單列市財政機關，根據統一的會計科目、統一的編製口徑、統一的報送時間，從基層單位開始，逐級匯總編報，不得估列代編。逐級匯總編成定期的政府預算收支執行情況報表，由財政部報送國務院。地方各級財政總預算收支執行情況報表，由財政機關報送同級人民政府。

各預算單位會計報表是同級財政總預算會計報表的組成部分，由各級行政事業單位逐級匯總，由各主管部門向同級財政機關報送。此外，參與政府預算執行的國家金庫和有關銀行等單位，也要分別向同級財政機關報送預算收入和預算支出的各種報表。這些報表作為財政總預算會計報表的附表，也構成財政總預算會計報告的組成部分。

財政總預算會計的年報，反應著年度預算收支的最終結果。各級財政總預算會計應在財政部門的領導下，參與或具體負責組織有關政府決算草案的編審工作。各級財政部門應將匯總編製的本級決算草案及時報本級政府審定。各級財政部門應按照上級財政部門規定的時限和份數，將經本級人民政府審定的本行政區域決算草案逐級及時報送備案。計劃單列城市的會計報表和年度財政決算在報送省級財政部門的同時，直接報送財政部。

三、財政總預算會計報表的種類

財政總預算會計報表可以按以下不同的標準進行分類：

（1）按經濟內容可分為資產負債表、預算執行情況表、公共財政收支決算表、公共財政收支決算明細表、公共財政轉移支付決算表、政府性基金收支決算表、政府性基金收支決算明細表、國有資本經營收支決算表、國有資本經營收支決算明細表、專用基金收支情況表、預算執行情況說明書及其他附表。其他附表有基本數字表、行政事業單位收支匯總表以及所附會計報表。

(2) 按編製時間可分為旬報、月報和年報。公共財政收支決算表反應預算收支的完成情況，其旬報、月報和年報的表式及內容不盡相同；月份和年度資產負債表的格式則完全相同；政府性基金報表體現的是年度報表。

(3) 按編製單位可分為本級報表和匯總報表。本級報表是反應本級政府的財務狀況和預算執行情況的報表。匯總報表是上級政府根據本級政府和經審查過的所屬下級政府的會計報表匯總編製，反應上級政府和所屬下級政府總的財務狀況和預算執行情況的報表。

第二節 年終清理結算和結帳

財政總預算會計的收支結轉是在年末進行，因此清理結算和結帳工作集中在年末展開，為編製年度會計報表做好充分準備。

一、年終清理的內容

年終清理是指各級財政部門和預算執行單位，在年終前後，對全年各項預算資金的收支及其有關財務活動進行全面清算和核對的工作。年終清理的目的在於：劃清年度收支，核實收支數字，結清往來款項，如實反應全年預算執行結果；分析全年預算執行情況，總結預算管理的經驗；檢查財經紀律遵守情況。

各級財政總預算會計，在會計年度結束前，應當全面進行年終清理工作。年終清理的主要事項如下：

(一) 核對年度預算

預算數字是考核決算和辦理收支結算的依據，也是進行會計結算的依據。年終前，各級財政總預算會計應配合預算管理部門把本級財政總預算與上、下級財政總預算以及與本級各單位預算之間的全年預算數核對清楚。追加追減、上劃下劃的數字，必須在年度終了前核對完畢。為了便於年終清理，本年預算的追加追減和企事業單位的上劃下劃，一般截至 11 月底。各項預算撥款，一般截至 12 月 25 日。

(二) 清理本年預算收支

凡屬本年的一般預算收入，都要認真清理，年終前必須如數繳入國庫。財政總預算會計應督促國庫在年終庫款報解整理期內，迅速報齊當年的預算收入。應在本年預算支領列報的款項，非特殊原因，應在年終前辦理完畢。對於基金預算收入和專用基金收入，凡應列入本年的，應及時催收，並繳入國庫和指定的銀行。

(三) 組織徵收機關和國庫進行年度對帳

年度終了后，按照國庫制度的規定，支庫應設置 10 天的庫款報解整理期（設置決算清理期的年度，庫款報解整理期相應順延）。各國庫經收處 12 月 31 日前所收款項均應在「庫款報解整理期」內報達支庫，列入當年決算。同時，各級國庫要按年度決算對帳辦法編製收入對帳單，分送同級財政部門、徵收機關核對簽章，保證財政收入數字在三個部門的一致性。

(四) 清理核對當年撥款支出

各級財政總預算會計對本級各單位的撥款支出應與各預算單位的撥款收入核對清

楚。對於當年安排的非包干使用的撥款，其結余部分應根據具體情況處理。屬於單位正常周轉占用的資金，可仍作為預算支出處理；屬於應收回的撥款，應及時收回，並按收回數相應沖減預算支出，屬於預撥下年度的經費，不得列入當年預算支出。實行國庫集中收付制度的財政總預算會計，還應清理零余額帳戶的用款額度、直接支付和授權支付等方面的業務。

(五) 清理往來款項

各級財政總預算會計的暫收、暫付等各種往來款項，要在年度終了前認真清理結算，做到人欠收回，欠人歸還，應轉作各項收入或各項支出的款項，要及時轉入本年有關收支帳。

二、年終財政體制結算的內容和步驟

各級財政總預算會計要在年終清理的基礎上進行年終結算。年終結算就是財政體制結算。財政體制結算是指上下級財政之間按財權與事權相統一的原則進行的財政收支結算，並按照財政管理體制的規定，結清上下級財政總預算之間的預算調撥收支和往來款項。年終結算的主要內容及步驟如下：

(1) 根據財政管理體制的規定，計算出全年應補助、應上解和應返還的數額；

(2) 將上述數字與年度預算執行過程中已補助、已上解和已返還的數額進行比較；

(3) 最後，結合借墊款項，計算出全年最後應補或應退的數額，填製「年終財政決算結算單」，經核對無誤後，作為年終財政結算憑證，據以入帳。「年終財政決算結算單」的格式如表 8-1 所示：

表 8-1　　　　　　　　　某市年終財政決算結算單　　　　　　　單位：萬元

	項　　目	金額	項　　目	金額
市財政決算平衡情況	一、收入總計 其中：決算收入 　　　稅收返還 　　　專項補助 　　　結算補助 　　　上年結餘 二、支出總計 其中：決算支出 　　　體制上解支出 　　　專項上解支出 三、年終滾存結餘 　　（扣除預算周轉金）		資金結算情況	一、應得資金數 二、已得資金數 三、應上解數 四、應欠補助數	

各級財政總預算會計對年終決算清理期內發生的會計事項，應當劃清會計年度。屬於清理上年度的會計事項，記入上年度帳內；屬於新年度的會計事項，記入新帳。要防止錯記、漏記。

【例 8-1】經年終結算，某市財政局按年度預算計算應上解省財政數為 87,000,000 元。年度預算執行中實際上解數額為 63,000,000 元。省財政應專項補助該市財政

9,500,000 元。
該市財政總預算會計年終計算應補上解數如下：
市應補上解數＝應上解省財政數－市實際上解數－省應補助市數
　　　　　　＝87,000,000－63,000,000－9,500,000
　　　　　　＝14,500,000（元）

該市財政總預算會計根據經上級財政審批的年終財政決算結算單，通過「與上級往來」科目與省財政辦理結算，編製如下會計分錄：

借：上解支出　　　　　　　　　　　　　　24,000,000
　　貸：與上級往來　　　　　　　　　　　　　24,000,000
借：與上級往來　　　　　　　　　　　　　　9,500,000
　　貸：補助收入　　　　　　　　　　　　　　9,500,000

「與上級往來」科目的貸方餘額 14,500,000 元，為市財政欠省財政應補上解和省財政對市財政專項補助軋差數。

同時，省財政總預算會計也應通過「與下級往來」科目與該市辦理結算，編製如下會計分錄：

借：與下級往來　　　　　　　　　　　　　24,000,000
　　貸：上解收入　　　　　　　　　　　　　24,000,000
借：補助支出　　　　　　　　　　　　　　　9,500,000
　　貸：與下級往來　　　　　　　　　　　　　9,500,000

「與下級往來」科目的借方餘額 14,500,000 元，為省財政應收所屬市財政應補交的款項。

三、年終結帳的內容

總預算會計經過年終清理和結算，把各項結算收支記入舊帳後，即可辦理年終結帳。年終結帳工作一般分為年終轉帳、結清舊帳和記入新帳三個環節，依次作帳。

（一）年終轉帳

年終轉帳，先要計算出各帳戶 12 月份合計數和全年累計數，結出 12 月月末餘額，編製餘額表進行試算平衡。再編製記帳憑證，將「一般預算收入」「基金預算收入」「國有資本經營預算收入」「專用基金收入」「補助收入」「上解收入」「調入資金」等收入類帳戶的貸方餘額以及「一般預算支出」「基金預算支出」「國有資本經營預算支出」「專用基金支出」「補助支出」「上解支出」「調出資金」等支出類帳戶的借方餘額，分別轉入「預算結餘」「基金預算結餘」「國有資本經營預算結餘」和「專用基金結餘」等帳戶的貸方和借方。通過年終轉帳，各收支帳戶的年末餘額應為零。「預算結餘」「基金預算結餘」「國有資本經營預算結餘」和「專用基金結餘」帳戶的年末餘額，分別表示一般預算、基金預算、國有資本經營預算和專用基金的滾存結餘。

（二）結清舊帳

將上述轉帳分錄入帳後，則可結清舊帳。具體方法是：先結出資產類、負債類、淨資產類、收入類和支出類帳戶的借方、貸方的全年總計數，然後在下面劃雙紅線，表示本帳戶全部結清。對年終有餘額的帳戶，應在「摘要」欄內註明「結轉下年」字

樣,表示舊帳余額結束,轉入新帳。

(三) 記入新帳

根據本年度各總帳帳戶和明細帳戶年終轉帳后的余額編製年終決算(結帳后)「資產負債表」和有關明細表后,將表列各帳戶的余額直接記入新年度有關總帳和明細帳各帳戶預留空行的余額欄內,並在「摘要」欄註明「上年結轉」字樣,以區別新年度發生數。

各級財政編製的本級決算草案經本級人民代表大會常務委員會(或人民代表大會)審查批准后,如需要更正原報決算草案收入、支出數字時,則要相應調整舊帳,重新辦理結帳和記入新帳。

第三節　財政總預算會計報表的編製

財政總預算會計報表是反應各級政府預算收支執行情況及其結果的定期書面報告,是各級政府和上級財政部門瞭解情況、掌握政策、指導預算執行工作的重要資料,也是編製下年度預算的基礎。財政總預算會計報表包括資產負債表、預算執行情況表、公共財政收支決算表、公共財政收支決算明細表、公共財政轉移支付決算表、政府性基金收支決算表、政府性基金收支決算明細表、國有資本經營收支決算表、國有資本經營收支決算明細表、專用基金收支情況表等。實行國庫集中收付制度的財政總預算會計還要增設財政性資金國庫集中收付撥款備查表等。

一、資產負債表

資產負債表是反應各級政府所實際擁有財政資金狀況的會計報表,提供某一特定日期各級政府所控制的資產、承擔的負債以及擁有的淨資產情況。資產負債表只要求編製和匯總月報和年報。

(一) 資產負債表月報的編製

財政總預算會計的資產負債表月報,既要反應各級政府某一時日(期末)的資產、負債和淨資產情況,又要反應各級政府某一時期(月內)預算收支執行情況。資產負債表以「資產+支出=負債+淨資產+收入」平衡公式為依據,左方為資產類,右方為負債和淨資產類,兩方總計數相等。資產負債表月報的編製方法如下:

(1) 資產、負債和淨資產的項目根據月末相應會計科目的余額直接填製和分析計算填列。

(2) 收入和支出的項目應根據月末相應會計科目的期末余額(累計發生額)直接填製。

(二) 資產負債表年報的編製

財政總預算會計在進行年終結帳時,首先,應先根據各帳戶12月份的期末余額,編製余額表進行試算平衡無誤后,將各收支帳戶分別轉入有關結余帳戶。其次,根據結帳分錄過帳,結清收支帳戶,並將年終有余額的帳戶進行年結。最后,根據本年度各總帳帳戶年終轉帳后的余額編製「結帳后資產負債表」,即年終決算資產負債表,並

將此表作為記入新帳的依據。在年終決算資產負債表中，收支項目一般無餘額反應。

下面舉例說明資產負債表年報的編製過程。

【例 8-2】某市財政總預算會計根據 2015 年月 12 月末的有關帳戶餘額，編製資產負債表，如表 8-2 所示：

表 8-2

資產負債表
(年終結帳前)

編製單位：　　　　　　　　2015 年 12 月 31 日　　　　　　　　單位：萬元

資產和支出類		負債、淨資產和收入類	
科目名稱	借方餘額	科目名稱	貸方餘額
資產：		負債：	
國庫存款	2,000	借入款	0
其他財政存款	860	暫存款	216
財政零餘額帳戶存款	200	與上級往來	0
有價證券	550	負債合計	216
在途款	160	淨資產：	
暫付款	140	預算結餘	2,100
與下級往來	0	基金預算結餘	1,150
基建撥款	940	國有資本經營預算結餘	250
預撥經費	1,200	專用基金結餘	584
資產合計	6,050	預算周轉金	1,600
支出：		淨資產合計	5,684
一般預算支出	6,200	收入：	
基金預算支出	640	一般預算收入	6,250
國有資本經營預算支出	560	基金預算收入	800
專用基金支出	650	國有資本經營預算收入	690
補助支出	550	專用基金收入	700
上解支出	520	補助收入	560
調出資金	150	上解收入	300
國有資本經營預算調出資金	130	調入資金	250
支出合計	9,400	收入合計	9,550
資產及支出類合計	15,450	負債、淨資和收入類合計	15,450

根據年終結帳前的資產負債表，按年終結帳辦法的規定，該市財政總預算會計應填製 12 月 31 日的記帳憑證，辦理年終轉帳。其會計分錄如下：

(1) 將全年的一般預算收入 62,500,000 元、補助收入 5,600,000 元、上解收入 3,000,000 元、調入資金 2,500,000 元，轉入預算結餘帳戶。

借：一般預算收入　　　　　　　　　　　　62,500,000
　　補助收入　　　　　　　　　　　　　　 5,600,000
　　上解收入　　　　　　　　　　　　　　 3,000,000
　　調入資金　　　　　　　　　　　　　　 2,500,000
　　貸：預算結余　　　　　　　　　　　　73,600,000

(2) 將全年一般預算支出 62,000,000 元、補助支出 5,500,000 元、上解支出 5,200,000 元，轉入預算結余帳戶。

借：預算結餘 72,700,000
　貸：一般預算支出 62,000,000
　　　補助支出 5,500,000
　　　上解支出 5,200,000
(3) 將全年基金預算收支轉入基金預算結餘帳戶。
借：基金預算收入 8,000,000
　貸：基金預算結餘 8,000,000
借：基金預算結餘 7,900,000
　貸：基金預算支出 6,400,000
　　　調出資金 1,500,000
(4) 將全年國有資本經營預算收支轉入國有資本經營預算結餘帳戶。
借：國有資本經營預算收入 6,900,000
　貸：國有資本經營預算結餘 6,900,000
借：國有資本經營預算結餘 6,900,000
　貸：國有資本經營預算支出 5,600,000
　　　國有資本經營預算調出資金 1,300,000
(5) 將全年專用基金收支轉入專用基金結餘帳戶。
借：專用基金收入 7,000,000
　貸：專用基金結餘 7,000,000
借：專用基金結餘 6,500,000
　貸：專用基金支出 6,500,000

根據年終結帳后各帳戶餘額編製年終結帳后的資產負債表，如表8-3所示。該資產負債表即是年終決算報表，是記入新年度有關總帳的依據。

表8-3　　　　　　　　　　　　　資　產　負　債　表
(年終結帳后)
編製單位：　　　　　　　　2015年12月31日　　　　　　　　單位：萬元

資產類			負債和淨資產類		
科目名稱	年初數	期末數	科目名稱	年初數	期末數
資產：			負債：		
國庫存款		2,000	借入款		0
其他財政存款		860	暫存款		216
財政零餘額帳戶存款		200	與上級往來		0
有價證券		550	負債小計		216
在途款		160	淨資產		
暫付款		140	預算結餘		2,190
與下級往來		0	基金預算結餘		1,160
基建撥款		940	國有資本經營預算結餘		250
預撥經費		1,200	專用基金結餘		634
			預算周轉金		1,600
			淨資產小計		5,834
資產合計		6,050	負債和淨資產合計		6,050

(三) 資產負債表匯總報表的編製

各級財政總預算會計應先編出本級財政的資產負債表，然后和經審核無誤的所屬下級財政總預算會計的資產負債表匯總編成本地區財政匯總的資產負債表。

在匯編中，各級財政總預算會計應將本級財政的「與下級往來」和下級財政的「與上級往來」、本級財政的「上解收入」和下級財政的「上解支出」、本級財政的「補助支出」和下級財政的「補助收入」等核對無誤后互相沖銷，以免重複匯總。

二、預算執行情況表

預算執行情況表是反應政府財政總預算收支執行進度、收支構成、各級財力的形成及其分配的報表，並根據需要分為旬報、月報和年報。

(一) 旬報的編製

旬報是反應各級財政部門從月初至本旬為止的預算收支主要完成情況的報表。旬報應按當年《政府收支分類科目》，從有關收支帳戶中取數，收入和支出只列報主要的大類數，並於每月上旬、中旬後報送，下旬由月報代替。

旬報要求及時、快速、簡明扼要。縣級旬報應在旬后 1 日內以電話報上級財政部門；上級財政部門在收齊下級財政部門的旬報后，加上本級數字，匯總上報給上一級財政部門。省、自治區、直轄市的旬報一般要求在旬后 3 日內上報財政部。旬報的具體內容和編製方法由財政部根據情況規定，並逐級布置。旬報的一般格式如表 8-4 所示：

表 8-4　　　　　　　　　　預算收支旬報

編報單位：　　　　　　　　年　月　日　　　　　　　　單位：萬元

代號	項目	金額	代號	項目	金額
	一般預算收入合計 其中：稅收收入 　　　社會保險基金收入 　　　非稅收入 　　　…… 一般預算支出合計 其中：一般公共服務 　　　外交 　　　國防 　　　……			基金預算收入合計 其中：政府性基金收入 　　　非稅收入 　　　…… 基金預算支出合計 其中：教育 　　　交通運輸 　　　……	

(二) 月報的編製

月報是反應各級財政部門從年初至本月末止的預算收支完成情況的報表。按收支配比要求，具體分為一般預算收入月報、一般預算支出月報、基金預算收支月報。也可以將一般預算收支與基金預算收支合併，編報財政總預算收支月報。

月報的列報內容一般比旬報詳細，通常列報到《政府收支分類科目》的「款」級科目，並且要附上本月預算收支執行情況的文字說明。月報的報送也需要及時，省級財政一般要求在月后 5 日內將月報報送到財政部。月報應根據有關收支帳戶本月發生

額直接填列。月報參考格式如表 8-5 和表 8-6 所示：

表 8-5　　　　　　　　　　　　一般預算收入月報
編報單位　　　　　　　　　　　年　　月份　　　　　　　　　　　單位：萬元

科目編碼	收入科目	當月數	累計數
101	一般預算收入合計 稅收收入 　增值稅 　消費稅 　……		
102	社會保險基金收入 　金融保險業營業稅（地方） 　一般營業稅 　……		
103	非稅收入 　政府性基金收入 　專項收入 　……		

表 8-6　　　　　　　　　　　　一般預算支出月報
編報單位：　　　　　　　　　　年　　月份　　　　　　　　　　　單位：萬元

科目編碼	支出科目	當月數	累計數
201	一般預算支出合計 一般公共服務 　人大 　政協 　……		
202	外交 　外交行政管理 　駐外機構 　……		
203	國防 　現役部隊 　國防報備力量 　……		

　　政府性預算收支、國有資本經營預算收支月報的格式與一般預算收支月報的格式基本相同。各省、自治區、直轄市上報到財政部的月報，應按照財政部每年制發的月報格式編製，不得自行增刪或變動報表項目。

　　（三）年報的編製

　　年度預算執行情況表就是反應政府財政收支的決算報表，是反應整個預算年度內政府預算收支執行情況及其結果的報表。年報是各級政府全年政治經濟活動在財政上的集中反應。編製年報是各級財政總預算會計的主要任務之一，各級財政總預算會計應在財政部門的領導下，參與或負責有關決算草案的編審工作。

各級財政預算情況執行表的年報可由年度政府公共財政收支決算總表、公共財政收入決算明細表、公共財政支出決算明細表、政府性基金收支決算總表、國有資本經營預算收支決算總表和專用基金收支情況表等組成。在政府收支分類改革的情況下，預算收支情況決算報表體系的完善還將經歷一個建設過程。但是，改革後的決算報表體系應能全面反應政府整體收支情況，即包括公共財政收支決算、政府性基金收支決算、國有資本經營收支決算和財政專戶管理資金等內容；設計的報表應具有實用性，能滿足政府和財政工作的實際需要；設計的決算指標應與國際通行的體系、方法接軌，並具有一定的連續性和穩定性。公共財政收支決算總表的參考格式如表 8-7 所示：

表 8-7　　　　　　　　　　　　　公共財政收支決算總表
編報單位：　　　　　　　　　　　20××年度　　　　　　　　　　　　　單位：億元

收入			支出		
收支分類科目	預算數	決算數	收支分類科目	預算數	決算數
一、稅收收入			一、一般公共服務		
1. 增值稅			二、外交		
2. 消費稅			三、國防		
3. 營業稅			四、公共安全		
4. 企業所得稅			五、教育		
5. 企業所得稅退稅			六、科學技術		
6. 個人所得稅			七、文化體育與傳媒		
7. 資源稅			八、社會保障和就業		
8. 城市維護建設稅			九、醫療衛生		
9. 房產稅			十、環境保護		
10. 印花稅			十一、城鄉社區事務		
……			十二、農林水事務		
二、非稅收入			十三、交通運輸		
1. 專項收入			十四、工業,商業,金融等事務		
2. 行政事業性收費收入			十五、其他支出		
3. 罰沒收入			十六、轉移支出		
4. 國有資本經營收入			十七、調出資金		
5. 國有資源有償售後服務收入					
6. 其他收入					
……					
三、轉移收入					
四、債務收入					
五、調入資金					
本年收入合計			本年支出合計		

政府性基金收支決算總表是反應年度政府性基金的收入和支出的預算數和決算數。其參考格式如表8-8所示：

表8-8 政府性基金收支決算總表

編製單位： 20××年度 單位：億元

收入			支出		
預算科目	預算數	決算數	預算科目	預算數	決算數
本級政府性基金收入			本級政府性基金支出		
1. 地方教育附加收入			1. 地方教育附加支出		
2. 港口建設費收入			2. 港口建設費安排的支出		
3. 殘疾人就業保障金收入			3. 殘疾人就業保障金支出		
……			……		
本年收入合計			本年支出合計		

國有資本經營收支決算表是各級財政部門反應年度國有資本經營收入、支出決算總體情況的會計報表。其參考格式如表8-9所示：

表8-9 國有資本經營收支決算總表

編製單位： 20××年度 單位：億元

收入			支出		
預算科目	預算數	決算數	預算科目	預算數	決算數
1. 利潤收入			1. 教育支出		
2. 股利、股息收入			2. 科學技術支出		
3. 產權轉讓收入			3. 社會保障和就業支出		
……			……		
本年收入合計			本年支出合計		

年度預算執行情況決算報表體系的具體內容與編製方法應根據財政部有關決算報表的規定辦理。財政總預算會計在編製預算執行情況表的年報時，還應編寫預算執行情況說明書及其他附表，以便用文字和有關附表補充說明年度財政收支情況。其他附表主要有基本數字表、行政事業單位收支匯總表等。

第四節　財政總預算會計報表的審核與分析

為了保證各級財政總預算會計報表數字正確、內容完整，客觀地反應年度預算執行情況，必須對本級的會計報表和下級財政報送的會計報表進行認真審核並匯總。同時，應對會計報表反應的有關數據進行分析。

一、財政總預算會計報表的審核

財政總預算會計在審核會計報表時，應著重從以下兩方面進行審核：

（一）政策性審核

政策性審核是審核會計報表反應的預算收支執行情況及其結果是否符合有關的法律、法規。

1. 預算收入的審核

對預算收入應主要審核以下內容：

（1）審核本年度的預算收入是否按照國家政策、預算管理體制的規定及時、足額地繳入國庫，是否有無故拖欠、截留、挪用預算收入的情況。例如，有無將應繳的收入以暫存款掛在往來帳上。

（2）審核預算收入的劃分、報解是否符合財政管理體制的規定，有無錯誤劃分報解預算收入而沒有更正的情況。

（3）審核收入退庫是否符合國家規定範圍，有無辦理不符合規定的收入退庫情況。

（4）審核一般預算收入與其他各項收入是否劃分清楚，有無混淆各種收入的情況。

（5）審核年終決算的收入數和12月份會計報表中的累計收入數是否一致，如有較大出入，應具體查明原因。

2. 預算支出的審核

對預算支出應主要審核以下內容：

（1）審核列入本年的預算支出是否符合規定，有無本年預撥下年度經費列入本年預算支出。

（2）審核預算支出是否按規定的列報口徑列支。

（3）審核一般預算支出與其他支出是否劃分清楚，有無混淆各種支出的情況。

（4）審核預算支出是否編列齊全，有無漏報的現象。

（5）審核年終決算支出數和12月份會計報表所列全年累計支出數是否一致，查明超支和增支中有無違反財經紀律的現象。

（二）技術性審核

技術性審核是從會計報表的數字關係、數字計算的準確程度等方面，對會計報表反應的各項預算收支情況進行審核。對財政總預算會計報表的技術性審核主要包括以下內容：

（1）審核決算報表之間的有關數字是否一致。

（2）審核上下年度之間的有關數字是否一致。
（3）審核上下級財政總決算之間、財政部門決算與單位決算之間有關上解、補助、暫收、暫付等往來款項數字是否一致。
（4）審核財政總決算報表的有關數字與其他有關部門年報的有關數字是否一致。
（5）審核會計報表的正確性與完整性。

二、財政總預算會計報表的匯總

會計報表經審核無誤后，縣以上各級財政總預算會計還要根據本級報表和所屬各級上報的會計報表進行匯總，編製匯總會計報表。在編製匯總會計報表時，應將上下級之間對應科目的數字予以沖銷，以避免重複計列收支。需要沖銷的項目有：本級報表中的「補助支出」和所屬下級報表中的「補助收入」應沖銷；本級報表中的「上解收入」和所屬下級報表中的「上解支出」應沖銷；本級報表中的「與下級往來」和所屬下級報表中的「與上級往來」應沖銷。

各級財政部門應將匯總編製的本級決算草案及時報本級政府審定。然后，各級財政部門應按照上級財政部門規定的時限和份數，將經本級人民政府審定的本行政區域決算草案逐級報送備案。

三、財政總預算會計報表的分析

財政總預算會計報表集中地反應一定時期財政總預算的執行結果，可以為各級政府提供有關預算收支情況的會計信息，為政府宏觀決策、編製政府預算提供依據。但是，通過財政總預算會計報表，還不能直接獲得有關預算收支完成好壞及其原因的信息。為了更深入瞭解預算收支完成的情況，應對財政總預算會計報表進行分析。

財政總預算會計報表分析，是以總預算會計報表為依據，結合徵收機關、國庫提供的各種資料以及有關會計資料，分析總預算執行的情況，從而總結經驗，採取措施，為改進預算管理提供信息資料。

財政總預算會計報表分析，一般採用比較分析法。比較分析法是會計報表分析的常用方法之一。採用此法對財政總預算會計報表進行分析時，主要是比較分析本期實際數（預算執行數）與預算數以及本期實際數與上期實際數。既可以用絕對數比較，也需用相對數比較。通過這種比較，可以考核預算收支執行的情況和進度，從中找出先進與落后的差距，進而分析原因，挖掘潛力，以不斷改進預算管理工作。

財政總預算會計報表分析的主要內容有預算收支完成總情況的分析、預算收入完成情況的分析、預算支出完成情況的分析。

下面舉例說明財政總預算會計報表分析方法的運用。

【例8-3】某市財政局2015年總預算收支情況見表8-10和表8-11。據此，對該市預算收支執行情況進行分析。

表 8-10　　　　　　　　　　××市 2015 年預算收入完成情況分析表

單位：萬元

收入項目	上年完成數	本年預算數	本年完成數	本年完成數 占預算的百分比(%)	本年完成數 比上年增減的幅度(%)
一、工商稅收	8,560	8,800	9,850	111.93	+15.07
增值稅	5,900	5,980	6,250	104.52	+5.93
消費稅	430	435	480	110.34	+11.63
營業稅	1,080	1,120	1,520	135.71	+40.74
外商投資企業所得稅	540	550	655	119.09	+21.30
個人所得稅	120	140	160	114.29	+33.33
城市維護建設稅	390	450	620	137.78	+58.97
其他稅收	100	125	165	132.00	+65.00
二、農牧業稅和耕地占用稅	1,010	1,120	1,050	93.75	+3.96
三、國有企業所得稅	4,350	4,550	4,650	102.20	+6.90
四、國有企業上繳利潤	3,850	3,980	3,950	99.25	+2.60
五、國有企業計劃虧損補貼	-500	-450	-430	95.56	-14.00
六、其他收入	200	220	240	109.09	+20.00
合　　計	17,470	18,220	19,310	105.98	+10.53

（一）預算收支完成情況的分析

該市全年收入預算數為 182,200,000 元，實際完成數為 193,100,000 元，超收 10,900,000 元，比預算數超收了 5.98%；全年支出預算數為 136,100,000 元，實際發生支出為 136,700,000 元，比預算數超支 600,000 元，超支了 0.44%。從全年預算收支情況看，預算收入超額完成任務，比本年預算超收 5.98%，比上年收入增長 10.53%，預算支出比預算略有超支，僅超支了 0.44%，也較好地完成預算支出任務。因此，該市 2015 年預算收支完成總情況是良好的。

（二）預算收入完成情況的分析

財政總預算會計在分析預算收入完成情況時，應先根據會計報表及有關資料，編製預算收入完成情況分析表（見表 8-10）。然后，逐項進行分析，比較本年實際完成數與本年預算數及上年完成數。

從表 8-10 可以看出，該市全年預算收入實際完成 193,100,000 元，超收 10,900,000元，比預算數超收了 5.98%，比上年增長了 10.53%，超額完成了預算任務，並有較大幅度增長。逐項分析可以看出工商稅收比預算超收了 11.93%，比上年增長了 15.07%，是各項收入中增長較大的項目，對預算收入的超額完成起了較大的作用，而農牧業稅和耕地占用稅僅完成預算的 93.75%，國有企業上繳利潤完成了預算的 99.25%，並且比上年增長幅度小，僅增長 2.60%，這說明本年農業和國有企業經濟增長較慢，應查找原因。在各種工商稅收中，增長較快的是營業稅為 40.74%，個人所得稅為 33.33%，城市維護建設稅為 58.97%，以及其他稅收為 65%，而增值稅僅增長了 5.93%，應查明各種稅收增幅差別較大的原因，以便加強徵管工作。

(三) 預算支出完成情況的分析

財政總預算會計在分析預算支出完成情況時，也應根據會計報表等資料，編製預算支出完成情況分析表，然后再逐項進行比較分析。

從表 8-11 可以看出，該市本年完成的預算支出數為136,700,000元，比預算數增加600,000元，僅超支0.44%，基本完成預算任務，但預算支出比上年增長了4.75%。從各項目來分析，其他部門的事業費、撫恤和社會福利救濟費、行政管理費、公檢法支出、政策性補貼支出和其他支出都超出了預算數額；科技三項費用、支持農業生產支出、支持不發達地區支出、文教事業費、科學事業費都完成了預算數；其他各項支出都比預算有所節約。

表 8-11　　　　　　　　××市 2015 年預算支出完成情況分析表

單位：萬元

支出項目	上年完成數	本年預算數	本年完成數	本年完成數占預算的百分比(%)	本年完成數比上年增減的幅度(%)
一、基本建設支出	1,000	950	900	94.74	-10.00
二、企業挖潛改造資金	500	550	530	96.36	+6.00
三、簡易建築費	100	120	110	91.67	+10.00
四、科技三項費用	580	650	650	100.00	+12.07
五、流動資金	240	280	260	92.86	+8.33
六、支持農業生產支出	700	750	750	100.00	+7.14
七、農、林、水利、氣象等部門的事業費	880	920	900	97.83	+2.27
八、工業、交通等部門的事業費	320	400	390	97.50	+21.88
九、商業部門事業費	110	120	110	91.67	0
十、城市維護費	1,080	1,150	1,100	95.65	+1.85
十一、支持不發達地區支出	200	220	220	100.00	+10.00
十二、文教事業費	2,300	2,400	2,400	100.00	+4.35
十三、科學事業費	1,200	1,400	1,400	100.00	+16.67
十四、其他部門的事業費	600	700	720	102.86	+20.00
十五、撫恤和社會福利救濟費	200	250	280	112.00	+40.00
十六、行政管理費	1,300	1,250	1,280	102.40	-1.54
十七、公檢法支出	420	400	420	105.00	0
十八、政策性補貼支出	800	600	700	116.67	+12.50
十九、其他支出	520	500	550	110.00	+5.77
合　計	13,050	13,610	13,670	100.44	+4.75

思考題

1. 試述財政總預算會計年終清理的內容。
2. 財政總預算會計如何進行年終結算？
3. 年終結算包括哪幾個環節？
4. 簡述財政總預算會計報表的種類。
5. 試述財政總預算會計編製資產負債表的程序。
6. 預算執行情況表的作用是什麼？
7. 如何審核財政總預算報表？
8. 如何進行財政總預算會計報表分析？

練習題

某市財政局2015年12月31日全部帳戶餘額如下：

科目	借方餘額（萬元）	科目	貸方餘額（萬元）
國庫存款	3,500	借入款	100
其他財政存款	860	暫存款	116
有價證券	700	與上級往來	250
在途款	106	預算結餘	2,150
暫付款	64	基金預算結餘	1,350
與下級往來	100	專用基金結餘	584
基建撥款	940	預算周轉金	1,300
預撥經費	500	一般預算收入	8,950
一般預算支出	7,860	基金預算收入	850
基金預算支出	890	專用基金收入	650
專用基金支出	800	補助收入	580
補助支出	500	上解收入	440
上解支出	400	調入資金	200
調出資金	300		

要求：

(1) 根據以上數字編製結帳前資產負債表；
(2) 編製年終轉帳分錄；
(3) 根據有關餘額編製結帳後資產負債表。

第三篇
行政單位會計

　　行政單位會計是指中華人民共和國各級權力機關、行政機關、審判機關和檢察機關以及黨派、政協機關等行政單位核算、反應和監督本單位經濟業務活動的專業會計。行政單位會計是預算會計的重要組成部分。由於行政單位業務活動的目標是行使政府職能，經濟業務活動範圍較窄，其會計核算比較簡單，沒有內部成本核算；其財務管理以預算撥款為中心，收支核算必須嚴格服從預算管理。

第九章
行政單位會計概述

行政單位會計是預算會計的組成部分，其會計核算必須遵守國家的有關法律、法規及《行政單位會計制度》的規定。

通過本章的學習，應該掌握以下內容：
- 行政單位會計的特點
- 行政單位會計的組織
- 行政單位會計帳戶

第一節 行政單位會計的概念及特點

一、行政單位會計的概念及組成

(一) 行政單位及其特徵

行政單位是指行使國家權力、管理國家事務、維護社會公共秩序、進行各項行政管理工作的政府機構。行政單位人員列入國家行政編製，所需經費全部由政府預算撥給。行政單位具體包括以下幾部分：

(1) 國家權力機關。這是指各級人民代表大會及其常務委員會。全國人民代表大會是國家的最高權力機關。

(2) 各級行政機關。這是指各級人民政府及其所屬各行政部門。行政機關是國家權力機關的執行機關。國務院是國家的最高行政機關。

(3) 各級司法機關。這是指行使國家審判職能和檢察職能的機關，即各級人民法院和各級人民檢察院。最高人民法院是國家的最高審判機關，最高人民檢察院是國家的最高檢察機關。

(4) 政黨組織。這是指中國共產黨、各民主黨派以及共青團、婦聯、工會等組織。

軍隊雖然也通過政府預算撥款解決經費，但因人員不屬於行政編製，不劃為行政單位，而作為獨立的系統。

行政單位的職責是完成國家所賦予的各項行政管理任務，即維護社會公共秩序、保證國家機器的正常運轉。行政單位雖不直接參與物質生產，但它們為社會再生產創造良好的環境，提供有效的服務和安全保障。因此，行政單位表現出以下特徵：

(1) 行政單位的存在是以滿足社會公共需要為前提的，屬於公共部門。行政單位為社會公眾提供的服務，屬於公共物品。公民在消費行政單位提供的服務時，不具有排他性。當公民消費企業的商品時，具有排他性。

(2) 行政單位的運作不是以盈利為目的。行政單位為公民提供的服務一般不收取

費用或只收取工本費，不像企業一樣，以營利為目的來提供商品和勞務。
　　（3）行政單位的資金來源是單一的和無償的。行政單位的資金來源是政府預算撥款，無需償還。
　　（4）嚴格執行部門預算。對於行政單位來說，按照審批的部門預算取得和使用財政資金，並使財政資金發揮應有的社會效益，是行政單位會計必須遵循的基本要求。
　　（二）行政單位會計的概念
　　行政單位會計是指各級行政單位以貨幣為主要計量單位，反應和監督各級行政機關以及實行行政財務管理的其他機關預算執行情況及其結果的專業會計。行政單位會計是政府會計體系中的重要組成部分。行政單位為完成自身的任務，需要業務活動經費。它們一方面要按照財政部門或上級主管部門核准的預算，有計劃地領撥經費；另一方面又要按照預算規定的用途使用經費。因此，行政單位會計的對象是各級行政單位預算資金和其他資金的收支運動。
　　行政單位部門預算是行政單位根據其職責和工作任務編製的年度財務收支計劃，由收入預算和支出預算組成，是行政單位取得國家財政撥款，使用國家財政撥款的依據。行政單位部門預算是政府預算的重要組成部分，行政單位的預算執行情況，直接影響政府預算的執行情況。行政單位會計通過反應職能，如實將行政單位的預算執行的情況通過會計核算程序表現出來；通過監督職能，督促單位加強財務管理，提高資金的使用效益。

二、行政單位預算與財務管理

　　（一）行政單位預算管理辦法
　　行政單位預算是行政單位的年度收支計劃，反應預算年度內行政單位的資金收支規模、結構以及資金來源和去向，是行政單位可以發生相應收支業務的基本依據。
　　按照相關規定，財政部門對行政單位實行收支統一管理，定額、定項撥款，超支不補，結轉和結餘按規定使用的預算管理辦法。其中，收支統一管理是指行政單位應當將全部收入和全部支出統一編入預算，逐級報請財政部門核定。
　　（二）行政單位預算的編報和審批程序
　　行政單位預算按照下列程序編報和審批：
　　（1）行政單位測算、提出預算建議數，逐級匯總后報送同級財政部門。
　　（2）財政部門審核行政單位提出的預算建議數，下達預算控制數。
　　（3）行政單位根據預算控制數正式編製年度預算，逐級匯總后報送同級財政部門。
　　（4）經法定程序批准后，財政部門批覆行政單位預算。
　　（三）行政單位財務管理
　　行政單位財務管理可以包括單位預算管理、收入管理、支出管理、結轉和結餘管理、資產管理、負債管理以及財務報告和財務分析等內容。因此，行政單位財務管理涉及的範圍比預算管理大，內容也相應比預算管理豐富。但行政單位預算管理是其進行財務管理的基本依據。

三、行政單位會計的特點

　　行政單位會計的特點是在與財政總預算會計和事業單位會計的比較中體現出來的。

行政單位會計的特點如下：

（一）會計核算對象是純預算收支運動

與財政總預算會計相連接，行政單位會計的核算對象是財政資金的領撥、使用及其結果，體現資金來源的唯一性；而事業單位會計的對象則體現出資金來源的多元化。

（二）支出列報依據是實際支出數

行政單位會計和事業單位會計均是以經費的實際支出數列報支出，表現資金的最終消費；而財政總預算會計則是以預算撥款數列報支出，體現財政資金的分配。

（三）以收付實現制為記帳基礎

事業單位會計的記帳基礎既可以採用收付實現制，又可以採用權責發生制；而行政單位會計與財政總預算會計的記帳基礎一樣，主要是採用收付實現制。

（四）不以營利為目的，會計核算相對簡單

與事業單位比較，行政單位的業務活動目標是行使政府職能，向社會公眾提供服務，其經濟業務活動範圍有特定限制，故會計核算較為簡單。行政單位會計資金來源渠道單一，沒有成本核算過程，不計盈虧。

（五）體現部門預算的剛性

按照《中華人民共和國預算法》及有關制度的規定，行政單位應當嚴格執行部門預算，按照收支平衡的原則，合理安排各項資金，不得超預算安排支出。因此，行政單位會計在明細科目的設置上，在年終清理結算的工作上都充分體現了部門預算的剛性。

第二節　行政單位會計的組織

一、行政單位會計的組織系統

根據行政單位的機構建制和經費領撥關係，行政單位的會計組織系統分為主管會計單位、二級會計單位和基層會計單位。

（一）主管會計單位

主管會計單位是指向同級財政部門申報預算，並發生經費領撥和預算管理關係，有下一級會計單位的行政單位。主管會計單位負有較多的責任，具體如下：

（1）監督和檢查本單位和所屬各單位嚴格按照國家有關規定使用各項資金；

（2）編製匯總部門預算報送財政部門審批；

（3）編製匯總會計報表報送財政部門。

（二）二級會計單位

二級會計單位是指向上一級預算單位申報預算並有下級預算單位的行政單位。

（三）基層會計單位

基層會計單位是指向上一級預算單位申報預算，並且沒有下級預算單位的行政單位。凡是直接向同級財政部門領撥經費而沒有下級會計單位的部門，一律視同基層會計單位。

主管會計單位、二級會計單位和基層會計單位實行獨立會計核算，負責組織管理本部門、本單位的全部會計工作。不具備獨立核算條件的行政單位，實行單據報帳制度，作為「報銷單位」管理。各級預算單位應當按照預算管理級次申報預算，並按照批准的預算組織實施，定期將預算執行情況向上一級預算單位或者同級財政部門報告。

不論是主管會計單位，還是二級會計單位和基層會計單位，都承擔以下主要的工作及任務：

（1）編製本單位的部門預算，並及時報送同級財政部門審核；

（2）根據同級財政部門批准的部門預算，執行國庫集中收付制度，如實核算收入與支出；

（3）編製本單位的決算草案，並及時報送同級財政部門審核；

（4）核算本單位的各項資產、負債、淨資產、收入和支出等要素，提供真實、客觀的會計信息。

二、行政單位會計的工作機構

行政單位根據本單位的業務活動和人員編製的多少以及所承擔的會計工作任務繁重程度，設置會計工作機構或者在有關機構中設置會計人員，並設置有明確分工、符合內部控制制度要求的會計工作崗位，配備必要的有會計從業資格的會計人員，按照《中華人民共和國會計法》《行政單位會計制度》等的規定建立健全本單位內部會計核算制度，進行獨立核算。人員編製少、會計工作量小、不具備獨立核算條件的行政單位，可以實行單據報帳制度，作為「報銷單位」，不進行獨立核算。

實行獨立核算的行政單位應指定會計主管人員，並應確定一名單位領導主管會計工作。會計主管人員除具有會計從業資格外，還應當具備會計師以上專業技術職務資格或者從事會計工作三年以上經歷。主管會計工作的單位領導負責處理日常會計工作的重大問題，審批重大的財務開支事項。會計主管人員向主管會計工作的單位領導負責；主管會計工作的單位領導向單位最高領導負責。單位最高領導對本單位的會計工作和會計資料的真實性、完整性負責。

同時負有財政總預算會計職能的行政單位（各級財政部門），本單位會計與財政總預算會計必須由獨立的會計機構進行分別核算。兩個獨立的會計機構，必須在人員配備、職責分工、核算範圍等方面嚴格分開，以保證各自工作的獨立性和準確性。

第三節　行政單位會計帳戶

一、行政單位會計科目設置要求

（一）行政單位會計科目表

行政單位會計科目是對行政單位會計核算對象的具體內容進行科學分類的標誌。行政單位會計科目是各級行政單位會計設置帳戶、確定核算內容、歸集經濟業務的依

據,也是匯總和檢查行政單位資金活動情況及其結果的依據。行政單位會計與財政總預算會計相比,需增設庫存現金、存貨、固定資產等實物資產科目。與事業單位會計相比,沒有經營收支科目,這是由行政單位會計核算內容決定的。各級行政單位統一適用的會計科目如表9-1所示:

表 9-1　　　　　　　　　　　行政單位會計科目表

序號	編　號	科　　目	序號	編　號	科　　目
		一、資產類			三、淨資產類
1	1001	庫存現金	26	3001	財政撥款結轉
2	1002	銀行存款	27	3002	財政撥款結餘
3	1011	零餘額帳戶用款額度	28	3101	其他資金結轉結餘
4	1021	財政應返還額度	29	3501	資產基金
	102101	財政直接支付		350101	預付帳款
	102102	財政授權支付		350111	存貨
5	1212	應收帳款		350121	固定資產
6	1213	預付帳款		350131	在建工程
7	1215	其他應收款		350141	無形資產
8	1301	存貨		350151	政府儲備物資
9	1501	固定資產		350152	公共基礎設施
10	1502	累計折舊	30	3502	待償債淨資產
11	1511	在建工程			四、收入類
12	1601	無形資產	31	4001	財政撥款收入
13	1602	累計攤銷	32	4002	其他收入
14	1701	待處理財產損溢			五、支出類
15	1801	政府儲備物資	33	5001	經費支出
16	1802	公共基礎設施	34	5101	撥出經費
17	1901	受託代理資產			
		二、負債類			
18	2001	應繳財政款			
19	2101	應交稅費			
20	2201	應付職工薪酬			
21	2301	應付帳款			
22	2302	應付政府補貼款			
23	2305	其他應付款			
24	2401	長期應付款			
25	2901	受託代理負債			

(二) 行政單位會計科目的使用要求

(1) 應當使用按規定統一設置的會計科目,非經財政部門同意,不得隨意減並或自行增設,不得擅自更改會計科目的名稱。不需用的會計科目可以不用。

(2) 在使用會計科目的編號時,應與會計科目名稱同時使用。可以只使用會計科目的名稱,不使用會計科目的編號,但不得只使用會計科目的編號,而不使用會計科目的名稱。

(三) 會計科目的二級科目和明細科目應根據具體情況分別設置

1. 資產類明細科目的設置

貨幣資金類科目可分別按人民幣和外幣設置明細科目。實物資產類科目可按資產

的名稱、品種、類別設置明細科目，還可按存放地點設置明細科目。結算類科目可按債務單位或個人名稱設置明細科目。

2. 負債類明細科目的設置

應按照科目的內容、項目、債權單位或個人名稱設置明細科目。

3. 淨資產類明細科目的設置

應按結余資金的類別和部門預算基本支出和項目支出的要求設置明細科目。

4. 收支類明細科目的設置

財政撥款收入和經費支出應按照《政府收支分類科目》、部門預算基本支出和項目支出的要求設置明細科目；其他收支科目應按照專項和非專項的內容設置明細科目。

二、行政單位會計憑證

（一）原始憑證

原始憑證是經濟業務發生時取得的書面證明，是會計事項唯一的合法憑證，是登記明細帳的依據。

各級行政單位會計採用的原始憑證主要包括：

（1）收入款項憑證，如收款收據、借款憑證及預算撥款憑證等；

（2）實物資產憑證，如固定資產調撥單、庫存材料的出庫單、入庫單等；

（3）銀行憑證，如開戶銀行轉來的收、付款憑證及往來結算憑證等；

（4）其他足以證明會計事項發生經過的憑證和文件。

行政單位的專用票據和通用票據要按照國家規定的要求使用。

（二）記帳憑證

記帳憑證是由會計人員依據審核后的原始憑證填製的，並作為登記會計帳簿的直接依據的憑證。

行政單位的記帳憑證有兩種：一種是專用記帳憑證，包括收款憑證、付款憑證和轉帳憑證；另一種是不分收、付、轉，只有一種格式的通用記帳憑證。目前各單位普遍採用「通用記帳憑證」。其格式如表 9-2 所示：

表 9-2　　　　　　　　　　　　通用記帳憑證

總號_____

年　月　日　　　　　　　分號_____

對方單位	摘要	借　方		貸　方		金額	記帳符號
		科目編號	科目編號	科目編號	科目編號		

附憑證　張

記帳憑證的編製方法如下：

(1) 行政單位應根據經審核無誤的原始憑證，歸類整理編製記帳憑證。記帳憑證的各項內容必須填列齊全，經復核后憑以記帳。制證人必須簽名或蓋章。

(2) 記帳憑證一般根據每項經濟業務的原始憑證填製。當天發生的同類會計事項可以適當歸並后編製。不同會計事項的原始憑證，不得合併編製同一張記帳憑單，也不得把幾天的會計事項加在一起做一張記帳憑證。

(3) 記帳憑證必須附有原始憑證。一張原始憑證涉及幾張記帳憑證的，可以把原始憑證附在主要的一張記帳憑證后面，在其他幾張記帳憑證上註明附有原始憑證的記帳憑證的編號。結帳和更正錯誤的記帳憑證，可以不附原始憑證，但應經主管會計人員簽章。

(4) 記帳憑證必須清晰、工整，不得潦草。記帳憑證由指定人員復核，並經會計主管人員簽章后據以記帳。

(5) 記帳憑證應按照會計事項發生的日期，並依順序整理制證記帳。按照制證的順序，每月從第一號起編一個連續號。

(6) 記帳憑證每月應按順序號整理，連同所附的原始憑證加具封面，裝訂成冊保管。

記帳憑證封面格式如表9-3所示：

(財政部門或單位名稱)

表 9-3　　　　　　　　　　記帳憑證封面

時　　間	年　　　　月份
冊　　數	本月共　　冊　　本冊是第　　冊
張　　數	本冊自第　　號至第　　號

會計主管：　　　　　　　　　　　　　　　　　制訂人：

記帳憑證的日期，按照以下規定填列：

(1) 月份終了尚未結帳前，收到上月份的收入憑證，可填到所屬月份的最末一日。結帳后，按實際處理帳務的日期填列。

(2) 根據支出月報的銀行支出數編製的記帳憑證，填列會計報表所屬月份的最末一日。

(3) 辦理年終結帳的記帳憑證，填列實際處理帳務的日期，並註上「上年度」字樣，憑證編號仍按上年12月份的順序連續編列。

(4) 其余會計事項，一律按發生的日期填列。

記帳憑證應每月按順序號整理，連同所附的原始憑證加具封面，裝訂成冊保管。

各行政單位會計憑證發生錯誤時，不得用挖補、塗抹、刮擦或使用化學藥水更改，應按下列方法更正：

(1) 發現未登記帳簿的記帳憑證錯誤，應將原記帳憑證作廢，重新編製記帳憑證登記入帳。

（2）發現已經登記帳簿的記帳憑證錯誤，應採用「紅字沖帳法」或「補充登記法」更正。

採用計算機做記帳憑證的，用「紅字沖帳法」時以負數表示。

三、行政單位會計帳簿

帳簿是由具有一定格式、互相聯繫的若干帳頁組成，以會計憑證為依據，用以全面、系統、序時、分類記錄各項經濟業務的簿籍。帳簿按用途分為序時帳簿、分類帳簿和備查帳簿。

行政單位會計應設置序時帳簿，包括現金日記帳和銀行存款日記帳。現金日記帳和銀行存款日記帳是一種序時帳簿，一般採用三欄訂本式。訂本式帳簿是把一定數量的帳頁固定地裝訂在一起的帳簿，採用訂本式帳簿是為了防止帳頁的抽換和散失。

所有的現金出納業務，出納人員必須當天記入「現金日記帳」。「現金日記帳」應按經濟業務發生的先後，根據原始憑證逐筆登記，並在摘要欄中寫明經濟業務內容。原始憑證按月連續編號，作為現金日記帳的順序號。收款較多的單位，可將收款收據記帳聯匯總編製「現金收入日報表」（設收款員的由收款員編製），據以記載入帳。「現金收入日報表」中應註明所附收款收據記帳聯的編號。當日業務終了，應結出當日現金收入合計數、支出合計數和結余數，並將帳面余額與實際庫存現金核對無誤。

序時帳簿用來序時登記行政單位現金和銀行存款業務的收支發生情況。現金日記帳和銀行存款日記帳的格式基本相同，如表9-4所示：

表9-4　　　　　　　　　　　現金日記帳

年		憑證號數	摘要	對方科目	借方金額	貸方金額	借或貸	餘額
月	日							

行政單位會計還應設置分類帳，包括總分類帳和明細分類帳。總帳作為核算資產、負債、淨資產及收入、支出、結余的總括情況，平衡帳務，控制和核對各種明細帳。行政單位會計的總帳一般採用借、貸、余三欄式，按照會計科目名稱設置帳戶。總帳的基本格式如表9-5所示：

表 9-5　　　　　　　　　　　　總分類帳

本帳頁數：　　　　　　　　　　　　　　　　　會計科目：
本戶頁數：　　　　　　　　　　　　　　　　　戶　名：

年		憑證號數	摘要	借方金額	貸方金額	借或貸	餘額
月	日						

明細帳是用來對總帳有關科目進行明細核算的帳簿。明細帳的格式一般也採用三欄式，與總帳格式一樣。核算財產物資的則可用數量金額式。核算費用時可用多欄式，如表 9-6 所示：

表 9-6　　　　　　　　　　　　明細分類帳

明細科目或戶名：　　　　　　　　　　　　　　　　　　　　　　　第　頁

年		憑證號數	摘要	借方金額	貸方金額	餘額	借（貸）方餘額分析
月	日						

行政單位會計需要設置的主要明細帳如下：

（1）收入明細帳，包括財政撥款收入明細帳和其他收入明細帳；
（2）支出明細帳，包括經費支出明細帳和撥出經費明細帳；
（3）往來款項明細帳，包括應收帳款明細帳、應付帳款明細帳等。

會計帳簿的使用，以每一會計年度為限。每一帳簿啓用時，應填寫「經管人員一覽表」和「帳簿目錄」，附於帳簿扉頁上。帳簿經管人員一覽表樣式如表 9-7 所示：

表 9-7　　　　　　　　　　　帳簿經管人員一覽表

單位名稱	
帳簿名稱	
帳簿頁數	從第　　頁起至第　　頁止共　　頁
啓用日期	年　　　月　　　日

表9-7(續)

會計機構負責人		會計主管人員	
經管人員	經管日期	移交日期	
接辦人員	接管日期	監交人員	

　　手工記帳必須用藍黑墨水書寫，不得使用鉛筆、圓珠筆。紅色墨水除登記收入負數使用外，只能在劃線、改錯、沖帳時使用。帳簿必須按照編定的頁數連續記載，不得隔頁、跳行。如因工作疏忽發生跳行或隔頁時，應當將空行、空頁劃線註銷，並由記帳人員簽名蓋章。

　　登記帳簿要及時準確，日清月結，文字和數字的書寫要清晰、整潔。

　　會計帳簿應根據審核無誤的會計憑證登記。記帳時，將記帳憑證的編號記入帳簿內；記帳后，在記帳憑證上用「√」符號註明，表示已登記入帳。

　　各種帳簿記錄應按月結帳，計算出本月發生額和余額。

　　帳簿記錄如發生錯誤，不能挖補、塗抹、刮擦或用化學藥水更改，應按下列方法更正：

　　（1）手工記帳發生文字或數字書寫錯誤，用「劃線更正法」更正，並由記帳人員在更正處蓋章。

　　（2）由於記帳憑證科目對應關係填錯引起的，應以採用「紅字沖帳法」和「補充更正法」更正后的記帳憑證登記帳簿。

思考題

1. 行政單位會計的特點有哪些？它適用於哪些組織？
2. 行政單位會計科目的設置有哪些特點？
3. 行政單位會計的意義是什麼？
4. 行政單位會計組織系統分為哪三級？
5. 行政單位的會計憑證有哪些？
6. 行政單位會計的明細帳主要有哪些？

第十章

行政單位資產的核算

　　資產是指行政單位佔有或者使用的，能以貨幣計量的經濟資源。所稱佔有，是指行政單位對經濟資源擁有法律上的佔有權。由行政單位直接支配，供社會公眾使用的政府儲備物資、公共基礎設施等，也屬於行政單位核算的資產。

　　行政單位的資產分為流動資產和非流動資產兩大類。其中，流動資產是指可以在1年以內（含1年）變現或者耗用的資產，包括庫存現金、銀行存款、零余額帳戶用款額度、財政應返還額度、應收及預付款項、存貨等。非流動資產是指除了流動資產以外的資產，包括固定資產、在建工程、無形資產、政府儲備物資、公共基礎設施和受託代理資產等。

　　通過本章的學習，應該掌握以下內容：
- 行政單位各項資產的內容及管理要求
- 各項資產的確認、計量
- 各項資產的帳務處理

第一節　貨幣資金的核算

一、庫存現金的管理與核算

　　庫存現金是指行政單位在預算執行過程中為保證日常開支需要而存放在財務部門的貨幣資金。庫存現金是一種流動性最強的流動資產，也是行政單位在開展行政管理活動中必不可少的。為了正確、及時地進行現金結算並如實反應和嚴格監督現金的收支、結存情況，行政單位應當嚴格按照國家有關現金管理的規定收支現金，加強現金管理，遵循各種手續，保證庫存現金的安全、完整，要指定專職的出納員辦理現金收支業務。

　　（一）庫存現金的管理原則

　　現金管理制度是國家金融管理的一項重要制度，也是行政單位會計工作的一個組成部分。根據《現金管理暫行條例》和《現金管理暫行條例實施細則》等有關規定，現金管理應做到以下幾點：

　　1. 嚴格遵守銀行核定的庫存現金限額的規定

　　庫存現金限額是指銀行根據規定，對在銀行開戶的行政單位，核定一個保留庫存現金的最高額度。這一額度內的庫存現金主要用於行政單位日常零星現金支付和備用金的需要。凡是超過限額的現金，必須及時存入銀行。

2. 收入的現金必須及時送存銀行，不得隨意坐支

坐支是指以本單位的現金收入直接支付本單位的支出。行政單位每天收入的現金，必須當天送存銀行，不能直接支用。因特殊原因需要坐支現金的，應事先報經銀行審查批准，由開戶銀行核定坐支範圍和限額。

3. 明確規定現金的使用範圍

根據《現金管理暫行條例》的規定，現金的使用範圍為職工工資、津貼，個人勞務報酬；根據國家規定頒發給個人的各種科學技術、文化藝術、體育等各項獎金；各種勞保、福利費用以及國家規定的對個人的其他現金支出；向個人收購農副產品和其他物資支付的價款；出差人員必須隨身攜帶的差旅費；結算起點以下的零星支出和銀行確定需要支付現金的其他支出。行政單位之間以及和其他單位的經濟往來，除按規定範圍可以使用現金外，均應通過開戶銀行轉帳結算。

4. 嚴格現金的收付手續

行政單位向銀行提取現金時，必須如實寫明提取現金的用途；將現金存入銀行時，必須如實寫明存入現金的來源。收入現金必須開給收款人正式的收據，支付現金應在付款的原始憑證上加蓋「現金付訖」戳記。

5. 建立現金內部控制制度

行政單位應在現金的管理上強調內部控制的作用。行政單位的會計核算比較單一，沒有分得那麼細，按照現金的內部控制要求，主要在以下方面進行控制：一是不得以「白條」抵庫。所謂「白條」抵庫，就是以不符合財務制度的憑證頂替庫存現金。二是行政單位之間不得相互借用現金。因為借用現金逃避了銀行監督，給不正當地使用現金開了方便之門。三是進行錢帳分管、相互牽制，做到明確職責、相互監督。四是對現金收付款憑證從真實性、合法性、完整性、正確性方面加強審核。

(二) 庫存現金的核算

為了核算庫存現金業務，應設置「庫存現金」科目。該科目借方登記各項庫存現金的增加；貸方登記各項庫存現金的減少；余額在借方，反應行政單位庫存現金的實有數額。

行政單位應根據科目設置「現金日記帳」，由出納員根據收付款憑證按照業務的發生順序逐筆登記。每日終了，應計算當日的現金收入合計數、現金支出合計數和結存數，並將結餘數與庫存數相核對，做到帳款相符。發現不符時，應及時查明原因。有外幣現金的單位還要設置外幣現金帳戶，進行現金明細分類核算。

除出納人員每日要進行現金清查以外，行政單位會計部門或內部審計機構也應定期和不定期地清查現金。發生長款或短款，應及時調整「庫存現金」科目，進行相關會計處理。如果發生現金長款和短缺，應通過「待處理財產損溢」科目核算，待查明原因后，轉銷「待處理財產損溢」科目，如為現金短缺，屬於應由責任人賠償或向有關人員追回的部分，借記「其他應收款」科目；如為現金溢余，屬於應支付給有關人員或單位的，貸記「其他應付款」科目。

【例10-1】A行政單位開出「財政授權支付憑證」，從銀行零余額帳戶提款 1,000 元以備零用。A行政單位應編製如下會計分錄：

借：庫存現金　　　　　　　　　　　　　　　　　　　　　　1,000

貸：零余額帳戶用款額度　　　　　　　　　　　　　　　　　　　　1,000
　【例10-2】A行政單位工作人員黃濤因往外地出差，到財務部門借款3,500元，經批准，出納開出一張現金支票。黃濤出差歸來后報銷交通、住宿等費用3,150元，余額返納。A行政單位應編製如下會計分錄：
　　借款時：
　　借：其他應收款——黃濤　　　　　　　　　　　　　　　　　　　　3,500
　　　　貸：銀行存款　　　　　　　　　　　　　　　　　　　　　　　3,500
　　報銷歸還余款時：
　　借：經費支出　　　　　　　　　　　　　　　　　　　　　　　　　3,150
　　　　庫存現金　　　　　　　　　　　　　　　　　　　　　　　　　　350
　　　　貸：其他應收款——黃濤　　　　　　　　　　　　　　　　　　3,500
　【例10-3】A行政單位收到B公司委託代理接受貨幣捐贈50,000元，準備用於養老院設備更新專款。A行政單位應編製如下會計分錄：
　　借：庫存現金　　　　　　　　　　　　　　　　　　　　　　　　 50,000
　　　　貸：受託代理負債　　　　　　　　　　　　　　　　　　　　 50,000
　【例10-4】A行政單位期末盤點庫存現金時發現長款200元，原因待查。A行政單位應編製如下會計分錄：
　　借：庫存現金　　　　　　　　　　　　　　　　　　　　　　　　　　200
　　　　貸：待處理財產損溢　　　　　　　　　　　　　　　　　　　　　200
　　經查明原因是乙單位多交款，轉銷時：
　　借：待處理財產損溢　　　　　　　　　　　　　　　　　　　　　　　200
　　　　貸：其他應付款——乙單位　　　　　　　　　　　　　　　　　　200
　【例10-5】A行政單位清查出納的庫存現金時，發現短款1,000元，原因待查。A行政單位應編製如下會計分錄：
　　借：待處理財產損溢　　　　　　　　　　　　　　　　　　　　　　1,000
　　　　貸：庫存現金　　　　　　　　　　　　　　　　　　　　　　　1,000
　　經查明是由於出納張紅工作差錯引起的，已無法追回。經單位領導批准，20%由出納賠償，其余部分計入「經費支出」。相關會計分錄如下：
　　借：經費支出　　　　　　　　　　　　　　　　　　　　　　　　　　800
　　　　其他應收款　　　　　　　　　　　　　　　　　　　　　　　　　200
　　　　貸：待處理財產損溢　　　　　　　　　　　　　　　　　　　　1,000

二、銀行存款及財政授權用款額度的管理與核算

（一）銀行存款及財政授權用款額度的管理要求

　　銀行存款是行政單位存放在開戶銀行或其他金融機構的貨幣資金。行政單位的銀行存款來源於財政撥款，這是行政單位行使行政職能的物質保證。行政單位必須按照《人民幣銀行結算帳戶管理辦法》的規定，對銀行存款進行嚴格的管理，遵守下列銀行帳戶的管理原則：

　　（1）行政單位必須嚴格進行銀行的開戶管理，禁止多頭開戶。行政單位的預算經

費應統一在同級財政部門或主管部門指定的銀行開戶，並履行銀行規定的申請開戶程序。有外幣的行政單位，應在有關銀行開立外幣存戶戶。

（2）嚴格遵守銀行的各項結算制度和現金管理制度，接受銀行的監督和管理。

（3）銀行帳戶只限於本單位使用，不得出租、出借或轉讓。

（4）建立銀行存款內部控制制度。行政單位對銀行存款加強管理和控制主要表現在以下幾方面：一是嚴格審核收付款憑證。各種收付款憑證必須如實填寫款項來源或用途，不得巧立名目，弄虛作假，嚴禁利用銀行帳戶進行非法活動。二是嚴格管理支票，不得簽發空頭支票和其他遠期支付憑證。三是嚴格按照國庫集中收付制度進行有關的政府採購開支。四是定期與銀行對帳單核對，編製銀行存款餘額調節表。

（5）按照規定的銀行結算方式辦理業務。在國庫集中收付制度下，行政單位涉及銀行結算的業務主要是由預算資金的轉撥和經費的支用所引起，在實際工作中，行政單位經常使用的銀行結算方式主要是支票、匯兌等。

在財政授權支付方式下，雖然支付指令由行政單位下達，但財政不再將貨幣資金撥付到行政單位，而是將用款額度劃撥到行政單位的零餘額帳戶，要求行政單位設置「零餘額帳戶用款額度」科目，並於收到代理銀行蓋章的「授權支付到帳通知書」時，按到帳通知書標明的額度確認收入。

（二）銀行存款及財政授權用款額度的核算

為了核算銀行存款業務，應設置「銀行存款」總帳科目。該科目借方登記銀行存款的增加；貸方登記銀行存款的減少；餘額在借方，反應行政單位銀行存款結存數。

為了核算財政授權支付業務，還應設置「零餘額帳戶用款額度」科目，其核算方向與銀行存款相同。借方登記零餘額帳戶用款額度的增加；貸方登記零餘額帳戶用款額度的減少；期末借方餘額，反應行政單位尚未支用的零餘額帳戶用款額度。年度終了註銷單位零餘額帳戶用款額度后，「零餘額帳戶用款額度」科目應無餘額。

零餘額帳戶用款額度是指實行國庫集中支付的行政單位根據財政部門批覆的用款計劃收到和支用的零餘額帳戶用款額度，具有與銀行存款相同的支付結算功能。

年末，應根據代理銀行提供的對帳單進行銀行註銷額度的相關帳務處理，借記「財政應返還額度——財政授權支付」科目，貸記「零餘額帳戶用款額度」科目。如單位本年度財政授權支付預算指標數大於財政授權支付額度下達數，根據兩者間的差額，借記「財政應返還額度——財政授權支付」科目，貸記「財政撥款收入」科目。

下年度年初，行政單位應根據代理銀行提供的額度恢復到帳通知書進行恢復額度的相關帳務處理，借記「零餘額帳戶用款額度」科目，貸記「財政應返還額度——財政授權支付」科目。行政單位收到財政部門批覆的上年未下達零餘額帳戶用款額度時，借記「零餘額帳戶用款額度」科目，貸記「財政應返還額度——財政授權支付」科目。

同庫存現金核算一樣，行政單位也應設置「銀行存款日記帳」，由出納人員根據銀行收付款憑證，按照業務發生的時間順序逐日逐筆登記。每日終了，應計算當日銀行存款收入合計數、銀行存款支出合計數和銀行存款結存數。月末，收到銀行的對帳單時，應編製「銀行存款餘額調節表」檢查銀行存款的記錄是否有差錯，如有差錯，應及時查明原因。銀行存款調節表的編製和核對方法見事業單位會計「事業單位資產的核算」相關內容的介紹。

行政單位如發生外幣銀行存款業務，應當按照業務發生當日或當期期初的即期匯率，將外幣金額折算為人民幣金額記帳，並登記外幣金額和匯率。期末，各種外幣帳戶的期末餘額，應當按照期末的即期匯率折算為人民幣，作為外幣帳戶期末人民幣餘額。調整后的各種外幣帳戶人民幣餘額與原帳面餘額的差額，作為匯兌損溢計入當期支出。

【例10-6】A行政單位季末收到基本帳戶銀行存款的利息計15,000元。A行政單位應編製如下會計分錄：

借：銀行存款　　　　　　　　　　　　　　　　15,000
　　貸：其他收入——利息收入　　　　　　　　　　　15,000

【例10-7】A行政單位租借本單位禮堂給外單位使用，收到租金收入3,000元。A行政單位應編製如下會計分錄：

借：銀行存款　　　　　　　　　　　　　　　　3,000
　　貸：應交稅費　　　　　　　　　　　　　　　　150
　　　　應繳財政款　　　　　　　　　　　　　　2,850

【例10-8】A行政單位接代理銀行通知，本月的財政授權支付額度300,000元已到帳，與核對用款計劃相符。A行政單位應編製如下會計分錄：

借：零余額帳戶用款額度　　　　　　　　　　　300,000
　　貸：財政撥款收入　　　　　　　　　　　　　300,000

【例10-9】A行政單位下達支付指令，以零余額帳戶用款額度購買材料80,000元，已驗收入庫；購買一般辦公用品500元，直接使用。A行政單位應編製如下會計分錄：

借：存貨——材料　　　　　　　　　　　　　　80,000
　　貸：資產基金——存貨　　　　　　　　　　　　80,000
借：經費支出——財政撥款支出（基本支出）　　　80,500
　　貸：零余額帳戶用款額度　　　　　　　　　　　80,500

【例10-10】A行政單位開出「財政授權支付憑證」，提取庫存現金5,000元備用。A行政單位應編製如下會計分錄：

借：庫存現金　　　　　　　　　　　　　　　　5,000
　　貸：零余額帳戶用款額度　　　　　　　　　　　5,000

三、財政應返還額度的管理與核算

（一）財政應返還額度的概念

財政應返還額度是指實行國庫集中支付的行政單位應收財政返還的資金額度，反應年度終了結轉下年使用的用款額度。

行政單位年末國庫集中尚未使用的資金額度，如實行財政直接支付方式，應當根據本年度財政直接支付預算指標數與財政直接支付實際支出數的差額確認；如實行財政授權支付方式，應當根據年末註銷額度金額以及單位本年度財政授權支付預算指標數和財政授權支付額度下達數的差額確認。

為了核算實行國庫集中支付的行政單位應收財政返還的資金額度業務，應設置「財政應返還額度」總帳科目。該科目借方登記財政應返還額度的增加數，貸方登記財

政應返還額度的減少數。該科目期末借方餘額，反應行政單位應收財政下年度返還的資金額度。該科目應當設置「財政直接支付」「財政授權支付」兩個明細科目進行明細核算。

(二) 財政應返還額度的主要帳務處理

1. 財政直接支付下，年末國庫集中支付尚未使用資金額度的帳務處理

年末，行政單位根據本年度財政直接支付預算指標數與財政直接支付實際支出數的差額，借記「財政應返還額度」科目（財政直接支付），貸記「財政撥款收入」科目。

【例 10-11】年末，A 行政單位財政直接支付預算指標數與財政直接支付實際支出數差額為 16 萬元。次年 1 月，財政部門決定將 A 行政單位以前年度未使用的財政直接支付指標中的 6 萬元核減，其余 10 萬元仍由 A 行政單位使用。A 行政單位應編製如下會計分錄：

年末確認時：
借：財政應返還額度——財政直接支付　　　　　　　　160,000
　　貸：財政撥款收入　　　　　　　　　　　　　　　　160,000

收到財政部門下達的財政撥款結餘核減審批通知時：
借：財政撥款結餘　　　　　　　　　　　　　　　　　　60,000
　　貸：財政應返還額度　　　　　　　　　　　　　　　60,000

2. 財政授權支付下，年末財政授權支付尚未使用資金額度的帳務處理

年末，根據代理銀行提供的對帳單進行銀行註銷額度的相關帳務處理，借記「財政應返還額度」科目（財政授權支付），貸記「零余額帳戶用款額度」科目。如單位本年度財政授權支付預算指標數大於財政授權支付額度下達數，根據兩者間的差額，借記「財政應返還額度」科目（財政授權支付），貸記「財政撥款收入」科目。

【例 10-12】年末，A 行政單位註銷尚未用完的零余額帳戶用款額度 12,500 元。同時，A 行政單位尚有未下達的財政授權支付額度 5,000 元。A 行政單位應編製如下會計分錄：

借：財政應返還額度——財政授權支付　　　　　　　　17,500
　　貸：零余額帳戶用款額度　　　　　　　　　　　　　12,500
　　　　財政撥款收入　　　　　　　　　　　　　　　　5,000

3. 財政直接支付方式下，行政單位使用以前年度財政資金額度的帳務處理

行政單位使用以前年度財政直接支付額度發生支出時，應借記「經費支出」科目，貸記「財政應返還額度」科目（財政直接支付）。

【例 10-13】A 行政單位收到財政直接支付入帳通知書，使用財政應返還額度支付房租 45,000 元。A 行政單位應編製如下會計分錄：

借：經費支出　　　　　　　　　　　　　　　　　　　　45,000
　　貸：財政應返還額度——財政直接支付　　　　　　　45,000

4. 財政授權支付方式下，行政單位使用以前年度財政授權支付額度發生支出時的帳務處理

下年度年初，行政單位根據代理銀行提供的額度恢復到帳通知書進行恢復額度的

相關帳務處理,借記「零余額帳戶用款額度」科目,貸記「財政應返還額度」科目(財政授權支付)。行政單位收到財政部門批覆的上年未下達零余額帳戶用款額度時,借記「零余額帳戶用款額度」科目,貸記「財政應返還額度」科目(財政授權支付)。

【例 10-14】A 行政單位收到財政授權支付到帳通知書,下達零余額帳戶用款額度為 150,000 元,其中上年年未下達的零余額帳戶用款額度為 17,500 元,以及當期下達的零余額帳戶用款額度為 132,500 元。A 行政單位應編製如下會計分錄:

借:零余額帳戶用款額度　　　　　　　　　　　　　　150,000
　貸:財政撥款收入　　　　　　　　　　　　　　　　　132,500
　　　財政應返還額度——財政授權支付　　　　　　　　17,500

第二節　應收及預付款項的核算

行政單位在執行預算過程中會發生不少應收及預付款項的業務,應當加強應收及暫付款項的管理,嚴格控制規模,並及時進行清理,不得長期掛帳。行政單位核算應收及預付款項的科目有「應收帳款」「預付帳款」和「其他應收款」科目。

一、應收帳款的核算

應收帳款是指行政單位在開展業務活動和其他活動過程形成的債權,包括出租資產、出售資產等業務,收到的商業匯票,也通過「應收帳款」科目核算。

為了核算行政單位應收帳款的業務,應當設置「應收帳款」總帳科目。該科目借方登記應收帳款的增加,並且應收帳款應當在資產已出租或物資已出售、尚未收到款項時確認;貸方登記應收帳款的減少;余額在借方,反應行政單位尚未收回的應收帳款。

「應收帳款」科目應當按照購貨、接受服務單位(或個人)或開出、承兌商業匯票的單位等進行明細核算。

【例 10-15】A 行政單位出租辦公用房 10 間給 B 公司,月租金為 10 萬元,每月月初支付。月末,A 行政單位應編製如下會計分錄:

借:應收帳款——B 公司　　　　　　　　　　　　　　100,000
　貸:其他應付款　　　　　　　　　　　　　　　　　100,000

下月月初收到租金時,應納 5% 的營業稅:

借:銀行存款　　　　　　　　　　　　　　　　　　　100,000
　貸:應收帳款——B 公司　　　　　　　　　　　　　100,000
借:其他應付款　　　　　　　　　　　　　　　　　　100,000
　貸:應交稅費　　　　　　　　　　　　　　　　　　　5,000
　　　應繳財政款　　　　　　　　　　　　　　　　　95,000

【例 10-16】A 行政單位出售 15 臺舊電腦給 C 公司,價值為 25,000 元,電腦已發出,尚未收到款項。該批電腦帳面價值為 60,000 元,已折舊 25,000 元。A 行政單位應編製如下會計分錄:

借:應收帳款——C 公司　　　　　　　　　　　　　　25,000

貸：待處理財產損溢　　　　　　　　　　　　　　　　　　　　25,000
　5 天后收到款項時：
　　　借：銀行存款　　　　　　　　　　　　　　　　　　　　　　25,000
　　　貸：應收帳款　　　　　　　　　　　　　　　　　　　　　　25,000
　　【例 10-17】A 行政單位有一筆 2013 年 2 月 15 日到期的應收帳款為 85,000 元，因對方（C 單位）破產清算，截至 2016 年 6 月 15 日仍無法收回。按規定報經批准后予以核銷，A 行政單位應編製如下會計分錄：
　轉入待處理財產損溢時：
　　　借：待處理財產損溢　　　　　　　　　　　　　　　　　　　85,000
　　　貸：應收帳款——C 單位　　　　　　　　　　　　　　　　　85,000
　報經批准予以核銷時：
　　　借：其他應付款　　　　　　　　　　　　　　　　　　　　　85,000
　　　貸：待處理財產損溢　　　　　　　　　　　　　　　　　　　85,000
　已核銷的應收帳款在以後又收回時：
　　　借：銀行存款　　　　　　　　　　　　　　　　　　　　　　85,000
　　　貸：應繳財政款　　　　　　　　　　　　　　　　　　　　　85,000

二、預付帳款的核算

（一）預付帳款的管理要求

　　預付帳款是行政單位按照購貨、服務合同的規定，預付給供應單位（或個人）的款項。預付帳款應當在已支付款項且尚未收到物資或服務時確認。預付帳款是行政單位的待結算債權，應當加強管理：一是必須遵守預算資金管理有關規定，嚴格管理，認真加以控制，必須在規定的範圍內發生預付帳款業務。二是必須制定相應的審批制度，完善有關審批手續，建立預付帳款管理的責任制。預付帳款應經本單位負責人簽批，會計主管人員審核后辦理。三是預付帳款必須及時清理結算，不得長期掛帳。凡有預付未清的款項，原則上不得辦理第二次預付款業務。收到所購物資或服務時，單位財務部門應要求預付款者及時辦理結清手續，防止長期拖欠。

（二）預付帳款的核算

　　為了核算預付帳款業務，應設置「預付帳款」總帳科目。該科目借方登記預付帳款的增加數；貸方登記預付帳款的轉銷數和退回的款項；余額在借方，表示期末預付帳款的未轉銷數。「預付帳款」科目應當按照供應單位（或個人）進行明細核算。

　　【例 10-18】2015 年 5 月 12 日，A 行政單位與 B 公司約定購買兩臺辦公設備，每臺價款為 150,000 元，A 行政單位先支付 50%的預付款。B 公司收到預付款后，在 3 個月內將設備運達 A 行政單位並負責調試使用。A 行政單位應於驗收合格當天支付剩餘 50%的價款，該設備的購買採用財政直接支付方式。A 行政單位應編製如下會計分錄：
　支付預付款時：
　　　借：預付帳款——B 公司　　　　　　　　　　　　　　　　150,000
　　　貸：資產基金——預付帳款　　　　　　　　　　　　　　　150,000
　　　借：經費支出　　　　　　　　　　　　　　　　　　　　　150,000

貸：財政撥款收入　　　　　　　　　　　　　　　　　　　　　　150,000
第3個月月末，收到所購設備，經驗收合格支付剩余50%的價款時：
借：資產基金——預付帳款　　　　　　　　　　　　　　　　　　150,000
　　貸：預付帳款——B公司　　　　　　　　　　　　　　　　　　150,000
借：經費支出　　　　　　　　　　　　　　　　　　　　　　　　150,000
　　貸：財政撥款收入　　　　　　　　　　　　　　　　　　　　150,000
借：固定資產　　　　　　　　　　　　　　　　　　　　　　　　300,000
　　貸：資產基金——固定資產　　　　　　　　　　　　　　　　300,000

【例10-19】承上例，A行政單位在支付了50%的價款后，B公司一直未發貨。截至2015年12月31日，有確鑿證據表明確實無法收到所購設備，並且無法收回原支付的預付帳款，按照規定報經批准后予以核銷。A行政單位應編製如下會計分錄：

轉入待處理財產損溢時：
借：待處理財產損溢　　　　　　　　　　　　　　　　　　　　150,000
　　貸：預付帳款　　　　　　　　　　　　　　　　　　　　　　150,000
所經批准予以核銷時：
借：資產基金——預付帳款　　　　　　　　　　　　　　　　　150,000
　　貸：待處理財產損溢　　　　　　　　　　　　　　　　　　　150,000

三、其他應收款的核算

其他應收款是指行政單位除應收帳款、預付帳款以外的其他各項應收及暫付款項，如職工預借的差旅費、撥付給內部有關部門的備用金、應向職工收取的各種墊付款項等。

行政單位的其他應收款項必須遵守單位預算資金管理的有關規定，嚴格管理、審批和控制。一是必須在規定的範圍內發生其他應收款業務，並以少量、短期、必需和安全為原則。對所屬單位的備用金，既要根據實際需要明確定額，又要規定所屬單位定期結報。年終時，備用金原則上全部結清收回，下年年初另行辦理。二是必須及時清理結算其他應收款，不得長期掛帳。逾期3年或以上、有確鑿證據表明確實無法收回的其他應收款，按規定報經批准后予以核銷。核銷的其他應收款應在備查簿中保留登記。三是凡有預借未清的款項，原則上不得辦理第二次借款業務。

為了核算其他應收款的業務，應設置「其他應收款」總帳科目。該科目借方登記其他應收款的增加；貸方登記其他應收款的減少；餘額在借方，反應行政單位尚未收回的其他應收款。

【例10-20】A行政單位10月初為職工代墊房租和水電費共計130,500元。月末計算工資時，從應付工資中扣除代墊款項。A行政單位應編製如下會計分錄：
支付房租和水電費時：
借：其他應收款　　　　　　　　　　　　　　　　　　　　　　130,500
　　貸：銀行存款　　　　　　　　　　　　　　　　　　　　　　130,500
月末扣除代墊款項時：
借：應付職工薪酬　　　　　　　　　　　　　　　　　　　　　130,500

貸：其他應收款　　　　　　　　　　　　　　　　　　　　　130,500

【例10-21】A行政單位下屬部門從財務部門領取備用金5,000元，財務部門開出現金支票支付；年中，下屬部門交來普通發票計2,500元，報銷本部門辦公費用開支；年終，下屬部門到財務部門報銷發票3,000元，財務部門進行結算並收回給下屬部門2,000元現金。A行政單位應編製如下會計分錄：

核定發放備用金時：
借：其他應收款——備用金（××部門）　　　　　　　　　　5,000
　　貸：銀行存款　　　　　　　　　　　　　　　　　　　　　5,000
報銷時：
借：經費支出　　　　　　　　　　　　　　　　　　　　　　2,500
　　貸：庫存現金　　　　　　　　　　　　　　　　　　　　　2,500
年終結算時：
借：經費支出　　　　　　　　　　　　　　　　　　　　　　3,000
　　庫存現金　　　　　　　　　　　　　　　　　　　　　　　2,000
　　貸：其他應收款——備用金（××部門）　　　　　　　　　5,000

第三節　存貨的核算

存貨是指行政單位在工作中為耗用而儲存的資產，包括材料、燃料、包裝物和低值易耗品及未達到固定資產標準的家具、用具和裝具等。

一、存貨的管理要求

行政單位的存貨是流動資產的重要組成部分，並處於經常不斷領用和增加的狀態，應從以下幾方面加強管理：

（1）建立健全存貨的管理和內部控制制度。對存貨的購買、驗收、入庫、保管和領用，要明確崗位職責，以保證存貨的安全和完整。

（2）加強對存貨的清查盤點工作。每年年末應全面盤點存貨，對於盤盈或盤虧的存貨，要及時查明原因，分清責任，並做好會計處理，以保證帳實相符。

（3）嚴格執行財政部門關於政府採購的規定。凡是屬於列入當年政府集中採購目錄的材料物資，實行財政直接支付。

二、存貨的計價

行政單位所需的存貨一般由採購、自制或委託加工等方式取得，並按實際成本計價。在實行政府採購制度的情況下，行政單位應根據批准的部門預算和有關規定編製季度分月用款計劃，逐級上報主管部門審核匯總，並由主管部門報財政部門審核批覆，從而取得辦理財政性資金支付的依據。

（1）購入的存貨，其成本包括購買價款、相關稅費、運輸費、裝卸費、保險費以及其他使得存貨達到目前場所和狀態所發生的支出。存貨應當在其到達存放地點並驗

收時確認。

（2）置換換入的存貨，其成本按照換出資產的評估價值，加上支付的補價或減去收到的補價，加上為換入存貨支付的其他費用（運輸費等）確定。

（3）接受捐贈、無償調入的存貨，其成本按照有關憑據註明的金額加上相關稅費、運輸費等確定；沒有相關憑據可供取得，但依法經過資產評估的，其成本應當按照評估價值加上相關稅費、運輸費等確定；沒有相關憑據可供取得也未經評估的，其成本比照同類或類似存貨的市場價格加上相關稅費、運輸費等確定；沒有相關憑據也未經評估，其同類或類似存貨的市場價格無法可靠取得，該存貨按照名義金額入帳。

（4）委託加工的存貨，其成本按照未加工存貨的成本加上加工費用和往返運輸費等確定。

（5）存貨發出時，應當根據實際情況採用先進先出法、加權平均法或者個別計價法確定發出存貨的實際成本。計價方法一經確定，不得隨意變更。

三、存貨的帳務處理

為了核算存貨業務，應設置「存貨」總帳科目。該科目借方登記存貨實際成本的增加；貸方登記存貨領用的實際成本；余額在借方，反應行政單位存貨的實際成本。「存貨」科目應當按照存貨的種類、規格和保管地點等進行明細核算。行政單位有委託加工存貨業務的，應當在「存貨」科目下設置「委託加工存貨成本」科目。出租、出借的存貨，應當設置備查簿進行登記。

行政單位的存貨應當定期進行清查盤點，每年至少盤點一次。對於發生的存貨盤盈、盤虧，應當及時查明原因，按規定報經批准后進行帳務處理。

盤盈的存貨，按照取得同類或類似存貨的實際成本確定入帳價值；沒有同類或類似存貨的實際成本，按照同類或類似存貨的市場價格確定入帳價值；同類或類似存貨的實際成本或市場價格無法可靠取得，按照名義金額入帳。盤盈的存貨，按照確定的入帳價值，借記「存貨」科目，貸記「待處理財產損溢」科目。

盤虧的存貨，轉入待處理財產損溢時，按照其帳面余額，借記「待處理財產損溢」科目，貸記「存貨」科目。

行政單位接受委託人指定受贈人的轉贈物資，應當通過「受託代理資產」科目核算，不通過「存貨」科目核算。對於隨買隨用的零星辦公用品等，可以在購進時直接列作支出，也不通過「存貨」科目核算。

【例10－22】A行政單位以財政直接支付方式購入用量較大的通用材料一批350,000元，當日收到並驗收入庫。下月月初，A行政單位某部門經批准領用該批材料，計15,000元。A行政單位應編製如下會計分錄：

購入時：

借：存貨　　　　　　　　　　　　　　　　　　　　　　　350,000
　　貸：資產基金——存貨　　　　　　　　　　　　　　　　　350,000
借：經費支出　　　　　　　　　　　　　　　　　　　　　　350,000
　　貸：財政撥款收入　　　　　　　　　　　　　　　　　　　350,000

領用材料時：

借：資產基金——存貨 15,000
　貸：存貨 15,000

【例 10-23】A 行政單位以財政授權支付方式從 B 公司購進辦公用品一批，計 26,000 元，貨物到達並驗收入庫，約定 30 天後付款。A 行政單位應編製如下會計分錄：

借：存貨 26,000
　貸：資產基金——存貨 26,000
借：經費支出 26,000
　貸：應付帳款——B 公司 26,000

【例 10-24】A 行政單位某部門開展業務活動領用材料一批，按加權平均成本計價 5,000 元。A 行政單位應編製如下會計分錄：

借：資產基金——存貨 5,000
　貸：存貨 5,000

【例 10-25】A 行政單位以銀行轉帳支票購買辦公用品 2,500 元，並直接給有關部門使用。A 行政單位應編製如下會計分錄：

借：經費支出 2,500
　貸：銀行存款 2,500

【例 10-26】A 行政單位經批准向偏遠山區捐贈圖書，該批圖書的實際成本為 57,000 元，並用銀行存款支付圖書運費 1,200 元。A 行政單位應編製如下會計分錄：

借：資產基金——存貨 57,000
　貸：存貨——圖書 57,000
借：經費支出 1,200
　貸：銀行存款 1,200

【例 10-27】A 行政單位期末盤點庫存材料，結果盤盈甲材料 80 千克，每千克單價 20 元；盤虧乙材料 50 千克，每千克單價 25 元。經分析認為盤虧材料屬自然損耗，盤盈材料屬於計量誤差，經領導批准作增加存貨和核銷處理。A 行政單位應編製如下會計分錄：

原因待查處理：
借：存貨——甲材料 1,600
　貸：待處理財產損溢 1,600
借：待處理財產損溢 1,250
　貸：存貨——乙材料 1,250

經批准後處理：
借：待處理財產損溢 1,600
　貸：資產基金——存貨 1,600
借：資產基金——存貨 1,250
　貸：待處理財產損溢 1,250

第四節　固定資產及累計折舊的核算

行政單位固定資產是指使用期限超過1年（不含1年）、單位價值在規定標準以上，並在使用過程中基本保持原有物質形態的資產。單位價值雖未達到規定標準，但是耐用時間超過1年（不含1年）的大批同類物資，應當作為固定資產核算。

固定資產一般分為6類：房屋及構築物；通用設備；專用設備；文物和陳列品；圖書、檔案；家具、用具、裝具及動植物（其他固定資產）。

固定資產是行政單位完成行政管理工作必要的物質條件。行政單位應當建立必要的固定資產內部控制制度，保證固定資產的安全與完整。

一、固定資產的分類

《行政單位財務規則》規定了行政單位固定資產的標準：一般設備單位價值在1,000元以上，專用設備單位價值在1,500元以上，使用期限在1年以上，並在使用過程中基本保持原有物質形態的資產。對於單位價值雖未達到規定標準，但使用時間在1年以上的大批量同類財產，如圖書、桌椅、家具等，應作為固定資產。

凡是不同時具備上述固定資產標準的工具、器具等物質材料，應納入存貨的核算。

行政單位應當根據固定資產定義、有關主管部門對固定資產的統一分類，結合本單位的具體情況，制定適合本單位的固定資產目錄、具體分類方法，作為進行固定資產核算的依據。

具體來說，行政單位的固定資產按其自然屬性、用途和管理要求可分為以下6類：

（1）房屋及構築物。這是指行政單位擁有占用或使用的房屋、建築物及其附屬設施，包括辦公大樓、庫房、職工宿舍、職工食堂、鍋爐、圍牆、水塔及房屋的附屬設施等。

（2）通用設備。這是指行政單位用於業務活動需要的通用性設備，包括辦公用具、交通工具等。

（3）專用設備。這是指行政單位根據業務活動需要佔有或使用的各種具有專門性能和專門用途的設備，如公安消防用的專用設備、儀器等。

（4）文物和陳列品。這是指行政單位佔有或使用的具有特別價值的文物和陳列品，如古物、紀念物品等。

（5）圖書、檔案。這是指行政單位統一管理使用的圖書和檔案。圖書中包括批量業務用書，如單位圖書館或閱覽室的圖書等。

（6）其他固定資產。這是指不屬於以上各類的家具、用具、裝具及動植物等固定資產。

二、固定資產的計價與確認

（一）固定資產的計價

行政單位的固定資產應當按照取得時的實際成本計價。由於行政單位的固定資產

可通過多種渠道取得，因此其固定資產的計價有以下不同的具體要求：

（1）購入的固定資產，其成本包括實際支付的購買價款、相關稅費、使固定資產交付使用前所發生的可歸屬於該項資產的運輸費、裝卸費、安裝費和專業人員服務費等。

以一筆款項購入多項沒有單獨標價的固定資產，按照各項固定資產同類或類似固定資產市場價格的比例對總成本進行分配，分別確定各項固定資產的入帳價值。

（2）自行建造的固定資產其成本包括建造該項資產至交付使用前所發生的全部必要支出。

固定資產的各組成部分需要分別核算的，按照各組成部分固定資產造價確定其成本；沒有各組成部分固定資產造價的，按照各組成部分固定資產同類或類似固定資產市場造價的比例對總造價進行分配，確定各組成部分固定資產的成本。

（3）在原有固定資產基礎上進行改建、擴建、修繕的固定資產，其成本按照原固定資產的帳面價值（「固定資產」科目帳面餘額減去「累計折舊」科目帳面餘額後的淨值）加上改建、擴建、修繕發生的支出，再扣除固定資產拆除部分帳面價值後的金額確定。

（4）置換取得的固定資產，其成本按照換出資產的評估價值加上支付的補價或減去收到的補價，加上為換入固定資產支付的其他費用（運輸費等）確定。

（5）接受捐贈、無償調入的固定資產，其成本按照有關憑證註明的金額加上相關稅費、運輸費等確定；沒有相關憑據可供取得，但依法經過資產評估的，其成本應當按照評估價值加上相關稅費、運輸費等確定；沒有相關憑據可供取得、也未經評估的，其成本比照同類或類似固定資產的市場價格加上相關稅費、運輸費等確定；沒有相關憑據也未經評估，其同類或類似固定資產的市場價格無法可靠取得，所取得的固定資產應當按照名義金額入帳。

（6）自行繁育的動植物，其成本包括在達到可使用狀態前所發生的全部必要支出。

（二）固定資產的確認

行政單位核算的固定資產應當按照以下條件確認：

（1）購入、換入、無償調入、接受捐贈不需安裝的固定資產，在固定資產驗收合格時確認。

（2）購入、換入、無償調入、接受捐贈需要安裝的固定資產，在固定資產安裝完成交付使用時確認。

（3）自行建造、改建、擴建的固定資產，在建造完成交付使用時確認。

三、固定資產的核算及規定

（一）固定資產核算及科目的設置

行政單位的固定資產核算應由會計部門和財產管理部門分別進行。會計部門應設置「固定資產」等總帳，並根據固定資產的分類設置二級帳戶，在帳上只記金額，不記數量。財產管理部門應設置固定資產明細帳，按類別進行數量和金額的明細分類核算，並按照使用單位或個人設立固定資產領用登記簿。登記簿只記數量不記金額。以上帳簿體系定期進行核對，以保證帳實相符。

「固定資產」總帳科目用來核算以各種渠道增加的固定資產原始價值。該科目的借方登記各種渠道增加的固定資產原值；貸方登記減少的固定資產原值；餘額在借方，反應行政單位期末占用全部固定資產的原值。

行政單位應設置「固定資產登記簿」或「固定資產卡片」，並按固定資產類別、項目和使用部門等進行明細分類核算。出租、出借的固定資產，應當設置備查簿進行登記。

按照《中華人民共和國政府採購法》的要求，凡是列入當年政府採購目錄的設備，並使用財政性資金購入的固定資產或建造的基本建設支出，應採用財政直接撥付的國庫管理制度，由國庫直接付款。行政單位應按要求編製季度分月用款計劃，送主管部門審核匯總，報財政部門審核批覆則可實施購建固定資產的核算。

行政單位的固定資產在運行中會發生出售、報廢等事項，這就是固定資產的處置。具體來說，固定資產的處置是指行政事業單位對其佔有、使用的固定資產進行產權轉讓及產權註銷的行為，包括出售、出租、置換換出、對外捐贈、報廢、盤盈、盤虧等行為。行政單位佔有、使用的房屋建築物、土地和車輛的處置，須經主管部門審核后報同級財政部門審批；規定限額以下的固定資產處置報主管部門審批，主管部門將審批結果報同級財政部門備案。國有固定資產的處置收入屬於國家所有，應當按照政府非稅收入管理的規定，實行「收支兩條線」管理。其中，有償轉讓固定資產的變價收入作為非稅收入上繳財政；固定資產報廢過程中的變價收入扣除清理費用後的余額也應作為非稅收入上繳財政。

(二) 固定資產核算的有關說明

(1) 固定資產的各組成部分具有不同的使用壽命、適用不同折舊率的，應當分別將各組成部分確認為單項固定資產。

(2) 購入需要安裝的固定資產，應當先通過「在建工程」科目核算，安裝完畢交付使用時再轉入「固定資產」科目核算。

(3) 行政單位的軟件，如果其構成相關硬件不可缺少的組成部分，應當將該軟件的價值包括在所屬的硬件價值中，一併作為固定資產，通過「固定資產」科目進行核算；如果其不構成相關硬件不可缺少的組成部分，應當將該軟件作為無形資產，通過「無形資產」科目核算。

(4) 行政單位購建房屋及構築物不能夠分清支付價款中的房屋及構築物與土地使用權部分的，應當全部作為固定資產，通過「固定資產」科目核算；能夠分清支付價款中的房屋及構築物與土地使用權部分的，應當將其中的房屋及構築物部分作為固定資產，通過「固定資產」科目核算，將其中的土地使用權部分作為無形資產，通過「無形資產」科目核算；境外行政單位購買具有所有權的土地，作為固定資產，通過「固定資產」科目核算。

(5) 行政單位借入、以經營租賃方式租入的固定資產，不通過「固定資產」科目核算，應當設置備查簿進行登記。

(6) 與固定資產有關的后續支出，分以下情況處理：①為增加固定資產使用效能或延長其使用壽命而發生的改建、擴建或修繕等后續支出，應當計入固定資產成本，通過「在建工程」科目核算，完工交付使用時轉入「固定資產」科目。有關帳務處理參見「在建工程」科目。②為維護固定資產而使用而發生的日常修理等后續支出，

應當計入當期支出，但不計入固定資產成本。

（三）固定資產的帳務處理

【例 10-28】A 行政單位通過政府採購購買業務用計算機 5 臺，價款總計 73,100 元，驗收合格，交付使用，款項由財政直接支付。A 行政單位應編製如下會計分錄：

借：經費支出——基本支出（公用支出）（專用設備購置費）　　73,100
　　貸：財政撥款收入——財政直接支付（基本支出撥款）　　　　73,100
借：固定資產　　　　　　　　　　　　　　　　　　　　　　　73,100
　　貸：資產基金——固定資產　　　　　　　　　　　　　　　　73,100

【例 10-29】A 行政單位開出財政授權支付憑證，購買文件櫃 5 個，計 2,800 元，驗收合格，交付使用。A 行政單位應編製如下會計分錄：

借：經費支出——基本支出（公用支出）（辦公設備購置費）　　2,800
　　貸：零余額帳戶用款額度　　　　　　　　　　　　　　　　　2,800
借：固定資產——文件櫃　　　　　　　　　　　　　　　　　　　2,800
　　貸：資產基金——固定資產　　　　　　　　　　　　　　　　　2,800

【例 10-30】A 行政單位向 B 公司購入電梯一部，電梯價格為 1,620,000 元（含稅），運輸及保險費 150,000 元，扣留質量保證金 20,000 元（無故障運行 6 個月后返還），全部款項由財政直接支付。A 行政單位應編製如下會計分錄：

開始安裝電梯時：
借：在建工程——電梯　　　　　　　　　　　　　　　　　　1,770,000
　　貸：資產基金——在建工程　　　　　　　　　　　　　　　1,770,000
借：經費支出　　　　　　　　　　　　　　　　　　　　　　1,750,000
　　貸：財政撥款收入　　　　　　　　　　　　　　　　　　　1,750,000
借：待償債淨資產　　　　　　　　　　　　　　　　　　　　　20,000
　　貸：應付帳款　　　　　　　　　　　　　　　　　　　　　　20,000

電梯安裝合格時：
借：固定資產——電梯　　　　　　　　　　　　　　　　　　1,770,000
　　貸：資產基金——固定資產　　　　　　　　　　　　　　　1,770,000
借：資產基金——在建工程　　　　　　　　　　　　　　　　1,770,000
　　貸：在建工程——電梯　　　　　　　　　　　　　　　　　1,770,000

支付質量保證金時：
借：應付帳款　　　　　　　　　　　　　　　　　　　　　　　20,000
　　貸：待償債淨資產　　　　　　　　　　　　　　　　　　　　20,000
借：經費支出　　　　　　　　　　　　　　　　　　　　　　　20,000
　　貸：財政撥款收入　　　　　　　　　　　　　　　　　　　　20,000

【例 10-31】A 行政單位接受外單位捐贈汽車一輛，價值為 350,000 元，發生與該汽車有關的稅費、運輸費用共計 50,000 元，以銀行存款支付。A 行政單位應編製如下會計分錄：

借：固定資產　　　　　　　　　　　　　　　　　　　　　　　400,000
　　貸：資產基金——固定資產　　　　　　　　　　　　　　　　400,000

借：經費支出 50,000
　　貸：銀行存款 50,000

【例10-32】A行政單位經上級主管部門的批准從同系統其他部門無償調入設備一臺，原單位帳面價值為800,000元；調入後進行改造耗費150,000元，由零餘額帳戶用款額度支付。A行政單位應編製如下會計分錄：

借：固定資產 950,000
　　貸：資產基金——固定資產 950,000
借：經費支出 150,000
　　貸：零餘額帳戶用款額度 150,000

【例10-33】A行政單位為改善辦公條件，決定對一棟舊房進行改建，該舊房原價500,000元，累計折舊200,000元。結合以下具體情況，A行政單位應編製如下會計分錄：

(1) 轉入在建工程：
借：資產基金——固定資產 300,000
　　累計折舊 200,000
　　貸：固定資產 500,000
借：在建工程 300,000
　　貸：資產基金——在建工程 300,000

(2) 為房屋改造分期購進各種材料（非政府採購）共計124,000元：
借：經費支出 124,000
　　貸：零餘額帳戶用款額度——財政授權支付 124,000
借：在建工程 124,000
　　貸：資產基金——在建工程 124,000

(3) 支付人工費用共計18,000元：
借：經費支出 18,000
　　貸：零餘額帳戶用款額度——財政授權支付 18,000
借：在建工程 18,000
　　貸：資產基金——在建工程 18,000

(4) 工程改造完成，交付使用，進行轉帳：
借：資產基金——在建工程 442,000
　　貸：在建工程 442,000
借：固定資產 442,000
　　貸：資產基金——固定資產 442,000

【例10-34】A行政單位經上級批准有償出售舊設備，帳面原價為500,000元，已計提折舊300,000元，取得收入150,000元，貨款收妥已存入銀行。A行政單位應編製如下會計分錄：

借：待處理財產損溢 200,000
　　累計折舊 300,000
　　貸：固定資產 500,000

借：資產基金——固定資產 200,000
　　貸：待處理財產損溢 200,000
借：銀行存款 150,000
　　貸：待處理財產損溢 150,000
借：待處理財產損溢 150,000
　　貸：應繳財政款 150,000

【例10-35】A行政單位經上級批准報廢已無法使用的一臺復印機，原帳面價值60,000元，累計折舊50,000元，以銀行存款支付清理費用1,000元，報廢處置收入為8,000元。A行政單位應編製如下會計分錄：

借：待處理財產損溢 10,000
　　累計折舊 50,000
　　貸：固定資產 60,000
借：資產基金——固定資產 10,000
　　貸：待處理財產損溢 10,000
借：待處理財產損溢 1,000
　　貸：銀行存款 1,000
借：銀行存款 8,000
　　貸：待處理財產損溢 8,000
借：待處理財產損溢 7,000
　　貸：應繳財政款 7,000

固定資產在使用過程中，由於使用磨損，或由於自然力的作用，往往發生固定資產局部的損壞。為了充分發揮固定資產的整體使用效能，保持固定資產的正常運轉和使用，必須對受損的固定資產進行日常修理。這就是固定資產費用化後續支出。

【例10-36】A行政單位對某設備進行日常維護修理，以銀行存款支付修理費3,000元。A行政單位應編製如下會計分錄：

借：經費支出——基本支出 3,000
　　貸：銀行存款 3,000

四、固定資產折舊的規定及核算

（一）行政單位固定資產折舊的概念及規定

固定資產折舊是指在固定資產預計使用壽命內，按照確定的方法對應折舊金額進行系統分攤。行政單位的固定資產折舊應包括兩大部分：固定資產折舊和公共基礎設施折舊。

行政單位對下列固定資產不計提折舊：
（1）文物及陳列品；
（2）圖書、檔案；
（3）動植物；
（4）以名義金額入帳的固定資產；
（5）境外行政單位持有的能夠與房屋及構築物區分、擁有所有權的土地。

《行政單位會計制度》對固定資及公共設施折舊的具體規定如下：

(1) 應當根據固定資產、公共基礎設施的性質和實際使用情況，合理確定其折舊年限。省級以上財政部門、主管部門對行政單位固定資產、公共基礎設施折舊年限作出規定的，從其規定。

(2) 一般應當採用年限平均法或工作量法計提固定資產、公共基礎設施折舊。

(3) 固定資產、公共基礎設施的應折舊金額為其成本，計提固定資產、公共基礎設施折舊不考慮預計淨殘值。

(4) 一般應當按月計提固定資產、公共基礎設施折舊。當月增加的固定資產、公共基礎設施，當月不提折舊，從下月起計提折舊；當月減少的固定資產、公共基礎設施，當月照提折舊，從下月起不提折舊。

(5) 固定資產、公共基礎設施提足折舊后，無論能否繼續使用，均不再計提折舊；提前報廢的固定資產、公共基礎設施，也不再補提折舊；已提足折舊的固定資產、公共基礎設施，可以繼續使用的，應當繼續使用，規範管理。

(6) 固定資產、公共基礎設施因改建、擴建或修繕等原因而提高使用效能或延長使用年限的，應當按照重新確定的固定資產、公共基礎設施成本以及重新確定的折舊年限，重新計算折舊額。

(二) 累計折舊的帳務處理

為了核算行政單位固定資產、公共基礎設施計提的累計折舊情況，應當設置「累計折舊」總帳科目。「累計折舊」科目貸方登記累計折舊的增加；借方登記累計折舊的減少；余額在貸方，反應行政單位計提的固定資產、公共基礎設施折舊累計數。

「累計折舊」科目應當按照固定資產、公共基礎設施的類別、項目等進行明細核算。佔有公共基礎設施的行政單位，應當在「累計折舊」科目下設置「固定資產累計折舊」和「公共基礎設施累計折舊」兩個一級明細科目，分別核算對固定資產和公共基礎設施計提的折舊。

(1) 按月計提固定資產、公共基礎設施折舊時，按照應計提折舊金額，借記「資產基金——固定資產、公共基礎設施」科目，貸記「累計折舊」科目。

(2) 固定資產、公共基礎設施處置時，按照所處置固定資產、公共基礎設施的帳面價值，借記「待處理財產損溢」科目（出售、置換換出、報廢、毀損、盤虧）或「資產基金——固定資產、公共基礎設施」科目（無償調出、對外捐贈），按照固定資產、公共基礎設施已計提折舊，借記「累計折舊」科目，按照固定資產、公共基礎設施的帳面餘額，貸記「固定資產」「公共基礎設施」科目。

【例10-37】A行政單位的汽車一輛，原值為360,000元，預計行使總里程為600,000千米，可以使用10年。其折舊的計算如下：

(1) 如果按照平均年限法，每月計提折舊 = 360,000×1/10×1/12 = 3,000（元）

(2) 如果採用工作量法計提折舊，假設該汽車已行使6,000千米，該汽車該月折舊額 = 360,000/600,000×6,000 = 3,600（元）。

對於以上計算，A行政單位按月計提折舊要編製如下會計分錄：

借：資產基金——固定資產　　　　　　　　　　　　　　3,600
　　貸：累計折舊　　　　　　　　　　　　　　　　　　　　　3,600

第五節 在建工程的核算

一、行政單位在建工程的概念

在建工程是指行政單位已經發生必要支出，但尚未完工交付使用的各種建築，包括新建、改建、擴建、修繕等工程、設備安裝工程和信息系統建設工程。不能夠增加固定資產、公共基礎設施使用效能或延長其使用壽命的修繕、維護等，不屬於在建工程。

二、在建工程會計科目的設置及核算規定

為了核算行政單位的在建工程業務，應當設置「在建工程」總帳科目。該科目借方登記各項在建工程發生的實際支出；貸方登記各項在建工程完工交付使用時轉出的實際成本；余額在借方，反應行政單位尚未完工的在建工程的實際成本。

《行政單位會計制度》對在建工程的核算制定了如下的規定：

（1）「在建工程」科目應當按照具體工程項目等進行明細核算；需要分攤計入不同工程項目的間接工程成本，應當通過「在建工程」科目下設置的「待攤投資」明細科目核算。

（2）在建工程應當在屬於在建工程的成本發生時確認。

（3）行政單位的基本建設投資應當按照國家有關規定單獨建帳、單獨核算，同時按照制度的規定至少按月並入「在建工程」科目及其他相關科目反應。

行政單位應當在「在建工程」科目下設置「基建工程」明細科目，核算由基建帳套並入的在建工程成本。有關基建並帳的具體帳務處理另行規定。

三、在建工程（非基本建設項目）的主要帳務處理

非基本建設項目的在建工程，主要有對固定資產進行改建、擴建或修繕的建築工程、設備安裝工程和信息系統建設工程等業務。

【例10-38】A行政單位經批准對辦公樓進行修繕，該辦公樓原值1,300,000元，已提折舊600,000元。結合以下具體情況，A行政單位應編製如下會計分錄：

（1）轉入修繕時：

借：在建工程　　　　　　　　　　　　　　　　　　　　700,000
　　貸：資產基金——在建工程　　　　　　　　　　　　　　　　700,000
借：資產基金——固定資產　　　　　　　　　　　　　　700,000
　　累計折舊　　　　　　　　　　　　　　　　　　　　600,000
　　貸：固定資產　　　　　　　　　　　　　　　　　　　　1,300,000

（2）A行政單位拆除了一層辦公樓的三間辦公室，該部分占整棟辦公樓的比例為1/5，故此部分的帳面價值為140,000元，拆除部分的殘值收入為45,000元，已存入銀行：

借：資產基金——在建工程　　　　　　　　　　　　　　140,000

```
        貸：在建工程                                          140,000
    借：銀行存款                                              45,000
        貸：經費支出                                          45,000
    借：資產基金——在建工程                                  45,000
        貸：在建工程                                          45,000
```
(3) A行政單位以財政直接支付方式，根據工程進度支付工程款160,000元：
```
    借：經費支出                                              160,000
        貸：財政撥款收入                                      160,000
    借：在建工程                                              160,000
        貸：資產基金——在建工程                                160,000
```

【例10-39】A行政單位為改善辦公條件，決定對一棟舊房進行改建，該舊房原價500,000元，累計折舊200,000元。結合以下具體情況，A行政單位應編製如下會計分錄：

(1) 轉入改建時：
```
    借：資產基金——固定資產                                  300,000
        累計折舊                                              200,000
        貸：固定資產                                          500,000
    借：在建工程                                              300,000
        貸：資產基金——在建工程                                300,000
```
(2) 為房屋改造分期購進各種材料（非政府採購）共計124,000元：
```
    借：經費支出                                              124,000
        貸：零余額帳戶用款額度——財政授權支付                 124,000
    借：在建工程                                              124,000
        貸：資產基金——在建工程                                124,000
```
(3) 支付人工費用共計18,000元：
```
    借：經費支出                                              18,000
        貸：零余額帳戶用款額度——財政授權支付                 18,000
    借：在建工程                                              18,000
        貸：資產基金——在建工程                                18,000
```
(4) 工程改造完成，交付使用，進行轉帳：
```
    借：資產基金——在建工程                                  442,000
        貸：在建工程                                          442,000
    借：固定資產                                              442,000
        貸：資產基金——固定資產                                442,000
```

第六節　無形資產及攤銷的核算

一、行政單位無形資產的概念

無形資產是指不具有實物形態而能為行政單位提供某種權利的非貨幣性資產，包

括著作權、土地使用權、專利權、非專利技術等。行政單位購入的不構成相關硬件不可缺少組成部分的軟件，應當作為無形資產核算。

二、無形資產會計科目的設置及核算規定

為了核算行政單位無形資產的增減變動和結存情況，應當設置「無形資產」總帳科目。該科目借方登記無形資產實際成本的增加；貸方登記無形資產出售、報廢等轉出的帳面價值；余額在借方，反應行政單位無形資產的原價。

《行政單位會計制度》對無形資產的核算做了如下規定：

（1）應當按照無形資產的類別、項目等進行明細核算。與固定資產相同，無形資產增減的核算始終與「資產基金——無形資產」科目相對應。

（2）無形資產應當在完成對其權屬的規定登記或其他證明單位取得無形資產時確認。

（3）取得無形資產時，應當按照其實際成本入帳。①外購的無形資產，其成本包括實際支付的購買價款、相關稅費以及可歸屬於該項資產達到預定用途所發生的其他支出。②委託軟件公司開發軟件，視同外購無形資產進行處理。③自行開發並按法律程序申請取得的無形資產，按照依法取得時發生的註冊費、聘請律師費等費用確定成本。④置換得的無形資產，其成本按照換出資產的評估價值加上支付的補價或減去收到的補價，加上為換入無形資產支付的其他費用（登記費等）確定。⑤接受捐贈、無償調入的無形資產，其成本按照有關憑據註明的金額加上相關稅費確定；沒有相關憑據可供取得，但依法經過資產評估的，其成本應當按照評估價值加上相關稅費確定；沒有相關憑據可供取得，也未經評估的，其成本比照同類或類似資產的市場價格加上相關稅費確定；沒有相關憑據也未經評估，其同類或類似無形資產的市場價格無法可靠取得，所取得的無形資產應當按照名義金額入帳。

（4）應根據規定的方法、金額和科目按月計提無形資產攤銷。

（5）與無形資產有關的后續支出，分以下情況處理：①為增加無形資產使用效能而發生的后續支出，如對軟件進行升級改造或擴展其功能等所發生的支出，應當計入無形資產的成本；②為維護無形資產的正常使用而發生的后續支出，如對軟件進行的漏洞修補、技術維護等所發生的支出，應當計入當期支出但不計入無形資產的成本。

（6）報經批准出售、置換出無形資產應轉入「待處理財產損溢」科目處理。

（7）報經批准無償調出、對外捐贈無形資產，應按照無償調出、對外捐贈無形資產的帳面價值轉出。

（8）無形資產預期不能為行政單位帶來服務潛力或經濟利益的，應當按規定報經批准后將無形資產的帳面價值通過待處理財產損溢科目予以核銷。

三、無形資產的帳務處理

【例10-40】A行政單位取得一批外文著作的著作權，以財政直接支付的購買價款為160,000元，相關稅費為32,000元。A行政單位應編製如下會計分錄：

借：無形資產　　　　　　　　　　　　　　　　　　　　192,000
　　貸：資產基金——無形資產　　　　　　　　　　　　　　　　192,000

借：經費支出 192,000
　　貸：財政撥款收入 192,000

【例10-41】A行政單位和南方軟件公司簽訂合同，委託該公司開發政府會計軟件，總合同款為180,000元，採用財政直接支付方式。A行政單位應編製如下會計分錄：

(1) 根據合同A行政單位先預付部分開發費用，計68,000元：

借：預付帳款——南方公司 68,000
　　貸：資產基金——預付款項 68,000
借：經費支出 68,000
　　貸：財政撥款收入 68,000

(2) 南方公司完成開發並交付使用時，A行政單位支付剩餘款項：

借：無形資產 180,000
　　貸：資產基金——無形資產 180,000
借：經費支出 112,000
　　貸：財政撥款收入 112,000
借：資產基金——預付款項 68,000
　　貸：預付帳款——南方公司 68,000

四、無形資產攤銷的核算

(一) 無形資產攤銷的概念及科目設置

無形資產攤銷是指在無形資產使用壽命內，按照確定的方法對應攤銷金額進行系統分攤。行政單位應當對無形資產進行攤銷，以名義金額計量的無形資產除外。

為了核算行政單位無形資產計提的累計攤銷情況，應當設置「累計攤銷」總帳科目。該科目屬於資產的備抵科目，貸方登記計提的無形資產攤銷額；借方登記無形資產處置轉出的累計攤銷額；余額在貸方，反應行政單位計提的無形資產攤銷累計數。「累計攤銷」科目應當按照無形資產的類別、項目等進行明細核算。

(二) 無形資產攤銷的核算規定

《行政單位會計制度》對核算無形資產攤銷制定了如下規定：

(1) 應當按照以下原則確定無形資產的攤銷年限：①法律規定了有效年限的，以法律規定的有效年限作為攤銷年限；②法律沒有規定有效年限的，以相關合同或單位申請書中的受益年限作為攤銷年限；③法律沒有規定有效年限、相關合同或單位申請書也沒有規定受益年限的，按照不少於10年的期限攤銷。

(2) 非大批量購入、單價小於1,000元的無形資產，可以於購買的當期，一次將成本全部攤銷。

(3) 應當採用年限平均法計提無形資產攤銷。①按月計提無形資產攤銷時，按照應計提攤銷金額，借記「資產基金——無形資產」科目，貸記「累計攤銷」科目；②無形資產處置時，按照所處置無形資產的帳面價值，借記「待處理財產損溢」科目（出售、置換換出、核銷）或「資產基金——無形資產」科目（無償調出、對外捐贈），按照已計提攤銷，借記本科目，按照無形資產的帳面餘額，貸記「無形資產」

科目。

（4）無形資產的應攤銷金額為其成本。

（5）行政單位應當自無形資產取得當月起，按月計提攤銷；無形資產減少的當月，不再計提攤銷。

（6）無形資產提足攤銷后，無論能否繼續帶來服務潛力或經濟利益，均不再計提攤銷；核銷的無形資產，如果未提足攤銷，也不再補提攤銷。

（7）因發生后續支出而增加無形資產成本的，應當按照重新確定的無形資產成本，重新計算攤銷額。

（三）無形資產攤銷的帳務處理

【例10-42】A行政單位對本月取得的著作權進行攤銷。該批著作權的原值為89,000元，已計提攤銷額為9,000元，合同約定該著作權的使用年限是5年，本月計提的攤銷額是1,334元。A行政單位應編製如下會計分錄：

借：資產基金——無形資產　　　　　　　　　　　1,334
　　貸：累計攤銷　　　　　　　　　　　　　　　1,334　（80,000×0.016,67）

【例10-43】A行政單位經上級批准，將一項專利權出售，該專利權原值為150,000元，累計攤銷為40,000元。A行政單位應編製如下會計分錄：

出售轉出時：

借：待處理財產損溢　　　　　　　　　　　　　110,000
　　累計攤銷　　　　　　　　　　　　　　　　 40,000
　　貸：無形資產　　　　　　　　　　　　　　　150,000

實現出售時：

借：資產基金——無形資產　　　　　　　　　　　110,000
　　貸：待處理財產損溢　　　　　　　　　　　　110,000

【例10-44】A行政單位經批准向貧困縣捐贈「辦公綜合管理軟件」，該項軟件的原值為165,000元，已提攤銷38,000元。安裝軟件時，A行政單位用銀行存款支付了系統調試費15,000元。A行政單位應編製如下會計分錄：

借：資產基金——無形資產　　　　　　　　　　　127,000
　　累計攤銷　　　　　　　　　　　　　　　　 38,000
　　貸：無形資產　　　　　　　　　　　　　　　165,000
借：經費支出　　　　　　　　　　　　　　　　　15,000
　　貸：銀行存款　　　　　　　　　　　　　　　15,000

第七節　其他非流動資產的核算

一、待處理財產損溢的核算

（一）待處理財產損溢的概念與科目設置

待處理財產損溢是指行政單位處理資產而發生財產的價值及財產處理損溢。行政單位財產的處理包括資產的出售、報廢、毀損、盤盈、盤虧以及貨幣性資產損失核

銷等。

為了核算行政單位待處理財產的價值及財產處理損溢的情況，應當設置「待處理財產損溢」總帳科目。該科目屬於資產類科目，借方登記處理財產的淨值及相關稅費；貸方登記處理財產的收入及轉銷；期末如為借方余額，反應尚未處理完畢的各種財產的價值及淨損失；期末如為貸方余額，反應尚未處理完畢的各種財產淨溢余。年度終了，報經批准處理后，「待處理財產損溢」科目一般應無余額。

「待處理財產損溢」科目應當按照待處理財產項目進行明細核算。對於在財產處理過程中取得收入或發生相關費用的項目，還應當設置「待處理財產價值」「處理淨收入」明細科目，進行明細核算。

(二) 待處理財產損溢的核算規定

(1) 行政單位財產的處理，一般應當先記入「待處理財產損溢」科目，按照規定報經批准後及時進行相應的帳務處理。年終結帳前一般應處理完畢。

(2) 待處理財產的業務主要有：①按照規定報經批准處理無法查明原因的現金短缺或溢余；②按照規定報經批准核銷無法收回的應收帳款、其他應收款；③按照規定報經批准核銷預付帳款、無形資產；④處理出售、置換換出存貨、固定資產、無形資產、政府儲備物資等；⑤處理盤虧、毀損、報廢各種實物資產和盤盈存貨、固定資產、政府儲備物資等實物資產；⑥核銷不能形成資產的在建工程成本。

(三) 待處理財產損溢的主要帳務處理

【例10-45】A行政單位本年3月末進行現金盤點，發現有350元的現金短缺；4月末進行現金盤點，發現有180元的現金溢余。以上的情況都已轉入「待處理財產損溢」科目，但都無法查明原因。報經批准后，A行政單位應編製如下會計分錄：

對於3月現金短缺的處理：

借：經費支出　　　　　　　　　　　　　　　　　　　　　350
　　貸：待處理財產損溢　　　　　　　　　　　　　　　　　　350

對於4月現金溢余的處理：

借：待處理財產損溢　　　　　　　　　　　　　　　　　　180
　　貸：其他收入　　　　　　　　　　　　　　　　　　　　180

【例10-46】A行政單位報經批准核銷一筆無法收回的預付帳款8,700元。A行政單位應編製如下會計分錄：

轉入待處理財產損溢時：

借：待處理財產損溢　　　　　　　　　　　　　　　　　8,700
　　貸：預付帳款　　　　　　　　　　　　　　　　　　　8,700

報經批准予以核銷時：

借：資產基金——預付帳款　　　　　　　　　　　　　　8,700
　　貸：待處理財產損溢　　　　　　　　　　　　　　　　8,700

【例10-47】A行政單位的一輛行政辦公車由於司機責任事故而報廢，該車輛原價為230,000元，已提折舊190,000元，報廢車輛出售取得價款5,000元存入銀行，需繳納稅費250元，保險公司和司機張三各賠付20,000元，共計40,000元。A行政單位應編製如下會計分錄：

車輛轉入報廢時：
借：待處理財產損溢 40,000
　　累計折舊 190,000
　貸：固定資產——×汽車 230,000
借：資產基金——固定資產 40,000
　貸：待處理財產損溢——待處理財產價值 40,000
取得報廢車輛收入和計算應繳納稅費時：
借：銀行存款 5,000
　貸：待處理財產損溢——處置收入——×汽車 5,000
借：待處理財產損溢——處置收入——×汽車 250
　貸：應交稅費 250
計算保險公司和個人需要賠付金額時：
借：其他應收款——×保險公司 20,000
　　　　　　——張三 20,000
　貸：待處理財產損溢——處置收入——×汽車 40,000
車輛清理完畢時：
借：待處理財產損溢——處置收入——×汽車 44,750
　貸：應繳財政款 44,750
支付稅費、收到賠付款和上繳財政款時：
借：應交稅費 250
　貸：銀行存款 250
借：銀行存款 40,000
　貸：其他應收款——×保險公司 20,000
　　　　　　　　——張三 20,000
借：應繳財政款 44,750
　貸：銀行存款 44,750

二、政府儲備物資的核算

(一) 政府儲備物資的概念及科目設置

政府儲備物資是指行政單位直接儲存管理的各項政府應急或救災儲備物資等。負責採購並擁有儲備物資調撥權力的行政單位（簡稱採購單位）將政府儲備物資交由其他行政單位（簡稱代儲單位）代為儲存的，由採購單位通過「政府儲備物資」科目核算政府儲備物資，代儲單位將受託代儲的政府儲備物資通過「受託代理資產」科目核算。

為了核算行政單位直接儲存管理的各項政府應急或救災儲備物資等的變化情況，應當設置「政府儲備物資」總帳科目。該科目屬於資產類科目，借方登記各項政府儲備物資增加的成本；貸方登記發出各項政府儲備物資的成本；餘額在借方，反應行政單位管理的政府儲備物資的實際成本。「政府儲備物資」科目應當按照政府儲備物資的種類、品種、存放地點等進行明細核算。

(二) 政府儲備物資的核算規定

《行政單位會計制度》對政府儲備物資的核算制定了如下規定：

(1) 政府儲備物資應當在其到達存放地點並驗收時確認。

(2) 取得政府儲備物資時，應當按照其成本入帳：①購入的政府儲備物資，其成本包括購買價款、相關稅費、運輸費、裝卸費、保險費以及其他使政府儲備物資達到目前場所和狀態所發生的支出。單位支付的政府儲備物資保管費、倉庫租賃費等日常儲備費用，不計入政府儲備物資的成本。②接受捐贈、無償調入的政府儲備物資，其成本按照有關憑據註明的金額加上相關稅費、運輸費等確定；沒有相關憑據可供取得，但依法經過資產評估的，其成本應當按照評估價值加上相關稅費、運輸費等確定；沒有相關憑據可供取得、也未經評估的，其成本比照同類或類似政府儲備物資的市場價格加上相關稅費、運輸費等確定。

(3) 政府儲備物資發出時，應當根據實際情況採用先進先出法、加權平均法或者個別計價法確定發出政府儲備物資的實際成本。計價方法一經確定，不得隨意變更。其中，對外捐贈、無償調出政府儲備物資發生由行政單位承擔的運輸費等支出，應通過「經費支出」等科目核算。

(4) 政府儲備物資應當定期進行清查盤點，每年至少盤點一次。對於發生的政府儲備物資盤盈、盤虧或者報廢、毀損，與行政單位的存貨一樣，應當及時查明原因，按規定報經批准後進行帳務處理。

(三) 政府儲備物資的帳務處理

【例10-48】A行政單位以財政授權支付方式購入一批抗震救災政府儲備物資，價款為158,000元，相關稅費為15,400元，裝卸費及保險費為22,000元，物資已驗收入庫。A行政單位應編製如下會計分錄：

借：政府儲備物資　　　　　　　　　　　　　　　　　195,400
　　貸：資產基金——政府儲備物資　　　　　　　　　　195,400
借：經費支出　　　　　　　　　　　　　　　　　　　195,400
　　貸：零余額帳戶用款額度　　　　　　　　　　　　　195,400

【例10-49】某地發生自然災害，A行政單位經批准向災區無償調出政府儲備物資，該批物資的實際成本為300,000元，調出運輸費為1,500元，由單位零余額帳戶支付。A行政單位應編製如下會計分錄：

借：資產基金——政府儲備物資　　　　　　　　　　　300,000
　　貸：政府儲備物資　　　　　　　　　　　　　　　　300,000
借：經費支出　　　　　　　　　　　　　　　　　　　　1,500
　　貸：零余額帳戶用款額度　　　　　　　　　　　　　　1,500

三、公共基礎設施的核算

(一) 公共基礎設施的概念及科目設置

公共基礎設施是指行政單位佔有並直接負責維護管理、供社會公眾使用的工程性公共基礎設施資產，包括城市交通設施、公共照明設施、環保設施、防災設施、健身設施、廣場及公共構築物等其他公共設施。

與公共基礎設施配套使用的修理設備、工具器具、車輛等動產，作為管理公共基礎設施的行政單位的固定資產核算，不通過「公共基礎設施」科目核算；與公共基礎設施配套、供行政單位在公共基礎設施管理中自行使用的房屋構築物等，能夠與公共基礎設施分開核算的，應作為行政單位的固定資產，也不通過「公共基礎設施」科目核算。

為了核算行政單位佔有並直接負責維護管理公共基礎設施的變化情況，應當設置「公共基礎設施」總帳科目。該科目是資產類科目，借方登記取得公共基礎設施的成本；貸方登記處置公共基礎設施的帳面價值等；餘額在借方，反應行政單位管理的公共基礎設施的實際成本。「公共基礎設施」科目應當按照公共基礎設施的類別和項目進行明細核算。

（二）公共基礎設施的核算規定

《行政單位會計制度》對公共基礎設施業務的核算制定了如下規定：

（1）行政單位應當結合本單位的具體情況，制定適合於本單位管理的公共基礎設施目錄、分類方法，作為進行公共基礎設施核算的依據。

（2）公共基礎設施應當在對其取得佔有權利時確認。

（3）公共基礎設施在取得時，應當按照其成本入帳：①自行建設的公共基礎設施，其成本包括建造該公共基礎設施至交付使用前所發生的全部必要支出。公共基礎設施的各組成部分需要分別核算的，按照各組成部分公共基礎設施造價確定其成本；沒有各組成部分公共基礎設施造價的，按照各組成部分公共基礎設施同類或類似市場造價的比例對總造價進行分配，確定各組成部分公共基礎設施的成本。②接受其他單位移交的公共基礎設施，其成本按照公共基礎設施的原帳面價值確認。

（4）與公共基礎設施有關的后續支出，分以下情況處理：①為增加公共基礎設施使用效能或延長其使用壽命而發生的改建、擴建或大型修繕等後續支出，應當計入公共基礎設施成本。②為維護公共基礎設施的正常使用而發生的日常修理等後續支出，應當計入當期支出。

（5）行政單位管理的公共基礎設施向其他單位移交、毀損、報廢時，應當按照規定報經批准后進行帳務處理：①經批准向其他單位移交公共基礎設施時，應按照移交公共基礎設施的帳面價值核算。②報廢、毀損的公共基礎設施，應按照待處理公共基礎設施的帳面價值，轉入「待處理財產損溢」科目核算。

（6）應通過「累計折舊」科目，採用規定的折舊方法，按月對公共基礎設施計提折舊。

（三）公共基礎設施的帳務處理

【例 10-50】A 市城建局根據市政規劃自行建造廣場噴水池。該項工程至交付使用前所完成的全部必要支出為 1,500,000 元，現已交付使用。A 市城建局應編製如下會計分錄：

借：公共基礎設施——×噴水池　　　　　　　　　　1,500,000
　　貸：資產基金——公共基礎設施　　　　　　　　　　　1,500,000
借：資產基金——在建工程　　　　　　　　　　　　1,500,000
　　貸：在建工程　　　　　　　　　　　　　　　　　　　1,500,000

【例10-51】A市城建局根據市政府的統一規劃，經批准將廣場噴泉移交給市園林局管理。廣場噴泉的原值為5,800,000元，已提折舊為800,000元。A市城建局應編製如下會計分錄：

借：資產基金——公共基礎設施　　　　　　　　　　　5,000,000
　　累計折舊　　　　　　　　　　　　　　　　　　　　800,000
　　貸：公共基礎設施——×噴泉　　　　　　　　　　　5,800,000

【例10-52】某市由於遭受地震，道路被損毀。該道路原值為145,000,000元，已提折舊為50,000,000元。相關會計分錄如下：

借：待處理財產損溢　　　　　　　　　　　　　　　95,000,000
　　累計折舊　　　　　　　　　　　　　　　　　　50,000,000
　　貸：公共基礎設施　　　　　　　　　　　　　　145,000,000

四、受託代理資產的核算

（一）受託代理資產的概念及科目設置

受託代理資產是行政單位接受委託方委託管理的各項資產，包括受託指定轉贈的物資、受託儲存管理的物資等。行政單位收到受託代理資產為現金和銀行存款的，不屬於受託代理資產。

為了核算行政單位受託代理資產業務，應當設置「受託代理資產」總帳科目。該科目屬於資產類科目，借方登記受託代理資產的增加數；貸方登記受託代理資產的減少數；餘額在借方，反應單位受託代理資產中實物資產的價值。「受託代理資產」科目應當按照資產的種類和委託人進行明細核算；屬於轉贈資產的，還應當按照受贈人進行明細核算。

（二）受託代理資產的核算規定

《行政單位會計制度》對受託代理資產的核算制定了如下規定：

（1）受託代理資產應當在行政單位收到受託代理的資產時確認。

（2）接受委託人委託需要轉贈給受贈人的物資，其成本按照有關憑據註明的金額確定；沒有相關憑據可供取得的，其成本比照同類或類似物資的市場價格確定。

（3）將受託轉贈物資交付受贈人時，按照轉贈物資的成本，通過「受託代理資產」科目核算。

（4）轉贈物資的委託人取消了對捐贈物資的轉贈要求，並且不再收回捐贈物資的，應當按照轉贈物資的成本，將轉贈物資轉為單位的存貨或固定資產。

（5）接受委託人委託儲存管理的物資，其成本按照有關憑據註明的金額確認增加。根據委託人要求交付受託儲存管理的物資時，按照儲存管理物資的成本確認減少。其中，支付由受託單位承擔的與受託儲存管理的物資相關的運輸費、保管費等費用，應在「經費支出」等科目核算，不通過「受託代理資產」科目核算。

（三）受託代理資產的帳務處理

由於行政單位是作為受託人來管理相關的資產，因此在接受資產時，就形成了相應的負債，這是受託代理資產核算的特徵。

【例10-53】A行政單位接受B公司委託轉贈物資一批，計價為330,000元。根據

協議，A 行政單位承擔該批物資的相關稅費和運輸費共計 16,000 元，已從單位銀行存款支付。結合以下具體情況，A 行政單位應編製如下會計分錄：

(1) 接受物資時：
借：受託代理資產　　　　　　　　　　　　　　　　330,000
　　貸：受託代理負債　　　　　　　　　　　　　　　　330,000
借：經費支出　　　　　　　　　　　　　　　　　　　16,000
　　貸：銀行存款　　　　　　　　　　　　　　　　　　16,000
(2) 按規定將受託轉贈物資交付受贈人時：
借：受託代理負債　　　　　　　　　　　　　　　　330,000
　　貸：受託代理資產　　　　　　　　　　　　　　　330,000
(3) 委託人 B 公司取消了轉贈要求，並且不再收回捐贈物資：
借：受託代理負債　　　　　　　　　　　　　　　　330,000
　　貸：受託代理資產　　　　　　　　　　　　　　　330,000
借：存貨　　　　　　　　　　　　　　　　　　　　330,000
　　貸：資產基金——存貨　　　　　　　　　　　　　330,000

思考題

1. 行政單位的資產包括哪些內容？
2. 行政單位的資產如何確認和計量？
3. 什麼是零餘額帳戶用款額度？
4. 行政單位的存貨包括哪些內容？
5. 行政單位的固定資產可採用哪些方法計提折舊？
6. 行政單位的無形資產包括哪些內容？應如何計提攤銷？
7. 行政單位的財產處理包括哪些內容？
8. 什麼是行政單位的受託代理資產？
9. 什麼是行政單位的政府儲備物資和公共基礎設施？
10. 行政單位的財產處理包括哪些內容？

練習題

1. 某行政單位用預算結餘資金購入國庫券 200,000 元，期限 5 年，年利率 8%。
2. 某行政單位兌付前兩年購入的兩年期國庫券，購入時按面值 100,000 元支付，年利率 5%。收到本金和利息存入銀行。
3. 某行政單位的所屬部門暫借臨時周轉資金 4,000 元，財務部門以銀行存款支付。
4. 某行政單位職工李明出差借支 2,000 元。
5. 上題李明出差回單位後報銷，交回發票 1,500 元和現金 500 元。
6. 某行政單位購入辦公材料 2,000 件，含稅單價 10 元，共計價款 20,000 元，材料已驗收入庫。該批材料採用財政授權支付方式支付。

7. 某行政單位以現金180元購入辦公用材料，直接由辦公室領用。

8. 某行政單位所屬部門從倉庫領用辦公材料3,000元。

9. 某行政單位購入一批需要安裝的專用設備，取得的增值稅專用發票上註明的設備價款為200,000元，增值稅進項稅額為34,000元，支付運輸費用1,000元，款項實行財政直接支付；1個月後，設備安裝調試完畢並交付使用，以銀行存款支付安裝費用750元。

10. 某行政單位用財政資金購入辦公用電腦5臺，每臺6,000元，採用財政直接支付方式支付。該批電腦已驗收完畢交付使用。

11. 某行政單位購買1,500平方米的土地使用權，價值為8,500,000元，款項採用財政直接支付方式。

12. 某行政單位將帳面價值為150,000元的舊汽車出售，獲得貨款70,000元，貨款已存入銀行。

13. 某行政單位報廢已到期使用的辦公設備一臺，原帳面價值為80,000元。報廢後得到殘值收入5,000元存入銀行。

14. 某行政單位接受國外友好單位贈送轎車一輛。該轎車重置價值為300,000元。在投入使用之前以銀行存款支付有關費用50,000元。

15. 某行政單位無償調出固定資產一項，帳面原值400,000元。

16. 某行政單位收到政府集中採購方式購入的設備一臺，購價630,000元，運雜費300元，安裝調試費300元，全部由財政預算資金支付。

17. 某行政單位將自籌資金60,000元劃入政府採購資金專戶，用於採購某專項設備。

18. 某行政單位所購專項設備已運到，經驗收合格後投入使用。設備總價格為100,000元，單位自籌資金承擔60,000元，財政預算資金支出40,000元。

請根據以上情況編製相應會計分錄。

第十一章
行政單位負債和淨資產的核算

　　行政單位的負債是行政單位承擔的能以貨幣計量的、需要以資產償付的債務，主要包括應繳財政款、應付職工薪酬、應付帳款等流動負債和長期應付款。行政單位的淨資產是指行政單位所擁有的資產淨值，反應國家和行政單位的資產所有權，主要包括財政撥款結轉和結余、其他資結轉和結余、資產基金和待償債淨資產等。

　　通過本章的學習，應該掌握以下內容：
* 行政單位負債的內容及管理
* 各項負債的帳務處理
* 行政單位淨資產的內容及管理
* 各項淨資產的帳務處理

第一節　負債的核算

　　行政單位的負債相對於一般企業來說比較簡單，由於其資金來源是財政撥款，不需要發行債券、不需要向銀行借款，也沒有應付利潤等核算業務。行政單位的負債按照流動性，分為流動負債和非流動負債。流動負債是指預計在1年內（含1年）償還的負債。非流動負債是指流動負債以外的負債。

　　一、流動負債的核算

　　從行政單位的職能和目標來說，其負債業務主要表現為流動負債的業務，應該嚴格加強管理，定期清查，及時結算，防止拖欠。行政單位的流動負債主要包括應繳財政款、應繳稅費、應付職工薪酬、應付及暫存款項、應付政府補貼款、長期應付款等。

　　（一）應繳財政款的核算

　　1. 應繳財政款的概念及內容

　　應繳財政款是指行政單位在公務活動中，按規定向有關單位和個人收取得的應上繳財政預算的各種款項。應繳財政款主要包括以下內容：

　　（1）政府性基金。政府性基金是指行政單位依據相關法律法規向公民、法人和其他組織無償徵收的具有專門用途的財政資金。上繳國庫的政府性基金，按系統、部門分為基金預算收入，並按規定安排相應的基金預算支出。

　　（2）行政性收費。行政性收費是指行政單位要行使管理職能的過程中，依據國家法律、法規向公民、法人和其他組織收取的行政性費用。例如，各級公安、司法、民政、工商行政管理等行政單位為發放各種證照、簿冊等而向有關單位和個人收取的證

照工本費、手續費、商標註冊費、企業登記註冊費、公證費等費用。

(3) 罰沒款項。這部分款項是指各級司法、行政執法單位依據國家法律、法規，對公民、法人和其他組織實施經濟處罰所取得的各項罰款、沒收款、沒收財物變價款以及有關行政單位取得的無主財物變價款等。

(4) 其他應繳財政的資金。這部分資金是指其他按規定應繳財政預算的資金，如國有資產處置和出租出借收入等。

2. 應繳財政款的管理要求

應繳財政款是納入財政預算的資金，行政單位必須加強對應繳財政款的管理。應繳財政款的具體管理要求如下：

(1) 依法收取。應繳財政款的收取是一項政策性較強的工作，行政單位應當按照國家有關法律和法規的規定收取，不得自行立項，隨意收取。

(2) 及時、足額上繳國庫。行政單位的應繳財政款應當採用直接繳庫或集中匯繳的繳庫方式，將應繳財政款及時、足額地上繳國庫。行政單位不得緩繳、截留、坐支、挪用，更不得轉作單位小金庫。應繳財政款原則上按月清繳，年終必須將全年的應繳財政款全部繳入國庫。

按照國庫集中收付制度，行政單位應繳入國庫或財政專戶的款項，可以分別採用直接繳庫和集中匯繳兩種方式。採用直接繳庫方式時，由行政單位開具「非稅收入一般繳款書」，由繳款單位或個人直接將應繳財政款繳入國庫。在這種方式下，行政單位會計不接觸收繳的資金，不會產生相應的核算，只需登記備查帳簿。採用集中匯繳方式時，由行政單位開具「非稅收入一般繳款書」，繳款單位或個人將應繳財政款項繳給行政單位，由行政單位於當日或次日將款項集中繳入國庫，由此形成行政單位的核算內容。本節主要介紹集中匯繳方式的核算。

3. 應繳財政款會計科目的設置及核算規定

為了反應和監督行政單位應繳財政款的業務，應設置「應繳財政款」總帳科目。該科目貸方登記行政單位收取的各種應繳財政款；借方登記行政單位實際上繳國庫的應繳財政款；余額在貸方，反應行政單位應當上繳但尚未繳納的款項。年終清繳後，該科目一般應無餘額。該科目應當按照應繳財政款的類別進行明細核算。

《行政單位會計制度》對應繳財政款核算制定了如下規定：

(1) 應繳財政款應當在收到應繳財政的款項時確認。

(2) 取得按照規定應當上繳財政的款項時，借記「銀行存款」等科目，貸記「應繳財政款」科目。

(3) 處置資產取得應當上繳財政的處置淨收入，應通過「待處理財產損溢」科目和「應繳財政款」科目核算。

(4) 上繳應繳財政的款項時，按照實際上繳的金額，借記「應繳財政款」科目，貸記「銀行存款」科目。

【例11-1】某工商局根據有關規定收取企業註冊登記費8,000元存入銀行。該單位應編製如下會計分錄：

借：銀行存款　　　　　　　　　　　　　　　　　　　　　8,000
　　貸：應繳財政款——行政事業性收費　　　　　　　　　　8,000

【例 11-2】某工商局依法對某企業的違法行為處以罰款 7,000 元，並收取款項存入銀行。該單位應編製如下會計分錄：

借：銀行存款　　　　　　　　　　　　　　　　　　7,000
　　貸：應繳財政款——罰款　　　　　　　　　　　　　　7,000

【例 11-3】某工商局追回贓物一批，變價出售后，獲得價款 500,000 元，款項存入銀行。該單位應編製如下會計分錄：

借：銀行存款　　　　　　　　　　　　　　　　　　500,000
　　貸：應繳財政款——贓款贓物變價款　　　　　　　　500,000

【例 11-4】某行政單位出租本單位某辦公用房，與承租方約定租金為一年 96,000 元，已從銀行帳戶收到款項。該單位應編製如下會計分錄：

借：銀行存款　　　　　　　　　　　　　　　　　　96,000
　　貸：應繳財政款　　　　　　　　　　　　　　　　　96,000

【例 11-5】某行政單位依據有關規定收取政府性基金 60,000 元，款項已存入銀行。該單位應編製如下會計分錄：

借：銀行存款　　　　　　　　　　　　　　　　　　60,000
　　貸：應繳財政款——政府性基金　　　　　　　　　　60,000

【例 11-6】某行政單位將本月取得的應繳財政款共計 800,000 元全數上繳國庫。該單位應編製如下會計分錄：

借：應繳財政款　　　　　　　　　　　　　　　　　800,000
　　貸：銀行存款　　　　　　　　　　　　　　　　　　800,000

(二) 應繳稅費的核算

應繳稅費是指行政單位按照國家稅法等有關規定應當繳納的各種稅費，包括營業稅、城市維護建設稅、教育費附加、房產稅、車船稅、城鎮土地使用稅以及行政單位代扣代繳的個人所得稅。應繳稅費應當在產生繳納稅費義務時確認。

為了反應和監督行政單位應繳稅費的業務，應設置「應交稅費」總帳科目。該科目貸方登記行政單位收取的各種應繳稅費款；借方登記行政單位實際上繳國庫的應繳稅款；餘額在貸方，反應行政單位應繳未繳的稅費金額。「應交稅費」科目應當按照應繳納的稅費種類進行明細核算。

1. 資產處置、出租產生應繳稅費的帳務處理

因資產處置等發生營業稅、城市維護建設稅、教育費附加等繳納義務的，按照稅法等規定計算的應繳稅費金額，借記「待處理財產損溢」科目，貸記「應交稅費」科目；實際繳納時，借記「應交稅費」科目，貸記「銀行存款」等科目。

【例 11-7】某行政單位經批准報廢電視機一臺，原價 3,200 元，累計折舊 3,000 元，殘值收入 200 元，已收入庫存現金。該單位應編製如下會計分錄：

報廢確認時：

借：待處理財產損溢（待處理財產價值）　　　　　　200
　　累計折舊　　　　　　　　　　　　　　　　　　3,000
　　貸：固定資產——電視機　　　　　　　　　　　　3,200
借：資產基金——固定資產　　　　　　　　　　　　200

貸：待處理財產損溢（待處理財產價值）　　　　　　　　　　　　200
收到現金時：
借：庫存現金　　　　　　　　　　　　　　　　　　　　　　　　200
　　貸：待處理財產損溢（處理淨收入）　　　　　　　　　　　　　200
借：待處理財產損溢（處理淨收入）　　　　　　　　　　　　　　200
　　貸：應繳財政款　　　　　　　　　　　　　　　　　　　　　　200

　　因出租資產等發生營業稅、城市維護建設稅、教育費附加等繳納義務的，按照稅法等規定計算的應繳稅費金額，借記「應繳財政款」等科目，貸記「應交稅費」科目；實際繳納時，借記「應交稅費」科目，貸記「銀行存款」等科目。

【例11-8】2015年3月1日，某行政單位將其院內4間騰退的辦公用房出租給乙公司，雙方協議租賃價8,000元/年，發票按月提供。租金按照年度預付，第一年租金已收到。假設房屋租金收入適用的營業稅稅率為5%，房產稅稅率為12%，城建稅稅率為7%，教育附加費率為3%。該單位應編製如下會計分錄：

3月1日收取房屋租金收入時：
借：銀行存款　　　　　　　　　　　　　　　　　　　　　　96,000
　　貸：其他應付款　　　　　　　　　　　　　　　　　　　　16,800
　　　　應繳財政款——出租收入　　　　　　　　　　　　　　79,200
每月末確認應繳稅費時：
借：其他應付款　　　　　　　　　　　　　　　　　　　　　 1,400
　　貸：應交稅費——營業稅　　　　　　　　　　　　　　　　　400
　　　　　　　　——城建稅　　　　　　　　　　　　　　　　　 28
　　　　　　　　——教育費附加　　　　　　　　　　　　　　　 12
　　　　　　　　——房產稅　　　　　　　　　　　　　　　　　960
每月實際繳稅時：
借：應交稅費——營業稅　　　　　　　　　　　　　　　　　　　400
　　　　　　——城建稅　　　　　　　　　　　　　　　　　　　 28
　　　　　　——教育費附加　　　　　　　　　　　　　　　　　 12
　　　　　　——房產稅　　　　　　　　　　　　　　　　　　　960
　　貸：銀行存款　　　　　　　　　　　　　　　　　　　　　1,400

【例11-9】某行政單位租借本單位固定資產給外單位，該單位應編製如下會計分錄：
（1）已從銀行帳戶收到對方交來保證金3,000元：
借：銀行存款　　　　　　　　　　　　　　　　　　　　　　 3,000
　　貸：其他應付款　　　　　　　　　　　　　　　　　　　　 3,000
（2）上述固定資產租用結束，經結算租金收入為2,000元，相關稅費為100元，餘款退還：
借：其他應付款　　　　　　　　　　　　　　　　　　　　　 3,000
　　貸：應交稅費　　　　　　　　　　　　　　　　　　　　　　100
　　　　應繳財政款　　　　　　　　　　　　　　　　　　　　1,900

銀行存款	1,000

2. 行政單位日常運行產生相關稅費的帳務處理

行政單位在日常運行中，發生有關納稅義務的，應按照稅法的規定計算應繳稅金額，借記「經費支出」，貸記「應交稅費」科目；實際繳納時，借記「應交稅費」，貸記「零余額帳戶用款額度」「銀行存款」等科目。

【例11-10】2015年1月10日，某行政單位計算出本年應當繳納的車船使用稅為2,000元，並且以銀行轉帳方式支付。該單位應編製如下會計分錄：

借：經費支出	2,000
貸：應交稅費——車船使用稅	2,000
借：應交稅費——車船使用稅	2,000
貸：銀行存款	2,000

行政單位在代扣代繳個人所得稅時，應按照稅法等規定計算的應代扣代繳的個人所得稅金額，借記「應付職工薪酬」科目（從職工工資中代扣個人所得稅）或「經費支出」科目（從勞務費中代扣個人所得稅），貸記「應交稅費」科目。實際繳納時，借記「應交稅費」科目，貸記「財政撥款收入」「零余額帳戶用款額度」「銀行存款」等科目。

【例11-11】2015年3月31日，某行政單位核算工資時計算出為職工代扣代繳3月個人所得稅為35,000元，並以財政直接支付方式於4月3日支付給相關部門。該單位應編製如下會計分錄：

3月31日代扣時：

借：應付職工薪酬	35,000
貸：應交稅費——個人所得稅	35,000

4月3日代繳時：

借：應交稅費——個人所得稅	35,000
貸：財政撥款收入	35,000

(三) 應付職工薪酬的核算

應付職工薪酬是指行政單位按照有關規定應付給職工及為職工支付的各種薪酬，包括基本工資、獎金、國家統一規定的津貼補貼、社會保險費、住房公積金等。

1. 行政單位應付職工薪酬的構成

在應付職工薪酬中，基本工資、獎金、國家統一規定的津貼補貼是應付給職工個人的資金；單位代扣代繳的社會保險費和住房公積金（個人承擔部分）、個人所得稅，雖然沒有發到職工個人，但實際上屬於職工個人工資的一部分。

行政單位按照規定為職工繳納的社會保險費和住房公積金（單位承擔部分），雖然直接支付到社會保險機構和住房公積金管理機構，但這些資金實際上是屬於職工個人的。這部分內容也應納入應付職工薪酬的核算。

為了反應和監督行政單位工資及津貼的核算，應設置「應付職工薪酬」總帳科目。該科目貸方登記行政單位應付職工薪酬的增加，借方登記應付薪酬的減少，余額在貸方，反應行政單位應付未付的職工薪酬。「應付職工薪酬」科目應當根據國家有關規定按照「工資（離退休費）」「地方（部門）津貼補貼」「其他個人收入」「社會保險費」

「住房公積金」等進行明細核算。應付職工薪酬應當在規定支付職工薪酬的時間確認。

2. 應付職工薪酬的帳務處理

(1) 應付職工薪酬的發生。應按照計算出的應付職工薪酬金額，借記「經費支出」科目，貸記「應付職工薪酬」科目。

(2) 應付職工薪酬的支付。向職工支付工資、津貼補貼等薪酬時，按照實際支付的金額，借記「應付職工薪酬」科目，貸記「財政撥款收入」「零余額帳戶用款額度」「銀行存款」等科目；從應付職工薪酬中代扣為職工墊付的水電費、房租等費用時，按照實際扣除的金額，借記「應付職工薪酬」科目（工資），貸記「其他應收款」等科目；從應付職工薪酬中代扣代繳個人所得稅，按照代扣代繳的金額，借記「應付職工薪酬」科目（工資），貸記「應交稅費」科目；從應付職工薪酬中代扣代繳社會保險費和住房公積金，按照代扣代繳的金額，借記「應付職工薪酬」科目（工資），貸記「其他應付款」科目；繳納單位為職工承擔的社會保險費和住房公積金時，借記「應付職工薪酬」科目（社會保險費、住房公積金），貸記「財政撥款收入」「零余額帳戶用款額度」「銀行存款」等科目。

【例11-12】某行政單位給職工發放本月工資，資料如下：應付基本工資175,000元，各種津貼及補貼65,000元，退休費23,000元。在工資中，扣收職工社會保險費14,000元，醫療保險4,800元，住房公積24,000元，個人所得稅3,000元。實發工資中135,000元由財政統發，82,200元由代理銀行發放。該行政單位應編製如下會計分錄：

計算工資時：
借：經費支出　　　　　　　　　　　　　　　　　　263,000
　　貸：應付職工薪酬——工資（離退休費）　　　　198,000
　　　　　　　　　　——地方津貼補貼　　　　　　65,000

實際發放時：
借：應付職工薪酬　　　　　　　　　　　　　　　　263,000
　　貸：財政撥款收入　　　　　　　　　　　　　　135,000
　　　　零余額帳戶用款額度　　　　　　　　　　　82,200
　　　　其他應付款——社會保險費　　　　　　　　14,000
　　　　　　　　　——醫療保險　　　　　　　　　4,800
　　　　　　　　　——住房公積金　　　　　　　　24,000
　　　　應交稅費——個人所得稅　　　　　　　　　3,000

【例11-13】某行政單位開出授權支付憑證，支付職工個人繳納的社會保險費14,000元，醫療保險4,800元，住房公積金24,000元，個人所得稅3,000元。該行政單位應編製如下會計分錄：

借：其他應付款——社會保險費　　　　　　　　　　14,000
　　　　　　　——醫療保險　　　　　　　　　　　4,800
　　　　　　　——住房公積金　　　　　　　　　　24,000
　　應交稅費——個人所得稅　　　　　　　　　　　3,000
　　貸：零余額帳戶用款額度　　　　　　　　　　　45,800

(四) 應付及暫存款項的核算

應付及暫存款是行政單位在開展業務活動中發生的各項債務，包括應付帳款、其他應付款等。

1. 應付帳款的管理及核算

應付帳款是行政單位因購買物資或服務、工程建設等而應付的償還期限在 1 年以內（含 1 年）的款項。應付帳款應當在收到所購物資或服務、完成工程時確認。

為了反應和監督行政單位的應付帳款業務，應設置「應付帳款」總帳科目。該科目貸方登記應付帳款的增加（發生）；借方登記應付帳款的減少（結算）；餘額在貸方，反應行政單位尚未支付的應付帳款。「應付帳款」科目應當按照債權單位（或個人）進行明細分類核算。

行政單位收到所購物資或服務、完成工程但尚未付款時，按照應付未付款項的金額，借記「待償債淨資產」科目，貸記「應付帳款」科目。償付應付帳款時，借記「應付帳款」科目，貸記「待償債淨資產」科目；同時，借記「經費支出」科目，貸記「財政撥款收入」「零余額帳戶用款額度」「銀行存款」等科目。無法償付或債權人豁免償還的應付帳款，應當按照規定報經批准後進行帳務處理。經批准核銷時，借記「應付帳款」科目，貸記「待償債淨資產」科目。核銷的應付帳款應在備查簿中保留登記。

【例 11-14】某行政單位從乙商場購入辦公用品一批，計 100,000 元，該批辦公用品已到貨並驗收入庫，貨款約定兩個月後支付。該行政單位應編製如下會計分錄：

購入時：
借：待償債淨資產　　　　　　　　　　　　　　　　　　100,000
　　貸：應付帳款——乙商場　　　　　　　　　　　　　　　　100,000
借：存貨　　　　　　　　　　　　　　　　　　　　　　100,000
　　貸：資產基金——存貨　　　　　　　　　　　　　　　　　100,000
兩個月後通過單位零余額帳戶償還時：
借：應付帳款——乙商場　　　　　　　　　　　　　　　100,000
　　貸：待償債淨資產　　　　　　　　　　　　　　　　　　　100,000
借：經費支出　　　　　　　　　　　　　　　　　　　　100,000
　　貸：零余額帳戶用款額度　　　　　　　　　　　　　　　　100,000

2. 其他應付款的管理及核算

其他應付款是指行政單位除應繳財政款、應繳稅費、應付職工薪酬、應付政府補貼款、應付帳款以外的其他各項償還期在 1 年以內（含 1 年）的應付及暫存款項，如收取的押金、保證金、未納入行政單位預算管理的轉撥資金、代扣代繳職工社會保險費和住房公積金等。

為了反應和監督行政單位其他應付款業務，應設置「其他應付帳款」總帳科目。該科目貸方登記其他應付款的增加（發生），借方登記其他應付款的減少（結算），期末餘額在貸方，反應行政單位尚未支付的其他應付款。「其他應付帳款」科目應當按照其他應付款的類別以及債權單位（或個人）進行明細分類核算。

當發生其他各項應付及暫存款項時，借記「銀行存款」等科目，貸記「其他應付

帳款」科目；支付其他各項應付及暫存款項時，借記「其他應付帳款」科目，貸記「銀行存款」等科目；因故無法償付或債權人豁免償還的其他應付款項，應當按規定報經批准後進行帳務處理。經批准核銷時，借記「其他應付帳款」科目，貸記「其他收入」科目。核銷的其他應付款應在備查簿中保留登記。

【例11-15】某行政單位開展業務活動時收取申請者押金5,000元，收取供應商保證金10,000元，已從銀行帳戶中收到。業務活動結束後，該行政單位退回押金4,500元和保證金10,000元。該行政單位應編製如下會計分錄：

收取押金和保證金時：

借：銀行存款　　　　　　　　　　　　　　　　　15,000
　　貸：其他應付款——押金　　　　　　　　　　　　　5,000
　　　　　　　　——保證金　　　　　　　　　　　　　10,000

退回押金和保證金時：

借：其他應付款——押金　　　　　　　　　　　　　4,500
　　　　　　　——保證金　　　　　　　　　　　　　10,000
　　貸：銀行存款　　　　　　　　　　　　　　　　　14,500

【例11-16】接上例，該行政單位由於一直聯繫不上相關申請者，押金500元無法退回，經批准留作開展其他業務活動的自籌資金，核銷的其他應付款還應在備查簿中保留登記。該行政單位應編製如下會計分錄：

借：其他應付款——押金　　　　　　　　　　　　　500
　　貸：其他收入　　　　　　　　　　　　　　　　　500

(五) 應付政府補貼款的管理與核算

應付政府補貼款是指負責發放政府補貼的行政單位，按照規定應當支付給政府補貼接受者的各種政府補貼款。應付政府補貼款通常包括按照政策規定發放的低保補貼、失獨家庭補貼、老人補貼、困難家庭補貼等。

應付政府補貼款是行政單位代表政府發放的補貼，屬於政府承諾義務。為了核算這一業務，負責發放政府補貼款的行政單位應當設置「應付政府補貼款」總帳科目。該科目貸方登記應付政府補貼款的增加（發生）；借方登記應付政府補貼款的減少（支付）；期末餘額在貸方，反應行政單位應付未付的政府補貼金額。「應付政府補貼款」科目應當按照應支付的政府補貼種類進行明細核算。行政單位還應當按照補貼接受者建立備查簿，進行相應的明細分類核算。

在政府補貼政策出臺後，當補貼對象及補貼金額確定並達到政策規定發放政府補貼的時間時，代表政府發放補貼的行政單位就應當確認應付政府補貼款。

發生應付政府補貼時，按照規定計算出的應付政府補貼金額，借記「經費支出」科目，貸記「應付政府補貼款」科目；支付應付的政府補貼款時，借記「應付政府補貼款」科目，貸記「零余額帳戶用款額度」「銀行存款」等科目。

【例11-17】某行政單位經計算，4月份應發放各類政府補貼188,400元，其中困難家庭補貼145,000元，失獨家庭補貼8,400元，高齡老人補貼35,000元。該行政單位應編製如下會計分錄：

借：經費支出　　　　　　　　　　　　　　　　　188,400

　　　　貸：應付政府補貼款——困難家庭補貼　　　　　　　　　　　　145,000
　　　　　　　　　　　　　——失獨家庭補貼　　　　　　　　　　　　　8,400
　　　　　　　　　　　　　——高齡老人補貼　　　　　　　　　　　　 35,000

【例 11-18】接上例，4 月 10 日，該行政單位通過零余額帳戶將應發放的政府補貼款 188,400 元轉入被補貼人的儲蓄存款帳戶。該行政單位應編製如下會計分錄：

　　　　借：應付政府補貼款——困難家庭補貼　　　　　　　　　　　　145,000
　　　　　　　　　　　　　——失獨家庭補貼　　　　　　　　　　　　　8,400
　　　　　　　　　　　　　——高齡老人補貼　　　　　　　　　　　　 35,000
　　　　貸：零余額帳戶用款額度　　　　　　　　　　　　　　　　　　188,400

二、非流動負債的核算

　　行政單位的非流動負債主要是指長期應付款。長期應付款是指行政單位發生的償還期限超過 1 年（不含 1 年）的應付款項，如跨年度分期付款購入固定資產的價款等。

　　長期應付款應當按照以下條件確認：

　　（1）因購買物資、服務等發生的長期應付款，應當在收到所購物資或服務時確認。

　　（2）因其他原因發生的長期應付款，應當在承擔付款義務時確認。

　　為了核算長期應付款業務，應設置「長期應付款」總帳科目。「長期應付款」科目貸方登記長期應付款的增加（發生）；借方登記長期應付款的減少（償還）；期末余額在貸方，反應行政單位尚未支付的長期應付款。「長期應付款」科目應當按照長期應付款的類別以及債權單位（或個人）進行明細分類核算。

　　發生長期應付款時，應按照應付未付的金額，借記「待償債淨資產」科目，貸記「長期應付款」科目。償付長期應付款時，借記「經費支出」科目，貸記「財政撥款收入」「零余額帳戶用款額度」「銀行存款」等科目；同時，借記「長期應付款」科目，貸記「待償債淨資產」科目。當無法償付或債權人豁免償還的長期應付款時，應當按照規定報經批准后進行帳務處理。經批准核銷時，借記「長期應付款」科目，貸記「待償債淨資產」科目。核銷的長期應付款應在備查簿中保留登記。

【例 11-19】某行政單位 2015 年 4 月 1 日購入一批不需安裝的專用設備，價值為 500 萬元，與供貨方約定採用分期付款方式，分 4 次付清，每半年通過財政直接支付。該批設備運達后驗收並交付使用。該行政單位應編製如下會計分錄：

　　收到專用設備時：
　　　　借：待償債淨資產　　　　　　　　　　　　　　　　　　　　5,000,000
　　　　　　貸：長期應付款——專用設備款　　　　　　　　　　　　5,000,000
　　　　借：固定資產　　　　　　　　　　　　　　　　　　　　　　5,000,000
　　　　　　貸：資產基金——固定資產　　　　　　　　　　　　　　5,000,000
　　每半年償還時：
　　　　借：經費支出　　　　　　　　　　　　　　　　　　　　　　1,250,000
　　　　　　貸：財政撥款收入　　　　　　　　　　　　　　　　　　1,250,000
　　　　借：長期應付款——專用設備款　　　　　　　　　　　　　　1,250,000
　　　　　　貸：待償債淨資產　　　　　　　　　　　　　　　　　　1,250,000

三、受託代理負債的核算

受託代理負債是指行政單位接受委託，取得受託管理資產（包括現金和銀行存款）時形成的負債。受託代理負債反應了行政單位對受託代理資產的支付義務。受託代理負債應當在行政單位收到受託代理資產並產生受託代理義務時確認。

為了核算受託代理負債業務，應設置「受託代理負債」總帳科目。該科目貸方登記受託代理負債的增加（發生）；借方登記受託代理負債的減少（償還）；期末余額在貸方，反應行政單位尚未清償的受託代理負債。「受託代理負債」科目應當按照委託人等進行明細核算；屬於指定轉贈物資和資金的，還應當按照指定受贈人進行明細核算。

按照相關規定，行政單位受託代理的現金和銀行存款不在「受託代理資產」科目核算，但行政單位受託代理現金和銀行存款仍然屬於受託代理資產，在編報資產負債表時應列入代理資產項目。因此，當行政單位收到和支付受託代理的現金和銀行存款時，也要確認受託代理負債的增加和減少。

【例11-20】某行政單位與某國際組織聯合開展資助白血病患兒治療項目，國際組織付給該行政單位200萬元，用於代為支付符合國際組織規定條件的患兒手術費。該款已收到該行政單位銀行帳戶。該行政單位應編製如下會計分錄：

借：銀行存款——受託代理資金　　　　　　　　　　　2,000,000
　　貸：受託代理負債　　　　　　　　　　　　　　　　2,000,000

第二節　淨資產的核算

淨資產是指行政單位的資產扣除負債后的余額，包括財政撥款結轉、財政撥款結余、其他資金結轉結余、資產基金、待償債淨資產等。

行政單位淨資產核算的特點表現為：第一，淨資產主要包括結轉、結余和資產基金；第二，結轉和結余不存在分配問題。

一、結轉和結余的核算

行政單位的結轉和結余是指行政單位的全年收入與全年支出相抵後形成的余額。其中，結轉資金是指當年預算已執行但未完成，或因故未執行，下一年度需要按照原用途繼續使用的資金；結余資金是指當年預算工作目標已完成，或因故終止而剩余的資金。

（一）正確理解結轉和結余的內容及關係

行政單位的結轉和結余按資金來源的劃分，可分為財政撥款結轉、財政撥款結余和其他資金結轉結余。

財政撥款結轉是行政單位滾存的財政撥款結轉資金，包括基本支出結轉和項目支出結轉。基本支出結轉是指用於基本支出的財政撥款收入減去財政撥款基本支出後的差額，包括人員經費和公用經費。項目支出結轉是指尚未完成項目支出的財政撥款收入減去財政撥款項目支出後的差額，具體包括：項目當年已執行但尚未完成而形成的

結轉資金；項目需要跨年度執行，但項目支出預算已一次性安排而形成的結轉資金；項目當年因故未執行，需要推遲到下年執行而形成的結轉資金。

財政撥款結余是行政單位滾存的財政撥款項目支出結余資金，是行政單位已經完成項目的財政撥款收入減去財政撥款項目支出後的差額。財政撥款結余具體包括：項目完成形成的結余；由於受政策變化、計劃調整等因素影響，項目中止、撤銷形成的結余；對某一預算年度安排的項目支出連續兩年未使用，或者連續三年未使用完成形成的剩餘資金等。

其他資金結轉結余是行政單位除財政撥款收支以外的各項收支相抵後剩餘的滾存資金。

(二) 結轉和結余的管理及帳務處理

1. 財政撥款結轉

為了核算滾存的財政結轉資金業務，應設置「財政撥款結轉」總帳科目。該科目的貸方登記財政撥款結轉的增加；借方登記財政撥款結轉的減少；年終該科目的貸方餘額反應行政單位滾存的財政撥款結轉資金數額。「財政撥款結轉」科目應當設置「基本支出結轉」和「項目支出結轉」兩個明細科目。在「基本支出結轉」明細科目下按照「人員經費」和「日常公用經費」進行明細核算；在「項目支出結轉」明細科目下按照具體項目進行明細核算。「財政撥款結轉」科目還應當按照《政府收支分類科目》中「支出功能分類科目」的項級科目進行明細核算。有公共財政預算撥款、政府性基金預算撥款兩種或兩種以上財政撥款的行政單位，還應當按照財政撥款種類分別進行明細核算。

「財政撥款結轉」科目還可以根據管理需要按照財政撥款結轉變動原因，設置「收支轉帳」「結余轉帳」「年初餘額調整」「歸集上繳」「歸集調入」「單位內部調劑」「剩餘結轉」等明細科目，進行明細核算。

基本支出結轉原則上結轉下年繼續使用，用於增加人員編製等人員支出和公用支出，但在人員支出和公用支出之間不得挪用，不得用於提高人員開支標準；項目支出結轉資金結轉下年按原用途繼續使用。

會計制度對財政撥款結轉帳務處理的要求如下：

(1) 調整以前年度財政撥款結轉。因發生差錯更正，以前年度支出收回等原因，需要調整財政撥款結轉的，按照實際調增財政撥款結轉的金額，借記有關科目，貸記「財政撥款結轉」科目 (年初餘額調整)；按照實際調減財政撥款結轉的金額，借記「財政撥款結轉」科目 (年初餘額調整)，貸記有關科目。

(2) 從其他單位調入財政撥款結余資金。按照規定從其他單位調入財政撥款結余資金時，按照實際調增的額度數額或調入的資金數額，借記「零餘額帳戶用款額度」「銀行存款」等科目，貸記「財政撥款結轉」科目 (歸集調入) 及其明細科目。

(3) 上繳財政撥款結轉。按照規定上繳財政撥款結轉資金時，按照實際核銷的額度數額或上繳的資金數額，借記「財政撥款結轉」科目 (歸集上繳) 及其明細科目，貸記「財政應返還額度」「零餘額帳戶用款額度」「銀行存款」等科目。

(4) 單位內部調劑結余資金。經財政部門批准對財政撥款結余資金改變用途，調整用於其他未完成項目等，按照調整的金額，借記「財政撥款結余」科目 (單位內部

調劑）及其明細科目，貸記「財政撥款結轉」科目（單位內部調劑）及其明細科目。

（5）結轉本年財政撥款收入和支出。年末將財政撥款收入本年發生額轉入「財政撥款結轉」科目，借記「財政撥款收入——基本支出撥款、項目支出撥款」科目及其明細科目，貸記「財政撥款結轉」科目（收支轉帳——基本支出結轉、項目支出結轉）及其明細科目；將財政撥款支出本年發生額轉入「財政撥款結轉」科目，借記「財政撥款結轉」科目（收支轉帳——基本支出結轉、項目支出結轉）及其明細科目，貸記「經費支出——財政撥款支出——基本支出、項目支出」科目及其明細科目。

（6）將完成項目的結轉資金轉入財政撥款結余。年末完成上述財政撥款收支轉帳后，對各項目執行情況進行分析，按照有關規定將符合財政撥款結余性質的項目余額轉入「財政撥款結余」科目，借記「財政撥款結轉」科目（結余轉帳——項目支出結轉）及其明細科目，貸記「財政撥款結余」（結余轉帳——項目支出結轉）科目及其明細科目。

（7）年末沖銷有關明細科目余額。年末收支轉帳后，將「財政撥款結轉」科目所屬「收支轉帳」「結余轉帳」「年初余額調整」「歸集上繳」「歸集調入」「單位內部調劑」等明細科目余額轉入「剩余結轉」明細科目。轉帳后，「財政撥款結轉」科目除「剩余結轉」明細科目外，其他明細科目應無余額。

2. 財政撥款結余

為了核算滾存的財政撥款項目支出結余資金業務，應設置「財政撥款結余」總帳科目。該科目的貸方登記財政撥款結余的增加；借方登記財政撥款結余的減少；年終該科目的貸方余額反應行政單位滾存的財政撥款結余資金數額。「財政撥款結余」科目應當按照具體項目、《政府收支分類科目》中「支出功能分類科目」的項級科目等進行明細核算。有公共財政預算撥款、政府性基金預算撥款等兩種或兩種以上財政撥款的行政單位，還應當按照財政撥款的種類分別進行明細核算。

「財政撥款結余」科目還可以根據管理需要按照財政撥款結余變動原因，設置「結余轉帳」「年初余額調整」「歸集上繳」「單位內部調劑」「剩余結轉」等明細科目，進行明細核算。

會計制度對財政撥款結余帳務處理的要求如下：

（1）調整以前年度財政撥款結余。因發生差錯更正、以前年度支出收回等原因，需要調整財政撥款結余的，按照實際調增財政撥款結余的金額，借記有關科目，貸記「財政撥款結余」科目（年初余額調整）；按照實際調減財政撥款結余的金額，借記「財政撥款結余」科目（年初余額調整），貸記有關科目。

（2）上繳財政撥款結余。按照規定上繳財政撥款結余時，按照實際核銷的額度數額或上繳的資金數額，借記「財政撥款結余」科目（歸集上繳）及其明細科目，貸記「財政應返還額度」「零余額帳戶用款額度」「銀行存款」等科目。

（3）單位內部調劑結余資金。經財政部門批准將本單位完成項目結余資金調整用於基本支出或其他未完成項目支出時，按照批准調劑的金額，借記「財政撥款結余」科目（單位內部調劑）及其明細科目，貸記「財政撥款結轉」（單位內部調劑）科目及其明細科目。

（4）將完成項目的結轉資金轉入財政撥款結余。年末對財政撥款各項執行情況

進行分析，按照有關規定將符合財政撥款結余性質的項目余額轉入「財政撥款結余」科目，借記「財政撥款結轉」（結余轉帳——項目支出結轉）科目及其明細科目，貸記「財政撥款結余」科目（結余轉帳——項目支出結余）及其明細科目。

（5）年末沖銷有關明細科目余額。年末將「財政撥款結余」科目所屬「結余轉帳」「年初余額調整」「歸集上繳」「單位內部調劑」等明細科目余額轉入「剩余結余」明細科目。轉帳后，「財政撥款結余」科目除「剩余結余」明細科目外，其他明細科目應無余額。

【例11-21】某行政單位是只有公共財政預算撥款的單位。2015年年終結帳前有關收支科目的本年發生額如表11-1所示：

表11-1　　　　　　　　　　　2015年收支科目發生額表　　　　　　　　　　單位：元

收入科目		金額	支出科目		金額
財政撥款收入	基本支出	4,795,000	經費支出——財政撥款支出	基本支出	4,464,000
	項目支出（已完成）	820,000		項目支出（已完成）	730,000
	項目支出（未完成）	400,000		項目支出（未完成）	350,000
合計		6,015,000	合計		5,544,000

該行政單位年終結轉有關收支科目時，應編製如下會計分錄：
（1）將「財政撥款收入」科目本年發生額轉入「財政結轉撥款」及其明細科目：
借：財政撥款收入　　　　　　　　　　　　　　　　　6,015,000
　　貸：財政撥款結轉——收支轉帳——基本支出結轉　　4,795,000
　　　　　　　　　　——收支轉帳——項目支出結轉　　1,220,000
（2）將「經費支出」科目本年發生額轉入「財政撥款結轉」科目及其明細科目：
借：財政撥款結轉——收支轉帳——基本支出結轉　　4,464,000
　　　　　　　　——收支轉帳——項目支出結轉　　1,080,000
　　貸：經費支出　　　　　　　　　　　　　　　　　5,544,000
（3）將完成項目的結轉資金轉入「財政撥款結余」科目及其明細科目：
借：財政撥款結轉——結余轉帳——項目支出結轉　　　50,000
　　貸：財政撥款結余——結余轉帳——項目支出結余　　50,000
（4）將「財政撥款結轉」科目所屬明細科目余額轉入「剩余結轉」明細科目：
借：財政撥款結轉——收支轉帳　　　　　　　　　　　471,000
　　貸：財政撥款結轉——剩余結轉　　　　　　　　　　421,000
　　　　　　　　　——結余轉帳　　　　　　　　　　　50,000
（5）將「財政撥款結余」科目所屬「結余轉帳」明細科目余額轉入「剩余結余」明細科目：
借：財政撥款結余——結余轉帳　　　　　　　　　　　50,000
　　貸：財政撥款結余——剩余結余　　　　　　　　　　50,000

3. 其他資金結轉結余

其他資金結轉結余是指行政單位除財政撥款收支以外的各項收支相抵剩余的滾存

資金，可分為項目資金結轉和非項目資金結余。其中，項目資金結轉主要是項目資金收支相抵后的剩余滾存資金，在項目未完成之前，需要按照原項目繼續使用。項目完成后，項目資金出資人要求收回剩余資金的，行政單位要將項目剩余資金交回給出資人；項目資金出資人不要求收回資金的，行政單位將剩余資金留在本單位統籌使用。非項目資金結余包括非項目資金收支相抵后的剩余滾存資金以及留歸單位統籌使用的已完成項目剩余資金。非項目資金結余可由行政單位自行安排統籌使用。

為了核算這一部分業務，應設置「其他資金結轉結余」科目。該科目貸方登記其他資金結轉結余的增加；借方登記其他資金結轉結余的減少；期末貸方余額反應行政單位滾存的各項非財政撥款資金結轉結余數額。「其他資金結轉結余」科目應當設置「項目結轉」和「非項目結余」明細科目，分別對項目資金和非項目資金進行明細核算。對於項目結轉，還應當按照具體項目進行明細核算。

「其他資金結轉結余」科目還可以根據管理需要按照其他資金結轉結余變動原因，設置「收支轉帳」「年初余額調整」「結余調劑」「剩余結轉結余」等明細科目，進行明細核算。

會計制度對其他資金結轉結余帳務處理的要求如下：

(1) 調整以前年度其他資金結轉結余。因發生差錯更正、以前年度支出收回等原因，需要調整其他資金結轉結余的，按照實際調增的金額，借記有關科目，貸記「其他資金結轉結余」科目（年初余額調整）及其相關明細科目。按照實際調減的金額，借記「其他資金結轉結余」科目（年初余額調整）及其相關明細科目，貸記有關科目。

(2) 結轉本年其他資金收入和支出。年末將其他收入中的項目資金收入本年發生額轉入「其他資金結轉結余」科目，借記「其他收入」科目及其明細科目，貸記「其他資金結轉結余」科目（項目結轉——收支轉帳）及其明細科目；將其他收入中的非項目資金收入本年發生額轉入「其他資金結轉結余」科目，借記「其他收入」科目及其明細，貸記「其他資金結轉結余」科目（非項目結余——收支轉帳）；將其他資金支出中的項目支出本年發生額轉入「其他資金結轉結余」科目，借記「其他資金結轉結余」科目（項目結轉——收支轉帳）及其明細科目，貸記「經費支出——其他資金支出」科目（項目支出）及其明細科目、「撥出經費」科目（項目支出）及其明細科目；將其他資金支出中的基本支出本年發生額轉入「其他資金結轉結余」科目，借記「其他資金結轉結余」科目（非項目結余——收支轉帳），貸記「經費支出——其他資金支出」科目（基本支出）、「撥出經費」科目（基本支出）。

(3) 繳回或轉出項目結余。完成上述本年其他資金收支轉帳后，對本年年末各項目執行情況進行分析，區分年末已完成項目和尚未完成項目。在此基礎上，對完成項目的剩余資金根據不同情況進行帳務處理：需要繳回原項目資金出資單位的，按照繳回的金額，借記「其他資金結轉結余」科目（項目結轉——結余調劑）及其明細科目，貸記「銀行存款」「其他應付款」等科目；將項目剩余資金留歸本單位用於其他非項目用途的，按照剩余的項目資金金額，借記「其他資金結轉結余」科目（項目結轉——結余調劑）及其明細科目，貸記「其他資金結轉結余」科目（非項目結余——結余調劑）。

(4) 用非項目資金結余補充項目資金。按照實際補充項目資金的金額，借記「其

他資金結轉結余」科目（非項目結余——結余調劑），貸記「其他資金結轉結余」科目（項目結轉——結余調劑）及其明細科目。

（5）年末沖銷有關明細科目余額。年末收支轉帳后，將「其他資金結轉結余」科目所屬「收支轉帳」「年初余額調整」「結余調劑」等明細科目余額轉入「剩余結轉結余」明細科目。轉帳后，「其他資金結轉結余」科目除「剩余結轉結余」明細科目外，其他明細科目應無余額。

【例11-22】某行政單位是只有公共財政預算撥款的單位。2015年年終結帳前有關其他收入和支出科目的本年發生額如表11-2所示。假設已完成項目的剩余資金60%繳回原項目出資單位，40%留歸本單位用於其他非項目用途，非項目結余用於補充項目資金。

表11-2　　　　　　　　　2015年其他收支科目發生額表　　　　　　　　單位：元

收入科目		金額	支出科目		金額
其他收入	非項目資金收入	1,200,000	經費支出——其他資金支出	基本支出	950,000
	項目資金收入（已完成）	320,000		項目支出（已完成）	130,000
	項目資金收入（未完成）	140,000		項目支出（未完成）	90,000
			撥出經費	基本支出	55,000
				項目支出（已完成）	125,000
合計		1,660,000	合計		1,350,000

該行政單位年終結轉有關收支科目時，應編製如下會計分錄：

（1）將「其他收入」科目本年發生額轉入「其他資金結轉結余」科目及其明細科目：

借：其他收入　　　　　　　　　　　　　　　　　　　　1,660,000
　　貸：其他資金結轉結余——非項目結余——收支轉帳　　1,200,000
　　　　　　　　　　　　——項目結轉——收支轉帳　　　　460,000

（2）將財政撥款支出以外的其他資金支出本年發生額轉入「其他資金結轉結余」科目及其明細科目：

借：其他資金結轉結余——非項目結余——收支轉帳　　　1,005,000
　　　　　　　　　　——項目結轉——收支轉帳　　　　　345,000
　　貸：經費支出——其他資金支出　　　　　　　　　　　1,170,000
　　　　撥出經費　　　　　　　　　　　　　　　　　　　　180,000

（3）繳回和轉出項目結余：

借：其他資金結轉結余——項目結轉——結余調劑　　　　　65,000
　　貸：其他應付款　　　　　　　　　　　　　　　　　　　39,000
　　　　其他資金結轉結余——非項目結余——結余調劑　　　26,000

（4）用非項目結余資金補充項目資金：

借：其他資金結轉結余——非項目結余——結余調劑　　　　26,000
　　貸：其他資金結轉結余——項目結轉——結余調劑　　　　26,000

(5) 年末沖銷有關明細科目：
借：其他資金結轉結余——收支轉帳　　　　　　　　310,000
　　貸：其他資金結轉結余——剩余結轉結余　　　　　271,000
　　　　　　　　　　——項目結轉——結余調劑　　　39,000

二、資產基金的核算

資產基金是指行政單位的非貨幣性資產在淨資產中占用的金額，具體指預付帳款、存貨、固定資產、在建工程、無形資產、政府儲備物資、公共基礎設施等金額。資產基金屬於與非貨幣性資產對應的淨資產項目。

當行政單位使用貨幣資金獲取非貨幣性資產時，既要反應貨幣資金的減少和支出的增加。也要反應非貨幣性資產的增加。因此，根據「資產＝負債＋淨資產」這一會計等式的要求，需要增加一項淨資產，即資產基金。這一處理使資產負債表左右同時增加，以保持資產負債表的平衡。同理，當行政單位非貨幣性資產減少時，會計核算要反應非貨幣性資產的減少，也需要相應減少淨資產，即資產基金，使資產負債表左右同時減少，以保持資產負債表的平衡。

為了核算非貨幣性資產在淨資產中占用的金額，應設置「資產基金」總帳科目。該科目貸方登記資產基金的增加；借方登記資產基金的減少；期末貸方余額反應行政單位非貨幣性資產在淨資產中占用的金額。「資產基金」科目應當設置「預付款項」「存貨」「固定資產」「在建工程」「無形資產」「政府儲備物資」「公共基礎設施」等明細科目，進行明細分類核算。

（一）資產基金發生的核算

資產基金應當在發生預付帳款，取得存貨、固定資產、在建工程、無形資產、政府儲備物資、公共基礎設施時確認。

（1）發生預付帳款時，按照實際發生的金額，借記「預付帳款」科目，貸記本科目（預付款項）；同時，按照實際支付的金額，借記「經費支出」科目，貸記「財政撥款收入」「零余額帳戶用款額度」「銀行存款」等科目。

（2）取得存貨、固定資產、在建工程、無形資產、政府儲備物資、公共基礎設施等資產時，按照取得資產的成本，借記「存貨」「固定資產」「在建工程」「無形資產」「政府儲備物資」「公共基礎設施」等科目，貸記「資產基金」科目（存貨、固定資產、在建工程、無形資產、政府儲備物資、公共基礎設施）；同時，按照實際發生的支出，借記「經費支出」科目，貸記「財政撥款收入」「零余額帳戶用款額度」「銀行存款」等科目。

（二）資產基金沖減的核算

（1）收到預付帳款購買的物資或服務時，應當相應沖減資產基金。按照相應的預付帳款金額，借記「資產基金」科目（預付款項），貸記「預付帳款」科目。

（2）領用和發出存貨、政府儲備物資時，應當相應沖減資產基金。按照領用和發出存貨、政府儲備物資的成本，借記「資產基金」科目（存貨、政府儲備物資），貸記「存貨」「政府儲備物資」科目。

（3）計提固定資產折舊、公共基礎設施折舊、無形資產攤銷時，應當沖減資產基

金。按照計提的折舊、攤銷金額，借記本科目（固定資產、公共基礎設施、無形資產），貸記「累計折舊」「累計攤銷」科目。

（4）無償調出、對外捐贈存貨、固定資產、無形資產、政府儲備物資、公共基礎設施時，應當沖減該資產對應的資產基金。

第一，無償調出、對外捐贈存貨、政府儲備物資時，按照存貨、政府儲備物資的帳面餘額，借記「資產基金」科目及其明細科目，貸記「存貨」「政府儲備物資」等科目。

第二，無償調出、對外捐贈固定資產、公共基礎設施、無形資產時，按照相關固定資產、公共基礎設施、無形資產的帳面價值，借記「資產基金」科目及其明細科目，按照已計提折舊、已計提攤銷的金額，借記「累計折舊」「累計攤銷」科目，按照固定資產、公共基礎設施、無形資產的帳面餘額，貸記「固定資產」「公共基礎設施」「無形資產」科目。

（三）財產處理過程中的資產基金核算

行政單位財產的處理過程中，通過「待處理財產損溢」科目核算的資產基金，有關的帳務處理參見第十章待處理財產損溢核算部分的相關例題。

三、待償債淨資產的核算

待償債淨資產是指由於行政單位發生應付帳款、長期應付款而應在淨資產中沖減的金額。待償債淨資產屬於淨資產的抵減項目。

當行政單位發生應付帳款和長期應付款業務時，會計核算要反應負債的增加。同時，根據「資產＝負債＋淨資產」這一會計等式的要求，也需要減少淨資產，即增加待償債淨資產，以保持資產負債表的平衡。同理，當償還應付帳款和長期應付款時，一方面，償債的貨幣資金支付要記入當期支出，會計核算反應為貨幣資金的減少和支出的增加，資產負債表左右同減；另一方面，也要反應負債的減少和淨資產的增加，即減少待償債淨資產，以保持資產負債表的平衡。

為了核算因發生應付帳款、長期應付款而應在淨資產中沖減的金額，應設置「待償債淨資產」總帳科目。該科目是淨資產的抵減科目，借方登記待償債淨資產的增加；貸方登記待償債淨資產的減少；期末借方餘額反應行政單位因尚未支付的應付帳款和長期應付款而需相應沖減淨資產的金額。

會計制度對待償債淨資產的帳務處理要求如下：

（1）發生應付帳款、長期應付款時，按照實際發生的金額，借記「待償債淨資產」科目，貸記「應付帳款」「長期應付款」等科目。

（2）償付應付帳款、長期應付款時，按照實際償付的金額，借記「應付帳款」「長期應付款」等科目，貸記「待償債淨資產」科目；同時，按照實際支付的金額，借記「經費支出」科目，貸記「財政撥款收入」「零餘額帳戶用款額度」「銀行存款」等科目。

（3）因債權人原因，核銷確定無法支付的應付帳款、長期應付款時，按照報經批准核銷的金額，借記「應付帳款」「長期應付款」科目，貸記「待償債淨資產」科目。

待償債淨資產的核算例題參見本章應付帳款和長期應付款核算的相關例題。

思考題

1. 什麼是行政單位的負債和淨資產？它們各自包括哪些內容？
2. 什麼是行政單位的應繳財政款和應繳稅費？
3. 行政單位的應付帳款、長期應付款和其他應付款有何區別？
4. 什麼是行政單位的受託代理資產和受託代理負債？
5. 行政單位的結轉、結余分為哪幾類？在核算上有何區別？
6. 什麼是行政單位的資產基金？
7. 什麼是行政單位的待償債淨資產？其對應的科目有哪些？

練習題

1. 某行政單位出租固定資產，取得租金收入 15,000 元並存入銀行，同時按規定計提應納營業稅、城建稅和教育費附加。
2. 某行政單位採購專用材料一批，取得的增值稅專用發票上註明價款 35,000 元，增值稅進項稅額 5,950 元，款項尚未支付。專用材料已驗收入庫。
3. 某行政單位通過零余額帳戶向職工支付工資、津貼補貼等薪酬 825,000 元，同時代扣個人承擔的保險費 28,000 元、住房公積金 55,000 元、個人所得稅 18,000 元。
4. 某行政單位按照國家政策規定標準計算出就業困難人員的公益性崗位補貼 150,000 元。
5. 某行政單位通過財政零余額帳戶償付期限為 6 個月的應付帳款 70,000 元。
6. 某行政單位 2015 年 6 月 1 日購入一批不需安裝的專用設備，價值為 800 萬元，與供貨方約定採用分期付款方式，分 4 次付清，每半年通過財政直接支付。該批設備運達後驗收並交付使用。

請根據以上情況編製相應會計分錄。

7. 某行政單位 2015 年年終結帳前各項收入和支出發生額如表 11-3 所示：

表 11-3　　　某行政單位 2015 年年終各項收入和支出發生額　　　單位：元

收入科目		金額	支出科目		金額
財政撥款收入	基本支出	4,795,000	經費支出	財政撥款 基本支出	4,464,000
	項目支出（已完成）	820,000		項目支出（已完成）	730,000
				項目支出（未完成）	350,000
	項目支出（未完成）	400,000		其他資金 基本支出	250,000
其他收入	非項目資金收入	400,000		項目支出（已完成）	50,000
			撥出經費	基本支出	10,000
	項目資金收入（已完成）	150,000		項目支出	80,000

要求：根據以上資料，編製以下經濟業務的會計分錄，其中涉及結轉結余科目的要求列出二級和三級明細科目。

（1）結轉本年財政撥款收入和支出。

（2）將本年已完成項目的結轉資金轉入財政撥款結余。

（3）假設本年財政撥款結余中50%予以核銷，以抵財政應返還額度中的財政直接支付未使用的額度，50%已通過單位零余額帳戶上繳財政部門。

（4）將財政撥款結轉明細科目余額轉入「剩余結轉」明細科目。

（5）結轉本年其他資金收入和支出。

（6）假設本年其他資金結轉結余中已完成項目的剩余資金60%已通過繳回原項目資金出資單位，剩余資金留歸本單位用於其他非項目用途。

（7）將其他資金結轉結余科目明細科目余額轉入「剩余結轉結余」明細科目。

第十二章
行政單位會計收入和支出的核算

行政單位要開展日常業務和完成國家交給的行政任務,就必須有一定的財力作為保證。本章主要圍繞行政單位的資金來源和業務費用使用介紹收入和支出的核算。

通過本章的學習,應該掌握以下內容:
- 行政單位收入的來源渠道
- 行政單位各項收入的管理及帳務處理
- 行政單位經費支出的分類及明細科目的設置
- 行政單位各項支出的帳務處理
- 國庫集中收付制度在行政單位會計的實施

第一節 收入的核算

收入是指行政單位為開展業務活動,依法取得的非償還性資金,包括財政撥款收入和其他收入。其中,財政撥款收入是指行政單位從同級財政部門取得的財政預算資金;其他收入是指行政單位依法取得的除財政撥款收入以外的各項收入。

行政單位依法取得的應當上繳財政的罰沒收入、行政事業性收費、政府性基金、國有資產處置和出租出借收入等,不屬於行政單位的收入。

行政單位不直接從事物質資料生產,是履行國家職能的管理部門,因此其資金來源主要有兩大渠道:一是來源於國家財政撥款,二是來源於其他收入。行政單位會計應當按照要求對這兩大類資金進行反應和監督。行政單位取得各項收入,應當符合國家規定,按照財務管理的要求,分項如實核算。行政單位的各項收入應當全部納入單位預算,統一核算、統一管理。

一、財政撥款收入的核算

財政撥款收入是指行政單位按照經費領撥關係,由同級財政部門撥入的預算經費。財政撥撥款收入是行政單位的主要資金來源,是行政單位開展業務活動的基本財力保證。因此,行政單位必須加強對財政撥款收入的管理。

(一) 領撥經費的依據

各級行政單位領撥經費的依據是經過審核批准的年度部門預算和季度分月用款計劃。行政單位應當根據核定的年度預算指標和工作計劃,在每個季度開始前,按照《政府收支分類科目》中「支出功能分類」的內容,按「款」分項編製「季度分月用款計劃」和「經費撥款申請單」,報同級財政部門或上級單位核定,作為領撥經費的依

據。財政部門或主管單位收到所屬單位的「季度分月用款計劃」和「經費撥款申請單」後，應根據工作計劃進度以及單位資金結存情況，核定各月撥款數，並據以及時撥款。季度（分月）用款計劃表如表 12-1 所示：

表 12-1　　　　　　　　　　季度（分月）用款計劃
編製單位：　　　　　　　　　　××年第一季度　　　　　　　　　　單位：萬元

收支分類科目			全年預算款	分月用款計劃						
編號		名稱		合計		1月份		2月份		3月份	
款	項			計劃	核定	計劃	核定	計劃	核定	計劃	核定

單位負責人：　　　　　　　　會計：　　　　　　　　製表：

（二）領撥經費的原則

領撥經費是執行政府預算的主要環節，各行政單位領撥經費時，應堅持「按計劃領撥經費、按進度領撥經費、按用途領撥經費、按級次領撥經費」的原則。

1. 按計劃領撥經費

行政單位應當嚴格按照經批准的年度部門預算以及季度分月用款計劃按月申請取得財政撥款收入，不得申請無預算、無計劃或超預算、超計劃的撥款。預算在執行中原則上不予調整。因特殊情況確需要調整預算的，行政單位應當按照規定程序報送審批。

2. 按進度領撥經費

行政單位除了應當嚴格按部門預算和用款計劃申請取得財政撥款收入以外，還應結合各項業務活動的執行進度、資金的結餘情況申請取得財政撥款收入。行政單位既要保證及時申請以取得預算和計劃內供應的各項資金，又要防止或減少預算資金的積壓，從而提高預算資金的使用效益。

3. 按用途領撥經費

行政單位應當按照預算規定的用途申請取得財政撥款收入，未經財政部門同意，不得擅自改變財政撥款收入的用途。行政單位對於撥入的專項經費，應當與撥入的經常性經費分別核算，不得混淆，執行專款專用的原則。

4. 按級次領撥經費

行政單位應當按照預算級次逐級申請取得財政撥款收入，不得越級申請取得財政撥款收入。同級主管會計單位之間不能發生財政撥款收入的業務，沒有預算關係的不同級別的行政單位之間也不能發生財政撥款收入的業務。行政單位的隸屬關係如有改變，應在辦理劃轉預算關係的同時，辦理財政撥款收入的劃轉手續，並結清已經取得的財政撥款收入。

(三) 領撥經費的方式

行政單位領撥經費的方式採用國庫集中收付制度的方式。具體的財政資金支付方式有兩種：一種是財政直接支付方式，另一種是財政授權支付方式。

按照國庫集中收付制度的要求，在「收入直繳」的基礎上，先在工資性支出、政府採購支出、基本建設項目支出和專項支出等項目實施財政直接支付方式；對零星支出實施財政授權方式，最終將所有政府性基金、行政性收費、罰沒收入和預算外資金全部納入國庫集中收付制度管理，全面實施「收入直繳、支出直撥」。國庫集中收付制度的實施，引起行政單位的財政資金管理發生新的變化。

(1) 傳統撥款制度下的預算資金，在各行政單位間層層轉撥的情況將消失，代之以國庫直接支付。各行政單位需要使用資金時，將由國庫單一帳戶直接支付到勞務提供者或商品供應者帳戶上。

(2) 各單位在銀行應開設零余額帳戶，並在會計科目上設置「零余額帳戶用款額度」總帳科目，專門核算單位在財政下達授權支付額度內的支付業務。這樣財政資金在各單位沉澱的現象將消失。行政單位的「銀行存款」帳戶主要核算自籌資金收入、各項往來款項和以前年度結余等內容。

(3) 各單位還應設置「財政應返還額度」帳戶，專門核算實行國庫集中收付制度下的財政返還的資金額度。

(四) 財政撥款收入的核算

為了核算財政撥款收入的業務，應設置「財政撥款收入」總帳科目。該科目貸方登記各行政單位按照經費領撥關係，從同級財政部門取得的各類財政預算資金，包括為基本支出而向同級財政部門申請取得的財政撥款資金和為項目支出而向財政部門申請取得的財政撥款資金。該科目平時的貸方余額反應財政撥款收入的累計發生額。該科目的借方登記財政撥款資金的收回或核銷數。年終結帳時，將該科目的貸方余額轉入「財政撥款結轉」科目的貸方；結轉后該科目無余額。該科目應按財政資金管理和部門預算要求分別設置「基本支出撥款」和「項目支出撥款」兩個二級科目。二級科目下按《政府收支分類科目》中「支出功能分類科目」的「項」級科目進行明細核算。在「基本支出撥款」明細科目下按照「人員經費」和「日常公用經費」進行明細核算，在「項目支出撥款」明細科目下按照具體項目進行明細核算。

有公共財政預算撥款、政府性基金預算撥款兩種或兩種以上財政撥款的行政單位，還應當按照財政撥款的種類分別進行明細核算。

行政單位的專項經費需要單獨向財政部門（撥款單位）報帳並在「項目支出」二級科目下核算。專項經費撥款一般以科研專款和工程專款為主，如科技三項撥款、專項設備購置撥款、房屋大修撥款等。為了保證專項工程或專項作業所需資金，各行政單位對於撥入的專項資金應堅持「專款專用、計劃管理、單獨核算、專項報帳、按實列支」的原則。按規定使用專項資金，不得挪作他用，並應按有關撥款部門的要求，定期報告其使用情況。專項業務結束后，應當及時處理報帳結算手續。

1. 財政直接方式下取得財政撥款收入的帳務處理

在財政直接支付方式下，行政單位根據國庫支付執行機構委託代理銀行轉來的「財政直接支付入帳通知書」及相關原始憑證，借記有關支出科目，貸記「財政撥款收

入」科目。年末，行政單位根據本年度財政直接支付預算指標數與財政直接支付實際支出數的差額，借記「財政應返還額度——財政直接支付」科目，貸記「財政撥款收入」科目。本年度財政直接支付的資金收回時，借記「財政撥款收入」科目，貸記有關支出科目。

【例12-1】某行政單位本月收到同級財政局委託代理銀行轉來的財政直接支付入帳通知書，支付一筆日常行政活動經費80,000元。該行政單位應編製如下會計分錄：

借：經費支出　　　　　　　　　　　　　　　　　　　　80,000
　　貸：財政撥款收入——基本支出撥款　　　　　　　　　　80,000

【例12-2】某行政單位收到代理銀行轉來的財政直接支付入帳通知書，財政部門為該單位支付開展某項專業業務活動的費用65,000元。該行政單位應編製如下會計分錄：

借：經費支出　　　　　　　　　　　　　　　　　　　　65,000
　　貸：財政撥款收入——項目支出撥款　　　　　　　　　　65,000

【例12-3】某行政單位將上月以財政直接支付方式購入的3臺復印機，驗收時因質量問題辦理退貨，接到代理銀行轉來的財政直接支付退款通知書，退回資金45,000元。該行政單位應編製如下會計分錄：

借：財政撥款收入——基本支出撥款　　　　　　　　　　　45,000
　　貸：經費支出　　　　　　　　　　　　　　　　　　　　45,000

【例12-4】年末，某行政單位匯總當年財政直接支付的實際支出數（基本支出）為3,000,000元，本年度財政直接支付的預算指標數（基本支出撥款）為3,200,000元，故確定應收財政返還的資金額度為200,000元。該行政單位應編製如下會計分錄：

借：財政應返還額度——財政直接支付　　　　　　　　　200,000
　　貸：財政撥款收入——基本支出撥款　　　　　　　　　200,000

2. 財政授權方式下取得財政撥款收入的帳務處理

在財政授權支付方式下，行政單位根據收到的「財政授權支付額度到帳通知書」，借記「零餘額帳戶用款額度」等科目，貸記「財政撥款收入」科目；年末，如行政單位本年度財政授權支付預算指標數大於財政授權支付額度下達數，應根據兩者間的差額，借記「財政應返還額度——財政授權支付」科目，貸記「財政撥款收入」科目。

【例12-5】某行政單位收到代理銀行轉來的財政授權支付額度到帳通知書，列明當月授權支付額度為500,000元，其中基本支出400,000元、項目支出100,000元。該行政單位應編製如下會計分錄：

借：零餘額帳戶用款額度　　　　　　　　　　　　　　　500,000
　　貸：財政撥款收入——基本支出撥款　　　　　　　　　400,000
　　　　　　　　　　——項目支出撥款　　　　　　　　　100,000

【例12-6】年末，某行政單位匯總當年財政授權支付額度下達數1,500,000元，其中基本支出撥款1,000,000元、項目支出撥款500,000元；本年度財政授權支付的預算指標數為1,800,000元，其中基本支出撥款1,200,000元、項目支出600,000元。該行政單位確定應收財政返還的資金額度為300,000元。該行政單位應編製如下會計分錄：

借：財政應返還額度——財政授權支付　　　　　　　　　300,000

　　　　貸：財政撥款收入——基本支出撥款　　　　　　　　　　200,000
　　　　　　　　　　　　——項目支出撥款　　　　　　　　　　100,000
　　3. 其他支付方式下取得財政撥款收入的帳務處理
　　在其他方式下，實際收到財政撥款收入時，應借記「銀行存款」等科目，貸記「財政撥款收入」科目。
　　【例12-7】某行政單位尚未實行國庫集中收付制度，本月收到開戶銀行收款通知，收到同級財政局撥來預算經費800,000元，用於日常行政活動開支。該行政單位應編製如下會計分錄：
　　　　借：銀行存款　　　　　　　　　　　　　　　　　　　800,000
　　　　　　貸：財政撥款收入——基本支出撥款　　　　　　　　800,000
　　4. 財政撥款收入年終結轉的帳務處理
　　年末，將「財政撥款收入」科目本年發生額轉入財政撥款結轉時，借記「財政撥款收入」科目，貸記「財政撥款結轉」科目。年終結帳后，「財政撥款收入」科目應無餘額。
　　【例12-8】年末，某行政單位將「財政撥款收入」帳戶餘額，其中基本支出撥款5,550,000元、項目支出撥款3,230,000元，進行年終結轉。該行政單位應編製如下會計分錄：
　　　　借：財政撥款收入——基本支出　　　　　　　　　　 5,550,000
　　　　　　　　　　　　——項目支出　　　　　　　　　　 3,230,000
　　　　　　貸：財政撥款結轉　　　　　　　　　　　　　　 8,780,000

二、其他收入的核算

　　其他收入是指行政單位依法取得的除財政撥款收入以外的各項收入，主要包括從非同級財政部門、上級主管部門等取得的用於完成項目或專項任務的資金、庫存現金溢余、后勤服務收入、銀行存款利息收入等。
　　行政單位依法取得的應當上繳財政的罰沒收入、行政事業性收費、政府性基金、國有資產處置和出租出借收入等，不屬於行政單位的其他收入，應通過「應繳財政款」科目核算。行政單位從上級政府單位、本級政府其他單位、下級政府單位取得的用於完成項目或專項任務的資金，不屬於行政單位的其他收入。行政單位從非同級財政部門、上級主管部門等取得指定轉給其他單位、並且未納入本單位預算管理的資金，應通過「其他應付款」科目核算。
　　為了核算其他收入的業務，應設置「其他收入」總帳科目。該科目貸方登記收到的其他收入實際金額。沖銷轉出時，借記「其他收入」科目，貸記有關科目。「其他收入」科目平時貸方余額反應其他收入的累計數。年終結帳時，「其他收入」科目貸方余額全數轉入其他資金結轉結余時，借記「其他收入」科目。年終結帳后，「其他收入」科目無余額。「其他收入」科目應按其他收入的類別、來源單位、項目資金和非項目資金設置明細帳，進行明細分類核算。
　　【例12-9】某行政單位接銀行通知，本季度的銀行存款利息為2,500元。該行政單位應編製如下會計分錄：

借：銀行存款　　　　　　　　　　　　　　　　　　　　2,500
　　　貸：其他收入——利息收入　　　　　　　　　　　　　　2,500
【例12-10】某行政單位收到出售廢舊物品的現金200元。該行政單位應編製如下會計分錄：
　　借：庫存現金　　　　　　　　　　　　　　　　　　　　200
　　　貸：其他收入——后勤服務收入　　　　　　　　　　　　200
【例12-11】某行政單位收到乙公司為某項目投入資金80,000元。該行政單位應編製如下會計分錄：
　　借：銀行存款　　　　　　　　　　　　　　　　　　　　80,000
　　　貸：其他收入——項目資金收入　　　　　　　　　　　　80,000
【例12-12】年末，某行政單位將「其他收入」科目貸方余額130,000元轉入「其他資金結余」科目。其中：利息收入15,000元、后勤服務收入35,000、項目資金收入80,000元。該行政單位應編製如下會計分錄：
　　借：其他收入——利息收入　　　　　　　　　　　　　　15,000
　　　　　　——后勤服務收入　　　　　　　　　　　　　　35,000
　　　　　　——項目資金收入　　　　　　　　　　　　　　80,000
　　　貸：其他資金結余　　　　　　　　　　　　　　　　　130,000

第二節　支出的核算

行政單位的支出是指行政單位為保障機構正常運轉和完成工作任務所發生資金耗費及損失，包括經費支出和撥出經費。

一、經費支出的核算

經費支出是指行政單位自身開展業務活動使用各項資金發生的基本支出和項目支出。經費支出表現為行政單位為實現社會管理職能、完成行政任務所必須發生的各項資金耗費，也體現了行政單位組織和參與經濟建設、文化建設等各項建設的業績。

經費支出是行政單位對包括財政撥款收入和其他收入等各項收入來源綜合安排使用的結果，是行政單位在預算執行過程中各項資金的實際消耗數，也就是「實際支出數」。因此，實際支出數是行政單位預算支出的核算基礎，也是上級機關和財政部門考核單位預算執行情況和核銷單位預算支出的依據。

（一）經費支出的內容及分類

對行政單位經費支出的內容進行分類，便於分析和考核各項經費支出的實際發生情況及其效果，從而有針對性地加強和改善對經費支出的管理。行政單位經費支出從部門預算的編製劃分可分為兩大類：基本支出和項目支出。以此設置二級明細科目，並按照《政府收支分類科目》中的「支出經濟分類」的「款」級設置三級明細科目，進行明細核算。

1. 基本支出和項目支出

基本支出是指行政單位為保障機構正常運轉和完成日常工作任務發生的支出。基

本支出包括人員支出和公用支出，如工資、個人福利、辦公經費等。基本支出反應了行政單位進行公務活動必需的基本資金耗費，是具體履行社會管理職能的基本資金保證，也是編製部門預算、接受上級部門檢查預算執行情況的重要依據。基本支出的經費必須是能夠實行定員或定額管理的經費，具有常規性和穩定性的特點，也是行政單位支出管理的最基本、最重要的內容。

項目支出是指行政單位為完成特定的工作任務，在基本支出之外發生的支出。項目支出主要包括專項業務費、大型專項修繕、大型專項購置、大型專項會議等支出。這些業務都是不易實行定員定額管理的支出項目，必須有嚴格的制度為保障。項目支出也是部門支出預算的組成部分，具有專項、專業、非常規性和不穩定的特點。因此，項目支出需要經過申報、立項、評審和審批等過程，並要求專款專用、單獨核算和加強檢查監督。

2. 支出用途的經濟分類

行政單位的經費支出核算需要按用途進行分類，《政府收支分類科目》中的「支出經濟分類」內容，正是反應行政單位涉及的支出具體用途，其中的「類」「款」級科目是基本支出、項目支出核算的具體內容。

(1) 工資福利支出類。工資福利支出類反應行政單位開支的在職職工和臨時聘用人員的各類勞動報酬以及為上述人員繳納的各項社會保障費等。該類下設的「款」級內容包括基本工資、津貼補貼、獎金、社會保障繳費、伙食費、伙食補助費、其他工資福利支出等。

(2) 對個人和家庭的補助類。對個人和家庭的補助類反應行政單位用於對個人和家庭的補助支出。該類下設的「款」級內容包括離休費、退休費、退職（役）費、撫恤金、生活補助、救濟費、醫療費、助學金、獎勵金、生產補貼、住房公積金、提租補貼、其他對個人和家庭的補助支出等。

(3) 商品和服務支出類。商品和服務支出類反應行政單位購買商品和服務的支出，不包括用於購置固定資產的支出、戰略性和應急儲備支出等。該類下設的「款」級內容包括辦公費、印刷費、咨詢費、手續費、水費、電費、郵電費、取暖費、物業管理費、交通費、差旅費、出國費、維修（護）費、租賃費、會議費、培訓費、招待費、專用材料費、裝備購置費、工程建設費、勞務費、委託業務費、工會經費、福利費、其他商品和服務支出等。

(4) 資本性支出類。資本性支出類反應行政單位發生的由各級發展與改革部門集中安排以及各級非發展與改革部門集中安排的用於購置固定資產、戰略性和應急性儲備、土地和無形資產以及購建基礎設施、大型修繕所發生的支出。該類下設的「款」級內容包括房屋建築物購建、辦公設備購置、專用設備購置、基礎設施建設、公務車購置、大型修繕、信息網絡購建、物資儲備、其他基本建設支出等。

(二) 經費支出的管理要求

經費支出管理是行政單位財務管理的一項重要組成部分，也是財政部門或上級部門考核行政單位預算執行情況的重要內容。行政單位必須嚴格按照有關規定，採取切實可行的辦法，加強對經費支出的管理。

1. 行政單位應當將各項支出全部納入單位預算

各項支出應由單位財務部門按照批准的預算和有關規定審核辦理，不得辦理無預

算、無計劃或超預算的開支。行政單位應在財政部門批覆的年度部門預算框架內編製季度分月用款計劃，並根據支出的類型分為財政直接支付計劃和財政授權支付計劃兩部分。行政單位的經費支出必須按照預算規定的開支標準支用，不得任意改變經費開支標準。對於違反財經紀律的開支，一律不得辦理報銷支付。不允許設帳外帳或小金庫。

2. 保證單位基本支出的需要

行政單位應當保證人員經費和公用支出的需要，對於符合預算的人員經費和維持單位正常運轉的基本公用支出切實予以落實；對於大型設備的購置和大型會議的召開等方面的開支盡量控制和壓減。

3. 嚴格項目支出的管理

專項業務支出應當保證專款專用，不得任意改變內容或擴大使用範圍。對於具有限定用途的資金，應嚴格按限定用途使用，不得任意挪用。應當為專項資金單獨設帳，反應和監督專項資金支出、進度和完成結算等情況。項目完成后，應當向同級財政部門或者上級預算單位報送項目支出決算和使用效果的書面報告。

4. 對經費支出的薄弱環節實施重點管理和控制

行政單位往往在「人、車、會、電話」等方面的支出難以控制，應當實施重點管理。在人員經費管理方面，應當嚴格執行核定的編製數，不能超編；在車輛購置費管理方面，標準配備車輛，不得超標；在會議費管理方面，應當健全審批制度，堅持務實、節約、高效的原則；在電話費管理方面，應當嚴格按規定配備電話等通信設備，未經審批，不負擔購置費或消耗費。

5. 注意勤儉節約，講求支出的效益

行政單位在辦理經費支出時必須注意勤儉節約，既要考慮保證行政任務的順利完成，又要考慮合理節約地使用各項資金。講求少花錢、多辦事、辦好事，提高資金的利用效益。

(三) 經費支出的帳務處理

為了反應和監督經費支出的業務，應設置「經費支出」總帳科目。該科目的借方登記行政單位開展業務活動以合法憑證支出的經費數；貸方登記經費支出的沖銷轉出數；餘額在借方，反應行政單位累計發生的經費支出數。年終，將其餘額分別轉入「財政撥款結轉」「其他資金結轉結余」科目。年終結帳后，「經費支出」科目無餘額。

「經費支出」科目應當分別按照「財政撥款支出」「其他資金支出」「基本支出」和「項目支出」等分類進行明細核算，並按照《政府收支分類科目》中「支出功能分類科目」的「項」級科目進行明細核算。「基本支出」和「項目支出」明細科目下應當按照《政府收支分類科目》中「支出經濟分類科目」的「款」級科目進行明細核算。同時，在「項目支出」明細科目下按照具體項目進行明細核算。

有公共財政預算撥款、政府性基金預算撥款兩種或兩種以上財政撥款的行政單位，還應當按照財政撥款的種類分別進行明細核算。

【例12-13】A行政單位1月份的工資總額為850,000元，其中基本工資為400,000元、津貼補貼為100,000元、年終一次性獎金為300,000元、社會保障繳費為50,000元，由財政統發。A行政單位應編製如下會計分錄：

借：經費支出——財政撥款支出（基本支出） 850,000
  貸：應付職工薪酬 850,000
同時，在經費支出明細帳的借方登記如下：
財政撥款支出（基本支出）——工資福利支出——基本工資 400,000
              ——工資福利支出——津貼補貼 100,000
              ——工資福利支出——獎金 300,000
              ——工資福利支出——社會保障繳費 50,000
借：應付職工薪酬 850,000
  貸：財政撥款收入——基本支出撥款 850,000

【例12-14】A行政單位通過單位零余額帳戶支付外聘人員勞務費35,000元，其中需要代扣代繳個人所得稅3,500元。A行政單位應編製如下會計分錄：
借：經費支出——財政撥款支出（基本支出） 35,000
  貸：應交稅費——個人所得稅 3,500
    零余額帳戶用款額度 31,500
同時，在經費支出明細帳的借方登記如下：
財政撥款支出（基本支出）——商品和服務支出——勞務費 35,000

【例12-15】A行政單位通過單位零余額帳戶購買日常辦公用品一批，計4,500元，直接交給有關業務部門使用，屬於基本支出預算。A行政單位應編製如下會計分錄：
借：經費支出——財政撥款支出（基本支出） 4,500
  貸：零余額帳戶用款額度 4,500
同時，在經費支出明細帳的借方登記如下：
財政撥款支出（基本支出）——商品和服務支出——辦公費 4,500

【例12-16】A行政單位通過招投標購買屬於基本支出預算的日常乙型材料一批，收到代理銀行轉來的財政直接支付入帳通知書，金額為150,000元，材料已驗收入庫。A行政單位應編製如下會計分錄：
借：經費支出——財政撥款支出（基本支出） 150,000
  貸：財政撥款收入——基本支出撥款 150,000
借：存貨——乙型材料 150,000
  貸：資產基金——存貨 150,000
同時，在經費支出明細帳的借方登記如下：
財政撥款支出（基本支出）——商品和服務支出——材料費 150,000

【例12-17】A行政單位收到代理銀行轉來的財政直接支付入帳通知書，通過招投標購入辦公設備計450,000元，設備已驗收。A行政單位應編製如下會計分錄：
借：經費支出——財政撥款支出（基本支出） 450,000
  貸：財政撥款收入——基本支出撥款 450,000
借：固定資產 450,000
  貸：資產基金——固定資產 450,000
同時，在經費支出明細帳的借方登記如下：
財政撥款支出（基本支出）——基本建設支出——辦公設備購置 450,000

如果上例業務是採用預付貨款形式，則有 A 行政單位收到代理銀行轉來的財政直接支付入帳通知書，預付 450,000 元給甲公司，購買辦公設備。A 行政單位應編製如下會計分錄：

借：經費支出——財政撥款支出（基本支出）　　　　　450,000
　　貸：財政撥款收入——基本支出撥款　　　　　　　　450,000
借：預付帳款——甲公司　　　　　　　　　　　　　　450,000
　　貸：資產基金——預付款項　　　　　　　　　　　　450,000

同時，在經費支出明細帳的借方登記如下：

財政撥款支出（基本支出）——基本建設支出——辦公設備購置 450,000

設備到達驗收后，則編製如下會計分錄：

借：固定資產　　　　　　　　　　　　　　　　　　　450,000
　　貸：資產基金——固定資產　　　　　　　　　　　　450,000
借：資產基金——預付款項　　　　　　　　　　　　　450,000
　　貸：預付帳款——甲公司　　　　　　　　　　　　　450,000

【例 12-18】A 行政單位以財政授權方式繳納本月電話費 5,500 元。A 行政單位應編製如下會計分錄：

借：經費支出——財政撥款支出（基本支出）　　　　　5,500
　　貸：零余額帳戶用款額度　　　　　　　　　　　　　5,500

同時，在經費支出明細帳的借方登記如下：

財政撥款支出（基本支出）——商品和服務支出——郵電費　5,500

【例 12-19】A 行政單位收到代理銀行轉來的財政直接支付入帳通知書，支付屬於基本支出預算的單位網絡信息系統運行與維護費 12,000 元。A 行政單位應編製如下會計分錄：

借：經費支出——財政撥款支出（基本支出）　　　　　12,000
　　貸：財政撥款收入——基本支出撥款　　　　　　　　12,000

同時，在經費支出明細帳的借方登記如下：

財政撥款支出（基本支出）——商品和服務支出——維護費　12,000

【例 12-20】A 行政單位通過單位零余額帳戶支付某一專門會議費用 85,000 元。A 行政單位應編製如下會計分錄：

借：經費支出——財政撥款支出（項目支出）　　　　　85,000
　　貸：零余額帳戶用款額度　　　　　　　　　　　　　85,000

同時，在經費支出明細帳的借方登記如下：

財政撥款支出（項目支出）——商品和服務支出——會議費　85,000

【例 12-21】A 行政單位請外部專家參加本單位某專門課題，需要支付外部專家勞務費 50,000 元，其中需要代扣代繳個人所得稅 5,000 元。該課題已獲得非財政撥款資金。A 行政單位應編製如下會計分錄：

借：經費支出——其他資金支出（項目支出）　　　　　50,000
　　貸：應交稅費——個人所得稅　　　　　　　　　　　5,000
　　　　銀行存款　　　　　　　　　　　　　　　　　　45,000

【例12-22】年終，A行政單位的「經費支出」科目的借方余額為1,280,000元，其中財政撥款支出（基本支出）768,000元、財政撥款支出（項目支出）448,000元、其他資金支出（項目支出）64,000元，進行年終轉帳。A行政單位應編製如下會計分錄：

借：財政撥款結轉結餘　　　　　　　　　　　　　　　　　1,280,000
　　貸：經費支出——財政撥款支出（基本支出）　　　　　　　　　768,000
　　　　　　——財政撥款支出（項目支出）　　　　　　　　　　448,000
　　　　　　——其他資金支出（項目支出）　　　　　　　　　　 64,000

同時，在經費支出明細帳的貸方登記所有的明細科目及項目，結清該科目。

二、撥出經費的核算

撥出經費是指行政單位納入單位預算管理、撥付給所屬單位的非同級財政撥款資金，包括撥給所屬單位的專項經費和補助經費等。非同級財政撥款資金主要包括從上級單位、本級政府中非財政部門的其他單位、其他層級的政府單位等取得的資金。

為了反應和監督撥出經費業務，應設置「撥出經費」總帳科目。該科目借方登記撥出經費實際發生數；貸方登記撥出經費的沖銷或轉出數；平時余額在借方，表示年內撥出經費的累計數。年終應將其借方余額全數轉入「其他資金結餘」科目。年終結帳後，「撥出經費」科目應無余額。在採取實撥資金方式下，行政單位向下屬單位轉撥財政撥款資金時，不能通過「撥出經費」科目核算。

「撥出經費」科目應當分別按照「基本支出」和「項目支出」進行明細核算，還應當按照接受撥出經費的具體單位和款項類別等分別進行明細分類核算。按部門預算管理要求分類，基本支出是指行政單位使用非同級財政撥款資金撥付給所屬單位的補助經費；項目支出是指行政單位使用非同級財政撥款資金撥付給所屬單位的專項經費。

【例12-23】A行政單位通過開戶銀行轉帳，使用其他資金撥付所屬B單位治污項目科研經費200,000元。A行政單位應編製如下會計分錄：

借：撥出經費——B單位——項目支出　　　　　　　　　　　　200,000
　　貸：銀行存款　　　　　　　　　　　　　　　　　　　　　　200,000

【例12-24】A行政單位使用非同級財政撥款資金向所屬C單位撥付補助經費50,000元。A行政單位應編製如下會計分錄：

借：撥出經費——C單位——基本支出　　　　　　　　　　　　 50,000
　　貸：銀行存款　　　　　　　　　　　　　　　　　　　　　　 50,000

【例12-25】年末，A行政單位將「撥出經費」科目借方余額780,000元，其中B單位——基本支出680,000元、C單位——項目支出100,000元，轉入「其他資金結轉結餘」科目。A行政單位應編製如下會計分錄：

借：其他資金結轉結餘　　　　　　　　　　　　　　　　　　　780,000
　　貸：撥出經費——B單位——基本支出　　　　　　　　　　　680,000
　　　　　　——B單位——項目支出　　　　　　　　　　　　100,000

思考題

1. 什麼是行政單位的收入和支出？它們包括的內容有哪些？
2. 什麼是財政撥款收入和其他收入？

3. 什麼是經費支出和撥出經費？其中的經費支出可以分成幾類？
4. 行政單位的收入和支出是如何確認與計量的？

練習題

1. 某行政單位收到「財政授權支付額度到帳通知書」列明本月授權支付的額度為財政 50,000 元。
2. 某行政單位使用非同級財政撥款資金向所屬單位撥付專項經費 450,000 元。
3. 某行政單位購買專用材料 100 千克，每千克 15,000 元，材料款實行財政直接支付。材料已驗收入庫。
4. 某行政單位從非同級財政部門獲得科研項目經費 150,000 元。
5. 某行政單位 3 月份的工資總額為 850,000 元，其中基本工資為 400,000 元、津貼補貼為 100,000 元、年終一次性獎金為 300,000 元、社會保障繳費為 50,000 元。款項已通過財政直接支付轉入到個人工資帳戶。
6. 在財政授權支付方式下，某行政單位收到代理銀行蓋章的「授權支付到帳通知書」，金額為 80,000 元，並用此額度支付電話電報費 1,500 元、水費 10,000 元、電費 25,000 元。
7. 某行政單位從零余額帳戶提取現金 2,000 元備用。
8. 某行政單位職工出差回單位報銷，交發票 8,500 元，原借支 8,000 元，差額以現金補付。
9. 某行政單位領用材料維修固定資產 50,000 元，以現金支付修理費 800 元。
10. 某行政單位用地方水利建設基金預算撥款購買 65,000 元的專業防汛通信設備一套，用於城市防洪項目，採用財政支付方式支付款項，該設備已經驗收。
11. 某行政單位收到銀行通知，本級政府其他單位轉來一筆合作研究款 25,000 元，指定轉級本單位的下屬某研究機構。
12. 年終，某行政單位將「經費支出」科目余額 1,800,000 元、「撥出經費」科目余額 200,000 元進行年終結轉。
13. 年終，某行政單位將「財政撥款收入」科目本年發生額 3,000,000 元和「其他收入」科目本年發生額 270,000 元進行年終結轉。
14. 某行政單位與甲設備供貨商簽訂政府採購合同，合同金額為 1,000,000 元。合同規定，到貨驗收後才付款。10 天後，設備運到並驗收入庫。該行政單位填寫「財政直接支付申請書」，經審核，同意支付給供貨商 1,000,000 元。2 天後，收到代理銀行轉來的「財政直接支付入帳通知書」，貨款已支付供貨商。
15. 接代理銀行通知，某行政單位本月的授權支付額度 400,000 元到帳，與核定用款計劃相符。

請根據以上情況，編製相應會計分錄。

第十三章
行政單位會計報告

會計報告是反應行政單位財務狀況和預算執行結果等的書面文件。通過閱讀和分析行政單位的會計報告，能瞭解行政單位預算收支執行好壞及其存在的問題和原因，為管理當局提供有關財務會計方面的信息。

通過本章的學習，應該掌握以下內容：
- 行政單位會計報告的構成
- 行政單位年終清理、結算和結帳的內容及規定
- 行政單位主要會計報表的內容及編製

第一節 會計報告的意義和分類

一、編製會計報告的意義

行政單位會計對經常的、大量的日常收支業務，運用專門的會計核算方法進行了反應和監督。但是，日常的會計記錄資料畢竟還是比較分散的，不能用來直接、全面、綜合地反應行政單位一定時期內單位的預算執行情況的全貌。為了進一步發揮會計的職能作用，行政單位會計必須對日常核算的資料進行整理、分類、計算和匯總，編製成相應的會計報表等，為有關各方提供總括性的財務信息資料。

利用行政單位編製的會計報告，可以分析、檢查行政單位預算的計劃與實際發生的差額，從而發現行政單位預算執行中存在的問題和潛力；可以從中瞭解行政單位的財經紀律、財務制度的遵守情況。利用行政單位編製的會計報告有利於總結經驗，克服問題，不斷提高行政單位的預算管理水平。

利用行政單位編製的會計報告，便於主管部門瞭解、分析所屬單位預算的執行情況，通過對各所屬單位的會計報告數據的比較，發現所屬單位間預算執行的差距，瞭解造成差距的原因，可作為本系統領導決策和進行綜合平衡的重要依據。

利用行政單位編製的會計報告或主管部門編製的匯總會計報告，便於財政部門檢查、瞭解各行政單位應上繳的財政預算任務是否按時足額完成，預算收支是否按計劃實現；可據以分析各行政單位預算資金收支的實際需要量，以便正確地核定預算撥款和調劑預算資金，作為下期部門預算編製和審核預算的重要參考依據。

二、會計報表的構成與分類

（一）會計報表的構成

行政單位的會計報表是反應行政單位財務狀況和預算執行結果等的書面文件，由

會計報表及其附註構成。

會計報表包括資產負債表、收入支出表、財政撥款收入支出表等。

附註是指對在會計報表中列示項目的文字描述或明細資料以及對未能在會計報表中列示項目的說明等。行政單位的報表附註應當至少披露下列內容：

(1) 遵循《行政單位會計制度》的聲明；
(2) 單位整體財務狀況、預算執行情況的說明；
(3) 會計報表中列示的重要項目的進一步說明，包括其主要構成、增減變動情況等；
(4) 重要資產處置、資產重大損失情況的說明；
(5) 以名義金額計量的資產名稱、數量等情況以及以名義金額計量理由的說明；
(6) 或有負債情況的說明、1年以上到期負債預計償還時間和數量的說明；
(7) 以前年度結轉結余調整情況的說明；
(8) 有助於理解和分析會計報表的其他需要說明事項。

(二) 會計報表的分類

會計報表是行政單位會計報告的主要組成部分。會計報表按不同的標準有以下不同的分類：

1. 按反應的經濟內容分類

行政單位會計報表按其反應的經濟內容分類，可分為資產負債表、收入支出表和財政撥款收入支出表。

資產負債表是反應行政單位在某一特定日期財務狀況的報表。

收入支出表是反應行政單位在某一會計期間全部預算收支執行結果的報表。

財政撥款收入支出表是反應行政單位在某一會計期間財政撥款收入、支出、結轉及結余情況的報表。

2. 按編報的時間分類

行政單位會計報表按其編報的時間分類，可分為月報和年報。

月報是反應行政單位截至報告月度財務狀況和預算收支執行情況的報表。月報要求編報資產負債表和收入支出表。

年報也叫年度決算報表，是全面反應年度財務狀況和預算收支預算執行結果的報表。年報要求編製資產負債表、收入支出表和財政撥款收入支出表。

3. 按編製的層次分類

行政單位會計報表按編製的層次分類，可分為單位會計報表和匯總會計報表。

單位會計報表是反應本單位財務狀況和預算執行情況的會計報表。

匯總會計報表是主管會計單位根據本級會計報表和經審查過的所屬單位會計報表匯總編製，反應主管單位及所屬單位的財務狀況和預算執行情況的會計報表。

三、會計報表的編製要求

行政單位在編製會計報表時，應首先做好準備工作：一是要及時清理、核對各項收支款項，清理貨幣資金，清理往來款項，清查資產物資；二是要及時進行期末轉帳和結帳。做好這些工作的基礎上，才能展開會計報表的編製工作。按照會計制度的規

定，行政單位應當按照下列規定編製會計報表：

第一，行政單位資產負債表、財政撥款收入支出表和附註應當至少按照年度編製，收入支出表應當按照月度和年度編製。

年度報表由財政部門統一布置。行政單位應按照財政部門和上級主管單位的填表要求，完成本單位或本系統的年度報表編報工作。行政單位也可以按照本單位財務管理的需要，編製月度資產負債表。

第二，行政單位應當根據會計制度規定編製並提供真實、完整的財務報表。行政單位不得違反規定，隨意改變制度規定的會計報表格式、編製依據和方法，不得隨意改變制度規定的會計報表有關數據的會計口徑。

第三，行政單位的財務報表應當根據登記完整、核對無誤的帳簿記錄和其他有關資料編製，要做到數字真實、計算準確、內容完整、報送及時。

（1）數字真實。行政單位會計報表應該是對行政單位預算執行情況真實性、正確性的反應。因此，在編製會計報表前，所有應入帳的經濟業務，都要全部登記入帳，切實做到帳證相符、帳帳相符、帳實相符，並根據核對無誤的帳簿記錄，編製會計報表，做到帳表相符。數字要有根有據，不能估列，嚴禁弄虛作假或任意增減數字，保證會計報表反應的數字真實可靠。

（2）計算準確。各種會計報表之間、各項目之間凡有對應關係的數字應保持一致、勾稽，報表所有項目計算應準確無誤，邏輯關係清楚。本期報表與上期報表之間數字應相互銜接。

（3）內容完整。會計報表是國家預算管理和財政財務管理必須掌握的重要資料，報表內容必須完整，不得漏編、漏報，內容和文字說明應清楚齊全。凡上級部門規定應加報的補充資料和要求做文字說明的，也要分別報送，以保證會計報表的內容完整。

（4）報送及時。行政單位會計決算報告的統一編製時間為每年的12月31日。為了充分發揮會計報表的作用，在保證數字真實準確、內容完整的基礎上，確保會計報表及時編製。會計報表的時間性很強，如果編報不及時，就會失去它應有的作用，並且影響各單位報表的及時彙總上報，從而影響會計信息使用者制定正確的決策。

第四，行政單位財務報表應當由單位負責人和主管會計工作的負責人、會計機構負責人（會計主管人員）簽名並蓋章。

四、年終清理結算內容

行政單位會計核算工作最繁忙的時間是在年終。年終的工作主要包括年終清理結算和年終結帳，並在此基礎上進行年終會計報表的編製。

年終清理結算，就是對行政單位全年預算資金和其他資金收支活動進行全面清理、核對、整理和結算的工作。年終清理結算是行政單位編製年度決算報表的一個重要環節，是保證單位決算報表數字準確、真實、完整的一項基礎工作。行政單位應當要根據財政部門和上級主管部門關於決算編審工作的要求，認真做好此項工作。年終清理結算的主要內容如下：

（一）清理核對各項預算收支

行政單位在年度終了前，應當清理、核對各項年度預算收支數字和各項繳撥款，

保證上下級之間的年度預算數和領撥經費數相互一致。凡屬本年的各項收入，應當及時入帳。凡屬於本年的各項支出，應當按規定的支出渠道如實列報。行政單位的年度支出決算，一律以基層用款單位截至 12 月 31 日的本年實際支出數為準，不得將年終前預撥下級單位的下年預算撥款列入本年的支出，也不得以上級會計單位的撥款數代替基層會計單位的實際支出數。

（二）清理結算各項往來款項

行政單位的應收預付款、應付暫存款等往來款項，年終前應盡量清理完畢。凡是在年終前可以結算清楚的，一定要結算清楚，做到「人欠收回，欠人歸還」。按有關規定應當轉作各項收入或各項支出的往來款項，應當及時轉入有關收入、支出帳戶，編入本年決算，不得在往來帳上長期掛帳，影響收入、支出數字不實。

（三）清查核對各項財產物資

年終前，行政單位應對各項物資財產進行全面的實地清查盤點。對於發生盤盈或盤虧的，應當及時查明原因，並按規定進行相應會計處理，做到帳帳相符、帳實相符。由於年末會計事務較多，而盤點財產物資又牽涉面較廣，盤點清查工作應做好規劃。

（四）清查核對各項貨幣資金

清理貨幣資金，即清理銀行存款、現金和有價證券。年終時，行政單位先應當及時清理用於政府採購而設置的零余額帳用款額度，對直接支付和授權支付的業務進行清理。然后，行政單位應與開戶銀行進行對帳。行政單位的銀行存款帳面余額應當與銀行對帳單的余額一致。行政單位還應當將現金的帳面余額與庫存現金進行核對。經過核對，兩者應當相符。行政單位還應當將有價證券的帳面數與實存的有價證券實際成本數字進行核對。經過核對，兩者應當相符。

第二節　主要會計報表的編製

前已述及，會計報表按經濟內容主要分為資產負債表、收入支出表和財政撥款收入支出表。本節介紹主要會計報表的編製。

一、資產負債表的內容及編製

（一）概念及基本格式

資產負債表是反應行政單位在某一特定日期（月末、年末）財務狀況的會計報表。資產負債表是行政單位的主要會計報表之一，屬於靜態報表，應當按年度編製，也可以按月度編製。

資產負債表可以為行政單位提供以下信息：某一特定日期的全部資產、負債和淨資產的情況，反應行政單位總體財務狀況。其中，資產總額及其結構，表明行政單位擁有或控制的經濟資源及其分佈情況；負債總額及其結構，表明行政單位需要用多少資產、勞務及時間清償債務；淨資產總額及其結構，表明行政單位擁有各項基金及結轉和結余情況。

資產負債表應當按照資產、負債和淨資產分類、分項列示，依據「資產＝負債＋淨

資產」的平衡原理設置報表基本格式，即採用帳戶式結構，分為左右兩部分，左方列示資產各項目，反應資產的分佈及存在形態；右方列示負債和淨資產各項目，反應負債和淨資產的內容及構成情況。資產負債表左右兩方合計總數相等。資產負債表的基本格式如表 13-1 所示：

表 13-1　　　　　　　　　　　　　　　資產負債表

會行政 01 表

編報單位：　　　　　　　　　　　　年　月　日　　　　　　　　　　　單位：元

資產	年初數	期末數	負債和淨資產	年初數	期末數
流動資產：			流動負債：		
庫存現金			應繳財政款		
銀行存款			應交稅費		
財政應返還額度			應付職工薪酬		
應收帳款			應付帳款		
預付帳款			應付政府補貼		
其他應收款			其他應付款		
存貨			一年內到期的非流動負債		
流動資產合計			流動負債合計		
固定資產			非流動負債：		
固定資產原價			長期應付款		
減：固定資產累計折舊			受託代理負債		
在建工程			非流動負債合計		
無形資產			負債合計		
無形資產原價					
累計攤銷			淨資產：		
待處理財產損溢			財政撥款結轉		
政府儲備物資			財政撥款結餘		
公共基礎設施			其他資金結轉結餘		
公共基礎設施原價			其中：項目結轉		
減：公共基礎設施累計折舊			資產基金		
公共基礎設施在建工程			待償債淨資產		
受託代理資產			淨資產合計		
資產總計			負債和淨資產總計		

（二）年度資產負債表的編製方法

資產負債表的編製以日常會計核算記錄的帳簿數據為基礎。報表各項目都列有「年初余額」（「年初數」）和「期末余額」（「年末數」）兩個欄目。其中，「年初余額」應根據相關帳戶的年初余額填列，一般與上年資產負債表的期末余額相同；「期末余額」應根據相關帳戶的期末余額填列。具體填列方法如下：

1.「年初余額」的填列

「年初余額」欄內各項數字，應當根據上年年末資產負債表「期末余額」欄內數字填列。如果本年度資產負債表規定的各個項目的名稱和內容同上年度不相一致，應對上年年末資產負債表各項目的名稱和數字按照本年度的規定進行調整，填入本表「年初余額」欄內。

2.「期末余額」的填列

會計制度規定了資產負債表各項目所反應的內容及填列方法，具體如下：

（1）「庫存現金」項目，反應行政單位期末庫存現金的金額。本項目應當根據「庫存現金」科目的期末余額填列；期末庫存現金中有屬於受託代理現金的，本項目應當根據「庫存現金」科目的期末余額減去其中屬於受託代理的現金金額后的余額填列。

（2）「銀行存款」項目，反應行政單位期末銀行存款的金額。本項目應當根據「銀行存款」科目的期末余額填列；期末銀行存款中有屬於受託代理存款的，本項目應當根據「銀行存款」科目的期末余額減去其中屬於受託代理的存款金額后的余額填列。

（3）「財政應返還額度」項目，反應行政單位期末財政應返還額度的金額。本項目應當根據「財政應返還額度」科目的期末余額填列。

（4）「應收帳款」項目，反應行政單位期末尚未收回的應收帳款金額。本項目應當根據「應收帳款」科目的期末余額填列。

（5）「預付帳款」項目，反應行政單位預付給物資或者服務提供者款項的金額。本項目應當根據「預付帳款」科目的期末余額填列。

（6）「其他應收款」項目，反應行政單位期末尚未收回的其他應收款余額。本項目應當根據「其他應收款」科目的期末余額填列。

（7）「存貨」項目，反應行政單位期末為開展業務活動耗用而儲存的存貨的實際成本。本項目應當根據「存貨」科目的期末余額填列。

（8）「固定資產」項目，反應行政單位期末各項固定資產的帳面價值。本項目應當根據「固定資產」科目的期末余額減去「累計折舊」科目中「固定資產累計折舊」明細科目的期末余額后的金額填列。

「固定資產原價」項目，反應行政單位期末各項固定資產的原價。本項目應當根據「固定資產」科目的期末余額填列。

「固定資產累計折舊」項目，反應行政單位期末各項固定資產的累計折舊金額。本項目應當根據「累計折舊」科目中「固定資產累計折舊」明細科目的期末余額填列。

（9）「在建工程」項目，反應行政單位期末除公共基礎設施在建工程以外的尚未完工交付使用的在建工程的實際成本。本項目應當根據「在建工程」科目中屬於非公共基礎設施在建工程的期末余額填列。

（10）「無形資產」項目，反應行政單位期末各項無形資產的帳面價值。本項目應當根據「無形資產」科目的期末余額減去「累計攤銷」科目的期末余額后的金額填列。

「無形資產原價」項目，反應行政單位期末各項無形資產的原價。本項目應當根據「無形資產」科目的期末余額填列。

「累計攤銷」項目，反應行政單位期末各項無形資產的累計攤銷金額。本項目應當根據「累計攤銷」科目的期末余額填列。

(11)「待處理財產損溢」項目，反應行政單位期末待處理財產的價值及處理損溢。本項目應當根據「待處理財產損溢」科目的期末借方余額填列。如「待處理財產損溢」科目期末為貸方余額，則以「-」號填列。

(12)「政府儲備物資」項目，反應行政單位期末儲存管理的各種政府儲備物資的實際成本。本項目應當根據「政府儲備物資」科目的期末余額填列。

(13)「公共基礎設施」項目，反應行政單位期末佔有並直接管理的公共基礎設施的帳面價值。本項目應當根據「公共基礎設施」科目的期末余額減去「累計折舊」科目中「公共基礎設施累計折舊」明細科目的期末余額后的金額填列。

「公共基礎設施原價」項目，反應行政單位期末佔有並直接管理的公共基礎設施的原價。本項目應當根據「公共基礎設施」科目的期末余額填列。

「公共基礎設施累計折舊」項目，反應行政單位期末佔有並直接管理的公共基礎設施的累計折舊金額。本項目應當根據「累計折舊」科目中「公共基礎設施累計折舊」明細科目的期末余額填列。

(14)「公共基礎設施在建工程」項目，反應行政單位期末尚未完工交付使用的公共基礎設施在建工程的實際成本。本項目應當根據「在建工程」科目中屬於公共基礎設施在建工程的期末余額填列。

(15)「受託代理資產」項目，反應行政單位期末受託代理資產的價值。本項目應當根據「受託代理資產」科目的期末余額（扣除其中受託儲存管理物資的金額）加上「庫存現金」「銀行存款」科目中屬於受託代理資產的現金余額和銀行存款余額的合計數填列。

(16)「應繳財政款」項目，反應行政單位期末按規定應當上繳財政的款項（應繳稅費除外）。本項目應當根據「應繳財政款」科目的期末余額填列。

(17)「應交稅費」項目，反應行政單位期末應繳未繳的各種稅費。本項目應當根據「應交稅費」科目的期末貸方余額填列。如「應交稅費」科目期末為借方余額，則以「-」號填列。

(18)「應付職工薪酬」項目，反應行政單位期末尚未支付給職工的各種薪酬。本項目應當根據「應付職工薪酬」科目的期末余額填列。

(19)「應付帳款」項目，反應行政單位期末尚未支付的償還期限在 1 年以內（含 1 年）的應付帳款的金額。本項目應當根據「應付帳款」科目的期末余額填列。

(20)「應付政府補貼款」項目，反應行政單位期末尚未支付的應付政府補貼款的金額。本項目應當根據「應付政府補貼款」科目的期末余額填列。

(21)「其他應付款」項目，反應行政單位期末尚未支付的其他各項應付及暫收款項的金額。本項目應當根據「其他應付款」科目的期末余額填列。

(22)「一年內到期的非流動負債」項目，反應行政單位期末承擔的 1 年以內（含 1 年）到償還期的非流動負債。本項目應當根據「長期應付款」等科目的期末余額分析填列。

(23)「長期應付款」項目，反應行政單位期末承擔的償還期限超過 1 年的應付款項。本項目應當根據「長期應付款」科目的期末余額減去其中 1 年以內（含 1 年）到償還期的長期應付款金額后的余額填列。

（24）「受託代理負債」項目，反應行政單位期末受託代理負債的金額。本項目應當根據「受託代理負債」科目的期末余額（扣除其中受託儲存管理物資對應的金額）填列。

（25）「財政撥款結轉」項目，反應行政單位期末滾存的財政撥款結轉資金。本項目應當根據「財政撥款結轉」科目的期末余額填列。

（26）「財政撥款結余」項目，反應行政單位期末滾存的財政撥款結余資金。本項目應當根據「財政撥款結余」科目的期末余額填列。

（27）「其他資金結轉結余」項目，反應行政單位期末滾存的除財政撥款以外的其他資金結轉結余的金額。本項目應當根據「其他資金結轉結余」科目的期末余額填列。
「項目結轉」項目，反應行政單位期末滾存的非財政撥款未完成項目結轉資金。本項目應當根據「其他資金結轉結余」科目中「項目結轉」明細科目的期末余額填列。

（28）「資產基金」項目，反應行政單位期末預付帳款、存貨、固定資產、在建工程、無形資產、政府儲備物資、公共基礎設施等非貨幣性資產在淨資產中占用的金額。本項目應當根據「資產基金」科目的期末余額填列。

（29）「待償債淨資產」項目，反應行政單位期末因應付帳款和長期應付款等負債而相應需在淨資產中沖減的金額。本項目應當根據「待償債淨資產」科目的期末余額填列。如「待償債淨資產」科目期末為借方，則余額以「−」號填列。

（三）月度資產負債表的編製方法

行政單位會計制度規定了月度資產負債表的編製方法，但未要求行政單位必須編製月度資產負債表。行政單位是否編製月度資產負債表，由各地財政部門、政府主管部門和行政單位根據財務管理的需要決定。行政單位按月編製資產負債表的，還應當遵照以下規定編製：

（1）月度資產負債表應在資產部分「銀行存款」項目下增加「零余額帳戶用款額度」項目。

（2）「零余額帳戶用款額度」項目，反應行政單位期末零余額帳戶用款額度的金額。本項目應當根據「零余額帳戶用款額度」科目的期末余額填列。

（3）「財政撥款結轉」項目應當根據「財政撥款結轉」科目的期末余額，加上「財政撥款收入」科目本年累計發生額，減去「經費支出——財政撥款支出」科目本年累計發生額后的余額填列。

（4）「其他資金結轉結余」項目應當根據「其他資金結轉結余」科目的期末余額，加上「其他收入」科目本年累計發生額，減去「經費支出——其他資金支出」科目本年累計發生額，再減去「撥出經費」科目本年累計發生額后的余額填列。

「項目結轉」項目應當根據「其他資金結轉結余」科目中「項目結轉」明細科目的期末余額，加上「其他收入」科目中項目收入的本年累計發生額，減去「經費支出——其他資金支出」科目中項目支出本年累計發生額，再減去「撥出經費」科目中項目支出本年累計發生額后的余額填列。

（5）月度資產負債表其他項目的填列方法與年度資產負債表的填列方法相同。

【例13-1】（1）假設乙行政單位2015年1月1日的資產負債表如表13-2所示：

表 13-2　　　　　　　　　　　　　　　資產負債表

編製單位：乙單位　　　　　　2015 年 01 月 01 日　　　　　　　　　　　　　會行政 01 表
　　　　　　　　　　　　　　　　　　　　　　　　　　　　　　　　　　　　單位：元

資產	年初數	期末數	負債和淨資產	年初數	期末數
流動資產：			流動負債：		
庫存現金	500		應繳財政款		
銀行存款	4,196,400		應交稅費		
財政應返還額度	1,455,000		應付職工薪酬		
應收帳款			應付帳款	26,900	
預付帳款	65,000		應付政府補貼		
其他應收款	92,000		其他應付款	3,916,000	
存貨	795,000		一年內到期的非流動負債	1,206,000	
流動資產合計	7,431,900		流動負債合計	5,148,900	
固定資產	41,707,000		非流動負債：		
固定資產原價	41,707,000		長期應付款	4,070,000	
減：固定資產累計折舊			受託代理負債	3,685,000	
在建工程	1,444,000		非流動負債合計	7,755,000	
無形資產	882,000		負債合計	12,903,900	
無形資產原價	1,260,000				
累計攤銷	378,000		淨資產：		
待處理財產損溢			財政撥款結轉	911,000	
政府儲備物資	1,390,000		財政撥款結餘	170,000	
公共基礎設施	10,149,000		其他資金結轉結餘	1,575,000	
公共基礎設施原價	10,149,000		其中：項目結轉		
減：公共基礎設施累計折舊			資產基金	56,432,000	
公共基礎設施在建工程			待償債淨資產	-5,303,000	
受託代理資產	3,685,000		淨資產合計	53,785,000	
資產總計	66,688,900		負債和淨資產總計	66,688,900	

（2）假設乙單位 2015 年 12 月 31 日的資產、負債、淨資產會計科目餘額如表 13-3 所示：

表 13-3　　　　　　　　　　　　　　　會計科目余額表

編製單位：乙單位　　　　　　2015 年 12 月 31 日　　　　　　　　　　　　　單位：元

會計科目	借方余額	會計科目	貸方余額
庫存現金	100	應交稅費	3,200
銀行存款	6,013,200	長期應付款	5,270,000

(2) 收入合計－支出合計＝本期收支差額

收入支出表的基本格式如表 13-8 所示：

表 13-8　　　　　　　　　　　收入支出表

會行政 02 表

編製單位：　　　　　　　　　年　月　　　　　　　　　單位：元

項　目	本月數	本年累計數
一、年初各項資金結轉結餘		
(一) 年初財政撥款結轉結餘		
1. 財政撥款結轉		
2. 財政撥款結餘		
(二) 年初其他資金結轉結餘		
二、各項資金結轉結余調整及變動		
(一) 財政撥款結轉結余調整及變動		
(二) 其他資金結轉結余調整及變動		
三、收入合計		
(一) 財政撥款收入		
1. 基本支出撥款		
2. 項目支出撥款		
(二) 其他資金收入		
1. 非項目收入		
2. 項目收入		
四、支出合計		
(一) 財政撥款支出		
1. 基本支出		
2. 項目支出		
(二) 其他資金支出		
1. 非項目支出		
2. 項目支出		
五、本期收支差額		
(一) 財政撥款收支差額		
(二) 其他資金收支差額		
六、年末各項資金結轉結餘		
(一) 年末財政撥款結轉結餘		
1. 財政撥款結轉		
2. 財政撥款結餘		
(二) 年末其他資金結轉結餘		

表13-7(續)

資產	期末數	負債和淨資產	期末數
減：固定資產累計折舊		非流動負債合計	7,660,000
在建工程	1,712,000	負債合計	11,980,200
無形資產	8,154,000		
無形資產原價	8,528,000		
累計攤銷	374,000	淨資產：	
待處理財產損溢	−1,440	財政撥款結轉	1,291,000
政府儲備物資	1,439,000	財政撥款結餘	20,000
公共基礎設施	11,200,000	其他資金結轉結餘	119,000
公共基礎設施原價	11,200,000	其中：項目結轉	
減：公共基礎設施累計折舊		資產基金	74,192,000
公共基礎設施在建工程	482,000	待償債淨資產	−5,727,100
受託代理資產	3,450,000	淨資產合計	69,894,900
資產總計	81,875,100	負債和淨資產總計	81,875,100

註：①「銀行存款」項目期末余額＝銀行存款期末余額−銀行存款中受託代理存款金額
　　　＝6,463,200−2,690,000＝3,773,200（元）；
　　②「長期應付款」項目期末余額＝長期應付款期末余額−1年內到期償還的長期應付款余額
　　　＝5,530,000−1,320,000＝4,210,000（元）；
　　③「受託代理資產」＝銀行存款中受託代理存款余額＋受託代理資產余額−受託代理儲備資產余額
　　　＝2,690,000＋960,000−200,000＝345,000（元）；
　　④「財政撥款結轉」項目期末余額＝財政撥款結轉期末余額＋「財政撥款收入」本期累計發生額−「經費支出——財政撥款支出」本期累計發生額＝611,000＋28,180,000−27,500,000＝1,291,000（元）；
　　⑤「其他資金結轉結餘」項目期末余額＝其他資金結轉結餘期末余額＋「其他收入」本期累計發生額−「撥出經費」本期累計發生額＝79,000＋605,000−495,000−70,000＝119,000（元）。

二、收入支出表的內容及編製

（一）概念及基本格式

收入支出表是反應行政單位在某一會計期間全部預算收支執行結果的報表，是行政單位的主要會計報表之一，屬於動態報表。

通過收入支出表的信息，可以提供行政單位在某一會計期間內各項收入、支出和結轉結餘情況。按編製時間的不同，收入支出表分為月報和年報。

收入支出表應當按照收入、支出的構成和結轉結餘情況分類、分項列示。收入支出表的項目包括年初各項資金結轉結餘、各項資金年初結轉結餘調整及變動、收入合計、支出合計、本期收支差額、年末各項資金結轉結餘，各項目下細分財政撥款資金和其他資金，按本月數和本年累計數分欄列示。

收入支出表的編製應遵循以下兩個平衡公式：

（1）年初各項資金結轉結餘＋各項資金結轉結餘調整及變動＋收入合計−支出合計＝年末各項資金結轉結餘

表13-5(續)

會計科目	借方餘額	會計科目	貸方餘額
在建工程	1,712,000	待償債淨資產	-5,727,100
公共基礎設施	11,200,000		
公共基礎設施在建工程	482,000		
受託代理資產	960,000		
其中：受託儲存物資	200,000		
累計攤銷	-374,000		
政府儲備物資	1,439,000		
待處理財產損溢	-1,440		
合計	82,075,100	合計	81,355,100

表 13-6　　　　　　　　　　收入、支出科目發生額表　　　　　　　單位：元

項目			11 月底累計發生額
收入	一、財政撥款收入		28,180,000
	二、其他收入		605,000
支出	一、經費支出	(1) 財政撥款支出	27,500,000
		(2) 其他資金支出	495,000
	二、撥出經費		70,000

根據以上資料編製丙單位 2015 年 11 月 30 日的資產負債表，如表 13-7 所示：

表 13-7　　　　　　　　　　　　　資產負債表

會行政 01 表
編製單位：乙單位　　　　　　2015 年 01 月 01 日　　　　　　　　　單位：元

資產	期末數	負債和淨資產	期末數
流動資產：		流動負債：	
庫存現金	410	應繳財政款	
銀行存款	3,773,200	應交稅費	4,100
零餘額帳戶用款額度	234,930	應付職工薪酬	
財政應返還額度	0	應付帳款	347,100
應收帳款		應付政府補貼	
預付帳款	764,000	其他應付款	2,649,000
其他應收款	226,000	一年內到期的非流動負債	1,320,000
存貨	1,721,000	流動負債合計	4,320,200
流動資產合計	6,719,540	非流動負債：	
固定資產	48,720,000	長期應付款	4,210,000
固定資產原價	48,720,000	受託代理負債	3,450,000

表13-4(續)

資產	年初數	期末數	負債和淨資產	年初數	期末數
減：固定資產累計折舊			受託代理負債	3,685,000	3,448,900
在建工程	1,444,000	1,305,000	非流動負債合計	7,755,000	7,238,900
無形資產	882,000	8,014,000	負債合計	12,903,900	11,116,000
無形資產原價	1,260,000	8,418,000			
累計攤銷	378,000	404,000	淨資產：		
待處理財產損溢			財政撥款結轉	911,000	1,506,000
政府儲備物資	1,390,000	1,428,000	財政撥款結餘	170,000	82,000
公共基礎設施	10,149,000	13,000,000	其他資金結轉結餘	1,575,000	99,000
公共基礎設施原價	10,149,000	13,000,000	其中：項目結轉		
減：公共基礎設施累計折舊			資產基金	56,432,000	75,840,000
公共基礎設施在建工程		532,000	待償債淨資產	-5,303,000	-5,515,000
受託代理資產	3,685,000	3,448,900	淨資產合計	53,785,000	72,011,100
資產總計	66,688,900	83,127,100	負債和淨資產總計	66,688,900	83,127,100

註：①「銀行存款」項目期末余額＝銀行存款餘額－銀行存款中受託代理存款金額
　　　　　　　　　　　＝6,013,200－2,688,900＝3,324,300（元）；
②「長期應付款」項目期末余額＝長期應付款期末餘額－1年內到期償還的長期應付款金額
　　　　　　　　　　　＝5,270,000－1,480,000＝3,790,000（元）；
③「受託代理資產」項目期末余額＝受託代理存款期末餘額＋受託代理資產餘額－受託儲存物資餘額
　　　　　　　　　　　＝2,688,900＋960,000－200,000＝3,448,900（元）；
③「受託代理資產負債」項目期末余額＝受託代理負債餘額－受託儲存物資對應的受託代理負債餘額
　　　　　　　　　　　＝3,648,900－200,000＝3,448,900（元）。

【例13-2】假設丙行政單位2015年11月30日的會計科目余額及11月發生的收入、支出累計發生額如表13-5、表13-6所示：

表13-5　　　　　　　　　　　　會計科目余額表
編製單位：丙單位　　　　2015年11月30日　　　　　　　　　單位：元

會計科目	借方余額	會計科目	貸方余額
庫存現金	410	應交稅費	4,100
銀行存款	6,463,200	長期應付款	5,530,000
其中：受託代理存款	2,690,000	應付帳款	347,100
零餘額帳戶用款額度	234,930	其他應付款	2,649,000
財政應返還額度	0	受託代理負債	3,650,000
預付帳款	764,000	財政撥款結轉	611,000
其他應收款	226,000	財政撥款結餘	20,000
存貨	1,721,000	其他資金結轉結餘	79,000
固定資產	48,720,000	其中：項目結轉	0
無形資產	8,528,000	資產基金	74,192,000

表13-3(續)

會計科目	借方余額	會計科目	貸方余額
其中：受託代理存款	2,688,900	應付帳款	345,900
財政應返還額度	492,200	其他應付款	2,048,000
預付帳款	824,000	受託代理負債	3,648,900
其他應收款	21,600	財政撥款結轉	1,506,000
存貨	1,777,000	財政撥款結餘	82,000
固定資產	48,960,000	其他資金結轉結餘	99,000
無形資產	8,418,000	其中：項目結轉	0
在建工程	1,837,000	資產基金	75,840,000
其中：公共基礎設施在建工程	532,000	待償債淨資產	-5,515,900
公共基礎設施	13,000,000		
受託代理資產	960,000		
其中：受託儲存物資	200,000		
累計攤銷	-404,000		
政府儲備物資	1,428,000		
合計	83,327,100	合計	83,327,100

註：「長期應付款」科目中，1年到期償還的長期應付款為1,480,000元，基建並帳的基建借款為3,160,000元，基建借款中尚未使用的基建借款為100,000元，因此待償債淨資產余額＝長期應付款－未使用的基建借款＋應付帳款＝5,270,000－100,000＋345,900＝5,515,900（元）。

(3) 根據以上資料編製乙行政單位2015年12月31日的資產負債表如表13－4所示：

表13-4　　　　　　　　　　　　　　資產負債表

編製單位：乙單位　　　　2015年01月01日　　　　會行政01表　單位：元

資產	年初數	期末數	負債和淨資產	年初數	期末數
流動資產：			流動負債：		
庫存現金	500	100	應繳財政款		
銀行存款	4,196,400	3,324,300	應交稅費		3,200
財政應返還額度	1,455,000	492,200	應付職工薪酬		
應收帳款			應付帳款	26,900	345,900
預付帳款	65,000	8,24,000	應付政府補貼		
其他應收款	92,000	21,600	其他應付款	3,916,000	2,048,000
存貨	795,000	1,777,000	一年內到期的非流動負債	1,206,000	1,480,000
流動資產合計	7,431,900	6,439,200	流動負債合計	5,148,900	3,877,100
固定資產	41,707,000	48,960,000	非流動負債：		
固定資產原價	41,707,000	48,960,000	長期應付款	4,070,000	3,790,000

（二）收入支出表的編製方法

收入支出表的編製應以日常會計核算記錄的帳簿數據為基礎。報表各項目都列有「本月數」和「本年累計數」兩個欄目。收入支出表中的年初結轉結余項目金額與上年度收入支出表中的年末結轉結余項目金額一致。收入支出表的相關數字應與資產負債表、財政撥款收入支出表相關數字一致。

1. 基本填列方法

收入支出表的「本月數」欄反應各項目的本月實際發生數。在編製年度收入支出表時，應當將本欄改為「上年數」欄，反應上年度各項目的實際發生數。如果本年度收入支出表規定的各個項目的名稱和內容與上年度不一致，應對上年度收入支出表各項目的名稱和數字按照本年度的規定進行調整，填入本年度收入支出表的「上年數」欄。表中的「本年累計數」欄反應各項目自年初起至報告期末止的累計實際發生數。編製年度收入支出表時，應當將本欄改為「本年數」。

收入支出表的填列方法可以歸納為以下三類：

（1）根據總帳及明細帳科目的本期發生額直接填列或分析填列，如財政撥款結轉結余調整及變動、其他資金結轉結余調整及變動、財政撥款收入、其他資金收入等項目。

（2）只有編製年度收入支出表時才填列的項目，如表中「年初各項資金結轉結余」「年末各項資金結轉結余」項目及其所屬各明細項目。此類項目直接填列在「本年累計數」欄，根據相關科目及明細科目的年初、年末余額填列。

（3）根據表中項目計算填列，如表中「本期收支差額」，根據當年的收入總計和當年的支出總計相減得出。

2. 各項目的具體填列方法

會計制度規定了收入支出表各項目的內容及填列方法，具體表現如下：

（1）「年初各項資金結轉結余」項目及其所屬各明細項目，反應行政單位本年年初所有資金結轉結余的金額。各明細項目應當根據「財政撥款結轉」「財政撥款結余」「其他資金結轉結余」及其明細科目的年初余額填列。本項目及其所屬各明細項目的數額，應當與上年度收入支出表中「年末各項資金結轉結余」中各明細項目的數額相等。

（2）「各項資金結轉結余調整及變動」項目及其所屬各明細項目，反應行政單位因發生需要調整以前年度各項資金結轉結余的事項以及本年因調入、上繳或交回等導致各項資金結轉結余變動的金額。

①「財政撥款結轉結余調整及變動」項目，根據「財政撥款結轉」「財政撥款結余」科目下的「年初余額調整」「歸集上繳」「歸集調入」明細科目的本期貸方發生額合計數減去本期借方發生額合計數的差額填列；如為負數，以「-」號填列。

②「其他資金結轉結余調整及變動」項目，根據「其他資金結轉結余」科目下的「年初余額調整」「結余調劑」明細科目的本期貸方發生額合計數減去本期借方發生額合計數的差額填列；如為負數，以「-」號填列。

（3）「收入合計」項目，反應行政單位本期取得的各項收入的金額。本項目應當根據「財政撥款收入」科目的本期發生額加上「其他收入」科目的本期發生額的合計數填列。

①「財政撥款收入」項目及其所屬明細項目，反應行政單位本期從同級財政部門取得的各類財政撥款的金額。本項目應當根據「財政撥款收入」科目及其所屬明細科

目的本期發生額填列。

②「其他資金收入」項目及其所屬明細項目，反應行政單位本期取得的各類非財政撥款的金額。本項目應當根據「其他收入」科目及其所屬明細科目的本期發生額填列。

（4）「支出合計」項目，反應行政單位本期發生的各項資金支出金額。本項目應當根據「經費支出」和「撥出經費」科目的本期發生額的合計數填列。

①「財政撥款支出」項目及其所屬明細項目，反應行政單位本期發生的財政撥款支出金額。本項目應當根據「經費支出——財政撥款支出」科目及其所屬明細科目的本期發生額填列。

②「其他資金支出」項目及其所屬明細項目，反應行政單位本期使用各類非財政撥款資金發生的支出金額。本項目應當根據「經費支出——其他資金支出」和「撥出經費」科目及其所屬明細科目的本期發生額的合計數填列。

（5）「本期收支差額」項目及其所屬各明細項目，反應行政單位本期發生的各項資金收入和支出相抵後的餘額。

①「財政撥款收支差額」項目，反應行政單位本期發生的財政撥款資金收入和支出相抵後的餘額。本項目應當根據本表中「財政撥款收入」項目金額減去「財政撥款支出」項目金額後的餘額填列；如為負數，以「-」號填列。

②「其他資金收支差額」項目，反應行政單位本期發生的非財政撥款資金收入和支出相抵後的餘額。本項目應當根據本表中「其他資金收入」項目金額減去「其他資金支出」項目金額後的餘額填列；如為負數，以「-」號填列。

（6）「年末各項資金結轉結餘」項目及其所屬各明細項目，反應行政單位截至本年年末的各項資金結轉結餘金額。各明細項目應當根據「財政撥款結轉」「財政撥款結餘」「其他資金結轉結餘」科目的年末餘額填列。

上述「年初各項資金結轉結餘」「年末各項資金結轉結餘」項目及其所屬各明細項目，只在編製年度收入支出表時填列。

【例13-3】乙行政單位2014年度收入支出表中的「財政撥款結轉」「財政撥款結餘」「其他資金結轉結餘」的本年數分別為10,000元、5,000元和8,000元。2015年度有關收入和支出科目本年發生額如表13-9所示：

表13-9　　　　　　　　　　2015年收入支出本年發生額表　　　　　　　　單位：元

收入科目		貸方金額	支出科目		借方金額
財政撥款收入	基本支出	850,000	經費支出	財政撥款支出 基本支出	700,000
	項目支出（未完成）	200,000		項目支出（未完成）	120,000
				項目支出（已完成）	80,000
	項目支出（已完成）	100,000		其他資金支出 非項目支出	250,000
其他收入	非項目資金收入	400,000		項目支出（已完成）	50,000
			撥出經費	基本支出	100,000
	項目資金收入（已完成）	150,000		項目支出（已完成）	80,000

假設2015年度未發生調整以前年度各項資金結轉結餘的事項以及本年因調入、上繳或交回等導致各項資金結轉結餘變動的事項。根據表13-9的數據，編製乙行政單位2015年度的收入支出表，如表13-10所示：

表13-10　　　　　　　　　　收入支出表　　　　　　　　　　會行政02表
編製單位：乙單位　　　　　　　　年　月　　　　　　　　　　　單位：元

項　目	上年數（略）	本年累計數
一、年初各項資金結轉結餘		23,000
（一）年初財政撥款結轉結餘		15,000
1. 財政撥款結轉		10,000
2. 財政撥款結餘		5,000
（二）年初其他資金結轉結餘		8,000
二、各項資金結轉結餘調整及變動		
（一）財政撥款結轉結餘調整及變動		
（二）其他資金結轉結餘調整及變動		
三、收入合計		1,700,000
（一）財政撥款收入		1,150,000
1. 基本支出撥款		850,000
2. 項目支出撥款		,300,000
（二）其他資金收入		550,000
1. 非項目收入		,400,000
2. 項目收入		150,000
四、支出合計		1,380,000
（一）財政撥款支出		,900,000
1. 基本支出		,700,000
2. 項目支出		,200,000
（二）其他資金支出		480,000
1. 非項目支出		350,000
2. 項目支出		130,000
五、本期收支差額		320,000
（一）財政撥款收支差額		250,000
（二）其他資金收支差額		70,000
六、年末各項資金結轉結餘		343,000
（一）年末財政撥款結轉結餘		265,000
1. 財政撥款結轉		240,000
2. 財政撥款結餘		25,000
（二）年末其他資金結轉結餘		78,000

三、財政撥款收入支出表的內容及編製

(一) 概念及基本格式

財政撥款收入支出表是反應行政單位在某一會計期間財政撥款收入、支出、結轉及結余情況的報表，是行政單位主要報表之一，屬於動態報表。通過財政撥款收入支出表，可以提供行政單位某一會計期間財政撥款收入、支出的規模及結構情況以及財政撥款結轉結余的規模與結構情況。財政撥款收入支出表是年報，應按年度編製，其基本格式如表 13-11 所示：

表 13-11　　　　　　　　　　　財政撥款收入支出表　　　　　　　　　　　會行政 03 表

編製單位：　　　　　　　　　　　　　　　年度　　　　　　　　　　　　　　　單位：元

項目	年初財政撥款結轉結餘		調整年初財政撥款結轉結餘	歸集調入或上繳	單位內部調劑		本年財政撥款收入	本年財政撥款支出	年末財政撥款結轉結餘	
	結轉	結餘			結轉	結餘			結轉	結餘
一、公共財政預算資金										
(一) 基本支出										
1. 人員經費										
2. 日常公用經費										
(二) 項目支出										
1. ××項目										
2. ××項目										
……										
二、政府性基金預算資金										
(一) 基本支出										
1. 人員經費										
2. 日常公用經費										
(二) 項目支出										
1. ××項目										
2. ××項目										
……										
總計										

(二) 財政撥款收入支出表的編製方法

財政撥款收入支出表「項目」欄內各項目，應當根據行政單位取得的財政撥款種類分項設置。其中「項目支出」下，根據每個項目設置。行政單位取得除公共財政預算撥款和政府性基金預算撥款以外的其他財政撥款的，應當按照財政撥款種類增加相應的資金項目及其明細項目。財政撥款收入支出表各欄及其對應項目的內容和具體填列方法如下：

(1) 「年初財政撥款結轉結餘」欄中各項目，反應行政單位年初各項財政撥款結轉和結余的金額。各項目應當根據「財政撥款結轉」「財政撥款結餘」及其明細科目的

年初余額填列。本欄目中各項目的數額，應當與上年度財政撥款收入支出表中「年末財政撥款結轉結餘」欄中各項目的數額相等。

（2）「調整年初財政撥款結轉結餘」欄中各項目，反應行政單位對年初財政撥款結轉結餘的調整金額。各項目應當根據「財政撥款結轉」「財政撥款結餘」科目中「年初余額調整」科目及其所屬明細科目的本年發生額填列。如調整減少年初財政撥款結轉結餘，以「-」號填列。

（3）「歸集調入或上繳」欄中各項目，反應行政單位本年取得主管部門歸集調入的財政撥款結轉結餘資金和按規定實際上繳的財政撥款結轉結餘資金金額。各項目應當根據「財政撥款結轉」「財政撥款結餘」科目中「歸集上繳」和「歸集調入」科目及其所屬明細科目的本年發生額填列。對歸集上繳的財政撥款結轉結餘資金，以「-」號填列。

（4）「單位內部調劑」欄中各項目，反應行政單位本年財政撥款結轉結餘資金在內部不同項目之間的調劑金額。各項目應當根據「財政撥款結轉」和「財政撥款結餘」科目中的「單位內部調劑」及其所屬明細科目的本年發生額填列。對單位內部調劑減少的財政撥款結轉結餘項目，以「-」號填列。

（5）「本年財政撥款收入」欄中各項目，反應行政單位本年從同級財政部門取得的各類財政預算撥款金額。各項目應當根據「財政撥款收入」科目及其所屬明細科目的本年發生額填列。

（6）「本年財政撥款支出」欄中各項目，反應行政單位本年發生的財政撥款支出金額。各項目應當根據「經費支出」科目及其所屬明細科目的本年發生額填列。

（7）「年末財政撥款結轉結餘」欄中各項目，反應行政單位年末財政撥款結轉結餘的金額。各項目應當根據「財政撥款結轉」「財政撥款結餘」科目及其所屬明細科目的年末余額填列。

第三節　行政單位會計報表分析

一、會計報表的審核

會計報表，特別是年終決算會計報表編好之後，為了保證會計信息質量、維護財經紀律，各級行政單位要認真進行審核，確認無誤之後才能上報。上級單位對所屬單位上報的會計報表，還要再一次進行審核。

（一）政策性審核

政策性審核主要是審查行政單位的會計報表中反應的資金收支和預算執行情況是否符合國家的政策、法規、制度，有無違反財經紀律的現象。

（1）預算執行情況的審核。審核有無截留應撥給下屬單位的經費。本單位經費支出是否嚴格控制，有無不合理支出，比如有沒有把預算經費挪用於職工宿舍的基本建設或進行高檔裝修，或者進行大規模的職工福利工程；是否有隨意提高開支標準、擴大開支範圍的情況；人員經費和公用經費的比例關係是否有較大的和不正常的改變；等等。

(2) 項目資金使用情況的審核。審核項目資金是否用到了指定的項目，是否做到了專款專用，是否單獨建帳與核算；項目進度如何，資金使用效益如何；結轉結餘資金是否按規定進行了處理等。

(3) 各項收入、支出的審核。審核各種收費是否符合有關規定；應繳財政款是否及時、足額上繳了，有沒有截留挪用情況（「應繳財政款」科目有較大余額就屬於截留挪用情況之一）；收取附屬單位繳款是否按規定收取，有無亂攤派、亂收款現象；各項支出的使用是否合理，有無違法亂紀的開支；等等。

(4) 其他項目的審核。債權債務等往來款項的管理是否嚴格，是否進行了及時清理結算；存貨物資有無積壓浪費現象；有價證券的購買是否符合規定，有無足夠的資金來源，是否挪用了預算撥款或專項撥款購買有價證券，是否有違反規定炒買炒賣股票及企業債券情況；等等。

(二) 技術性審核

技術性審核主要是審核會計報表的數字是否正確，規定的報表是否齊全，表內項目是否按規定填報，有無漏報、錯報情況，報送是否及時，報表上各項簽章是否齊全等。

(1) 審核上下級單位之間財政撥款和項目資金的撥出、撥入數，其他非財政資金的上繳、下撥數是否一致。

(2) 審核上下年度有關數字是否一致。

(3) 審核各個報表之間的勾稽關係是否正確。

(4) 審核各個報表中的數字計算是否正確。

(5) 審核會計報表中的數字與業務部門提供的數字是否一致。

各行政單位只有對經過認真審核后的會計報表，才能簽章上報；上級主管部門只有對所屬單位的會計報表進行了認真審核之後，才能進行匯總。

二、會計報表的匯總

主管會計單位和二級會計單位為了反應全系統的預算執行情況和財務狀況，應對經審核過的所屬單位的會計報表及本單位的會計報表進行匯總、編製匯總會計報表。匯總會計報表的種類、格式均與基層單位的會計報表相同。

匯總會計報表的編製方法，原則上是將相同項目的金額加計總數后填列。但在匯編資產負債表和收入支出表時，為了避免上下級重複計列收入和支出，應將上下級單位之間對應科目的數字予以沖銷。

三、會計報表分析

會計報表分析是對會計報表所提供的數據進行加工、分解比較、評價和說明。

行政單位的會計報表，雖然反應了行政單位在一定時期預算執行的結果和財務收支的狀況，但由於預算收支錯綜複雜，涉及報告期內全部業務活動，會計報表數字還不能具體地說明核算執行結果的好壞及其形成原因。為了進一步弄清預算在執行過程中超支或結餘的具體情況和原因，以肯定成績、找出差距、揭露矛盾、改進工作，就需要對會計報表的數字資料、各項指標內在因素的相互關係進行全面分析研究，總結預算管理工作中的經驗教訓，尋找進一步增收節支，提高資金使用效益的途徑，為編

製下年預算提供依據，以不斷提高預算管理水平。

（一）會計報表分析的方法

會計報表分析一般採用比較分析法和比率分析法。

（1）比較分析法是指通過對相同內容，不同時間或不同地點的會計指標以減法形式對比，發現差異的一種方法。比較分析法的主要比較形式有年度預算收支實際與計劃（預算）、與上期、與上年同期或某一完成較好的歷史時期、與其他同類單位的相同指標，進行對比分析，發現差異、分析原因。

（2）比率分析法是指通過計算出各個組成部分在總體中所占的比重，從而找出各項目變化規律的方法。例如，用結構分析某行政單位業務收入、支出活動情況時，計算出各項收入占總收入的比重、各項支出占總經費支出的比重。通過對收入和支出的結構分析，就可以瞭解各項收入、支出的結構是否合理，便於採取措施，加以改進。

（二）財務分析

財務分析是指依據會計核算資料和其他有關信息資料，對單位財務活動過程及其結果進行的研究、分析和評價。分析時採用比率分析法。

根據《行政單位財務規則》的規定，行政單位財務分析的內容包括預算編製與執行情況、收入支出狀況、人員增減情況、資產使用情況等。財務分析的指標主要有支出增長率、當年預算支出完成率、人均開支、項目支出占總支出的比率、人員支出占總支出的比率、公用支出占總支出的比率、人均辦公使用面積、人車比例等。行政單位還可以根據其業務特點，增加財務分析指標。

（1）支出增長率是衡量行政單位支出增長水平的指標。其計算公式為：

支出增長率＝（本期支出總額÷上期支出總額－1）×100%

（2）當年預算支出完成率是衡量行政單位當年支出總預算及分項預算完成程度的指標。其計算公式為：

當年預算支出完成率＝年終執行數÷（年初預算數±年中預算調整數）×100%

年終執行數不含上年結轉和結餘支出數。

（3）人均開支是衡量行政單位人均年消耗經費水平，反應經費支出與人員配置之間關係的指標。其計算公式為：

人均開支＝本期支出數÷本期平均在職人員數×100%

（4）項目支出占總支出的比率是衡量行政單位的支出結構和項目支出規模的指標。其計算公式為：

項目支出比率＝本期項目支出數÷本期支出總數×100%

（5）人員支出、公用支出占總支出的比率是衡量行政單位的支出結構、人員支出和公用支出規模的指標。其計算公式為：

人員支出占總支出比率＝本期人員支出數÷本期支出總數×100%

公用支出占總支出比率＝本期公用支出數÷本期支出總數×100%

（6）人均辦公使用面積是衡量行政單位辦公用房配備情況的指標。其計算公式為：

人均辦公使用面積＝本期末單位辦公用房使用面積÷本期末在職人員數

（7）人車比例是衡量行政單位公務用車配備情況的指標。其計算公式為：

人車比例＝本期末在職人員數÷本期末公務用車實有數

思考題

1. 什麼是行政單位的會計報表？有哪些編報要求？
2. 什麼是行政單位的資產負債表和收入支出表？應如何列示？
3. 什麼是行政單位的財政撥款收入支出表？按什麼時間編製？
4. 行政單位會計報表附註包括哪些內容？
5. 行政單位有哪些主要的財務分析指標？

練習題

1. 資料：某行政單位 2015 年 4 月 30 日的有關資料如下：
(1) 科目余額表（見表 13-12）。

表 13-12　　　　　　　　　　科目餘額表　　　　　　　　　　單位：元

會計科目	借方餘額	會計科目	貸方餘額
庫存現金	410	應交稅費	4,100
銀行存款	6,463,200	長期應付款	5,530,000
其中：受託代理存款	2,690,000	應付帳款	347,100
零餘額帳戶用款額度	234,930	其他應付款	2,649,000
財政應返還額度	0	受託代理負債	3,650,000
預付帳款	764,000	財政撥款結轉	611,000
其他應收款	226,000	財政撥款結餘	20,000
存貨	1,721,000	其他資金結轉結餘	79,000
固定資產	48,720,000	其中：項目結轉	0
無形資產	8,528,000	資產基金	74,192,000
在建工程	1,712,000	待償債淨資產	-5,727,100
公共基礎設施	11,200,000		
公共基礎設施在建工程	482,000		
受託代理資產	960,000		
其中：受託儲存物資	200,000		
累計攤銷	-374,000		
政府儲備物資	1,449,000		
待處理財產損溢	-1,440		
合計	82,085,100	合計	81,355,100

註：「長期應付款」科目中，1 年到期償還的長期應付款為 1,480,000 元。

(2) 收入、支出科目發生額表 (見表 13-13)。

表 13-13　　　　　　　　　收入、支出科目發生額表　　　　　　　　　單位：元

項目			4月底累計發生額
收入	財政撥款收入		28,180,000
	其他收入		605,000
支出	1. 經費支出	(1) 財政撥款支出	27,500,000
		(2) 其他資金支出	485,000
	2. 撥出經費		70,000

要求：根據以上資料編製該行政單位4月份資產負債表。

2. 某行政單位2015年度收入支出表中的「財政撥款結轉」「財政撥款結餘」「其他資金結轉結餘」的本年數分別為12,000元、5,500元和8,100元。2015年度有關收支本年發生額如表13-14所示：

表 13-14　　　　　　　　　有關收支本年發生額　　　　　　　　　　　單位：元

	收入科目	貸方金額		支出科目	借方金額
財政撥款收入	基本支出	865,000	經費支出	財政撥款支出	基本支出	710,000
	項目支出（未完成）	220,000			項目支出（未完成）	120,000
	項目支出（已完成）	100,000			項目支出（已完成）	83,000
其他收入	非項目資金收入	430,000		其他資金支出	非項目支出	250,000
					項目支出（已完成）	51,000
	項目資金收入（已完成）	154,000	撥出經費	基本支出	110,000
				項目支出（已完成）	82,000

要求：根據以上資料編製該行政單位2015年度收入支出表。

第四篇
事業單位會計

　　中國非營利組織主要分為國有事業單位和民間非營利組織兩大類。在公共財政框架下，國有事業單位會計仍屬於公共部門，其會計核算和行政單位有相同之處，也有自己的特點。本篇主要介紹事業單位資產、負債、收入、支出和淨資產的核算以及事業單位會計報表的編製方法和要求等。

第十四章
事業單位會計概述

中國事業單位會計由於其會計主體的特殊性，使其會計核算表現出既與企業會計不同，又與行政單位會計不同的特點。本章從事業單位會計的基本概念出發，介紹事業單位會計的組織系統和帳務處理要求。

通過本章的學習，應該掌握以下內容：
- 事業單位會計的概念和特點
- 國有事業單位會計的組織系統
- 事業單位會計的帳務處理總體要求

第一節 事業單位會計的概念和特點

一、事業單位的特徵

根據《事業單位登記管理暫行條例》的規定，事業單位是指國家為了社會公益目的，由國家機關舉辦或者其他組織利用國有資產舉辦的，從事教育、科技、文化、衛生等活動的社會服務組織。

事業單位按其具體的業務性質主要包括以下幾類：工業、交通等部門的事業單位；農林、水利、氣象等部門的事業單位；商業部門的事業單位；文化、科學、教育等部門的事業單位；社會保障、衛生等部門的事業單位；科學研究事業單位和其他事業單位。

事業單位與政府、行政單位和企業相比，具有許多不同的特點：

（1）單位性質的國有性。事業單位通常要接受國家行政機關的領導，大多數事業單位都是由國家出資建立起來的，定期或不定期地接受國家的無償撥款，並通常為行政單位的下屬機構。

（2）提供服務的公益性。事業單位的主要業務（即其專業業務）不以營利為目的，而是以社會效益為目的。事業單位在其專業業務之外所開展的經營活動，雖然也實行有償服務或利潤管理，但必須以不影響其非營利性的專業業務活動為前提。

（3）提供服務的專業性。事業單位以生產精神產品和提供勞務為主，一般不生產物質產品。經濟管理體制改革和事業單位業務活動多元化之後，有的單位雖然在其基本專業業務之外，也生產某些物質產品，但主要是高科技產品，通常是作為知識、信息和技術的載體來提供的。

（4）資金來源的多樣性。事業單位除了財政撥款之外，還可以從上級部門、下屬單位及有關出資者處取得資金。其中，出資者不具有明確的經濟權益，不要求投入資

產的回報，也不準備收回投入資產。

(5) 事業單位沒有國家賦予的管理社會公共活動的權力，不具有國家管理職能。

二、事業單位會計的概念及其特點

事業單位會計是指核算和監督事業單位資金的增減變化及其結果的專業會計。加強事業單位會計核算有利於會計主體在保證事業單位活動的社會效益的前提下，不斷提高資金的使用效率。

事業單位業務活動的特點和管理要求決定了事業單位會計核算與財政總預算會計、行政單位會計和企業會計的核算有以下不同點：

(1) 不同類型的業務活動採取不同的核算基礎。根據《事業單位會計準則》的規定，事業單位會計核算一般採用收付實現制，部分經濟業務或者事項可採用權責發生制。事業單位可以根據開展業務活動及其他活動的實際需要，實行內部成本核算辦法，對經營性業務活動採用權責發生制原則。在開展非獨立核算經營活動中，應當正確歸集實際發生的各項費用；不能直接歸集的，應當採用一定的方法進行合理分配，正確劃分各會計期間的成本費用界限。經營支出應當與經營收入配比。

(2) 可設立本單位的專用基金。由於事業單位收入來源的多樣化，使得事業單位有一定的資金使用權，設置各種專用基金。例如，按規定可從本年度非財政補助結餘中提取職工福利基金；可按照規定的比例提取修購基金；等等。

(3) 資金來源多元化。事業單位資金的來源主要有幾個方面：一是表現為財政撥款，二是表現為上級下撥的補助，三是來自於業務活動的收入，四是來自於附屬單位的繳款以及其他資金的收入。

(4) 事業單位舉辦的經濟實體可以利用其非財政補助收入對外投資，由此形成對外投資和投資收益的核算業務。

(5) 可根據不同的業務採用不同的事業單位會計制度。由於事業單位的種類很廣泛，不同單位的業務相差很遠，很難實行統一的會計科目。因此，財政部除了出臺通用的事業單位會計制度和科目以外，還根據不同的行業出臺不同的會計制度和科目。例如，《中小學校會計制度》《高等學校會計制度》《醫院會計制度》等。

(6) 會計規範採用「準則+制度」模式。近年來，中國出臺了《事業單位財務規則》《事業單位會計準則》和《事業單位會計制度》，對事業單位的會計核算和財務管理進行了規範，形成了不同於企業會計的規範模式。

本教材所涉及的事業單位，僅指納入預算管理的國有事業單位，不包括非國有事業單位和實行企業化管理的事業單位。

第二節　事業單位會計核算的組織

一、國有事業單位會計的組織系統

與行政單位的會計組織系統相同，事業單位也分為主管會計單位、二級會計單位和基層會計單位三級，並實行獨立會計核算，負責組織管理本單位的全部會計工作。

主管會計單位是指向同級財政部門領撥經費，並發生預算管理關係，下面有所屬會計單位的單位。

二級會計單位是指向主管會計單位或上級單位領撥經費，並發生預算管理關係，下面有所屬會計單位的單位。由於事業單位通常為行政單位的下屬機構，故大多數事業單位為二級會計單位。

基層會計單位是指向上級單位領撥經費，並發生預算管理關係，下面沒有所屬會計單位的單位。向同級財政部門領撥經費，並發生預算管理關係，下面沒有所屬會計單位的，視同基層會計單位。

不具備獨立核算條件的事業單位，實行單據報帳制度，作為「報銷單位」管理。

在社會主義市場經濟條件下，事業單位會計的主要目的是向單位的管理者、立法和監督機構、政府主管部門、投資者、社會贊助者和其他有關方面的會計報表使用者提供有用的信息。事業單位會計的主要職責是進行會計核算，實行會計監督，並參與經濟管理。在實行國庫集中收付制度下，三個層次的會計單位之間的資金領撥方式發生了變化，各事業單位財政撥款不再層層轉撥，而是通過財政直接支付和財政授權支付兩種方式進行。

二、事業單位會計科目的設置要求

設置會計科目，填製會計憑證，登記會計帳簿是事業單位會計核算體系的重要組成內容。

(一) 通用會計科目

會計科目是對會計核算對象按其經濟內容或經濟用途所進行的科學分類。每個會計科目都要規定一定的名稱、編號和核算內容，它是帳戶設置和經濟業務核算的依據。科學地設置和正確地使用會計科目，是做好會計核算工作的重要條件。

按照 2013 年《事業單位會計制度》的規定，事業單位會計科目按其反應的經濟內容和用途的不同分為資產類、負債類、淨資產類、收入類、支出類五大類。各級各類事業單位應該設置和使用的通用會計科目如表 14-1 所示：

表 14-1　　　　　　　　　　事業單位通用會計科目表

序號	科目編號	科目名稱
一、資產類		
1	1001	庫存現金
2	1002	銀行存款
3	1011	零餘額帳戶用款額度
4	1101	短期投資
5	1201	財政應返還額度
	120101	財政直接支付
	120102	財政授權支付
6	1211	應收票據
7	1212	應收帳款

表14-1(續)

序號	科目編號	科目名稱
8	1213	預付帳款
9	1215	其他應收款
10	1301	存貨
11	1401	長期投資
12	1501	固定資產
13	1502	累計折舊
14	1511	在建工程
15	1601	無形資產
16	1602	累計攤銷
17	1701	待處置資產損溢
二、負債類		
18	2001	短期借款
19	2101	應交稅費
20	2102	應繳國庫款
21	2103	應繳財政專戶款
22	2201	應付職工薪酬
23	2301	應付票據
24	2302	應付帳款
25	2303	預收帳款
26	2305	其他應付款
27	2401	長期借款
28	2402	長期應付款
三、淨資產類		
29	3001	事業基金
30	3101	非流動資產基金
	310101	長期投資
	310102	固定資產
	310103	在建工程
	310104	無形資產
31	3201	專用基金
32	3301	財政補助結轉
	330101	基本支出結轉
	330102	項目支出結轉
33	3302	財政補助結餘
34	3401	非財政補助結轉

表14-1(續)

序號	科目編號	科目名稱
35	3402	事業結餘
36	3403	經營結餘
37	3404	非財政補助結餘分配
四、收入類		
38	4001	財政補助收入
39	4101	事業收入
40	4201	上級補助收入
41	4301	附屬單位上繳收入
42	4401	經營收入
43	4501	其他收入
五、支出類		
44	5001	事業支出
45	5101	上繳上級支出
46	5201	對附屬單位補助支出
47	5301	經營支出
48	5401	其他支出

(二) 會計科目的設置和運用要求

各級各類事業單位在設置和使用通用會計科目時，應當遵循以下要求：

（1）應當按規定統一設置。第一，應按規定設置總帳科目，並按單位實際需要設置有關的明細科目。第二，實行成本核算的事業單位，可以根據實際情況自行增設或減少某些明細科目。

（2）不得擅自更改統一設置的會計科目名稱和編號，以便於填製會計憑證、登記帳簿、查閱帳目、實行會計信息化管理。

（3）在填製會計憑證、登記會計帳簿時，應當填列會計科目的名稱，或者同時填列會計科目的名稱和編號，不得只填列科目編號而不填列科目名稱。

三、會計憑證的規定

會計憑證是記錄經濟業務、明確經濟責任的書面證明。事業單位發生的任何一項經濟業務，都必須及時取得或填製會計憑證，只有根據合法的會計憑證，才能記帳。

事業單位的原始憑證主要有以下9種：

（1）收款收據；
（2）借款憑證；
（3）預算撥款憑證；
（4）各種相關稅票；
（5）材料出、入庫單；
（6）固定資產出、入庫單；

（7）銀行結算憑證；
（8）往來結算憑證；
（9）其他足以證明會計事項發生經過的憑證和文件等。

事業單位的記帳憑證主要包括收款憑證、付款憑證和轉帳憑證三種。記帳憑證的編製方法、格式和編製要求與一般企業會計的記帳憑證相同。

事業單位的會計憑證應按照《會計基礎工作規範》的要求填寫、傳遞、登帳、裝訂和保管。在核算過程中，如發現錯誤，應按規定的更正方法進行更正。

四、會計帳簿的設置

會計帳簿是會計核算過程中，以會計憑證為依據，運用帳戶全面、系統、連續地記錄核算事業單位資金運動和結果的簿籍。

事業單位會計可以根據需要設置總分類帳、明細分類帳和日記帳。其中，日記帳的設置與行政單位會計完全相同，有外幣業務收支的事業單位，應分別按人民幣、各種外幣設置「現金日記帳」和「銀行存款日記帳」進行明細核算。下面主要介紹分類帳的設置。

（一）總分類帳的設置

總分類帳是按照會計科目設置的，用於記錄資產、負債、淨資產、收入、支出總括情況的帳簿。它可以全面、系統、綜合地反應事業單位資金運動的總情況，是編製資產負債表的依據。總分類帳通常採用三欄式帳簿。三欄式帳簿的格式與行政單位會計總分類帳格式相同，採用借、貸、余三欄式，按照會計科目名稱設置帳戶。

（二）明細分類帳簿的設置

明細分類帳是用以對總分類帳有關科目進行明細核算的帳簿，事業單位可根據實際需要來設置。各種明細分類帳一般採用三欄式和多欄式的格式。

事業單位通常應該設置下列明細分類帳：

（1）收入明細帳。它包括財政補助收入明細帳、事業收入明細帳、上級補助收入明細帳、附屬單位上繳收入明細帳、經營收入明細帳和其他收入明細帳。

（2）支出明細帳。它包括事業支出明細帳、經營支出明細帳、上繳上級支出明細帳、對附屬單位補助支出明細帳和其他支出明細帳等。

（3）往來款項明細帳。它包括應收帳款明細帳、預付帳款明細帳、其他應收款明細帳、應付帳款明細帳、預收帳款明細帳和其他應付帳款明細帳等。

事業單位的會計帳簿也應按照《會計基礎工作規範》的要求進行登帳、結帳和保管，如發現錯誤，應及時採用專門方法進行更正。

思考題

1. 什麼是事業單位會計？
2. 事業單位會計的特點有哪些？
3. 事業單位會計科目分為哪幾類？
4. 事業單位會計與行政單位會計有何不同點和相同點？

第十五章
事業單位資產的核算

事業單位資產是事業單位佔有或使用的能以貨幣計量的經濟資源，包括流動資產和非流動資產兩大類。

通過本章學習，應該掌握以下內容：
- 事業單位各項資產的內容
- 各項資產在核算方面的規定及要求
- 各項資產的帳務處理

第一節　事業單位資產概述

事業單位資產是指事業單位佔有或者使用的能以貨幣計量的經濟資源，包括各種財產、債權和其他權利。該資源能夠給事業單位帶來服務能力或經濟利益。事業單位的資產包括流動資產、固定資產、在建工程、無形資產和對外投資等。

一、事業單位資產的確認與計量

（一）資產的確認

資產作為一項經濟資源，是事業單位開展業務活動的物質基礎，預期會給事業單位帶來經濟利益或服務潛力。事業單位的資產為國家所有，但資產作為一項經濟資源，應當為事業單位所占用或者使用。因此，事業單位應當按照資產的定義，將這樣的經濟資源確認為資產，並確信運用該資產產生的經濟利益或者服務潛力能夠流入單位，經濟資源的成本或者價值能夠可靠的計量。

（二）資產的計量

事業單位的資產的計量應以歷史成本為主，適當引入歷史成本以外的計量屬性，強調資產計量的可靠性。資產的計量包括初始計量、后續計量及處置。

1. 資產的初始計量

按照《事業單位會計準則》的規定，事業單位的資產應當按照取得時的實際成本進行計量。取得資產的實際成本，應當區分支付對價和不支付對價兩種方式。

（1）以支付對價方式取得的資產，應當按照取得資產時支付的現金或者現金等價物的金額，或者按照取得資產時所付出的非貨幣性資產的評估價值等金額計量。

（2）取得資產時沒有支付對價的（如接受捐贈、無償調入等），可以分別處理：一是有相關憑據的，如發票、報關單據等，其計量金額應當按照有關憑據註明的金額加上相關稅費、運輸費等確定；二是沒有相關憑據的，其計量金額比照同類或類似資產

的市場價格加上相關稅費、運輸費等確定；三是沒有相關憑據，同類或類似資產的市場價格也無法可靠取得的，所取得的資產應當按照名義金額入帳，名義金額一般為人民幣1元。

2. 資產的后續計量及處置

事業單位不需要對各項資產進行減值測試和計提減值準備，后續計量在固定資產折舊和無形資產攤銷中進行。事業單位可以選擇是否對固定資產計提折舊、對無形資產進行攤銷；對逾期3年或以上的應收帳款、預付帳款和其他應收款的帳面余額按規定報經批准后予以核銷。處置固定資產、無形資產時，需要將其帳面價值轉入「待處理資產損溢」科目核算。

二、資產的內容與分類

事業單位的資產按照流動性可分為流動資產和非流動資產。

(一) 流動資產

流動資產是指預計在1年內（含1年）變現或者耗用的資產。事業單位的流動資產包括貨幣資金、短期投資、應收及預付款項、存貨等。其中，貨幣資金包括庫存現金、銀行存款、零余額帳戶用款額度；應收及預付款項包括財政應返還額度、應收票據、應收帳款、預付帳款和其他應收款。

(二) 非流動資產

非流動資產是指流動資產以外的資產。事業單位的非流動資產包括長期投資、在建工程、固定資產、無形資產等。

三、各項資產的財務管理

事業單位佔有或使用的資產屬於國有資產，包括國家撥入的資產和事業單位運用國有資產組織收入形成的資產以及接受捐贈和其他經法律確認的國有資產。事業單位應根據國有資產管理相關法律法規及《事業單位財務規則》的要求，對資產進行有效管理。

(一) 完善資產的管理制度

事業單位應當建立健全單位資產管理制度，加強和規範資產配置、使用和處置管理，維護資產安全完整，保障事業健康發展。

(二) 合理配置資產

事業單位應當按照科學規範、從嚴控制、保障事業發展需要的原則合理配置資產。

(三) 合法處置資產

事業單位資產處置應當遵循公開、公平、公正和競爭、擇優的原則，嚴格履行相關審批程序。

第二節 流動資產的核算

事業單位的流動資產是指預計在1年內（含1年）變現或者耗用的資產，包括貨幣資金、短期投資、應收及預付款項、存貨等。

一、貨幣資金的核算

事業單位的貨幣資金包括庫存現金、銀行存款、零余額帳戶用款額度等。

(一) 庫存現金的核算

庫存現金是指事業單位存放在單位財務部門並可隨時動用的現金，包括庫存的人民幣和外幣。根據國家現金管理制度和結算制度的規定，各事業單位應在銀行開立帳戶，以辦理有關存款、取款和轉帳結算業務。各事業單位的各種款項，必須按照國務院出臺的《現金管理暫行條例》的規定辦理，並在規定的範圍內使用現金。

1. 現金管理的有關規定

現金是流動性最強的一種貨幣資產，可以立即作為交換媒介，投入流通。事業單位應按照《現金管理暫行條例》及其實施細則的有關規定，加強對庫存現金的管理。

(1) 遵守庫存現金限額規定。庫存現金限額是指為保證各單位日常零星支出的需要，按規定允許留存的現金的最高數額，是由開戶銀行根據開戶單位的實際需要和距離銀行遠近等情況核定的。對於超過限額的現金，事業單位應當及時送存銀行。

(2) 遵守現金的使用範圍規定。事業單位應在規定的使用範圍內使用現金，不屬於現金使用範圍的開支必須通過銀行轉帳結算。

(3) 嚴格遵守現金收付手續規定。事業單位辦理任何現金收支業務，都必須以合法的原始憑證為憑據。出納人員付出現金時，應當在原始單據上加蓋「現金付訖」戳記；收取現金時，應當開出正式的收款收據。

(4) 建立健全現金內部控制制度。為了保證現金的安全，事業單位應當加強對現金的控制。例如，不得坐支現金、會計與出納分開、嚴格執行現金盤點制度等。

2. 庫存現金的帳務處理

為了核算庫存現金，應設置「庫存現金」總帳科目。該科目借方登記庫存現金的增加；貸方登記庫存現金的減少；期末借方余額，反應事業單位實際持有的庫存現金。事業單位有外幣現金的，應當分別按照人民幣、各種外幣設置「現金日記帳」，進行明細分類核算。

事業單位應當設置「現金日記帳」，由出納人員根據收付款憑證，按照業務發生順序逐筆登記。每日終了，應當計算當日的現金收入合計數、現金支出合計數和結余數，並將結余數與實際庫存數核對，做到帳款相符。

現金收入業務較多、單獨設有收款部門的事業單位，收款部門的收款員應當將每天所收現金連同收款憑據等一併交財務部門核收記帳；或者將每天所收現金直接送存開戶銀行後，將收款憑據及向銀行送存現金的憑證等一併交財務部門核收記帳。

庫存現金的主要帳務處理如下：

(1) 庫存現金收入事項主要有：①從銀行等金融機構提取現金；②因開展業務等其他事項收到現金等，應按照實際收入的金額核算。

(2) 庫存現金支出事項主要有：①因內部職工出差等原因借出現金；②因購買服務或商品等其他事項支出現金等，應按照實際支出的金額核算。

(3) 每日帳款核對中發現現金溢余或短缺的，應當及時進行處理。如發現現金溢余，屬於應支付給有關人員或單位的部分，借記「庫存現金」科目，貸記「其他應付

款」科目；屬於無法查明原因的部分，借記「庫存現金」科目，貸記「其他收入」科目。如發現現金短缺，屬於應由責任人賠償的部分，借記「其他應收款」科目，貸記「庫存現金」科目；屬於無法查明原因的部分，報經批准后，借記「其他支出」科目，貸記「庫存現金」科目。

【例 15-1】A 事業單位出納簽發現金支票，到銀行提取現金 2,000 元，從零余額帳戶提取現金 3,000 元。A 事業單位應編製如下會計分錄：

借：庫存現金　　　　　　　　　　　　　　　　　　　　　　5,000
　貸：銀行存款　　　　　　　　　　　　　　　　　　　　　　2,000
　　　零余額帳戶用款額度　　　　　　　　　　　　　　　　　3,000

【例 15-2】經批准，A 事業單位張立因公出差，預借差旅費 5,000 元，用現金支出。三天后，張立出差回來，報銷差旅費 4,500 元，並交回多余款 500 元。A 事業單位應編製如下會計分錄：

預借款時：
借：其他應收款——張立　　　　　　　　　　　　　　　　　　5,000
　貸：庫存現金　　　　　　　　　　　　　　　　　　　　　　5,000
報銷時：
借：事業支出　　　　　　　　　　　　　　　　　　　　　　　4,500
　　庫存現金　　　　　　　　　　　　　　　　　　　　　　　　500
　貸：其他應收款——張立　　　　　　　　　　　　　　　　　　5,000

【例 15-3】A 事業單位月末盤點現金，發現現金溢余 150 元，經查明是尚欠職工李明的差旅費報銷尾款。A 事業單位應編製如下會計分錄：

借：庫存現金　　　　　　　　　　　　　　　　　　　　　　　150
　貸：其他應付款　　　　　　　　　　　　　　　　　　　　　　150

如果現金溢余無法查明原因，可作為其他收入處理：
借：庫存現金　　　　　　　　　　　　　　　　　　　　　　　150
　貸：其他收入　　　　　　　　　　　　　　　　　　　　　　　150

【例 15-4】A 事業單位年末盤點現金，發現現金短缺 100 元，經查明是出納責任。A 事業單位應編製如下會計分錄：

借：其他應收款　　　　　　　　　　　　　　　　　　　　　　100
　貸：庫存現金　　　　　　　　　　　　　　　　　　　　　　　100

如果現金短缺無法查明原因，可作為其他支出處理：
借：其他支出　　　　　　　　　　　　　　　　　　　　　　　100
　貸：庫存現金　　　　　　　　　　　　　　　　　　　　　　　100

（二）銀行存款的核算

銀行存款是指事業單位存入銀行或其他金融機構的各種存款，包括人民幣存款和外幣存款。

1. 銀行存款的管理要求

按照國家《支付結算辦法》和《人民幣銀行結算帳戶管理辦法》等法規的要求，事業單位應在指定的銀行開立有關結算帳戶，遵守各項規定，以辦理存款、取款和轉

帳等結算。

（1）加強開戶管理。事業單位在實行國庫集中收付制度后，對銀行存款開戶的要求更加嚴格。原則上應由單位財務部門統一開立銀行帳戶，其他非獨立核算部門不得開立帳戶；事業單位內部各部門取得的收入，都要納入單位財務部門的統一監管之下，嚴禁私設「小金庫」行為；防止和杜絕開立帳戶過多、過濫的現象。

（2）銀行轉帳結算方式和結算紀律。事業單位根據有關法規的規定和業務需要，可以採用銀行匯票、銀行本票、支票、匯兌、委託收款、異地托收承付等結算方式。

（3）建立健全銀行存款內部控制制度。事業單位除了按規定留存的庫存現金以外，所有貨幣資金都必須存入銀行；與其他單位之間的一切收付款項業務，除制度規定可用現金支付部分外，都必須通過銀行辦理轉帳結算；通過銀行帳戶辦理資金收付時，必須遵守國家有關法律、法規和各項規定，遵守結算紀律；不準出租、出借帳戶；不準簽發空頭支票和遠期支票；不準套取銀行信用。

2. 銀行存款的帳務處理

為了核算銀行存款業務，應設置「銀行存款」總帳科目。該科目借方登記收入的存款數額，貸方登記支出的存款數額；期末借方餘額，反應事業單位實際存放在銀行或其他金融機構的款項。

事業單位應當按開戶銀行或其他金融機構、存款種類及幣種等，分別設置「銀行存款日記帳」，由出納人員根據收付款憑證，按照業務的發生順序逐筆登記，每日終了應結出餘額。

銀行存款的主要帳務處理如下：

（1）銀行存款的存取和支出業務。事業單位將款項存入銀行或其他金融機構，借記「銀行存款」科目，貸記「庫存現金」「事業收入」「經營收入」等有關科目；提取和支出存款時，借記有關科目，貸記「銀行存款」科目。

【例15-5】A事業單位不實行財政專戶返還管理，本月發生了以下有關銀行收支業務，應編製如下會計分錄：

（1）收到上級單位用非財政補助資金安排的補助款600,000元。

借：銀行存款　　　　　　　　　　　　　　　　　　　600,000
　　貸：上級補助收入　　　　　　　　　　　　　　　　　600,000

（2）收到開展專業業務活動取得的業務收入20,000元。

借：銀行存款　　　　　　　　　　　　　　　　　　　 20,000
　　貸：事業收入　　　　　　　　　　　　　　　　　　　 20,000

（3）開出轉帳支票一張，支付租用某賓館會議廳舉辦工作會議費用10,000元。該款項為財政部門當年撥入的基本經費。

借：事業支出——財政補助支出——基本支出　　　　　 10,000
　　貸：銀行存款　　　　　　　　　　　　　　　　　　　 10,000

（4）開出轉帳支票一張，支付一筆公務接待費用2,500元。該款項為用事業收入安排的非財政、非專項資金。

借：事業支出——其他資金支出——基本支出　　　　　　2,500
　　貸：銀行存款　　　　　　　　　　　　　　　　　　　　2,500

(2) 外幣業務。事業單位發生外幣業務的，應當按照業務發生當日（或當期期初，下同）的即期匯率，將外幣金額折算為人民幣記帳，並登記外幣金額和匯率。期末，各種外幣帳戶的外幣餘額應當按照期末的即期匯率折算為人民幣，作為外幣帳戶期末人民幣餘額。調整后的各種外幣帳戶人民幣餘額與原帳面人民幣餘額的差額，作為匯兌損益計入事業支出和經營支出。

【例 15-6】A 事業單位有美元業務，本月發生下列事項，應編製如下會計分錄：

(1) 收到某國外公益組織的捐款 10,000 美元，專門用於 A 事業單位開展的一項公益項目。當日美元對人民幣的匯率為 1 美元=6.175 元。

借：銀行存款——美元戶　　　　　　　　　　　　　　　61,750
　　貸：其他收入——捐贈收入（公益項目）　　　　　　　　　61,750

(2) 根據公益項目的規定，使用上述款項 5,000 美元。當日美元對人民幣的匯率為 1 美元=6.185 元。

借：事業支出——其他資金支出　　　　　　　　　　　　30,925
　　貸：銀行存款——美元戶　　　　　　　　　　　　　　　30,925

(3) 月末，「銀行存款——美元戶」餘額為 5,000 美元，合人民幣 30,825 元。月末美元對人民幣的匯率為 1 美元=6.155 元。匯兌損益=5,000×6.155-30,825=-50（元）。

借：事業支出——其他資金支出　　　　　　　　　　　　　　50
　　貸：銀行存款——美元戶　　　　　　　　　　　　　　　　　50

3. 銀行存款日記帳的核對

銀行存款日記帳應定期與銀行對帳單核對，至少每月核對一次。月度終了，事業單位銀行存款帳面餘額與銀行對帳單餘額之間如有差額，必須逐筆查明原因並進行處理，按月編製「銀行存款余額調節表」，調節相符。

對帳時，應做好以下工作：

(1) 銀行存款日記帳與銀行存款收、付款憑證互相核對，做到帳證相符。如果有差錯，應進行更正。

(2) 銀行存款日記帳與銀行存款總帳互相核對，做到帳帳相符。如果發現差錯，應進行更正。

(3) 銀行存款日記帳與銀行對帳單互相核對，以便準確地掌握事業單位可動用的銀行存款實有額。

事業單位應定期與銀行對帳，至少每月核對一次。核對時，如果發現雙方余額不一致，要及時查找原因，屬於未達帳項的，應編製「銀行存款余額調節表」進行調節；屬於記帳差錯的，應進行更正。

(三) 零余額帳戶用款額度的核算

實行國庫集中收付制度的事業單位，對於不納入工資支出、工程採購支出、物品和服務採購支出管理的購買支出和零星支出，應採用財政授權支付方式。具體來說，包括單件物品或單項服務購買額不足 10 萬元人民幣的購買支出；年度財政投資不足 50 萬元人民幣的工程採購支出。此外，特別緊急的支出和經財政部門批准的其他支出也包括在內。

在財政授權支付方式下，事業單位按照批覆的部門預算和資金使用計劃，申請授權支付的月度用款限額；財政授權支付的月度用款限額申請由上級事業單位匯總，報財政部門國庫支付執行機構。具體來說，就是財政部門不再將貨幣資金撥付到事業單位，而是將用款額度劃撥到事業單位的零余額帳戶，並要求事業單位設置「零余額帳戶用款額度」科目，支付指令由事業單位下達，並於收到代理銀行蓋章的「授權支付到帳通知書」時，按到帳通知書標明的額度確認收入。

為了核算實行國庫集中支付的事業單位根據財政部門批覆的用款計劃收到和支用的零余額帳戶用款額度，應設置「零余額帳戶用款額度」總帳科目。該科目借方登記零余額帳戶用款額度的增加；貸方登記零余額帳戶用款額度的減少；期末為借方余額，反應事業單位尚未支用的零余額帳戶用款額度。「零余額帳戶用款額度」科目年末應無余額。

零余額帳戶用款額度的主要帳務處理如下：

1. 財政授權支付額度的下達和使用的核算

在財政授權支付方式下，事業單位收到代理銀行蓋章的「授權支付到帳通知書」時，根據通知書所列數額，借記「零余額帳戶用款額度」科目，貸記「財政補助收入」科目；提取現金或按規定支用額度時，借記「庫存現金」科目或相關科目，貸記「零余額帳戶用款額度」科目；因購貨退回等發生國庫授權支付額度退回的，屬於以前年度支付的款項，按照退回金額，借記「零余額帳戶用款額度」科目，貸記「財政補助結轉」「財政補助結余」「存貨」等有關科目；屬於本年度支付的款項，按照退回金額，借記「零余額帳戶用款額度」科目，貸記「事業支出」「存貨」等有關科目。

【例 15-7】A 事業單位實行國庫集中收付制度，1 月份發生如下業務，應編製如下會計分錄：

（1）1 月 2 日，授權支付額度 40 萬元到帳，與核定用款計劃相符，並收到代理銀行轉來的「授權支付到帳通知書」。

借：零余額帳戶用款額度　　　　　　　　　　　　　400,000
　　貸：財政補助收入　　　　　　　　　　　　　　　400,000

（2）1 月 15 日，從零余額帳戶中提取 4 萬元現金，用於購買辦公用品，購回之後直接被相關部門領用。

借：庫存現金　　　　　　　　　　　　　　　　　　40,000
　　貸：零余額帳戶用款額度　　　　　　　　　　　　40,000
借：事業支出　　　　　　　　　　　　　　　　　　40,000
　　貸：庫存現金　　　　　　　　　　　　　　　　　40,000

2. 年終註銷和年初恢復的核算

年度終了，事業單位依據代理銀行提供的對帳單進行註銷額度的相關帳務處理，借記「財政應返還額度——財政授權支付」科目，貸記「零余額帳戶用款額度」科目。事業單位本年度財政授權支付預算指標數大於零余額帳戶用款額度下達數的，根據未下達的用款額度，借記「財政應返還額度——財政授權支付」科目，貸記「財政補助收入」科目。

次年年初，事業單位依據代理銀行提供的額度恢復到帳通知書作恢復額度的相關

帳務處理，借記「零余額帳戶用款額度」科目，貸記「財政應返還額度——財政授權支付」科目。事業單位收到財政部門批覆的上年末未下達零余額帳戶用款額度的，借記「零余額帳戶用款額度」科目，貸記「財政應返還額度——財政授權支付」科目。相關例題參見本節「財政應返還額度的核算」的內容。

二、短期投資的核算

短期投資是指事業單位依法取得的，持有時間不超過1年（含1年）的投資，主要是國債投資。事業單位應當嚴格遵守國家法律、行政法規以及財政部門、主管部門關於對外投資的有關規定。

為了核算短期投資業務，應設置「短期投資」總帳科目。該科目借方登記短期投資的增加；貸方登記短期投資的出售或收回；期末借方余額，反應事業單位持有的短期投資成本。「短期投資」科目應當按照國債投資的種類等進行明細分類核算。

短期投資的主要帳務處理如下：

（1）短期投資取得及持有期間利息的核算。短期投資在取得時，應當按照其實際成本（包括購買價款以及稅金、手續費等相關稅費）作為投資成本，借記「短期投資」科目，貸記「銀行存款」等科目；短期投資持有期間收到利息時，按實際收到的金額，借記「銀行存款」科目，貸記「其他收入——投資收益」科目。

（2）出售和到期收回的核算。出售短期投資或到期收回短期國債本息，按照實際收到的金額，借記「銀行存款」科目，按照出售或收回短期國債的成本，貸記「短期投資」科目，按其差額，貸記或借記「其他收入——投資收益」科目。

【例15-8】A事業單位購買一年期國債80,000元，以銀行存款支付。A事業單位應編製如下會計分錄：

借：短期投資——國債投資　　　　　　　　　　　　　　80,000
　　貸：銀行存款　　　　　　　　　　　　　　　　　　　　80,000

【例15-9】A事業單位購買的一年期國債持有8個月后出售，獲得價款51,250元，該國債成本為50,000元。A事業單位應編製如下會計分錄：

借：銀行存款　　　　　　　　　　　　　　　　　　　　51,250
　　貸：短期投資——國債投資　　　　　　　　　　　　　50,000
　　　　其他收入　　　　　　　　　　　　　　　　　　　1,250

三、應收及預付款項的核算

應收及預付款項是指事業單位在開展業務活動中形成的各項債權，包括財政應返還額度、應收票據、應收帳款、其他應收款等應收款項和預付帳款。

（一）財政應返還額度

1. 財政應返還額度的內容

財政應返還額度是指實行國庫集中支付的事業單位年終核銷的、需要在次年恢復的年度末實現的同款額度。與行政單位相同，實行國庫集中收付制度后，事業單位的財政經費由財政部門通過國庫單一帳戶統一撥付，具體方式也是分為兩種：財政直接支付和財政授權支付。事業單位的年度預算指標也包括財政直接支付額度和財政授權支

付額度。其中，財政直接支付額度由財政部門完成支付；財政授權支付額度下達到代理銀行，由事業單位完成支付。年度終了時，事業單位需要對年度未實現的用款額度進行註銷，形成財政應返還額度，以待次年得以恢復。

事業單位的財政應返還額度包括財政應返還直接額度和財政應返還授權額度。

（1）財政應返還直接額度是指財政直接支付額度本年預算指標與當年財政實際支付的差額。

（2）財政應返還授權額度是指財政授權支付額度本年預算指標與當年事業單位實際支付數的差額。其具體表現為：第一，未下達的授權額度。當年預算已經安排，但財政部門當年沒有下達到事業單位代理銀行的授權額度，即授權額度的本年預算指標與當年下達數之間的差額。第二，未使用的授權額度。財政部門當年已經將授權額度下達到代理銀行，但事業單位當年未完成實際支付的數額，即授權額度的本年下達數與當年實際使用數之間的差額。

2. 財政應返還額度的核算

為了核算事業單位財政應返還額度業務，應設置「財政應返還額度」總帳科目。該科目借方登記額度的增加；貸方登記額度的減少或轉銷；期末借方余額，反應事業單位應收財政返還的資金額度。「財政應返還額度」科目應當設置「財政直接支付」「財政授權支付」兩個明細科目，進行明細分類核算。

財政應返還額度的主要帳務處理如下：

（1）財政直接支付方式的年終註銷與年初恢復核算。年度終了，事業單位根據本年度財政直接支付預算指標數與當年財政直接支付實際支出數的差額，借記「財政應返還額度」科目（財政直接支付），貸記「財政補助收入」科目；下年度恢復財政直接支付額度后，事業單位以財政直接支付方式發生實際支出時，借記有關科目，貸記「財政應返還額度」科目（財政直接支付）。

【例 15-10】本年度 A 事業單位財政直接支付額度預算指標為 4,200,000 元，當年財政已經實際完成支付 4,100,000 元，需要註銷未實現的財政直接支付額度為 100,000 元。A 事業單位應編製如下會計分錄：

借：財政應返還額度——財政直接支付　　　　　　　　　　100,000
　　貸：財政補助收入——基本支出　　　　　　　　　　　　　100,000

【例 15-11】次年年初，A 事業單位接到「財政直接支付額度恢復通知書」，恢復上年年底註銷的財政直接支付額度。3 月 5 日，財政部門使用該額度為 A 單位支付一筆因公出國費用 100,000 元，已到代理銀行轉來的「財政直接支付入帳通知書」。A 事業單位編製如下會計分錄：

借：事業支出——財政補助支出——基本支出　　　　　　　100,000
　　貸：財政應返還額度　　　　　　　　　　　　　　　　　　100,000

（2）財政授權支付方式的年終註銷與年初恢復核算。年度終了，事業單位依據代理銀行提供的對帳單進行註銷額度的相關帳務處理，借記「財政應返還額度」科目（財政授權支付），貸記「零余額帳戶用款額度」科目。事業單位本年度財政授權支付預算指標數大於零余額帳戶用款額度下達數的，根據未下達的用款額度，借記「財政應返還額度」科目（財政授權支付），貸記「財政補助收入」科目；下年年初，事業

單位依據代理銀行提供的額度恢復到帳通知書進行恢復額度的相關帳務處理，借記「零余額帳戶用款額度」科目，貸記「財政應返還額度」科目（財政授權支付）。事業單位收到財政部門批覆的上年年末未下達零余額帳戶用款額度時，借記「零余額帳戶用款額度」科目，貸記「財政應返還額度」科目（財政授權支付）。

【例15-12】A事業單位本年度財政授權支付額度預算指標為1,500,000元，根據代理銀行提供的對帳單，本年已經下達的財政授權支付額度為1,460,000元，事業單位已經實際使用了授權額度1,400,000元，需要註銷未實現的授權額度為100,000元，其中未下達的授權額度為40,000元、未使用的授權額度為60,000元。A事業單位應編製如下會計分錄：

借：財政應返還額度——財政授權支付　　　　　　　　100,000
　　貸：財政補助收入——基本支出　　　　　　　　　　　40,000
　　　　零余額帳戶用款額度　　　　　　　　　　　　　　60,000

【例15-13】次年年初，A事業單位收到「財政授權支付額度恢復通知書」，上年年末註銷的授權額度100,000元已經全額恢復，並已下達到代理銀行。A事業單位應編製如下會計分錄：

借：零余額用款額度　　　　　　　　　　　　　　　　100,000
　　貸：財政應返還額度——財政授權支付　　　　　　　100,000

（二）應收票據

1. 應收票據的概念

應收票據是指事業單位因開展經營活動銷售產品、提供有償服務等而收到的商業匯票，包括銀行承兌匯票和商業承兌匯票。

商業匯票是指由收款人（或付款人）簽發，由承兌人（付款人或付款人的委託銀行）承兌，並於到期日向收款人（或被背書人）支付款項的票據。

商業匯票按其票面是否註明利息，可分為帶息票據和不帶息票據。前者是指到期時根據票據面值和利息率收取本息的票據；后者是指票據到期時根據票據面值收取款項的票據。

應收票據在到期前可以向銀行申請貼現。貼現是指票據持有人將未到期的票據在背書后送交銀行，銀行受理后從票據到期金額中扣除按銀行貼現率計算確定的貼現利息，然后將貼現余額付給持票人，作為銀行對事業單位的短期貸款的行為。所謂背書，是指持票人在票據背面簽字。簽字人即為背書人，背書人對票據的到期付款負連帶責任。

2. 應收票據的核算

為了核算應收票據業務，應設置「應收票據」總帳科目。該科目借方登記收到的應收票據，貸方登記票據到期時收回的票面金額。將未到期的應收票據向銀行貼現時，按實際收到的金額借記「銀行存款」科目，按應收票據的票面金額與貼現時實際收到的差額借記「經營支出」科目，按應收票據的票面金額貸記「應收票據」科目。「應收票據」期末借方余額，反應事業單位持有的商業匯票票面金額。「應收票據」科目應當按照開出、承兌商業匯票的單位等進行明細分類核算。

事業單位應當設置「應收票據備查簿」，逐筆登記每一應收票據的種類、號數、出

票日期、到期日、票面金額、交易合同號和付款人、承兌人、背書人姓名或單位名稱、背書轉讓日期、貼現日期、貼現率和貼現淨額、收款日期、收回金額和退票情況等資料。應收票據到期結清票款或退票後，應當在備查簿內逐筆註銷。

事業單位的應收票據核算程序與企業會計的應收票據核算程序基本相同。應收票據的主要帳務處理如下：

（1）應收票據的收到和到期兌付。因銷售產品、提供服務等收到商業匯票，按照商業匯票的票面金額，借記「應收票據」科目，按照確認的收入金額，貸記「經營收入」等科目，按照應繳增值稅金額，貸記「應交稅費——應交增值稅」科目；收回應收票據，按照實際收到的商業匯票票面金額，借記「銀行存款」科目，貸記「應收票據」科目；因付款人無力支付票款，收到銀行退回的商業承兌匯票、委託收款憑證、未付票款通知書或拒付款證明等，按照商業匯票的票面金額，借記「應收帳款」科目，貸記「應收票據」科目。

（2）應收票據的貼現與轉讓。持未到期的商業匯票向銀行貼現，按照實際收到的金額（即扣除貼現息後的淨額），借記「銀行存款」科目，按照貼現息，借記「經營支出」等科目，按照商業匯票的票面金額，貸記「應收票據」科目；將持有的商業匯票背書轉讓以取得所需物資時，按照取得物資的成本，借記有關科目，按照商業匯票的票面金額，貸記「應收票據」科目，如有差額，借記或貸記「銀行存款」等科目。

【例 15-14】A 事業單位開展經營活動，向某企業銷售產品一批，貨款共計 80,000 元，增值稅 13,600 元，收到 3 個月期的不帶息商業匯票一張，面值 93,600 元。A 事業單位應編製如下會計分錄：

銷售收到票據時：
借：應收票據——某企業　　　　　　　　　　　　　93,600
　　貸：經營收入　　　　　　　　　　　　　　　　　　　80,000
　　　　應交稅費——應交增值稅（銷項稅額）　　　　　　13,600
到期收回票款時：
借：銀行存款　　　　　　　　　　　　　　　　　　　93,600
　　貸：應收票據　　　　　　　　　　　　　　　　　　　93,600

【例 15-15】A 事業單位向 B 單位提供勞務，4 月 15 日收到商業承兌匯票一張，票面金額為 58,500 元，年利率為 10%，期限為 6 個月。A 事業單位應編製如下會計分錄：

收到票據時：
借：應收票據——B 單位　　　　　　　　　　　　　58,500
　　貸：經營收入　　　　　　　　　　　　　　　　　　　58,500
10 月 14 日收到款項及利息時：
借：銀行存款　　　　　　　　　　　　　　　　　　　61,425
　　貸：應收票據——B 單位　　　　　　　　　　　　　58,500
　　　　經營支出　　　　　　　　　　　　　　　　　　　2,925 *

＊58,500×10%/12×6 = 2,925（元）

利息計算公式如下：

應收票據利息額 = 應收票據票面金額 × $\dfrac{票據年利息率}{360}$ × 票據到期天數

其中：票據到期天數是指從出票日至到期日實際經歷的天數。通常出票日和到期日只能算其中的一天，即「算尾不算頭」（或「算頭不算尾」）。

【例 15-16】A 事業單位將已持有 1 個月的一張乙公司開出 2 個月到期的商業承兑無息匯票到銀行貼現。該匯票票面金額為 5,000 元，銀行貼現率為 10%。A 事業單位應編製如下會計分錄：

貼現息 = 5,000×10%×1/12 = 41.67（元）
扣除貼現息后的淨額 = 5,000－46.67 = 4,953.33（元）

借：銀行存款　　　　　　　　　　　　　　　　4,953.33
　　經營支出　　　　　　　　　　　　　　　　　　41.67
　　貸：應收票據——乙公司　　　　　　　　　　　　　5,000

（三）應收帳款的核算

1. 應收帳款的確認

應收帳款是指事業單位因開展經營活動銷售產品、提供有償服務等而應收取的款項。應收帳款應在商品已經交付（或勞務已經提供）、合同已經履行、銷售手續已經完備時，確認其入帳金額並入帳。在一般情況下，事業單位銷售商品（或提供勞務）時，應按買賣雙方在成交時的實際發生額（即確定的總金額）入帳。但是，由於折扣等原因，往往使應收帳款的發生額與其收回額不一致。因此，在確定應收帳款的入帳金額時，還應考慮折扣因素。折扣主要包括商業折扣和現金折扣兩種。折扣的核算方法與企業會計相同。

2. 應收帳款的帳務處理

為了核算應收帳款的業務，應設置「應收帳款」總帳科目。該科目借方登記發生的應收項款，貸方登記收回款項。將應收帳款轉作商業匯票結算方式時，應按其帳面金額借記「應收票據」科目，貸記「應收帳款」科目。該科目期末為借方餘額，反應事業單位尚未收回的應收帳款。

事業單位應當按照購貨、接受勞務單位（或個人）進行明細分類核算。

應收帳款的主要帳務處理如下：

（1）應收帳款的發生和收回。事業單位發生應收帳款時，按照應收未收金額，借記「應收帳款」科目，按照確認的收入金額，貸記「經營收入」等科目，按照應繳增值稅金額，貸記「應交稅費——應交增值稅」科目；收回應收帳款時，按照實際收到的金額，借記「銀行存款」等科目，貸記「應收帳款」科目。

（2）應收帳款的核銷。事業單位的應收帳款不計提壞帳準備，對逾期三年或以上、有確鑿證據表明確實無法收回的應收帳款，按規定報經批准後予以核銷：①將待核銷應收帳款轉入待處置資產時，按照待核銷的應收帳款金額，借記「待處置資產損溢」科目，貸記「應收帳款」科目；②報經批准予以核銷時，借記「其他支出」科目，貸記「待處置資產損溢」科目；③已核銷應收帳款在以後期間收回的，按照實際收回的金額，借記「銀行存款」等科目，貸記「其他收入」科目。核銷的應收帳款應在備查簿中保留登記。

【例 15-17】A 事業單位對 C 單位提供有償服務，按照合同應向其收取款項 32,000元。10 天後，A 事業單位接銀行通知，收到 C 單位支付的勞務款。A 事業單位應編製

如下會計分錄：

確認收入時：
借：應收帳款——C 單位　　　　　　　　　　　　32,000
　　貸：經營收入　　　　　　　　　　　　　　　　　　32,000
收到款項時：
借：銀行存款　　　　　　　　　　　　　　　　　32,000
　　貸：應收帳款——C 單位　　　　　　　　　　　　32,000

【例 15-18】A 事業單位對應收帳款的帳齡進行分析，發現逾期 3 年沒有收回的應收帳款餘額為 17,500 元，並有確鑿證據證實無法收回，將其轉入待核銷資產並上報審批。A 事業單位應編製如下會計分錄：

轉入待核銷時：
借：待處置資產損溢　　　　　　　　　　　　　　17,500
　　貸：應收帳款　　　　　　　　　　　　　　　　　17,500
報經批准予以核銷時：
借：其他支出　　　　　　　　　　　　　　　　　17,500
　　貸：待處置資產損溢　　　　　　　　　　　　　　17,500
假設上述已核銷應收帳款在年末又收回 3,000 元時：
借：銀行存款　　　　　　　　　　　　　　　　　3,000
　　貸：其他收入　　　　　　　　　　　　　　　　　3,000

（四）預付帳款的核算

1. 預付帳款的確認

預付帳款是指事業單位按照購貨、勞務合同規定預付給供應單位的款項。預付帳款和應收帳款都是事業單位的流動資產，兩者主要區別是預付帳款是由購貨引起的，而應收帳款是由銷貨及提供勞務引起的；預付帳款是事業單位主動付出的款項，而應收帳款是事業單位等待客戶付款。

2. 預付帳款的帳務處理

為了核算預付帳款的業務，應設置「預付帳款」總帳科目。該科目借方登記向供應單位預付貨款和補付貨款時；貸方登記收到所購物品或接受勞務時所轉銷的金額；期末借方餘額，反應事業單位實際預付但尚未結算的款項。如該科目出現貸方餘額時，則表示預付款小於收到的貨款（或接受的勞務款）即應付帳款。「預付帳款」科目應當按照供應單位（或個人）進行明細分類核算。事業單位應當通過明細核算或輔助登記方式，登記預付帳款的資金性質（區分財政補助資金、非財政專項資金和其他資金）。

預付帳款的主要帳務處理如下：

（1）預付帳款的發生和補付。事業單位發生預付帳款時，按照實際預付的金額，借記「預付帳款」科目，貸記「零余額帳戶用款額度」「財政補助收入」「銀行存款」等科目。收到所購物資或勞務，按照購入物資或勞務的成本，借記有關科目，按照相應預付帳款金額，貸記「預付帳款」科目，按照補付的款項，貸記「零余額帳戶用款額度」「財政補助收入」「銀行存款」等科目。收到所購固定資產、無形資產的，按照

確定的資產成本，借記「固定資產」「無形資產」科目，貸記「非流動資產基金——固定資產、無形資產」科目，按照資產購置支出，借記「事業支出」「經營支出」等科目，按照相應預付帳款金額，貸記「預付帳款」科目，按照補付的款項，貸記「零余額帳戶用款額度」「財政補助收入」「銀行存款」等科目。

(2) 預付帳款的核銷。事業單位對逾期三年及以上、有確鑿證據表明因供貨單位破產、撤銷等原因已無望再收到所購物資，並且確實無法收回的預付帳款，按規定報經批准后予以核銷。核銷的處理方法與應收帳款相同。

【例 15-19】A 事業單位為增值稅小規模納稅人，向某公司訂購材料一批，按照合同的規定，該批材料的款項共計 40,000 元。A 單位通過轉帳先預付貨款的 30%，待收到材料驗收合格後，再補付其餘的 70%。A 事業單位應編製如下會計分錄：

預付 30% 貨款時：
借：預付帳款——某公司   12,000
 貸：銀行存款   12,000

收到材料並驗收合格入庫，同時用銀行存款補付貨款 28,000 元時：
借：存貨——×材料   40,000
 貸：預付帳款——某公司   12,000
  銀行存款   28,000

(五) 其他應收款的核算

其他應收款是指事業單位除財政應返還額度、應收票據、應收帳款、預付帳款以外的其他各項應收及暫付款項，如職工預借的差旅費、撥付給內部有關部門的備用金、應向職工收取的各種墊付款項等。

為了核算其他應收款業務，應設置「其他應收款」總帳科目。該科目借方登記發生的各種其他應收款項；貸方登記收回金額和結轉的款項；期末借方余額，反應事業單位尚未收回的其他應收款。「其他應收款」科目應當按照其他應收款的類別以及債務單位（或個人）進行明細分類核算。

其他應收款的主要帳務處理如下：

(1) 其他應收款發生與收回的核算。事業單位發生其他各種應收及暫付款項時，借記「其他應收款」科目，貸記「銀行存款」「庫存現金」等科目；收回或轉銷其他各種應收及暫付款項時，借記「庫存現金」「銀行存款」等科目，貸記「其他應收款」科目。

(2) 備用金的發放與補足核算。事業單位內部實行備用金制度的，有關部門使用備用金以後應當及時到財務部門報銷並補足備用金。財務部門核定並發放備用金時，借記「其他應收款」科目，貸記「庫存現金」等科目。根據報銷數用現金補足備用金定額時，借記有關科目，貸記「庫存現金」等科目，報銷數和撥補數都不再通過「其他應收款」科目核算。

(3) 其他應收款的核銷。事業單位對逾期三年及以上、有確鑿證據表明確實無法收回的其他應收款，按規定報經批准后予以核銷。核銷的方法與應收帳款相同。核銷的其他應收款應在備查簿中保留登記。

【例 15-20】A 事業單位工作人員張立出差預借了差旅費 3,500 元。現張立回來報

銷，根據審核后的差旅費票據，報銷金額為 3,580 元，差額由財務部門以現金補付。
A 事業單位應編製如下會計分錄：

借：事業支出——財政補助支出　　　　　　　　　　3,580
　　貸：其他應收款——張立　　　　　　　　　　　　　　3,500
　　　　庫存現金　　　　　　　　　　　　　　　　　　　　80

【例 15-21】A 事業單位實行定額備用金制度。2 月 8 日，財會部門根據核定的備用金 2,000 元，以現金發放給總務處。3 月 15 日，總務處持發票帳單到財務部門報銷 1,600 元，同時財會部門用現金補足其定額。A 事業單位應編製如下會計分錄：

支付備用金時：

借：其他應收款——總務處　　　　　　　　　　　　2,000
　　貸：庫存現金　　　　　　　　　　　　　　　　　　2,000

3 月份報銷時：

借：事業支出　　　　　　　　　　　　　　　　　　1,600
　　貸：庫存現金　　　　　　　　　　　　　　　　　　1,600

四、存貨的核算

(一) 存貨的確認

存貨是指事業單位在開展業務活動及其他活動中為耗用而儲存的各種材料、燃料、包裝物、低值易耗品及達不到固定資產標準的用具、裝具、動植物等的實際成本。事業單位隨買隨用的零星辦公用品，不作為存貨管理。

事業單位為開展業務活動會耗用一定數量的材料用品，這些材料用品數量較大，需要進入倉庫進行管理，在領用時形成相應的支出。因此，應當建立健全存貨的內部控制制度，對存貨的收、發、存進行嚴格的管理和控制；對存貨進行定期或者不定期的清查盤點，保證帳實相符，對存貨的盤盈、盤虧及時處理。

(二) 存貨的核算

為了核算存貨業務，應設置「存貨」總帳科目。「存貨」科目借方登記存貨的增加；貸方登記存貨的減少；期末借方餘額，反應事業單位存貨的實際成本。事業單位隨買隨用的零星辦公用品，可在購進時直接列作支出。「存貨」科目應當按照存貨的種類、規格、保管地點等進行明細分類核算。

事業單位應當通過明細核算或輔助登記方式，登記取得存貨成本的資金來源（區分財政補助資金、非財政專項資金和其他資金）；發生自行加工存貨業務的事業單位，應當在「存貨」科目下設置「生產成本」明細科目，歸集核算自行加工存貨所發生的實際成本（包括耗用的直接材料費用、發生的直接人工費用和分配的間接費用）。

事業單位發出的材料，一般選擇月末一次加權平均法確定其實際成本。

月末一次加權平均法是指用各批購進材料的數量與期初的數量分別進行加權，以計算加權平均單價成本，再據以對發出材料和期末庫存材料進行計價的方法。加權平均法的計算公式如下：

$$全月加權平均單價 = \frac{月初結存存貨成本 + 本月入庫存貨成本}{月初結存存貨數量 + 本月入庫存貨數量}$$

本月發出存貨成本 = 本月發出存貨數量 × 全月加權平均單位成本

月末結存存貨成本=(月初結存存貨成本+本月入庫存貨成本)-本月發出存貨成本

存貨的主要帳務處理如下：

1. 存貨取得的核算

事業單位存貨取得的方式主要包括外購、自行加工、接受捐贈、無償調入等，取得存貨時應當按照存貨的實際成本入帳。

(1) 購入存貨的核算。事業單位購入存貨時，其成本包括購買價款、相關稅費、運輸費、裝卸費、保險費以及其他使得存貨達到目前場所和狀態所發生的其他支出。購入的存貨驗收入庫，按確定的成本，借記「存貨」科目，貸記「銀行存款」「應付帳款」「財政補助收入」「零余額帳戶用款額度」等科目。

根據《中華人民共和國增值稅暫行條例》的規定：凡在中國境內銷售貨物（銷售不動產和無形資產除外）或者提供加工、修理、修配勞務以及進口貨物的均為增值稅的徵稅範圍。增值稅是價外稅，其計稅價格為不含稅價格。事業單位購進的存貨屬於應納增值稅範圍的應稅貨物，其購價本身不含繳納的增值稅部分。購進存貨所負擔的增值稅是否計入存貨的價格中，首先取決於存貨的用途，即是單位自用，還是對外投資或加工成產品後出售。對於非自用的存貨，則又區分為一般納稅人和小規模納稅人兩種情況。

第一，事業單位購入的自用存貨，無論是增值稅一般納稅人還是增值稅小規模納稅人都按實際支付的含稅價格計價。

第二，事業單位購入的非自用材料，因事業單位屬於不同類型的增值稅納稅人而不同。事業單位按規定屬於增值稅小規模納稅人的，其購進存貨應按實際支付的含稅價格計算。事業單位按規定屬於增值稅一般納稅人的，其購進的材料非自用部分按不含稅價格計算，按確定的成本（不含增值稅進項稅額），借記「存貨」科目，按增值稅專用發票上註明的增值稅額，借記「應交稅費——應交增值稅（進項稅額）」科目，按實際支付或應付的金額，貸記「銀行存款」「應付帳款」等科目。

【例15-22】A事業單位購入自用乙材料50箱，每箱價格100元，支付增值稅850元，運雜費200元，採購資金為非財政性資金，以銀行存款支付。A事業單位應編製如下會計分錄：

借：存貨——乙材料　　　　　　　　　　　　　　　　　6,050
　　貸：銀行存款　　　　　　　　　　　　　　　　　　　　6,050

【例15-23】A事業單位採用政府採購方式購入自用甲材料，價值為200,000元。款項已經通過財政直接支付方式支付，材料已驗收入庫。A事業單位應編製如下會計分錄：

借：存貨——甲材料（財政補助資金）　　　　　　　　200,000
　　貸：財政補助收入　　　　　　　　　　　　　　　　　200,000

(2) 自行加工存貨的核算。事業單位自行加工的存貨，其成本包括耗用的直接材料費用、發生的直接人工費用和按照一定方法分配的與存貨加工有關的間接費用。自行加工的存貨在加工過程中發生各種費用時，借記「存貨」科目（生產成本），貸記「存貨」科目（領用材料相關的明細科目）或「應付職工薪酬」「銀行存款」等科目；加工完成的存貨驗收入庫，按照所發生的實際成本，借記「存貨」科目（相關明細科

目），貸記「存貨」科目（生產成本）。

【例15-24】A事業單位自行生產加工自用乙產品，領用B材料一批，採用加權平均法計算出其價值為6,500元，另發生人工費用2,000元。乙產品加工完成，驗收合格入庫。A事業單位應編製如下會計分錄：

發生料工費時：
借：存貨——生產成本　　　　　　　　　　　　　　8,500
　　貸：存貨——B材料　　　　　　　　　　　　　　　　6,500
　　　　應付職工薪酬　　　　　　　　　　　　　　　　2,000
加工完成驗收入庫時：
借：存貨——乙產品　　　　　　　　　　　　　　　8,500
　　貸：存貨——生產成本　　　　　　　　　　　　　　8,500

（3）接受捐贈、無償調入存貨的核算。事業單位接受捐贈、無償調入的存貨，其成本按照有關憑據註明的金額加上相關稅費、運輸費等確定；沒有相關憑據的，其成本比照同類或類似存貨的市場價格加上相關稅費、運輸費等確定；沒有相關憑據、同類或類似存貨的市場價格也無法可靠取得的，該存貨按照名義金額（即人民幣1元，下同）入帳。相關財務制度僅要求進行實物管理的除外。

接受捐贈、無償調入的存貨驗收入庫，按照確定的成本，借記「存貨」科目，按照發生的相關稅費、運輸費等，貸記「銀行存款」等科目，按照其差額，貸記「其他收入」科目。

按照名義金額入帳的情況下，按照名義金額，借記「存貨」科目，貸記「其他收入」科目；按照發生的相關稅費、運輸費等，借記「其他支出」科目，貸記「銀行存款」等科目。

【例15-25】A事業單位接受社會捐贈一批特種材料，沒有附相關憑據。此材料在市場上並無銷售，無法可靠取得其價格，經批准以名義金額入帳。接受捐贈時，發生稅費支出80元，以銀行轉帳支付。A事業單位應編製如下會計分錄：

借：存貨——特種材料　　　　　　　　　　　　　　　　1
　　貸：其他收入——捐贈收入　　　　　　　　　　　　　　1
借：其他支出——捐贈稅費支出　　　　　　　　　　　　80
　　貸：銀行存款　　　　　　　　　　　　　　　　　　　80

2. 存貨發出的核算

事業單位存貨的發出事項主要有開展業務活動領用、對外捐贈、無償調出等。存貨在發出時，應當根據實際情況採用先進先出法、加權平均法或者個別計價法確定發出存貨的實際成本。計價方法一經確定，不得隨意變更。低值易耗品的成本於領用時一次攤銷。

（1）存貨的領用。事業單位開展業務活動等領用、發出存貨時，按領用、發出存貨的實際成本，借記「事業支出」「經營支出」等科目，貸記「存貨」科目。

【例15-26】A事業單位2月份「發料憑證匯總表」列明：總務處為開展有關業務活動領用B材料30,000元，科技開發中心為開展有償服務活動領用B材料20,000元（不實行內部成本核算）。A事業單位應編製如下會計分錄：

借：事業支出　　　　　　　　　　　　　　　　　　　　　30,000
　　　　經營支出　　　　　　　　　　　　　　　　　　　　　20,000
　　　貸：存貨——B材料　　　　　　　　　　　　　　　　　　　　50,000

（2）對外捐贈、無償調出。事業單位對外捐贈、無償調出存貨時，應轉入待處置資產，按照存貨的帳面餘額，借記「待處置資產損溢」科目，貸記「存貨」科目；實際捐出、調出存貨時，按照「待處置資產損溢」科目的相應餘額，借記「其他支出」科目，貸記「待處置資產損溢」科目。

屬於增值稅一般納稅人的事業單位對外捐贈、無償調出購進的非自用材料，轉入待處置資產時，按照存貨的帳面餘額與相關增值稅進項稅額轉出金額的合計金額，借記「待處置資產損溢」科目，按存貨的帳面餘額，貸記「存貨」科目，按轉出的增值稅進項稅額，貸記「應交稅費——應交增值稅（進項稅額轉出）」科目。

【例15-27】A事業單位為增值稅一般納稅人，經批准將非自用乙材料無償調給下屬單位。該材料帳面餘額為80,000元，購入時支付的進項稅額為13,600元。A事業單位應編製如下會計分錄：

轉入待處置資產時：
　　借：待處置資產損溢　　　　　　　　　　　　　　　　　93,600
　　　貸：存貨——乙材料　　　　　　　　　　　　　　　　　　80,000
　　　　　應交稅費——應交增值稅（進項稅額轉出）　　　　　13,600
實際發出時：
　　借：其他支出　　　　　　　　　　　　　　　　　　　　93,600
　　　貸：待處置資產損溢　　　　　　　　　　　　　　　　　93,600

3. 存貨清查盤點的核算

事業單位的存貨應當定期進行清查盤點，每年至少盤點一次。對於發生的存貨盤盈、盤虧或者報廢、毀損，應當及時查明原因，按規定報經批准后進行帳務處理。

（1）盤盈的存貨，按照同類或類似存貨的實際成本或市場價格確定入帳價值；同類或類似存貨的實際成本、市場價格均無法可靠取得的，按照名義金額入帳。盤盈的存貨，按照確定的入帳價值，借記「存貨」科目，貸記「其他收入」科目。

（2）盤虧或者毀損、報廢的存貨，轉入待處置資產時，按照待處置存貨的帳面餘額，借記「待處置資產損溢」科目，貸記「存貨」科目。報經批准予以處置時，按照「待處置資產損溢」科目的相應餘額，借記「其他支出」科目，貸記「待處置資產損溢」科目。

屬於增值稅一般納稅人的事業單位購進的非自用材料發生盤虧或者毀損、報廢的，轉入待處置資產時，按照存貨的帳面餘額與相關增值稅進項稅額轉出金額的合計金額，借記「待處置資產損溢」科目，按存貨的帳面餘額，貸記「存貨」科目，按轉出的增值稅進項稅額，貸記「應交稅費——應交增值稅（進項稅額轉出）」科目。

處置存貨過程中所取得的收入、發生的費用以及處置收入扣除相關處置費用后的淨收入的帳務處理規定，參見「待處置資產損溢」科目的相關內容。

【例15-28】A事業單位年終進行存貨的清查盤點，發現甲材料盤盈20千克，按同類材料的成本計算其價值為1,500元；發現乙材料短缺40千克，每千克50元。A事業

單位應編製如下會計分錄：
　　甲材料盤盈時：
　　借：存貨——甲材料　　　　　　　　　　　　　　　1,500
　　　貸：其他收入　　　　　　　　　　　　　　　　　　　　1,500
　　乙材料盤虧轉入待處置資產時：
　　借：待處置資產損溢　　　　　　　　　　　　　　　2,000
　　　貸：存貨——乙材料　　　　　　　　　　　　　　　　　2,000
　　盤虧經批准予以處置時：
　　借：其他支出　　　　　　　　　　　　　　　　　　2,000
　　　貸：待處置資產損溢　　　　　　　　　　　　　　　　　2,000

【例 15-29】 A 事業單位為增值稅一般納稅人，年終盤點庫材料時，發現非自用 B 材料發生毀損。該材料帳面余額為 8,000 元，進項稅額為 1,360 元；材料變價收入為 1,200 元，已收存銀行；發生處理運輸費 150 元，以現金支付。A 事業單位應編製如下會計分錄：

　　轉入待處置資產時：
　　借：待處置資產損溢　　　　　　　　　　　　　　　9,360
　　　貸：存貨——B 材料　　　　　　　　　　　　　　　　　8,000
　　　　　應交稅費——應交增值稅（進項稅額轉出）　　　　1,360
　　報經批准予以處置時：
　　借：其他支出　　　　　　　　　　　　　　　　　　9,360
　　　貸：待處置資產損溢　　　　　　　　　　　　　　　　　9,360
　　取得材料變價收入時：
　　借：銀行存款　　　　　　　　　　　　　　　　　　1,200
　　　貸：待處置資產損溢　　　　　　　　　　　　　　　　　1,200
　　支付運輸費時：
　　借：待處置資產損溢　　　　　　　　　　　　　　　　150
　　　貸：庫存現金　　　　　　　　　　　　　　　　　　　　150
　　處置淨收入時：
　　借：待處置資產損溢　　　　　　　　　　　　　　　1,050
　　　貸：應繳國庫款　　　　　　　　　　　　　　　　　　　1,050

第三節　非流動資產的核算

　　事業單位的非流動資產包括長期投資、固定資產、在建工程、無形資產及待處置資產損溢等。加強對非流動資的核算，對於如實反應和監督事業單位非流動資產的使用情況、財務狀況和業務成果等具有重要的意義。

一、長期投資的核算

　　長期投資是指事業單位依法取得的，持有時間超過 1 年（不含 1 年）的各種股權

和債權性質的投資。

事業單位依法利用貨幣資金、實物、無形資產等方式向其他單位的投資，一方面可以拓展事業單位的業務範圍，提高資金的使用效益；另一方面可以取得一定的投資收益，彌補事業單位資金的不足，更好地開展公益性活動。

(一) 長期投資的管理

事業單位主要從事非營利性活動，以社會效益為最高準則。其資金來源主要是財政撥款，長期投資並不構成其經濟活動的主要內容。事業單位應當嚴格遵守國家法律、行政法規以及財政部門、主管部門有關事業單位對外投資的規定。

(1) 嚴格控制對外投資。在保證單位正常運轉和事業單位發展的前提下，按照國家有關規定可以進行長期投資的，應當履行相關審批程序。

(2) 事業單位以實物、無形資產對外投資的，應按照國務院發布的《國有資產評估管理辦法》及國家國有資產管理局發布的《國有資產評估管理辦法實施細則》的有關規定進行資產評估。事業單位利用國有資產對外投資的，資產的國家所有性質不變。

(3) 事業單位不得以財政撥款及其結餘進行對外投資，不得從事股票、期貨、基金和企業債券等投資，國家另有規定的除外。

(二) 長期投資的帳務處理

為了核算長期投資業務，應設置「長期投資」總帳科目。該科目借方登記長期投資的增加額，如用貨幣資金投資時的實際支付的價款，用實物和無形資產投資時的評估確定或合同、協議確定的價值；貸方登記長期投資的減少額，如售出債券或到期收回債券的實際成本，收回經營投資的實際成本；期末借方余額，反應事業單位持有的長期投資成本。「長期投資」科目應當按照長期投資的種類和被投資單位等進行明細分類核算。長期投資包括長期股權投資和長期債券投資。

1. 長期股權投資的核算

(1) 長期股權投資的取得。長期股權投資的取得方式主要包括支付貨幣資金、投出固定資產、投出無形資產等。長期股權投資在取得時，應當按照其實際成本作為投資成本。

① 以貨幣資金取得的長期股權投資，按照實際支付的全部價款（包括購買價款以及稅金、手續費等相關稅費）作為投資成本，借記「長期投資」科目，貸記「銀行存款」等科目；同時，按照投資成本金額，借記「事業基金」科目，貸記「非流動資產基金——長期投資」科目。

② 以固定資產取得的長期股權投資，按照評估價值加上相關稅費作為投資成本，借記「長期投資」科目，貸記「非流動資產基金——長期投資」科目，按發生的相關稅費，借記「其他支出」科目，貸記「銀行存款」「應交稅費」等科目；同時，按照投出固定資產對應的非流動資產基金，借記「非流動資產基金——固定資產」科目，按照投出固定資產已計提折舊，借記「累計折舊」科目，按投出固定資產的帳面餘額，貸記「固定資產」科目。

③ 以已入帳無形資產取得的長期股權投資，按照評估價值加上相關稅費作為投資成本，借記「長期投資」科目，貸記「非流動資產基金——長期投資」科目，按發生的相關稅費，借記「其他支出」科目，貸記「銀行存款」「應交稅費」等科目；同時，

按照投出無形資產對應的非流動資產基金，借記「非流動資產基金——無形資產」科目，按照投出無形資產已計提攤銷，借記「累計攤銷」科目，按照投出無形資產的帳面余額，貸記「無形資產」科目。

以未入帳無形資產取得的長期股權投資，按照評估價值加上相關稅費作為投資成本，借記「長期投資」科目，貸記「非流動資產基金——長期投資」科目，按發生的相關稅費，借記「其他支出」科目，貸記「銀行存款」「應交稅費」等科目。

【例 15-30】A 事業單位以一幢寫字樓對甲單位進行投資入股，並參與甲單位的利潤分配，共同承擔投資風險。該寫字樓評估價為 2,500,000 元，帳面余額 3,200,000 元，已計提折舊 1,200,000 元。另外，A 事業單位支付資產評估費 45,000 元。A 事業單位應編製如下會計分錄：

借：長期投資——股權投資——甲單位　　　　　　2,545,000
　　貸：非流動資產基金　　　　　　　　　　　　　　　　2,545,000
借：其他支出　　　　　　　　　　　　　　　　　　　45,000
　　貸：銀行存款　　　　　　　　　　　　　　　　　　　　45,000
同時：
借：非流動資產基金——固定資產　　　　　　　　2,000,000
　　累計折舊　　　　　　　　　　　　　　　　　　　1,200,000
　　貸：固定資產　　　　　　　　　　　　　　　　　　　3,200,000

【例 15-31】A 事業單位以一項專有技術進行長期股權投資，無形資產的帳面余額為 185,000 元，已計提攤銷 35,000 元。投資協議價確定的無形資產價值為 165,000 元。A 事業單位應編製如下會計分錄：

借：長期投資——長期股權投資　　　　　　　　　165,000
　　貸：非流動資產基金——長期投資　　　　　　　　　　165,000
同時：
借：非流動資產基金——無形資產　　　　　　　　150,000
　　累計攤銷　　　　　　　　　　　　　　　　　　　　35,000
　　貸：無形資產——專有技術　　　　　　　　　　　　　185,000

（2）長期股權投資持有期間的收益和損失。長期股權投資持有期間，收到利潤等投資收益時，按照實際收到的金額，借記「銀行存款」等科目，貸記「其他收入——投資收益」科目。

因被投資單位破產清算等原因，有確鑿證據表明長期股權投資發生損失，按規定報經批准后予以核銷。將待核銷長期股權投資轉入待處置資產時，按照待核銷的長期股權投資帳面余額，借記「待處置資產損溢」科目，貸記「長期投資」科目；報經批准予以核銷時，借記「非流動資產基金——長期投資」科目，貸記「待處置資產損溢」科目。

【例 15-32】A 事業單位持有乙公司 2% 的股權，年末，從乙公司分得利潤 15,000 元，已收入銀行存款。A 事業單位應編製如下會計分錄：

借：銀行存款　　　　　　　　　　　　　　　　　　15,000
　　貸：其他收入——投資收益　　　　　　　　　　　　　15,000

【例15-33】A事業單位持有甲公司3%的股份，此長期股權投資的帳面餘額為450,000元。因甲公司經營不善實行破產清算，該項投資轉入核銷核算。A事業單位應編製如下會計分錄：

轉入待處置資產時：
借：待處置資產損溢　　　　　　　　　　　　　450,000
　　貸：長期投資——股權投資　　　　　　　　　　　450,000
報經批准予以核銷時：
借：非流動資產基金——長期投資　　　　　　　450,000
　　貸：待處置資產損溢　　　　　　　　　　　　　　450,000

（3）長期股權投資的轉讓。事業單位轉讓長期股權投資，轉入待處置資產時，按照待轉讓長期股權投資的帳面餘額，借記「待處置資產損溢——處置資產價值」科目，貸記「長期投資」科目。實際轉讓時，按照所轉讓長期股權投資對應的非流動資產基金，借記「非流動資產基金——長期投資」科目，貸記「待處置資產損溢——處置資產價值」科目。轉讓長期股權投資過程中取得價款、發生相關稅費以及轉讓價款扣除相關稅費后的淨收入的帳務處理，參見「待處置資產損溢」科目相關內容。

【例15-34】A事業單位將以不動產投資入股所持有的乙公司2%的股權轉讓，該股權投資的帳面餘額為500,000元，實際轉讓時收到價款560,000元。轉讓過程中發生稅費共計28,000元。A事業單位應編製如下會計分錄：

轉入待處置資產時：
借：待處置資產損溢——處置資產價值　　　　　500,000
　　貸：長期投資——股權投資　　　　　　　　　　　500,000
實際轉讓時：
借：非流動資產基金——長期投資　　　　　　　500,000
　　貸：待處置資產損溢——處置資產價值　　　　　　500,000
收到轉讓價款時：
借：銀行存款　　　　　　　　　　　　　　　　560,000
　　貸：待處置資產損溢——處置淨收入　　　　　　　560,000
支付轉讓稅費時：
借：待處置資產損溢——處置淨收入　　　　　　 28,000
　　貸：銀行存款　　　　　　　　　　　　　　　　　 28,000
處置淨收入處理：
借：待處置資產損溢——處置淨收入　　　　　　532,000
　　貸：應繳國庫款　　　　　　　　　　　　　　　　532,000

2. 長期債券投資的核算

（1）長期債券投資的取得。長期債券投資通常以貨幣資金購入，取得時，應當按照其實際成本作為投資成本。以貨幣資金購入的長期債券投資，按照實際支付的全部價款（包括購買價款以及稅金、手續費等相關稅費）作為投資成本，借記「長期投資」科目，貸記「銀行存款」等科目；同時，按照投資成本金額，借記「事業基金」科目，貸記「非流動資產基金——長期投資」科目。

（2）長期債券投資的利息。長期債券投資持有期間收到利息時，按照實際收到的金額，借記「銀行存款」等科目，貸記「其他收入——投資收益」科目。

（3）長期債券投資的轉讓和到期收回。對外轉讓或到期收回長期債券投資本息，按照實際收到的金額，借記「銀行存款」等科目，按照收回長期投資的成本，貸記本科目，按其差額，貸記或借記「其他收入——投資收益」科目；同時，按照收回長期投資對應的非流動資產基金，借記「非流動資產基金——長期投資」科目，貸記「事業基金」科目。

【例 15-35】 A 事業單位購入三年期國庫券 2,000 份，面值 100 元，票面年利率 5%，款項共計 20 萬元，以銀行存款支付。A 事業單位應編製如下會計分錄：

長期債券取得時：
借：長期投資——債券投資　　　　　　　　　　　　　200,000
　　貸：銀行存款　　　　　　　　　　　　　　　　　　　200,000
借：事業基金　　　　　　　　　　　　　　　　　　　　200,000
　　貸：非流動資產基金——長期投資　　　　　　　　　　200,000
第一年、第二年分別收到利息 10,000 元時：
借：銀行存款　　　　　　　　　　　　　　　　　　　　10,000
　　貸：其他收入——投資收益　　　　　　　　　　　　　10,000
第三年到期兌付時：
借：銀行存款　　　　　　　　　　　　　　　　　　　　210,000
　　貸：長期投資——債券投資　　　　　　　　　　　　　200,000
　　　　其他收入——投資收益　　　　　　　　　　　　　10,000
借：非流動資產基金——長期投資　　　　　　　　　　　　200,000
　　貸：事業基金　　　　　　　　　　　　　　　　　　　200,000

二、固定資產的核算

（一）固定資產概述

1. 固定資產的概念

固定資產是指使用年限在 1 年以上（不含 1 年），單位價值在規定的標準以上，並在使用過程中基本保持原來物質形態的資產。

《事業單位財務規則》對固定資產的單位價值標準制定了具體的規定：一般設備在 1,000 元以上，專用設備在 1,500 元以上；單位價值雖未達到規定標準，但是耐用時間在 1 年以上（不含 1 年）的大批同類物資，也作為固定資產核算和管理。

2. 固定資產的分類

事業單位的固定資產一般分為以下六類：

（1）房屋和構築物。這是指事業單位擁有佔有權、控制權的房屋、建築物及其附屬設施。其中，房屋包括辦公用房、生產經營用房、庫房、職工食堂、鍋爐房等；建築物包括道路、圍牆、水塔、雕塑等；附屬設施包括房屋和建築物內的電梯、通信線路、輸電線路、水氣管道等。

（2）專用設備。這是指事業單位根據業務工作的實際需要購置的各種具有專門性

能和專門用途的設備,如科研單位的科研儀器、學校的教學儀器、醫院的醫療器械等。

(3) 通用設備。這是指事業單位用於業務工作的通用性設備,如辦公用的家具、交通工具等。

(4) 文物和陳列品。這是指博物館、展覽館、紀念館等文化事業單位的各種文物和陳列品,如古物、字畫、紀念品、展品、藏品等。

(5) 圖書、檔案。這是指專業圖書館、文化館的書籍、資料,檔案館的檔案,事業單位統一管理使用的業務用書及檔案等,如單位圖書室和閱覽室的圖書、檔案室資料等。

(6) 家具、用具、裝具及動植物。

對於應用軟件,如果其構成相關硬件不可缺少的組成部分,應當將該軟件價值包括在所屬硬件價值中,一併作為固定資產進行核算;如果其不構成相關硬件不可缺少的組成部分,應當將該軟件作為無形資產核算。事業單位以經營租賃租入的固定資產,不作為固定資產核算,應當另設備查簿進行登記。購入需要安裝的固定資產,應當先通過「在建工程」科目核算,安裝完畢交付使用時再轉入「固定資產」科目核算。

3. 固定資產的管理

事業單位應當根據固定資產的定義,結合本單位的具體情況,制定適合於本單位的固定資產目錄、具體分類方法,作為進行固定資產核算的依據。

事業單位應當對固定資產進行定期或者不定期的清查盤點。年度終了前應當進行一次全面清查盤點,保證帳實相符。

事業單位國有資產的處置包括出售、出讓、轉讓、對外捐贈、報廢、報損以及貨幣性資產損失核銷等。事業單位佔有、使用的房屋及構築物、土地和車輛的處置,貨幣性資產損失的核銷,單位價值或者批量價值在規定限額以上的資產的處置,須經主管部門審核后報同級財政部門審批;限額規定以下的資產處置報主管部門審批,主管部門將審批結果報同級財政部門備案。事業單位國有資產處置收入屬於國家所有,應當按照政府非稅收入管理的規定,實行「收支兩條線」管理。

為了核算固定資產業務,應設置「固定資產」總帳科目。該科目借方登記增加的固定資產原價;貸方登記減少的固定資產原價;期末借方余額,反應事業單位固定資產的原價。事業單位應當設置「固定資產登記簿」和「固定資產卡片」,按照固定資產類別、項目和使用部門等進行明細分類核算。出租、出借的固定資產,應當設置備查簿進行登記。

(二) 固定資產的初始確認與計量

事業單位的固定資產應在取得時進行初始確認與計量。固定資產的取得方式主要有購入、自行建造、融資租入、接受捐贈和無償調入等。固定資產在取得時,應當按照其實際成本入帳。

1. 固定資產的購入

購入的固定資產,其成本包括購買價款、相關稅費以及固定資產交付使用前所發生的可歸屬於該項資產的運輸費、裝卸費、安裝調試費和專業人員服務費等;以一筆款項購入多項沒有單獨標價的固定資產,按照各項固定資產同類或類似資產市場價格的比例對總成本進行分配,分別確定各項固定資產的入帳成本。

事業單位購入固定資產所使用的資金，可以是財政補助收入，也可以是上級補助收入等非財政補助資金。使用財政資金需要納入政府採購規範，一般採用政府集中採購的方式。購入固定資產的核算可以分以下三種情況：

(1) 購入不需安裝的固定資產。這種情況應按照確定的固定資產成本，借記「固定資產」科目，貸記「非流動資產基金——固定資產」科目；同時，按照實際支付金額，借記「事業支出」「經營支出」「專用基金——修購基金」等科目，貸記「財政補助收入」「零餘額帳戶用款額度」「銀行存款」等科目。

(2) 購入需要安裝的固定資產。這種情況應先通過「在建工程」科目核算。安裝完工交付使用時，借記「固定資產」科目，貸記「非流動資產基金——固定資產」科目；同時，借記「非流動資產基金——在建工程」科目，貸記「在建工程」科目。

(3) 購入固定資產扣留質量保證金。這種情況應當在取得固定資產時，按照確定的成本，借記「固定資產」科目（不需安裝）或「在建工程」科目（需要安裝），貸記「非流動資產基金——固定資產、在建工程」科目。同時取得固定資產全款發票的，應當同時按照構成資產成本的全部支出金額，借記「事業支出」「經營支出」「專用基金——修購基金」等科目，按照實際支付金額，貸記「財政補助收入」「零餘額帳戶用款額度」「銀行存款」等科目，按照扣留的質量保證金，貸記「其他應付款」（扣留期在1年或1年）或「長期應付款」（扣留期在1年以上）科目；取得的發票金額不包括質量保證金的，應當同時按照不包括質量保證金的支出金額，借記「事業支出」「經營支出」「專用基金——修購基金」等科目，貸記「財政補助收入」「零餘額帳戶用款額度」「銀行存款」等科目。質保期滿支付質量保證金時，借記「其他應付款」「長期應付款」科目，或借記「事業支出」「經營支出」「專用基金——修購基金」等科目，貸記「財政補助收入」「零餘額帳戶用款額度」「銀行存款」等科目。

【例15-36】A事業單位以政府集中採購方式購入一批網絡設備，價值350,000元，款項通過財政部門以直接支付方式支付。設備已經通過驗收。A事業單位應編製如下會計分錄：

借：固定資產——網絡設備　　　　　　　　　　　　350,000
　　貸：非流動資產基金——固定資產　　　　　　　　350,000
借：事業支出——財政補助支出——基本支出　　　　350,000
　　貸：財政補助收入——基本支出　　　　　　　　　350,000

【例15-37】A事業單位購入一臺需要安裝的專業檢測設備已經完工並交付使用。設備款為68,000元，安裝費用為5,200元。A事業單位應編製如下會計分錄：

借：非流動資產基金——在建工程　　　　　　　　　73,200
　　貸：在建工程——檢測設備安裝工程　　　　　　　73,200
借：固定資產——檢測設備　　　　　　　　　　　　73,200
　　貸：非流動資產基金——固定資產　　　　　　　　73,200

【例15-38】A事業單位購入一臺經營用專用設備，取得的增值稅專用發票上註明的設備價款為230,000元，增值稅進項稅額為39,100元，以銀行存款支付，設備已交付使用。A事業單位應編製如下會計分錄：

借：固定資產——專用設備　　　　　　　　　　　　230,000

　　　　應交稅費——應交增值稅（進項稅額）　　　　　　　　39,100
　　　　　貸：非流動資產基金——固定資產　　　　　　　　　　　269,100
　　　借：經營支出　　　　　　　　　　　　　　　　　　　　269,100
　　　　　貸：銀行存款　　　　　　　　　　　　　　　　　　　269,100
　　2. 固定資產的建造與改造
　　自行建造的固定資產，其成本包括建造該項資產至交付使用前所發生的全部必要支出。在原有固定資產基礎上進行改建、擴建、修繕后的固定資產，其成本按照原固定資產帳面價值（「固定資產」科目帳面餘額減去「累計折舊」科目帳面餘額后的淨值）加上改建、擴建、修繕發生的支出，再扣除固定資產拆除部分的帳面價值后的金額確定。
　　工程完工交付使用時，按自行建造過程中發生的實際支出，借記「固定資產」科目，貸記「非流動資產基金——固定資產」科目；同時，借記「非流動資產基金——在建工程」科目，貸記「在建工程」科目。已交付使用但尚未辦理竣工決算手續的固定資產，按照估計價值入帳，待確定實際成本後再進行調整。
　　【例 15-39】A 事業單位自行建造的一臺安防設備完工，經驗收后交付使用，其建造成本為 38,700 元。A 事業單位應編製如下會計分錄：
　　　借：固定資產——安防設備　　　　　　　　　　　　　　38,700
　　　　　貸：非流動資產基金——固定資產　　　　　　　　　　38,700
　　　借：非流動資產基金——在建工程　　　　　　　　　　　38,700
　　　　　貸：在建工程——安防設備建造工程　　　　　　　　　38,700
　　3. 固定資產的融資租入
　　事業單位以融資租賃租入的固定資產，其成本按照租賃協議或者合同確定的租賃價款、相關稅費以及固定資產交付使用前所發生的可歸屬於該項資產的運輸費、途中保險費、安裝調試費等確定。
　　（1）融資租入的固定資產，按照確定的成本，借記「固定資產」科目（不需安裝）或「在建工程」科目（需安裝），按照租賃協議或者合同確定的租賃價款，貸記「長期應付款」科目，按照其差額，貸記「非流動資產基金——固定資產、在建工程」科目。同時，按照實際支付的相關稅費、運輸費、途中保險費、安裝調試費等，借記「事業支出」「經營支出」等科目，貸記「財政補助收入」「零餘額帳戶用款額度」「銀行存款」等科目。
　　（2）定期支付租金時，按照支付的租金金額，借記「事業支出」「經營支出」等科目，貸記「財政補助收入」「零餘額帳戶用款額度」「銀行存款」等科目。同時，借記「長期應付款」科目，貸記「非流動資產基金——固定資產」科目。
　　跨年度分期付款購入固定資產的帳務處理，可參照融資租入固定資產的核算。
　　【例 15-40】A 事業單位以融資租賃方式租入一套專業通信設備，價值為 200,000元，以銀行存款支付設備調試費等 3,800 元。設備租期 5 年，租金按年支付，每年40,000 元，租賃期滿后設備歸 A 事業單位所有。A 事業單位應編製如下會計分錄：
　　租入設備並支付調試費用時：
　　　借：固定資產——通信設備　　　　　　　　　　　　　　203,800

貸：長期應付款		200,000
非流動資產基金——固定資產		3,800
借：事業支出——其他資金支出——基本支出	3,800	
貸：銀行存款		3,800

使用財政補助資金支付第 1 年租金 40,000 元時：

借：事業支出——財政補助支出——基本支出	40,000	
貸：財政補助收入		40,000
借：長期應付款	40,000	
貸：非流動資產基金——固定資產		40,000

以后每年支付租金的會計分錄相同，「固定資產」科目與「非流動資產基金——固定資產」科目的帳面余額不一致，其差額為未支付的租金。

4. 固定資產的捐贈與調入

事業單位接受捐贈、無償調入的固定資產，其成本按照有關憑據註明的金額加上相關稅費、運輸費等確定；沒有相關憑據的，其成本比照同類或類似固定資產的市場價格加上相關稅費、運輸費等確定；沒有相關憑據、同類或類似固定資產的市場價格也無法可靠取得的，該固定資產按照名義金額入帳。

接受捐贈、無償調入的固定資產，按照確定的固定資產成本，借記「固定資產」科目（不需安裝）或「在建工程」科目（需安裝），貸記「非流動資產基金——固定資產、在建工程」科目；按照發生的相關稅費、運輸費等，借記「其他支出」科目，貸記「銀行存款」等科目。

【例 15-41】A 事業單位接受捐贈一批圖書，所附發票說明價值為 50,000 元；接受捐贈的歷史文物一項，沒有證明其價值的相關憑據，同類或類似文物的市場價格也無法可靠取得；以現金支付運輸費 150 元。A 事業單位應編製如下會計分錄：

借：固定資產——圖書	50,000	
——文物	1	
貸：非流動資產基金——固定資產		50,001
借：其他支出	150	
貸：庫存現金		150

(三) 固定資產的折舊

1. 折舊的含義及範圍

事業單位的固定資產經初始確認與計量后，在使用中會因磨損等因素導致價值的貶損。為真實反應固定資產的價值，可以建立固定資產折舊制度，對固定資產進行后續計量。折舊是指在固定資產使用壽命內，按照確定的方法對應折舊金額進行系統分攤。事業單位固定資產的應折舊金額為其成本，計提固定資產折舊不考慮預計淨殘值。

事業單位的固定資產折舊範圍主要包括房屋構築物、專用設備和通用設備等，文物和陳列品、動植物、圖書、檔案、以名義金額計量的固定資產不提折舊。

事業單位一般應當按月計提固定資產折舊。當月增加的固定資產，當月不提折舊，從下月起計提折舊；當月減少的固定資產，當月照提折舊，從下月起不提折舊。固定資產提足折舊后，無論能否繼續使用，均不再計提折舊；提前報廢的固定資產，也不

再補提折舊。已提足折舊的固定資產，可以繼續使用的，應當繼續使用，規範管理。

2. 折舊的方法

事業單位一般應當採用年限平均法或工作量法計提固定資產折舊。固定資產折舊額的計算公式如下：

年折舊額＝固定資產原值÷預計使用年限

月折舊額＝年折舊額÷12

事業單位應當根據固定資產的性質和實際使用情況，合理確定其折舊年限。固定資產的使用壽命一般為其預計使用年限。固定資產因改擴建或修繕等原因延長其使用年限的，應當按照重新確定的固定資產成本以及重新確定的折舊年限，重新計算折舊額。

計提融資租入固定資產折舊時，應當採用與自有固定資產相一致的折舊政策。能夠合理確定租賃期屆滿時將會取得租入固定資產所有權的，應當在租入固定資產尚可使用年限內計提折舊；無法合理確定租賃期屆滿時能夠取得租入固定資產所有權的，應當在租賃期與租入固定資產尚可使用年限兩者中較短的期間內計提折舊。

3. 累計折舊的核算

為了核算事業單位固定資產計提的累計折舊業務，應當設置「累計折舊」總帳科目。該科目貸方登記折舊的增加；借方登記折舊的轉銷；期末貸方余額，反應事業單位計提的固定資產折舊累計數。「累計折舊」科目應當按照所對應固定資產的類別、項目等進行明細分類核算。

事業單位的固定資產在取得時其成本已經一次性計入了當期支出。為了兼顧事業單位的預算管理和財務管理的需求，固定資產採用了「虛提」折舊的模式：計提折舊時沖減其對應的非流動資產基金，而非計入當期支出。按月計提固定資產折舊時，按照應計提折舊金額，借記「非流動資產基金——固定資產」科目，貸記「累計折舊」科目。

【例 15-42】A 事業單位計提本月固定資產折舊，根據「固定資產折舊計算表」，本月應提折舊額為 36,500 元。A 事業單位應編製如下會計分錄：

借：非流動資產基金——固定資產　　　　　　　　　　　　36,500
　　貸：累計折舊　　　　　　　　　　　　　　　　　　　　36,500

（四）固定資產的后續支出

固定資產的后續支出是指固定資產在投入使用以后期間發生的與固定資產使用效能、使用狀態直接相關的各種支出，如固定資產的改擴建、修繕、修理等事項的支出。與固定資產有關的后續支出，應分以下情況處理：

（1）為增加固定資產使用效能或延長其使用年限而發生的改建、擴建或修繕等后續支出。這類支出應當計入固定資產成本，通過「在建工程」科目核算，完工交付使用時轉入「固定資產」科目。有關帳務處理參見「在建工程」科目相關內容。

（2）為維護固定資產的正常使用而發生的日常修理等后續支出。這類支出應當計入當期支出但不計入固定資產成本，借記「事業支出」「經營支出」等科目，貸記「財政補助收入」「零余額帳戶用款額度」「銀行存款」等科目。

【例15-43】A事業單位對單位信息中心的空調設備進行了維護,保證了制冷系統運行的穩定性,以銀行存款支出了有關費用860元。A事業單位應編製如下會計分錄:

借:事業支出——其他資金支出——基本支出　　　　　860
　　貸:銀行存款　　　　　　　　　　　　　　　　　　　　860

(五)固定資產的處置

事業單位固定資產的處置,包括出售固定資產、無償調出固定資產對外捐贈固定資產和對外投資固定資產等。事業單位處置固定資產應當按照國家有關規定辦理,並經過主管部門審核同意后報同級財政部門審批。除了對外投資業務,固定資產的處置應分以下情況處理:

1. 轉入待處置資產損溢

出售、無償調出、對外捐贈固定資產,轉入待處置資產時,按照待處置固定資產的帳面價值,借記「待處置資產損溢」科目,按照已計提折舊,借記「累計折舊」科目,按照固定資產的帳面余額,貸記「固定資產」科目。

2. 實現固定資產處置

實際出售、調出、捐出時,按照處置固定資產對應的非流動資產基金,借記「非流動資產基金——固定資產」科目,貸記「待處置資產損溢」科目。

在處置過程中收取的價款和支付的費用應按照有關規定通過「待處置資產損溢」科目核算,如果「待處置資產損溢」科目有貸方余額,則表現為應上繳國庫的款項。

【例15-44】A事業單位報同級財政部門批准,將一臺不需用的辦公設備出售。該設備的帳面余額為48,000元,已計提折舊19,200元;出售該設備取得價款28,000元,同時支付相關費用1,300元,均通過銀行存款轉帳。A事業單位應編製如下會計分錄:

將帳面價值轉入待處置資產:

借:待處置資產損溢——處置資產價值　　　　　　　28,800
　　累計折舊　　　　　　　　　　　　　　　　　　　19,200
　　貸:固定資產——辦公設備　　　　　　　　　　　　　48,000
借:非流動資產基金——固定資產　　　　　　　　　　28,800
　　貸:待處置資產損溢——處置資產價值　　　　　　　　28,800

收取價款和支付費用時:

借:銀行存款　　　　　　　　　　　　　　　　　　　28,000
　　貸:待處置資產損溢——處置淨收入　　　　　　　　　28,000
借:待處置資產損溢——處置淨收入　　　　　　　　　1,300
　　貸:銀行存款　　　　　　　　　　　　　　　　　　　1,300

淨收入上繳國庫時:

借:待處置資產損溢——處置淨收入　　　　　　　　　26,700
　　貸:應繳國庫款　　　　　　　　　　　　　　　　　　26,700

(六)固定資產的清查盤點

事業單位的固定資產應當定期進行清查盤點,每年至少盤點一次。對於發生的固定資產盤盈、盤虧或者報廢、毀損,應當及時查明原因,按規定報經批准后進行帳務處理。

1. 固定資產盤盈的處理

對盤盈的固定資產，應按照同類或類似固定資產的市場價格確定入帳價值；同類或類似固定資產的市場價格無法可靠取得的，按照名義金額入帳。盤盈的固定資產，按照確定的入帳價值，借記「固定資產」科目，貸記「非流動資產基金——固定資產」科目。

2. 固定資產盤虧的處理

對盤虧或者毀損、報廢的固定資產，轉入待處置資產時，按照待處置固定資產的帳面價值，借記「待處置資產損溢」科目，按照已計提折舊，借記「累計折舊」科目，按照固定資產的帳面餘額，貸記「固定資產」科目；報經批准予以處置時，按照處置固定資產對應的非流動資產基金，借記「非流動資產基金——固定資產」科目，貸記「待處置資產損溢」科目；處置毀損、報廢固定資產過程中所取得的收入、發生的相關費用以及處置收入扣除相關費用后的淨收入的帳務處理，參見「待處置資產損溢」科目相關內容。

【例15-45】A事業單位年終在固定資產清查過程中，發現一臺電腦沒有入帳，該類電腦的市場價格為8,500元。A事業單位應編製如下會計分錄：

借：固定資產——通用設備　　　　　　　　　　　　　　8,500
　　貸：非流動資產基金——固定資產　　　　　　　　　　　8,500

【例15-46】A事業單位年終進行固定資產清查，擬報廢一臺打印機，其帳面餘額為6,000元，已提折舊5,800元，處置中沒有發生變價收入和清理費用。A事業單位應編製如下會計分錄：

轉入待處置資產：

借：待處置資產損溢——處置資產價值　　　　　　　　　　200
　　累計折舊　　　　　　　　　　　　　　　　　　　　5,800
　　貸：固定資產——辦公設備　　　　　　　　　　　　　6,000

經財政部門批准，予以報廢：

借：非流動資產基金——固定資產　　　　　　　　　　　　200
　　貸：待處置資產損溢　　　　　　　　　　　　　　　　　200

三、在建工程的核算

(一) 在建工程的內容

在建工程是指事業單位已經發生必要支出，但尚未完工交付使用的各種建築（包括新建、改建、擴建、修繕等）和設備安裝工程。

為了核算在建工程業務，應設置「在建工程」總帳科目。該科目借方登記工程成本的增加；貸登記工程成本的結轉；期末借方餘額，反應事業單位尚未完工的在建工程發生的實際成本。

「在建工程」科目應當按照工程性質和具體工程項目等進行明細分類核算。

事業單位的基本建設投資應當按照國家有關規定單獨建帳，按照《國有建設單位會計制度》的要求單獨核算，按照《事業單位會計制度》的規定至少按月並入事業單位的「大帳」中，通過「在建工程」科目反應。事業單位應當在「在建工程」科目下

設置「基建工程」明細科目，核算由基建帳套並入的在建工程成本。
(二) 建築工程的帳務處理
1. 建築工程轉入
將固定資產轉入改建、擴建或修繕等時，按照固定資產的帳面價值，借記「在建工程」科目，貸記「非流動資產基金——在建工程」科目；同時，按照固定資產對應的非流動資產基金，借記「非流動資產基金——固定資產」科目，按照已計提折舊，借記「累計折舊」科目，按照固定資產的帳面余額，貸記「固定資產」科目。
2. 工程價款結算
根據工程價款結算帳單與施工企業結算工程價款時，按照實際支付的工程價款，借記「在建工程」科目，貸記「非流動資產基金——在建工程」科目；同時，借記「事業支出」等科目，貸記「財政補助收入」「零余額帳戶用款額度」「銀行存款」等科目。
3. 工程借款利息核算
事業單位為建築工程借入的專門借款的利息，屬於建設期間發生的，計入在建工程成本，借記「在建工程」科目，貸記「非流動資產基金——在建工程」科目；同時，借記「其他支出」科目，貸記「銀行存款」科目。
4. 工程完工交付
工程完工交付使用時，按照建築工程所發生的實際成本，借記「固定資產」科目，貸記「非流動資產基金——固定資產」科目；同時，借記「非流動資產基金——在建工程」科目，貸記「在建工程」科目。

【例15-47】A事業單位與某建築公司簽訂協議，由其承包對A單位的一幢辦公樓進行擴建。該辦公樓帳面余額為350萬元，已計提折舊125萬元，帳面價值為225萬元。該辦公樓3個月完成擴建，共支付工程價款120萬元，全部由財政直接支付。辦公樓擴建完工后直接交付使用。A事業單位應編製如下會計分錄：

轉入擴建時：
借：在建工程——建築工程（辦公樓）　　　　　　2,250,000
　　貸：非流動資產基金——在建工程　　　　　　　　　2,250,000
借：非流動資產基金——固定資產　　　　　　　　2,250,000
　　累計折舊　　　　　　　　　　　　　　　　　1,250,000
　　貸：固定資產——辦公樓　　　　　　　　　　　　　3,500,000
結算工程價款時：
借：在建工程——建築工程（辦公樓）　　　　　　1,200,000
　　貸：非流動資產基金——在建工程　　　　　　　　　1,200,000
借：事業支出——財政補助支出　　　　　　　　　1,200,000
　　貸：財政補助收入　　　　　　　　　　　　　　　　1,200,000
擴建工程完工后直接交付使用時：
借：固定資產——辦公樓　　　　　　　　　　　　3,450,000
　　貸：非流動資產基金——固定資產　　　　　　　　　3,450,000
借：非流動資產基金——在建工程　　　　　　　　3,450,000

貸：在建工程——建築工程（辦公樓） 3,450,000
（三）設備安裝工程的帳務處理
1. 安裝工程的轉入

購入需要安裝的設備，按照確定的成本，借記「在建工程」科目，貸記「非流動資產基金——在建工程」科目；同時，按照實際支付金額，借記「事業支出」「經營支出」等科目，貸記「財政補助收入」「零余額帳戶用款額度」「銀行存款」等科目。

融資租入需要安裝的設備，按照確定的成本，借記本科目，按照租賃協議或者合同確定的租賃價款，貸記「長期應付款」科目，按照其差額，貸記「非流動資產基金——在建工程」科目。同時，按照實際支付的相關稅費、運輸費、途中保險費等，借記「事業支出」「經營支出」等科目，貸記「財政補助收入」「零余額帳戶用款額度」「銀行存款」等科目。

2. 工程安裝費用核算

發生安裝費用時，借記「在建工程」科目，貸記「非流動資產基金——在建工程」科目；同時，借記「事業支出」「經營支出」等科目，貸記「財政補助收入」「零余額帳戶用款額度」「銀行存款」等科目。

3. 工程完工交付

設備安裝完工交付使用時，借記「固定資產」科目，貸記「非流動資產基金——固定資產」科目；同時，借記「非流動資產基金——在建工程」科目，貸記「在建工程」科目。

【例15-48】A事業單位購入一批需要安裝的專業設備，設備價值及運費共計36,500元，通過單位零余額帳戶支付；安裝設備時，通過銀行存款支付安裝費用850元。A事業單位應編製如下會計分錄：

支付設備及運費款項時：
借：在建工程——設備安裝工程（×設備） 36,500
　　貸：非流動資產基金——在建工程 36,500
借：事業支出——財政補助支出 36,500
　　貸：零余額帳戶用款額度 36,500
支付安裝費時：
借：在建工程——設備安裝工程（×設備） 850
　　貸：非流動資產基金——在建工程 850
借：事業支出——財政補助支出 850
　　貸：銀行存款 850
設備安裝完工交付使用時：
借：固定資產——專業設備 37,350
　　貸：非流動資產基金——固定資產 37,350
借：非流動資產基金——在建工程 37,350
　　貸：在建工程——設備安裝工程（×設備） 37,350

四、無形資產的核算

(一) 無形資產的內容

無形資產是指事業單位持有的沒有實物形態的可辨認非貨幣性資產，包括專利權、商標權、著作權、土地使用權、非專利技術等。事業單位購入的不構成相關硬件不可缺少組成部分的應用軟件，應當作為無形資產核算。無形資產是事業單位資產的重要組成部分，在事業單位開展各項業務活動中發揮著重要作用。

為了核算無形資產業務，應設置「無形資產」總帳科目。「無形資產」科目借方登記無形資產原價的增加；貸方登記無形資產原價的減少；期末借方余額，反應事業單位無形資產的原價。「無形資產」科目應當按照無形資產的類別、項目等進行明細核算。

(二) 無形資產的初始確認與計量

事業單位的無形資產應在取得時進行初始確認。無形資產取得的方式主要包括外購、委託開發、自行開發、接受捐贈、無償調入等。無形資產在取得時，應當按照其實際成本入帳。

1. 外購無形資產

事業單位外購無形資產，其成本包括購買價款、相關稅費以及可歸屬於該項資產達到預定用途所發生的其他支出。應按照確定的無形資產成本，借記「無形資產」科目，貸記「非流動資產基金——無形資產」科目；同時，按照實際支付金額，借記「事業支出」等科目，貸記「財政補助收入」「零余額帳戶用款額度」「銀行存款」等科目。

2. 委託開發無形資產

委託軟件公司開發軟件視同外購無形資產進行處理。支付軟件開發費時，按照實際支付金額，借記「事業支出」等科目，貸記「財政補助收入」「零余額帳戶用款額度」「銀行存款」等科目。軟件開發完成交付使用時，按照軟件開發費總額，借記「無形資產」科目，貸記「非流動資產基金——無形資產」科目。

3. 自行開發無形資產

自行開發並按法律程序申請取得的無形資產，應按照依法取得時發生的註冊費、聘請律師費等費用，借記「無形資產」科目，貸記「非流動資產基金——無形資產」科目；同時，借記「事業支出」等科目，貸記「財政補助收入」「零余額帳戶用款額度」「銀行存款」等科目。依法取得前所發生的研究開發支出，應於發生時直接計入當期支出，借記「事業支出」等科目，貸記「銀行存款」等科目。

4. 接受捐贈、無償調入的無形資產

接受捐贈、無償調入的無形資產，其成本按照有關憑據註明的金額加上相關稅費等確定；沒有相關憑據的，其成本比照同類或類似無形資產的市場價格加上相關稅費等確定；按照確定的無形資產成本，借記「無形資產」科目，貸記「非流動資產基金——無形資產」科目；按照發生的相關稅費等，借記「其他支出」科目，貸記「銀行存款」等科目；沒有相關憑據、同類或類似無形資產的市場價格也無法可靠取得的，該資產按照名義金額入帳。

【例15-49】A事業單位用事業經費購入一項專利權，價值為180,000元，採用財政直接支付方式付款。A事業單位應編製如下會計分錄：
  借：無形資產——專利權　　　　　　　　　　　　　　180,000
    貸：非流動資產基金——無形資產　　　　　　　　　　　180,000
  借：事業支出——財政補助支出　　　　　　　　　　　180,000
    貸：財政補助收入　　　　　　　　　　　　　　　　　　180,000

【例15-50】A事業單位自行開發一項專用技術，並按法律程序申請取得專利證書。該專利技術在依法取得前共發生研究開發支出計96,000元；申請專利時發生註冊費、聘請律師等費用8,500元，均以單位的零余額帳戶支付。A事業單位應編製如下會計分錄：

支付依法取得前發生的研究開發支出時：
  借：事業支出　　　　　　　　　　　　　　　　　　　96,000
    貸：零余額帳戶用款額度　　　　　　　　　　　　　　　96,000

依法取得專利權時：
  借：無形資產——專利權　　　　　　　　　　　　　　　8,500
    貸：非流動資產基金——無形資產　　　　　　　　　　　　8,500
  借：事業支出——財政補助支出——基本支出　　　　　　8,500
    貸：零余額帳戶用款額度　　　　　　　　　　　　　　　 8,500

【例15-51】A事業單位獲得政府無償提供的4,000平方米的土地使用權，該土地使用權的市場價格為每平方米12,000元。A事業單位應編製如下會計分錄：
  借：無形資產——土地使用權　　　　　　　　　　　48,000,000
    貸：非流動資產基金——無形資產　　　　　　　　　　48,000,000

（三）無形資產的攤銷

1. 無形資產的攤銷範圍和攤銷方法的確定

為了真實反應無形資產的價值，事業單位可以建立無形資產攤銷制度，對無形資產進行后續計量。攤銷是指在無形資產使用壽命內，按照確定的方法對應攤銷金額進行系統分攤。

在無形資產攤銷制度下，事業單位應當對無形資產進行攤銷，以名義金額計量的無形資產除外。

事業單位應當採用年限平均法對無形資產進行攤銷。無形資產的應攤銷金額為其成本。

事業單位應當按照如下原則確定無形資產的攤銷年限：法律規定了有效年限的，以法律規定的有效年限作為攤銷年限；法律沒有規定有效年限的，以相關合同或單位申請書中的受益年限作為攤銷年限；法律沒有規定有效年限，相關合同或單位申請書也沒有規定受益年限的，按照不少於10年的期限攤銷。

事業單位應當自無形資產取得當月起，按月計提無形資產攤銷。因發生後續支出而增加無形資產成本的，應當按照重新確定的無形資產成本，重新計算攤銷額。

2. 無形資產攤銷的帳務處理

為了核算無形資產攤銷的業務，應設置「累計攤銷」的總帳科目。該科目貸方登

記攤銷額的增加，借方登記攤銷額的轉銷；期末貸方余額，反應事業單位計提的無形資產攤銷累計數。

「累計攤銷」科目應當按照對應無形資產的類別、項目等進行明細分類核算。事業單位的無形資產與固定資產相同，採用「虛提」模式，在計提攤銷時沖減相關淨資產，而非計入當期支出。

（1）按月計提無形資產攤銷時，按照應計提攤銷金額，借記「非流動資產基金——無形資產」科目，貸記「累計攤銷」科目。

（2）無形資產處置時，按照所處置無形資產的帳面價值，借記「待處置資產損溢」科目，按照已計提攤銷，借記「累計攤銷」科目，按照無形資產的帳面余額，貸記「無形資產」科目。

【例15-52】A事業單位外購的一項專利權72,000元，該專利權按法律規定的有效年限為10年，月末按照年限平均法計算折舊額並進行帳務處理。A事業單位應編製如下會計分錄：

該專利權本月攤銷額＝72,000÷10÷12＝600（元）

借：非流動資產基金——無形資產　　　　　　　　　　600
　　貸：累計攤銷　　　　　　　　　　　　　　　　　　600

（四）無形資產的后續支出

事業單位無形資產的后續支出是指無形資產使用以後的期間發生的與無形資產使用效能、使用狀態直接相關的支出，如無形資產的升級改造、功能擴展、技術維護等。與無形資產有關的后續支出，應分以下情況處理：

1. 增加無形資產效能的支出

為增加無形資產的使用效能而發生的后續支出，如對軟件進行升級改造或擴展其功能等所發生的支出，應當計入無形資產的成本，借記本「無形資產」科目，貸記「非流動資產基金——無形資產」科目；同時，借記「事業支出」等科目，貸記「財政補助收入」「零余額帳戶用款額度」「銀行存款」等科目。

2. 維護無形資產的支出

為維護無形資產的正常使用而發生的后續支出，如對軟件進行漏洞修補、技術維護等所發生的支出，應當計入當期支出但不計入無形資產成本，借記「事業支出」等科目，貸記「財政補助收入」「零余額帳戶用款額度」「銀行存款」等科目。

【例15-53】A事業單位使用上級撥入的專項資金對單位的管理信息系統進行了升級，增加了資產管理、人員管理等模塊，共發生支出53,200元，款項通過銀行存款支付。同時，A事業單位使用財政撥入的事業經費對單位的辦公軟件進行了維護，為系統運行穩定提供保障，共發生支出2,800元，款項通過零余額帳戶支付。A事業單位應編製如下會計分錄：

管理信息系統的升級提升了效能，應計入無形資產成本：

借：無形資產——管理信息系統　　　　　　　　　　53,200
　　貸：非流動資產基金——無形資產　　　　　　　　53,200
借：事業支出——非財政專項資金支出——項目支出　　53,200
　　貸：銀行存款　　　　　　　　　　　　　　　　　53,200

(2) 辦公軟件技術維護沒有增加效能，應計入當期支出：
借：事業支出——財政補助支出——基本支出　　　　　　2,800
　　貸：零余額帳戶用款額度　　　　　　　　　　　　　　2,800

(五) 無形資產的處置

事業單位無形資產的處置，包括報經批准的轉讓、無償調出、對外捐贈以及對外投資。應當分別以下情況處理：

1. 轉出無形資產

轉讓、無償調出、對外捐贈無形資產，轉入待處置資產時，按照待處置無形資產的帳面價值，借記「待處置資產損溢」科目，按照已計提攤銷，借記「累計攤銷」科目，按照無形資產的帳面余額，貸記「無形資產」科目；實際轉讓、調出、捐出時，按照處置無形資產對應的非流動資產基金，借記「非流動資產基金——無形資產」科目，貸記「待處置資產損溢」科目。處置費用、收入及淨損溢的處理與固定資產的處理類似。

2. 以無形資產對外投資

以已入帳無形資產對外投資，應按照評估價值加上相關稅費作為投資成本，借記「長期投資」科目，貸記「非流動資產基金——長期投資」科目，按發生的相關稅費，借記「其他支出」科目，貸記「銀行存款」「應交稅費」等科目；同時，按照投出無形資產對應的非流動資產基金，借記「非流動資產基金——無形資產」科目，按照投出無形資產已計提攤銷，借記「累計攤銷」科目，按照投出無形資產的帳面余額，貸記「無形資產」科目。

【例 15-54】A 事業單位經批准轉讓一項專利權，該專利權的帳面余額為 300,000 元，已提折舊 150,000 元，轉讓取得價款 180,000 元，款項已存銀行。A 事業單位應編製如下會計分錄：

轉入待處置資產時：
借：待處置資產損溢　　　　　　　　　　　　　　　　150,000
　　累計攤銷　　　　　　　　　　　　　　　　　　　150,000
　　貸：無形資產——專利權　　　　　　　　　　　　　300,000

實際轉讓時：
借：非流動資產基金——無形資產　　　　　　　　　　150,000
　　貸：待處置資產損溢　　　　　　　　　　　　　　　150,000

收到轉讓價款時：
借：銀行存款　　　　　　　　　　　　　　　　　　　180,000
　　貸：待處置資產損溢　　　　　　　　　　　　　　　180,000

計算相關稅費時：
營業稅 = 180,000×5% = 9,000（元）
城建稅 = 9,000×7% = 630（元）
借：待處置資產損溢　　　　　　　　　　　　　　　　　9,630
　　貸：應交稅費　　　　　　　　　　　　　　　　　　　9,630

處置淨收入時：

借：待處置資產損溢 170,370
　　貸：應繳國庫款 170,370

（六）無形資產的核銷

如果無形資產預期不能為事業單位帶來服務潛力或經濟利益的，應當按規定報經批准後將該無形資產的帳面價值予以核銷。

轉入待處置資產時，按照待核銷無形資產的帳面價值，借記「待處置資產損溢」科目，按照已計提攤銷，借記「累計攤銷」科目，按照無形資產的帳面餘額，貸記「無形資產」科目；報經批准予以核銷時，按照核銷無形資產對應的非流動資產基金，借記「非流動資產基金——無形資產」科目，貸記「待處置資產損溢」科目。

【例15-55】A事業單位一項軟件技術已經落后於目前的新型技術，不能再為單位帶來經濟利益，經批准予以核銷。該軟件技術的帳面餘額為85,000元，累計攤銷為78,000元。A事業單位應編製如下會計分錄：

借：待處置資產損溢——待處置資產價值 7,000
　　累計攤銷 78,000
　　貸：無形資產——軟件技術 85,000
借：非流動資產基金——無形資產 7,000
　　貸：待處置資產損溢 7,000

五、資產處置的核算

事業單位的資產處置包括資產的出售、出讓、轉讓、對外捐贈、無償調出、盤虧、報廢、毀損以及貨幣性資產損失核銷等。為加強國有資產管理，防止國有資產流失，合理處置事業單位的各項資產，正確反應資產的處置損溢，事業單位資產的處置應單獨設置帳戶進行核算。

為了核算事業單位待處置資產的價值及處置損溢，應設置「待處置資產損溢」總帳科目。該科目借方反應待處置資產淨值的轉入和相關稅費；貸方反應待處置資產的收入；期末如為借方余額，反應尚未處置完畢的各種資產價值及淨損失；期末如為貸方余額，反應尚未處置完畢的各種資產淨溢余。年度終了報經批准處理后，「待處置資產損溢」科目一般應無餘額。

「待處置資產損溢」科目應當按照待處置資產項目進行明細分類核算。對於在處置過程中取得相關收入、發生相關費用的處置項目，還應設置「處置資產價值」「處置淨收入」明細科目，進行明細分類核算。

事業單位處置資產一般應當先記入「待處置資產損溢」科目，按規定報經批准後及時進行帳務處理；年度終了結帳前一般應處理完畢。其主要帳務處理如下：

（一）轉入待處置資產

將各項核銷、盤虧或者毀損、報廢、對外捐贈、無償調出、轉讓（出售）的資產轉入待處置資產時，按照待處置資產的帳面價值借記「待處置資產損溢——處置資產價值」科目，處置固定資產、無形資產的同時，還應借記「累計折舊」「累計攤銷」科目；按照待處置資產的帳面餘額貸記相應的資產科目。

（二）處置資產

報經批准予以處置資產時，按照待處置資產的價值借記「其他支出」科目（應收

及預付款項的核銷、處置存貨等）或「非流動資產基金——長期投資、無形資產」科目（處置長期投資、固定資、無形資產等），貸記「待處置資產損溢——處置資產價值」科目。

(三) 處置收入與處置費用

處置資產過程中收到殘值變價收入、轉讓價款、保險理賠和過失人賠償等，按照收到的金額借記「庫存現金」「銀行存款」等科目，貸記「待處置資產損溢——處置淨收入」科目；處置資產過程中發生相關稅費，按照支付的金額借記「待處置資產損溢——處置淨收入」科目，貸記「庫存現金」「銀行存款」等科目。

(四) 處置淨收入

資產處置完畢，按照處置收入扣除相關處置費用后的淨收入，借記「待處置資產損溢——處置淨收入」科目，貸記「應繳國庫款」等科目。

有關待處置資產損溢的舉例，參見本章各項資產的相關帳務處理例題。

思考題

1. 事業單位資產包括哪些內容？
2. 事業單位現金管理的規定主要有哪些？
3. 事業單位的貨幣資金是指哪些項目？
4. 應收及預付款包括哪些內容？
5. 事業單位的財政應返還額度的核算如何進行？
6. 事業單位的存貨包括哪些項目？收發存貨如何計價？如何進行核算？
7. 什麼是事業單位的對外投資？投資形式有幾種類型？
8. 什麼是事業單位的固定資產？其確認與計量標準是什麼？
9. 什麼是事業單位的無形資產？它具有哪些特點？
10. 什麼是折舊和攤銷？事業單位固定資產折舊和無形資產攤銷計提的方法是什麼？
11. 事業單位的「待處置資產損溢」科目與非流動資產的核算有何聯繫？

練習題

1. 某事業單位實行國庫集中收付制度，本月授權支付額度 350,000 元到帳，與核定用款計劃相符，並收到代理銀行轉來的「授權支付到帳通知書」。

2. 某事業單位購買一年期國債 100,000 元，以銀行存款支付，持有 8 個月後出售，獲得價款 103,200 元。

3. 年度終了，經對帳確認某事業單位本年度財政直接支付額度預算指標為 5,200,000 元，當年財政已經實際完成支付 5,100,000 元；財政授權支付預算指標數為 30,000 元，財政部門已下達單位零余額帳戶的用款額度為 28,000 元，單位實際支取額度為 27,000 元。

4. 某事業單位開展經營活動，向乙企業銷售產品一批，貨款共計 150,000 元，增

值稅 25,500 元，收到 3 個月期的不帶息商業匯票一張，面值 175,500 元。

5. 某事業單位採用政府採購方式購入自用甲材料，價值為 300,000 元，款項已經通過財政直接支付方式支付，材料已驗收入庫。

6. 某事業單位年終進行存貨的清查盤點，發現甲材料盤盈 30 千克，按同類材料的成本計算其價值為 4,500 元；發現乙材料短缺 40 千克，每千克 50 元。

7. 某事業單位以一幢寫字樓對甲單位進行投資入股，並參與甲單位的利潤分配，共同承擔投資風險。該寫字樓評估價為 2,750,000 元，帳面餘額為 3,500,000 元，已計提折舊為 1,200,000 元，另外支付資產評估費 45,000 元。

8. 某事業單位以一項專有技術進行長期股權投資，無形資產的帳面餘額為 50,000 元，已計提攤銷 30,000 元，投資協議價確定的無形資產價值為 40,000 元。

9. 某事業單位購入一臺需要安裝的專業檢測設備已經完工並交付使用，設備款為 850,000 元，安裝費用為 5,200 元，該款項實行財政直接支付。

10. 某事業單位以融資租賃方式租入一套專業通信設備，價值為 250,000 元，以銀行存款支付設備調試費等 3,800 元。設備租期 5 年，租金按年支付，每年 40,000 元，租賃期滿后設備歸該事業單位所有。

11. 經批准，某事業單位報廢一批已無法使用的電腦，其帳面餘額為 200,000 元，已提折舊 162,000 元。獲上級批准，該事業單位將該批電腦變賣，取得價款 10,000 元，款項存入銀行。

12. 某事業單位自行開發一項專利技術，並按法律程序申請取得專利證書。該專利技術在依法取得前共發生研究開發支出計 86,000 元；申請專利時發生註冊費、聘請律師等費用 7,500 元，均以單位的零余額帳戶支付。

13. 某事業單位經批准轉讓一項專利權，該專利的帳面餘額為 380,000 元，已提折舊 150,000 元，轉讓取得價款 150,000 元，款項已存銀行。

請根據以上情況編製相應會計分錄。

第十六章
事業單位負債與淨資產的核算

事業單位在開展業務和進行經營活動時，可以通過負債來解決資金問題。同時，也會產生一些臨時性的結算債務。事業單位的淨資產是指資產扣除負債后的余額。兩者都反應事業單位的資金來源及償付問題。

通過本章的學習，應該掌握以下內容：
- 事業單位各項負債的內容及分類
- 事業單位各項淨資產的形成和分類
- 各項負債的核算要求及帳務處理
- 各項淨資產的核算要求及帳務處理

第一節 負債的核算

一、負債概述

(一) 負債的確認與計量

負債是指事業單位所承擔的能以貨幣計量的，需要以資產或勞務償付的債務。事業單位的負債，包括從金融機構取得的借款、在開展業務活動中發生的待結算債務等款項。此外，事業單位代行政府職能收取的納入預算管理的款項以及按規定收取的納入財政專戶管理的款項，應當上繳國庫，在應繳未繳時也形成一項負債。

負債是由事業單位過去的經濟業務或會計事項形成的現時義務，履行該義務預期會導致事業單位經濟利益或者服務潛力的流出。負債只有在與該義務有關的經濟利益或服務潛力能夠流出事業單位，並且未來流出的經濟利益或服務潛力的金額能夠可靠地計量時才能予以確認。

事業單位的負債應當按照合同金額或實際發生額進行計量。例如，採購貨物的應付帳款是根據相關合同確定的，應繳國庫的款項則是按照實際發生的金額確定的。

(二) 負債的分類

事業單位的負債按照流動性，分為流動負債和非流動負債。流動負債是指預計在1年內（含1年）償還的負債。事業單位的流動負債包括短期借款、應付及預收款項、應付職工薪酬、應繳款項等；非流動負債是指流動負債以外的負債。事業單位的非流動負債包括長期借款、長期應付款等。

事業單位應當建立健全財務風險控制機制，規範和加強借入款項管理，嚴格執行審批程序，不得違反規定舉借債務和提供擔保。

二、流動負債的核算

(一) 短期借款的核算

期借款是指事業單位借入的期限在 1 年內 (含 1 年) 的各種借款。事業單位可以根據業務活動的需要，從銀行或其他金融機構取得短期借款，以補充資金的不足。短期借款是有償使用的資金，需要按期償還本金和利息。

為了核算短期借款業務，應當設置「短期借款」總帳科目。該科目貸方登記借入的款項 (本金)；借方登記償還的款項 (本金)；期末貸方餘額，反應事業單位尚未償還的短期借款本金。

「短期借款」科目應當按照貸款單位和貸款種類進行明細分類核算。

短期借款的主要帳務處理如下：

借入各種短期借款時，按照實際借入的金額，借記「銀行存款」科目，貸記「短期借款」科目；銀行承兌匯票到期，本單位無力支付票款的，按照銀行承兌匯票的票面金額，借記「應付票據」科目，貸記「短期借款」科目；支付短期借款利息時，借記「其他支出」科目，貸記「銀行存款」科目；歸還短期借款時，借記「短期借款」科目，貸記「銀行存款」科目。

【例 16-1】A 事業單位為滿足事業發展的資金需求，向工商銀行借入 100,000 元，期限 6 個月，年利率為 6%，銀行借款利息按季結算，季末一次支付當季利息。A 事業單位應編製如下會計分錄：

借入款項時：
借：銀行存款　　　　　　　　　　　　　　　100,000
　　貸：短期借款項——工商銀行　　　　　　　　100,000
支付第一季度利息時：
借：其他支出　　　　　　　　　　　　　　　　1,500
　　貸：銀行存款　　　　　　　　　　　　　　　1,500 *

* $100,000 \times 6\% \div 12 \times 3 = 1,500$ (元)

到期歸還借款的本金及第二季度利息時：
借：短期借款　　　　　　　　　　　　　　　100,000
　　其他支出　　　　　　　　　　　　　　　　1,500
　　貸：銀行存款　　　　　　　　　　　　　　101,500

(二) 應繳款項的核算

應繳款項是指事業單位應繳未繳的各種款項，包括應繳稅費、應當上繳國庫或財政專戶的款項以及其他按照國家有關規定應當上繳的款項。

1. 應繳稅費

應繳稅費是事業單位在業務活動中按照有關規定應當繳納的各種稅費，包括增值稅、營業稅、城市維護建設稅、教育費附加、車船稅、房產稅、城鎮土地使用稅、企業所得稅等。事業單位作為社會組織，應當按照稅法的規定履行納稅義務。當然，作為公益性社會組織，事業單位也享受較多的免稅、減稅等優惠政策。

為了核算應繳稅費的業務，應設置「應交稅費」總帳科目。該科目貸方登記應繳

納的各種稅款；借方登記實際繳納的稅款；期末借方余額，反應事業單位多繳納的稅費金額；期末貸方余額，反應事業單位應繳未繳的稅費金額。「應交稅費」科目應當按照應繳納的稅費種類進行明細分類核算。

事業單位代扣代繳的個人所得稅，也通過「應交稅費」科目核算。事業單位應繳納的印花稅不需要預提應繳稅費，直接通過支出等有關科目核算，不在「應交稅費」科目核算。

應繳稅費的主要帳務處理如下：

（1）增值稅。增值稅是對銷售貨物或者提供加工、修理修配以及進口貨物的單位和個人，按其實現的增值額徵收的稅種。增值稅的納稅人按其經營規模大小以及會計核算是否健全劃分為一般納稅人和小規模納稅人。事業單位購入或銷售材料繳納增值稅，應當區分自用材料和非自用材料。事業單位購入自用材料的增值稅計入材料成本，無增值稅繳納事項。事業單位購入或銷售非自用材料的，則有增值稅納稅義務，並且區分一般納稅人和小規模納稅人兩種情況進行核算。

按規定繳納增值稅的事業單位，應在「應交稅費」科目下設置「應交增值稅」明細科目，屬於增值稅一般納稅人的事業單位，其應繳納增值稅明細帳中應設置「進項稅額」「已交稅金」「銷項稅額」「進項稅額轉出」等專欄。具體帳務處理如下：

第一，事業單位屬於增值稅一般納稅人的核算。

①購入非自用材料時，按確定的成本（不含增值稅進項稅額），借記「存貨」科目，按增值稅專用發票上註明的增值稅額，借記「應交稅費」科目（應交增值稅——進項稅額），按實際支付或應付的金額，貸記「銀行存款」「應付帳款」等科目。

②購進的非自用材料發生盤虧、毀損、報廢、對外捐贈、無償調出等稅法規定不得從增值稅銷項稅額中抵扣進項稅額的，將所購進的非自用材料轉入待處置資產時，按照材料的帳面余額與相關增值稅進項稅額轉出金額的合計金額，借記「待處置資產損溢」科目，按材料的帳面余額，貸記「存貨」科目，按轉出的增值稅進項稅額，貸記「應交稅費」科目（應交增值稅——進項稅額轉出）。

③銷售應稅產品或提供應稅服務時，按包含增值稅的價款總額，借記「銀行存款」「應收帳款」「應收票據」等科目，按扣除增值稅銷項稅額后的價款金額，貸記「經營收入」等科目，按增值稅專用發票上註明的增值稅金額，貸記「應交稅費」科目（應交增值稅——銷項稅額）。

④實際繳納增值稅時，借記「應交稅費」科目（應交增值稅——已交稅金），貸記「銀行存款」科目。

第二，事業單位屬於增值稅小規模納稅人的核算。

①按照《中華人民共和國增值稅暫行條例》的規定，購入貨物時，不得抵扣進項稅額。

②銷售應稅產品或提供應稅服務，按實際收到或應收的價款，借記「銀行存款」「應收帳款」「應收票據」等科目，按實際收到或應收價款扣除增值稅額后的金額，貸記「經營收入」等科目，按應繳增值稅金額，貸記「應交稅費」科目（應交增值稅）。實際繳納增值稅時，借記「應交稅費」科目（應交增值稅），貸記「銀行存款」科目。

【例 16-2】A 事業單位為增值稅一般納稅人，購入經營用材料一批用於生產加工，

材料不含稅價格共計30,000元，增值稅進項稅額為5,100元，貨稅款全部用支票支付，貨物已驗收入庫。A事業單位應編製如下會計分錄：

借：存貨——經營用材料　　　　　　　　　　　　　　30,000
　　應交稅費——應交增值稅（進項稅額）　　　　　　 5,100
　貸：銀行存款　　　　　　　　　　　　　　　　　　35,100

【例16-3】A事業單位為增值稅一般納稅人，經營業務銷售一批商品，銷售收入36,000元，增值稅銷項稅額為6,120元，款項已收妥並存入銀行。A事業單位應編製如下會計分錄：

借：銀行存款　　　　　　　　　　　　　　　　　　　42,120
　貸：經營收入　　　　　　　　　　　　　　　　　　36,000
　　　應交稅費——應交增值稅（銷項稅額）　　　　　 6,120

【例16-4】A事業單位為增值稅一般納稅人，本月應繳納增值稅1,020元，通過銀行轉帳支付。

借：應交稅費——應交增值稅（已交稅金）　　　　　　1,020
　貸：銀行存款　　　　　　　　　　　　　　　　　　 1,020

【例16-5】B事業單位為增值稅小規模納稅人，購入經營用材料一批用於生產加工，材料含稅價格為9,360元，貨款尚未支付。B事業單位應編製如下會計分錄：

借：存貨——經營用材料　　　　　　　　　　　　　　9,360
　貸：應付帳款　　　　　　　　　　　　　　　　　　 9,360

【例16-6】B事業單位為增值稅小規模納稅人，經營部門銷售商品一批，計10,300元（含稅價），款項已存入銀行。B事業單位應編製如下會計分錄：

借：銀行存款　　　　　　　　　　　　　　　　　　　10,300
　貸：經營收入　　　　　　　　　　　　　　　　　　10,000
　　　應交稅費——應交增值稅（銷項稅額）　　　　　　 300

（2）營業稅、城市維護建設稅、教育費附加。營業稅是對提供應稅勞務、轉讓無形資產或者銷售不動產的單位和個人，按照其所取得的營業收入徵收的稅種。城市維護建設稅和教育費附加是附加稅費，是對繳納增值稅、消費稅、營業稅等主稅的單位和個人，按其實際繳納的主稅稅額分別按規定的稅率徵收的稅和費。

按規定繳納營業稅、城市維護建設稅和教育費附加的事業單位，應在「應交稅費」科目下設置「應交營業稅」「應交城市維護建設稅」和「應交教育費附加」明細科目進行明細分類核算。事業單位發生營業稅、城市維護建設稅、教育費附加納稅義務的，按稅法規定計算的應繳納稅費金額，借記「待處置資產損溢——處置淨收入」科目（出售不動產應繳納的稅費）或有關支出科目，貸記「應交稅費」科目。實際繳納時，借記「應交稅費」科目，貸記「銀行存款」科目。

【例16-7】A事業單位經過計算，本月專業活動共發生繳納營業稅的業務收入80,000元（沒有發生出售不動產業務），按規定稅率計算應繳納營業稅4,000元、城市維護建設稅280元、教育費附加120元。A事業單位應編製如下會計分錄：

借：事業支出　　　　　　　　　　　　　　　　　　　4,400
　貸：應交稅費——應交營業稅　　　　　　　　　　　 4,000

——應交城市維護建設稅　　　　　　　　　　　　　　　　280
　　——應交教育費附加　　　　　　　　　　　　　　　　　120

（3）房產稅、城鎮土地使用稅、車船稅。房產稅是以房產為徵稅對象，按房產的計稅價值或租金收入向產權所有人徵收的稅種。城鎮土地使用稅是對在城市、縣城、建制鎮、工礦區範圍內使用土地的單位和個人，以其實際占用的土地面積為計稅依據並按規定稅額徵收的稅種。車船稅是對依法應當在車船登記管理部門登記的機動車輛和船舶以及依法不需要在車船登記管理部門登記的在單位內部場所行駛或者作業的機動車輛和船舶的所有人或者管理人，按規定的年稅額徵收的稅種。

　　按規定繳納房產稅、城鎮土地使用稅、車船稅的事業單位，應在「應交稅費」科目下設置「應交房產稅」「應交土地使用稅」「應交車船稅」明細科目進行明細分類核算。事業單位發生房產稅、城鎮土地使用稅、車船稅納稅義務的，按稅法規定計算的應繳納稅金數額，借記有關科目，貸記「應交稅費」科目。實際繳納時，借記「應交稅費」科目，貸記「銀行存款」科目。

【例16-8】A事業單位公務用車本年應繳納車船稅為1,350元，並通過零餘額帳戶繳納。A事業單位應編製如下會計分錄：
　　借：事業支出——財政補助支出——基本支出　　　　1,350
　　　　貸：應交稅費——應交車船稅　　　　　　　　　　　　1,350
　　借：應交稅費——應交車船稅　　　　　　　　　　　　1,350
　　　　貸：零餘額帳戶用款額度　　　　　　　　　　　　　　1,350

（4）個人所得稅。個人所得稅是指對於在中國境內有住所或者沒有住所而在中國境內居住滿一年的個人，從中國境內和境外取得的所得，以及在中國境內無住所又不居住或者無住所而在中國境內居住不滿一年的個人，從中國境內取得的所得徵收的稅種。現行個人所得稅的納稅申報方法上，有由單位代扣代繳和個人自行申報兩種方法。

　　按規定代扣代繳個人所得稅的事業單位，應在「應交稅費」科目下設置「應交個人所得稅」明細科目進行明細分類核算。代扣代繳個人所得稅時，按稅法規定計算應代扣代繳的個人所得稅金額，借記「應付職工薪酬」科目，貸記「應交稅費」科目。實際繳納時，借記「應交稅費」科目，貸記「銀行存款」科目。

【例16-9】A事業單位本月按稅法計算的代扣代繳個人所得稅額為85,000元。A事業單位應編製如下會計分錄：
　　借：應付職工薪酬　　　　　　　　　　　　　　　　　85,000
　　　　貸：應交稅費——應交個人所得稅　　　　　　　　　85,000

（5）企業所得稅。企業所得稅是指對在中國境內的企業和其他取得收入的組織，就其生產經營所得和其他所得徵收的稅種。

　　按規定繳納企業所得稅的事業單位，應在「應交稅費」科目下設置「應交企業所得稅」明細科目進行明細分類核算。發生企業所得稅納稅義務時，按稅法規定計算的應繳納稅金數額，借記「非財政補助結餘分配」科目，貸記「應交稅費」科目。實際繳納時，借記「應交稅費」科目，貸記「銀行存款」科目。

【例16-10】A事業單位年末按稅法規定計算出本年度應納稅所得額為50,000元，適用所得稅稅率為25%，計算出應納企業所得稅額為12,500元。A事業單位應編製如

下會計分錄：
　　借：非財政補助結余分配　　　　　　　　　　　　　　　　12,500
　　　　貸：應交稅費——應交企業所得稅　　　　　　　　　　12,500
　　事業單位發生其他納稅義務時，應按照應繳納的稅費金額，借記有關科目，貸記「應交稅費」科目。實際繳納時，借記「應交稅費」科目，貸記「銀行存款」等科目。
　　2. 應繳國庫款
　　(1) 應繳國庫款的內容。應繳國庫款是事業單位按規定應繳入國庫的款項，應繳稅費除外，主要包括政府性基金、行政事業性收費收入、罰沒收入、國有資產處置和出租收入等。事業單位均是國家出資舉辦，在為社會提供各種公益性服務的同時，還需要辦理政府交辦的事務，代行政府職能。這一過程中收取的納入政府預算管理的款項，應當及時上繳國庫，形成財政總預算會計的一般預算收入和基金預算收入。對於應繳國庫款項，事業單位不得緩繳、截留、挪用或自行坐支，年終必須將當年的應繳國庫款全部清繳入庫。
　　為了核算應繳國庫款業務，應設置「應繳國庫款」總帳科目。該科目貸方登記本單位取得的各種應上繳政府預算的收入；借方登記本單位實際上繳的數額；期末貸方余額，反應事業單位應繳入國庫但尚未繳納的款項。「應繳國庫款」科目應當按照應繳國庫的各款項類別進行明細分類核算。
　　(2) 應繳國庫款的主要帳務處理。事業單位上繳國庫的款項，是政府的非稅收入，應當按照國庫集中收付制度的要求進行收繳，並分別採用直接繳庫和集中匯繳兩種方式。
　　第一，採用直接繳庫的方式。事業單位按照規定開具「非稅收入一般繳款書」，繳款人持「非稅收入一般繳款書」在規定期限內將應繳款項直接繳入國庫。在這種方式下，事業單位開具「非稅收入一般繳款書」時，可以不編製會計分錄，只登記收入臺帳。
　　第二，採用集中匯繳的方式。事業單位使用「行政事業性收費收據」向繳款人收取款項後在規定期限內按收入項目匯總開具「非稅收入一般繳款書」，將應繳款項繳入國庫。在這種方式下，事業單位應通過「應繳國庫款」科目核算：按規定計算確定或實際取得應繳國庫的款項時，借記「銀行存款」等科目，貸記「應繳國庫款」科目；上繳款項時，借記「應繳國庫款」科目，貸記「銀行存款」等科目。
　　事業單位處置資產取得的應上繳國庫的處置淨收入的帳務處理，參見「待處置資產損溢」科目的相關內容。
　　【例16-11】A 事業單位按照規定徵收政府性基金收入 6,000 元，該款項實行集中匯繳方式。A 事業單位應編製如下會計分錄：
　　收到收入時：
　　借：銀行存款　　　　　　　　　　　　　　　　　　　　　6,000
　　　　貸：應繳國庫款　　　　　　　　　　　　　　　　　　6,000
　　上繳時：
　　借：應繳國庫款　　　　　　　　　　　　　　　　　　　　6,000
　　　　貸：銀行存款　　　　　　　　　　　　　　　　　　　6,000

3. 應繳財政專戶款

應繳財政專戶款是事業單位按規定應繳入財政專戶的款項。應繳入財政專戶的款項是事業單位按規定收取的尚未納入預算管理但實行財政專戶管理的款項，如教育收費等。

事業單位按規定收取應上繳財政專戶的資金，由財政部門建立的財政專戶統一管理，實行「收支兩條線」管理方式：事業單位收到的各項收費時必須上繳財政專戶；使用這筆資金時，要向財政部門申請，經過審批后通過財政專戶中返還。繳入財政專戶的款項將形成財政總預算會計的財政專戶管理資金收入。

為了核算應繳財政專戶款業務，應設置「應繳財政專戶款」總帳科目。該科目貸方登記本單位收到的應繳款項；借方登記本單位實際上繳財政專戶的資金；期末貸方餘額，反應事業單位應繳入財政專戶但尚未繳納的款項。「應繳財政專戶款」科目應當按照應繳財政專戶的各款項類別進行明細分類核算。

事業單位應繳財政專戶款的收繳方式與應繳國庫款相同，也包括直接繳庫和集中匯繳兩種方式。其中，採用直接繳庫方式時，事業單位只開具「非稅收入一般繳款書」而不編製會計分錄，只登記收入臺帳；採用集中匯繳方式時，事業單位則通過「應繳財政專戶款」科目核算：取得應繳財政專戶的款項時，借記「銀行存款」等科目，貸記「應繳財政專戶款」科目；上繳款項時，借記「應繳財政專戶款」科目，貸記「銀行存款」等科目。

【例16-12】A事業單位收到應上繳財政專戶的教育收費65,000元，款項已存入銀行，並在規定時間內上繳財政專戶。A事業單位應編製如下會計分錄：

收款時：
借：銀行存款　　　　　　　　　　　　　　　　　　　　　　　65,000
　　貸：應繳財政專戶款　　　　　　　　　　　　　　　　　　　　65,000
繳款時：
借：應繳財政專戶款　　　　　　　　　　　　　　　　　　　　　65,000
　　貸：銀行存款　　　　　　　　　　　　　　　　　　　　　　　65,000

（三）應付職工薪酬的核算

1. 應付職工薪酬的內容

應付職工薪酬是事業單位按有關規定應付給職工及為職工支付的各種薪酬，包括基本工資、績效工資、國家統一規定的津貼補貼、社會保險費、住房公積金等。應付職工薪酬具體可分為以下幾類：

（1）應付工資（離退休費）。應付工資（離退休費）包括應付工資和應付離退休費。其中，應付工資是指事業單位按國家統一規定發放給在職人員的職務工資、級別工資、崗位工資、技術等級工資和績效工資以及經國務院或人事部、財政部批准設立的津貼補貼；應付離退休費是指按國家統一規定，應發放給離退休人員的離休、退休費及經國務院或人事部、財政部批准設立的津貼補貼。

（2）應付地方（部門）津貼補貼。應付地方（部門）津貼補貼是指事業單位按照地方或部門出臺的規定，發放給職工的津貼補貼。其中，津貼是因職工特殊或額外勞動而給予的補助；補貼是為了保證職工工資水平不受物價影響而給予的補貼。

(3) 應付其他個人收入。應付其他個人收入是指按國家規定發給個人除上述以外的其他收入，主要包括誤餐費、夜餐費、伙食補助費、市內交通費等。

(4) 應付社會保障費。應付社會保障費是指事業單位按有關規定應付給社會保障機構的各種社會保障費，包括城鎮職工基本養老保險費、失業保險費、基本醫療保險費、工傷保險費、生育保險費和住房公積金等。

2. 應付職工薪酬的核算

為了核算職工工資業務，應設置「應付職工薪酬」總帳科目。該科目貸方登記應付薪酬的增加；借方登記應付薪酬的發放；期末貸方余額，反應事業單位應付未付的職工薪酬。「應付職工薪酬」科目應當根據國家有關規定按照「工資（離退休費）」「地方（部門）津貼補貼」「其他個人收入」以及「社會保險費」「住房公積金」等進行明細核算。

應付職工薪酬的主要帳務處理如下：

(1) 應付職工薪酬的計提。事業單位計算當期應付職工薪酬時，借記「事業支出」「經營支出」等科目，貸記「應付職工薪酬」科目。

(2) 應付職工薪酬的發放。事業單位向職工支付工資、津貼補貼等薪酬時，借記「應付職工薪酬」科目，貸記「財政補助收入」「零余額帳戶用款額度」「銀行存款」等科目。

(3) 繳納社會保障及個人所得稅。事業單位按照國家有關規定繳納職工社會保險費和住房公積金，借記「應付職工薪酬」科目，貸記「財政補助收入」「零余額帳戶用款額度」「銀行存款」等科目；按稅法規定代扣代繳個人所得稅，借記「應付職工薪酬」科目，貸記「應交稅費——應交個人所得稅」科目。

【例16-13】A事業單位計算本月應付在職事業編製人員的工資薪酬，其中，應付工資為1,620,000元，應付地方（部門）津貼補貼950,000元，應付其他個人收入125,000元，應付社會保險費565,000元（個人承擔部分），應付住房公積金256,000元（個人承擔部分）。工資發放除了其他個人收入以零余額帳戶用款額度支付外，其他薪酬發放實行財政直接支付方式。按照稅法的規定，代繳個人所得稅225,000元。A事業單位憑工資單和財政部門開具的撥款通知書，編製如下會計分錄：

計算薪酬時：
借：事業支出——財政補助支出　　　　　　　　3,516,000
　　貸：應付職工薪酬——工資（離退休費）　　　1,620,000
　　　　　　　　　　——地方（部門）津貼補貼　　950,000
　　　　　　　　　　——其他個人收入　　　　　　125,000
　　　　　　　　　　——社會保險費　　　　　　　565,000
　　　　　　　　　　——住房公積金　　　　　　　256,000
發放薪酬時：
借：應付職工薪酬　　　　　　　　　　　　　　2,695,000
　　貸：財政補助收入　　　　　　　　　　　　2,345,000
　　　　零余額帳戶用款額度　　　　　　　　　　125,000
　　　　應交稅費——應交個人所得稅　　　　　　225,000

【例 16-14】接上例，A 事業單位通過零余額帳戶將本月職工薪酬中代扣的社會保險費 565,000 元、住房公積金 256,000 元和個人所得稅 225,000 元分別轉入社會保障機構、公積金管理中心帳戶和稅務機關。A 事業單位應編製如下會計分錄：
借：應付職工薪酬——社會保險費　　　　　　　　　565,000
　　　　　　　　——住房公積金　　　　　　　　　256,000
　　應交稅費——應交個人所得稅　　　　　　　　　225,000
　　貸：零余額帳戶用款額度　　　　　　　　　　　　　1,046,000

（四）應付及預收帳款的核算

事業單位在專業業務活動及其輔助活動、經營活動中，必然要同其他單位或個人、同本單位職工等發生經濟關係，出現一些應付未付款項和預收款項等。應付及預收款項是指事業單位在開展業務活動中發生的各項債務，包括應付票據、應付帳款、其他應付款等應付款項和預收帳款。

1. 應付票據的帳務處理

應付票據是指事業單位因購買材料、物資等而開出、承兌的商業匯票，包括銀行承兌匯票和商業承兌匯票。事業單位在開展經營活動或其他業務活動時，可以採用商業匯票與供應商或勞務提供單位進行結算。事業單位簽發的商業匯票一般為不帶息票據。

為了核算商業匯票業務，應設置「應付票據」總帳科目。該科目貸方登記本單位（或本單位申請承兌的銀行）承兌的商業匯票的面額；借方登記本單位償付的票據面額；期末貸方余額，反應事業單位開出、承兌的尚未到期的商業匯票票面金額。「應付票據」科目應當按照債權單位進行明細核算。事業單位應當設置「應付票據備查簿」，詳細登記每一應付票據的種類、號數、出票日期、到期日、票面金額、交易合同號、收款人姓名或單位名稱以及付款日期和金額等資料。應付票據到期結清票款後，應當在備查簿內逐筆註銷。

應付票據的主要帳務處理如下：

（1）開出、承兌商業匯票時，借記「存貨」等科目，貸記「應付票據」科目。以承兌商業匯票抵付應付帳款時，借記「應付帳款」科目，貸記「應付票據」科目。

（2）支付銀行承兌匯票的手續費時，借記「事業支出」「經營支出」等科目，貸記「銀行存款」等科目。

（3）商業匯票到期時，應當分以下情況處理：

① 收到銀行支付到期票據的付款通知時，借記「應付票據」科目，貸記「銀行存款」科目；

② 銀行承兌匯票到期，本單位無力支付票款的，按照匯票票面金額，借記「應付票據」科目，貸記「短期借款」科目；

③ 商業承兌匯票到期，本單位無力支付票款的，按照匯票票面金額，借記「應付票據」科目，貸記「應付帳款」科目。

【例 16-15】A 事業單位（一般納稅人）採用商業承兌匯票結算方式購入一批經營用材料，按合同規定開出一張無息商業匯票，票面金額 10,000 元，其中材料價款 8,547.01 元，增值稅額 1,452.99 元，期限為 6 個月。材料已經驗收入庫。6 個月後，

A事業單位通過銀行按期支付票據款。A事業單位應編製如下會計分錄：

簽發商業承兌匯票並收到材料時：

借：存貨——材料 8,547.01
　　應交稅費——應交增值稅（進項稅額） 1,452.99
　　貸：應付票據 10,000

到期支付票據面值和利息時：

借：應付票據 10,000
　　貸：銀行存款 10,000

2. 應付帳款的帳務處理

應付帳款是指事業單位因購買材料、商品或接受勞務供應等業務而應付給供應單位的款項。應付帳款和應付票據都是由於賒購行為而產生的負債，但是應付帳款是尚未結清的債務（即採用未清帳信用賒購方式時的賒購款），而應付票據是以承諾付款的票據為依據的延期付款的證明（也就是採用商業匯票賒購方式時的賒購款）。應付帳款通常在購入貨品的產權轉移時或收到發票時，按發票金額入帳。

為了核算應付帳款業務，應設置「應付帳款」總帳科目。該科目貸方登記本單位購買材料物資、接受勞務的應付未付款項；借方登記本單位償還的應付帳款、以商業匯票抵付的應付帳款；期末貸方余額，反應事業單位尚未支付的應付帳款。「應付帳款」科目應當按照債權單位（或個人）進行明細分類核算。

應付帳款的主要帳務處理如下：

（1）購入材料、物資等已驗收入庫但貨款尚未支付的，按照應付未付金額，借記「存貨」等科目，貸記「應付帳款」科目。

（2）償付應付帳款時，按照實際支付的款項金額，借記「應付帳款」科目，貸記「銀行存款」等科目。

（3）開出、承兌商業匯票抵付應付帳款，借記「應付帳款」科目，貸記「應付票據」科目。

（4）無法償付或債權人豁免償還的應付帳款，借記「應付帳款」科目，貸記「其他收入」科目。

【例16-16】A事業單位向某供應商購入甲自用材料1,000千克，含增值稅價格為15,000元，材料已經驗收入庫。月末，發票帳單尚未到達，貨款未付。A事業單位應編製如下會計分錄：

借：材料——甲材料 15,000
　　貸：應付帳款——某供應商 15,000

【例16-17】接上例，A事業單位簽發承兌商業承兌匯票一張，票面金額為15,000元，期限為4個月，抵付前欠某供應商的應付帳款。A事業單位應編製如下會計分錄：

借：應付帳款——某供應商 15,000
　　貸：應付票據 15,000

如果上例A事業單位尚未支付的材料款受到供應商豁免償還，A事業單位應編製如下會計分錄：

借：應付帳款——某供應商 15,000

贷：其他收入   15,000

3. 預收帳款的帳務處理

預收帳款是指事業單位按照合同規定，向購貨單位或接受勞務單位預收的款項。預收帳款是以買賣雙方協議或合同為依據的，由購貨方預先支付一部分貨款給供應方而發生的一項負債，這項負債要用以后的商品、勞務等償還。如果事業單位到期無法履行合同，不能向購貨單位或接受勞務的單位交付貨品或提供勞務，預收的款項需如數退還。

為了核算預收帳款業務，應設置「預收帳款」總帳科目。該科目貸方登記本單位預收的和補收的貨款；借方登記本單位向預付款單位銷售商品或提供勞務的收入、退回的余款；期末貸方余額，反應事業單位按合同規定預收但尚未實際結算的款項。「預收帳款」科目應當按照債權單位（或個人）進行明細分類核算。

預收帳款的主要帳務處理如下：

（1）從付款方預收款項時，按照實際預收的金額，借記「銀行存款」等科目，貸記「預收帳款」科目。

（2）確認有關收入時，借記「預收帳款」科目，按照應確認的收入金額，貸記「經營收入」等科目，按照付款方補付或退回付款方的金額，借記或貸記「銀行存款」等科目。

（3）無法償付或債權人豁免償還的預收帳款，借記「預收帳款」科目，貸記「其他收入」科目。

【例16-18】A事業單位（一般納稅人）在開展經營活動中，向甲單位預收款項50,000元，存入銀行。1月后，A事業單位將甲單位所訂購的產品全部交給甲單位，貨款100,000元，增值稅17,000元，沖回原預收貨款50,000元，不足部分由甲單位用支票補付。A事業單位應編製如下會計分錄：

預收貨款時：
借：銀行存款   50,000
    貸：預收帳款——甲單位   50,000
交付產品時：
借：預收帳款——甲單位   117,000
    貸：經營收入   100,000
        應交稅費——應交增值稅（銷項稅額）   17,000
甲單位補付貨款時：
借：銀行存款   67,000
    貸：預收帳款——甲單位   67,000

4. 其他應付款的帳務處理

其他應付款是指事業單位除應交稅費、應繳國庫款、應繳財政專戶款、應付職工薪酬、應付票據、應付帳款、預收帳款之外的其他各項償還期限在1年內（含1年）的應付及暫收款項，如存入保證金等。

為了核算其他應付款業務，應設置「其他應付款」總帳科目。該科目貸方登記本單位發生的各種其他應付款項的應付、暫收額；借方登記本單位各種其他應付款項的

付還或轉銷額；期末貸方余額，反應事業單位尚未支付的其他應付款。「其他應付款」科目應當按照其他應付款的類別以及債權單位（或個人）進行明細核算。

其他應付款的主要帳務處理如下：

（1）發生其他各項應付及暫收款項時，借記「銀行存款」等科目，貸記「其他應付款」科目。

（2）支付其他應付款項時，借記「其他應付款」科目，貸記「銀行存款」等科目。

（3）無法償付或債權人豁免償還的其他應付款項，借記「其他應付款」科目，貸記「其他收入」科目。

【例16-19】A事業單位按合同計算本月應向B單位支付的租入固定資產租金為2,500元，該租入的固定資產用於經營活動。月末，A事業單位開出轉帳支票給B單位。A事業單位應編製如下會計分錄：

計算租金時：
借：經營支出　　　　　　　　　　　　　　　　　　　　　　2,500
　　貸：其他應付款——B單位　　　　　　　　　　　　　　　　　2,500
支付租金時：
借：其他應付款——B單位　　　　　　　　　　　　　　　　　　2,500
　　貸：銀行存款　　　　　　　　　　　　　　　　　　　　　　2,500

三、非流動負債的核算

非流動負債是指流動負債以外的負債。事業單位的非流動負債包括長期借款、長期應付款等。其中，長期借款是指事業單位借入的期限超過1年（不含1年）的各種借款；長期應付款是指事業單位發生的償還期限超過1年（不含1年）的應付款項，主要指事業單位融資租入固定資產發生的應付租賃款。

（一）長期借款的帳務處理

為了核算事業單位的長期借款業務，應設置「長期借款」總帳科目。該科目貸方登記借款的增加；借方登記借款的償還；期末貸方余額，反應事業單位尚未償還的長期借款本金。「長期借款」科目應當按照貸款單位和貸款種類進行明細分類核算。對於基建項目借款，還應按具體項目進行明細分類核算。

長期借款的主要帳務處理如下：

（1）借入各項長期借款時，按照實際借入的金額，借記「銀行存款」科目，貸記「長期借款」科目。

（2）為購建固定資產支付的專門借款利息，分以下情況處理：

①屬於工程項目建設期間支付的，計入工程成本，按照支付的利息，借記「在建工程」科目，貸記「非流動資產基金——在建工程」科目；同時，借記「其他支出」科目，貸記「銀行存款」科目。

②屬於工程項目完工交付使用後支付的，計入當期支出但不計入工程成本，按照支付的利息，借記「其他支出」科目，貸記「銀行存款」科目。

（3）其他長期借款利息，按照支付的利息金額，借記「其他支出」科目，貸記

「銀行存款」科目。

(4) 歸還長期借款時，借記「長期借款」科目，貸記「銀行存款」科目。

【例16-20】A事業單位為建造網絡信息中心，於20×1年1月1日向工商銀行借款2,000,000元，借款期限2年，款項已存入銀行，借款利率為10%，每年年末付息一次，期滿后一次還本。A事業單位20×1年年初以借款支付工程款共計1,200,000元，20×2年初以借款支付工程款共計800,000元。該網絡信息中心於20×2年6月底完工，並交付使用。A事業單位應編製如下會計分錄：

① 20×1年1月1日取得借款時：

借：銀行存款　　　　　　　　　　　　　　　　　　2,000,000
　　貸：長期借款——工商銀行　　　　　　　　　　　　2,000,000

② 20×1年年初支付工程款時：

借：在建工程　　　　　　　　　　　　　　　　　　1,200,000
　　貸：非流動資產基金——在建工程　　　　　　　　1,200,000
借：事業支出　　　　　　　　　　　　　　　　　　1,200,000
　　貸：銀行存款　　　　　　　　　　　　　　　　　1,200,000

③ 20×1年年末支付應計入工程成本的借款利息時：

借款利息=2,000,000×10%=200,000（元）

借：在建工程　　　　　　　　　　　　　　　　　　　200,000
　　貸：非流動資產基金——在建工程　　　　　　　　　200,000
借：其他支出　　　　　　　　　　　　　　　　　　　200,000
　　貸：銀行存款　　　　　　　　　　　　　　　　　　200,000

④ 20×2年年初支付工程時：

借：在建工程　　　　　　　　　　　　　　　　　　　800,000
　　貸：非流動資產基金——在建工程　　　　　　　　　800,000
借：事業支出　　　　　　　　　　　　　　　　　　　800,000
　　貸：銀行存款　　　　　　　　　　　　　　　　　　800,000

⑤ 20×2年年末支付應計入工程成本和計入當期支出的借款利息時：

應計入工程成本的借款利息=2,000,000×10%×6/12=100,000（元）
應計入當期支出的借款利息=2,000,000×10%×6/12=100,000（元）

借：在建工程　　　　　　　　　　　　　　　　　　　100,000
　　貸：非流動資產基金——在建工程　　　　　　　　　100,000
借：其他支出　　　　　　　　　　　　　　　　　　　200,000
　　貸：銀行存款　　　　　　　　　　　　　　　　　　200,000

⑥ 20×2年6月網絡信息中心交付使用時：

借：固定資產　　　　　　　　　　　　　　　　　　2,300,000
　　貸：非流動資產基金——固定資產　　　　　　　　2,300,000
借：非流動資產基金——在建工程　　　　　　　　　2,300,000
　　貸：在建工程　　　　　　　　　　　　　　　　　2,300,000

⑦ 20×3年1月1日到期還本時：

借：長期借款——工商銀行　　　　　　　　　　　　　2,000,000
　　　　貸：銀行存款　　　　　　　　　　　　　　　　　　　2,000,000
　（二）長期應付款的帳務處理
　　長期應付款是事業單位發生的償還期限超過 1 年（不含 1 年）的應付款項，如以融資租賃租入固定資產的租賃費、跨年度分期付款購入固定資產的價款等。
　　為了核算長期應付款業務，事業單位應設置「長期應付款」總帳科目。發生長期應付款業務時，應登記「長期應付款」科目的貸方，支付應付款時應登記「長期應付款」科目的借方；期末貸方余額，反應事業單位尚未支付的長期應付款。「長期應付款」科目應當按照長期應付款的類別以及債權單位（或個人）進行明細分類核算。
　　長期應付款的主要帳務處理如下：
　（1）發生長期應付款時，借記「固定資產」「在建工程」等科目，貸記「長期應付款」科目、「非流動資產基金」等科目。
　（2）支付長期應付款時，借記「事業支出」「經營支出」等科目，貸記「銀行存款」等科目；同時，借記「長期應付款」科目，貸記「非流動資產基金」科目。
　（3）無法償付或債權人豁免償還的長期應付款，借記「長期應付款」科目，貸記「其他收入」科目。
　【例16-21】A 事業單位購入一幢辦公樓，價值為 2,680,000 元。根據購買合同的約定，A 事業單位將扣留 20%的價款作為質量保證金，扣留時間為 15 個月。A 事業單位應根據以下事項編製如下會計分錄。
　① 辦公樓交付使用時，A 事業單位通過銀行轉帳向房地產開發商支付款項 2,144,000 元，其余 536,000 元作為扣留的質量保證金，房地產開發商開具了全款發票。
　　借：固定資產——辦公樓　　　　　　　　　　　　　2,680,000
　　　　貸：非流動資產基金——固定資產　　　　　　　　　　2,680,000
　　借：事業支出——其他資金支出　　　　　　　　　　　2,680,000
　　　　貸：銀行存款　　　　　　　　　　　　　　　　　　　2,144,000
　　　　　　長期應付款——質量保證金　　　　　　　　　　　　536,000
　② 辦公樓質量保證期滿后，A 事業單位通過銀行轉帳向房地產開發商支付剩余款項。
　　借：長期應付款——質量保證金　　　　　　　　　　　　536,000
　　　　貸：銀行存款　　　　　　　　　　　　　　　　　　　536,000

第二節　淨資產的核算

一、事業單位淨資產概述

（一）淨資產的確認與計量
　　事業單位的淨資產是資產減去負債的差額，包括事業基金、非流動資產基金、專用基金、財政補助結轉結余、非財政補助結轉結余等。淨資產歸事業單位佔有或使用，國家擁有事業單位淨資產的所有權。事業單位處置各項淨資產應當符合國家有關規定，

報經財政部門、上級主管部門批准，事業單位可以按規定使用淨資產，用於未來的事業發展或特定的使用方向。事業單位的某些淨資產具有限定性，如專用基金；某些淨資產不存在向資源提供者分配的問題，如結轉和結餘。

事業單位期末淨資產金額取決於資產和負債的計量結果。當含有經濟利益或服務潛力的經濟資源流入事業單位時，將引起資產的增加或負債的減少，從而導致當期淨資產的增加；當含有經濟利益或服務潛力的經濟資源流出事業單位時，將引起資產的減少或負債的增加，從而導致當期淨資產的減少。淨資產的計量與當期收支的數額密切關聯，基本關係式如下：

淨資產＝資產－負債

結轉（余）＝收入－支出

期末淨資產＝資產－負債＋結轉（余）

（二）淨資產的分類

為了便於加強事業單位淨資產的管理與核算，可將淨資產分成結轉和結余類淨資產、基金類淨資產。

1. 結轉和結余類淨資產

結轉和結余是指事業單位年度收入與支出相抵後的余額。其中，結轉資金是指當年預算已執行但未完成，或者因故未執行，下一年度需要按照原用途繼續使用的資金；結余資金是指當年預算工作目標已完成，或者因故終止，當年剩余的資金。按照資金的來源，事業單位的結轉和結余分為財政補助結轉結余和非財政補助結轉結余。

（1）財政補助結轉結余。財政補助結轉結余是指事業單位各項財政補助收入與其相關支出相抵後剩余滾存的、須按規定管理和使用的結轉和結余資金，包括財政補助結轉和財政補助結余。財政補助結轉是需要結轉到下一年度按原用途繼續使用的財政補助資金。按照部門預算管理要求，財政補助結轉分為基本支出結轉和項目支出結轉。基本支出結轉是指用於基本支出的財政補助收入減去財政補助基本支出後有差額，包括人員經費和日常公用經費。項目支出結轉是尚未完成項目支出的財政補助收入減去財政補助項目支出後的差額。項目支出結轉資金結轉下年按原用途繼續使用。財政補助結余是事業單位已經完成預算工作目標的項目當年剩余的財政補助資金。因為基本經費收支差額按規定結轉次年繼續使用，全部列入財政補助結轉項目中，所以財政補助結余即是項目支出結余。財政補助結轉和結余的管理，應當按照同級財政部門的規定執行。

（2）非財政補助結轉結余。非財政補助結轉結余是指事業單位除財政補助收支以外的各項收入與各項支出相抵後的余額，包括非財政補助結轉和非財政補助結余。非財政補助結轉是指事業單位除財政補助收支以外的各專項資金收入與其相關支出相抵後剩余滾存的、須按規定用途使用的結轉資金。非財政補助結轉按照規定結轉下一年度繼續使用。非財政補助結余是指事業單位除財政補助收支以外的各非專項資金收入與各非專項資金支出相抵後的余額。非財政補助結余包括事業結余和經營結余。非財政補助結余可以按照國家有關規定提取職工福利基金，剩余部分轉為事業基金用於彌補以後年度單位收支差額。

2. 基金類淨資產

基金一般指一組具有專門的來源及規定用途的財務資源。基金需要設立方能存在，

如果要求保證某項活動的資金需要，可以採用設立基金的方法，既可以充分組織資金來源，又能限定資金的使用。事業單位的基金是指事業單位按規定設置的有專門用途的淨資，主要包括事業基金、非流動資產基金和專用基金。

（1）事業基金。事業基金是指事業單位擁有的非限定用途的淨資產，其來源主要為非財政補助結余扣除結余分配後滾存的金額。事業單位開展各項業務活動，必須有一定的資金作為保障，事業基金是事業單位最基本的基金，主要用於事業單位的日常業務活動、平衡日常收支、彌補日常資金的不足、保證事業單位的正常運轉。事業單位的各項基金按是否存在限制分為限定性基金和非限定性基金兩種。事業基金則為非限定性基金，不限制基金的使用時間或具體用途，可以根據事業單位業務的需要靈活運用。

（2）非流動資產基金。非流動資產基金是指事業單位非流動資產占用的金額。事業單位為兼顧預算管理與財務管理對會計信息的需求，為每項非流動資產設置了基金項目，與非流動資產的淨額相對應，既能將取得非流動資產付出的資金確認為支出，又能反應非流動資產的投資情況。事業單位的非流動資產基金包括長期投資基金、固定資產基金、在建工程基金、無形資產基金等。事業單位的非流動資產基金屬於限定性基金，被各項非流動資產占用。

（3）專用基金。專用基金是指事業單位按規定提取或者設置的具有專門用途的淨資產。事業單位的某些業務活動有特殊要求，需要有專門的渠道形成資金來源，並按規定的用途使用，需要設立專用基金。專用基金管理應當遵循先提後用、收支平衡、專款專用的原則，支出不得超出基金規模。因此，專用基金屬於限定性基金，主要包括修購基金、職工福利基金和其他基金等。

修購基金是按照事業收入和經營收入的一定比例提取，並按照規定在相應的購置和修繕科目中列支（各列 50%）以及按照其他規定轉入，用於事業單位固定資產維修和購置的資金。事業收入和經營收入較少的事業單位可以不提取修購基金，實行固定資產折舊的事業單位不提取修購基金。

職工福利基金是按照非財政撥款結余的一定比例提取以及按照其他規定提取轉入，用於單位職工的集體福利設施、集體福利待遇等的資金。

其他基金，即按照其他有關規定提取或者設置的專用資金。

二、結轉和結余的核算

（一）財政補助結轉的帳務處理

為了核算事業單位滾存的財政補助結轉資金，應設置「財政補助結轉」總帳科目。該科目貸方登記轉入的財政補助收入；借方登記轉入的財政補助支出；期末貸方余額，反應事業單位財政補助結轉資金數額。「財政補助結轉」科目應當設置「基本支出結轉」「項目支出結轉」兩個明細科目，並在「基本支出結轉」明細科目下按照「人員經費」「日常公用經費」進行明細核算；在「項目支出結轉」明細科目下按照具體項目進行明細分類核算。「財政補助結轉」科目還應按照《政府收支分類科目》中「支出功能分類科目」的相關科目進行明細分類核算。事業單位發生需要調整以前年度財政補助結轉的事項，通過「財政補助結轉」科目核算。

財政補助結轉的主要帳務處理如下：

(1) 期末，將財政補助收入本期發生額結轉入「財政補助結轉」科目，借記「財政補助收入——基本支出、項目支出」科目，貸記「財政補助結轉」科目（基本支出結轉、項目支出結轉）；將事業支出（財政補助支出）本期發生額結轉入「財政補助結轉」科目，借記「財政補助結轉」科目（基本支出結轉、項目支出結轉），貸記「事業支出——財政補助支出（基本支出、項目支出）」科目或「事業支出——基本支出（財政補助支出）、項目支出（財政補助支出）」科目。

(2) 年末，完成上述結轉後，應當對財政補助各明細項目執行情況進行分析，按照有關規定將符合財政補助結轉性質的項目餘額轉入財政補助結餘，借記或貸記「財政補助結轉」科目（項目支出結轉——××項目），貸記或借記「財政補助結餘」科目。

(3) 年末，按規定上繳財政補助結轉資金或註銷財政補助結轉額度的，應按照實際上繳資金數額或註銷的資金額度數額，借記「財政補助結轉」科目，貸記「財政應返還額度」「零餘額帳戶用款額度」「銀行存款」等科目。取得主管部門歸集調入財政補助結轉資金或額度的，編製相反會計分錄。

（二）財政補助結餘的帳務處理

為了核算事業單位滾存的財政補助項目支出結餘資金業務，應設置「財政補助結餘」總帳科目。該科目的借貸方應根據符合財政補助結餘性質的項目餘額登記。期末貸方餘額，反應事業單位財政補助結餘資金數額。「財政補助結餘」科目應當按照《政府收支分類科目》中「支出功能分類科目」的相關科目進行明細分類核算。發生需要調整以前年度財政補助結餘的事項，通過「財政補助結餘」科目核算。

財政補助結餘的主要帳務處理如下：

(1) 年末，對財政補助各明細項目執行情況進行分析，按照有關規定將符合財政補助結餘性質的項目餘額轉入財政補助結餘，借記或貸記「財政補助結轉——項目支出結轉（××項目）」科目，貸記或借記「財政補助結餘」科目。

(2) 按規定上繳財政補助結餘資金或註銷財政補助結餘額度的，應按照實際上繳資金數額或註銷的資金額度數額，借記「財政補助結餘」科目，貸記「財政應返還額度」「零餘額帳戶用款額度」「銀行存款」等科目。取得主管部門歸集調入財政補助結餘資金或額度的，編製相反會計分錄。

【例 16-22】A 事業單位 20×1 年 12 月有關財政補助收入和支出科目的本月發生額如表 16-1 所示：

表 16-1　　　　　　　　　　　　　　　　　　　　　　　　　　　　　　　單位：元

收入科目		貸方金額	支出科目		借方金額
財政補助收入	基本支出	715,000	事業支出——財政補助支出	基本支出	668,000
	項目支出	125,000		項目支出	115,000

A 事業單位月末進行財政補助結轉，應編製如下會計分錄：

借：財政補助收入　　　　　　　　　　　　　　　　　840,000
　　貸：財政補助結轉——基本支出結轉　　　　　　　　　715,000
　　　　　　　　　　——項目支出結轉　　　　　　　　　125,000

借：財政補助結轉——基本支出結轉　　　　　　　　　　　668,000
　　　　　　　　　　——項目支出結轉　　　　　　　　　　　115,000
　　　　貸：事業支出　　　　　　　　　　　　　　　　　　　783,000

【例16-23】年末，A事業單位對財政補助項目執行情況進行分析，本年度財政補助的項目中，甲項目已經完成，項目當年剩余資金為35,000元；乙項目因故終止，項目當年剩余資金為12,000元。這兩個項目符合財政補助結余資金性質。其余項目均未完成，資金需要結轉下一年度繼續按原項目安排使用。A事業單位進行年末財政補助結余的處理，應編製如下會計分錄：

　　借：財政補助結轉——項目支出結轉（甲項目）　　　　　35,000
　　　　　　　　　　——項目支出結轉（乙項目）　　　　　12,000
　　　　貸：財政補助結余　　　　　　　　　　　　　　　　47,000

【例16-24】接上例，根據項目管理的要求，A事業單位已經完成的甲項目當年剩余資金35,000元予以註銷，抵財政應返還額度中的未下達授權支付額度；因故終止的乙項目當年剩余資金12,000元需要上繳財政部門，已經通過零余額帳戶予以上繳。A事業單位應編製如下會計分錄：

　　借：財政補助結余　　　　　　　　　　　　　　　　　　47,000
　　　　貸：財政應返還額度——授權支付額度　　　　　　　35,000
　　　　　　零余額帳戶用款額度　　　　　　　　　　　　　12,000

（三）非財政補助結轉和非財政補助結余分配的帳務處理

1．非財政補助結轉

非財政補助結轉資金有兩個特點：一是屬於非財政補助資金，二是屬於專項資金。為了核算事業單位除財政補助收支以外的各專項資金收入與其相關支出相抵后剩余滾存的、須按規定用途使用的結轉資金，應設置「非財政補助結轉」總帳科目。該科目貸方登記非財政補助的各專項收入的轉入；借方登記非財政補助的各專項支出的轉入；期末貸方余額，反應事業單位非財政補助專項結轉資金數額。「非財政補助結轉」科目應當按照非財政專項資金的具體項目進行明細分類核算。事業單位發生需要調整以前年度非財政補助結轉的事項，通過「非財政補助結轉」科目核算。

非財政補助結轉的主要帳務處理如下：

（1）期末非財政補助結轉。將事業收入、上級補助收入、附屬單位上繳收入、其他收入本期發生額中的專項資金收入結轉入「非財政補助結轉」科目，借記「事業收入」「上級補助收入」「附屬單位上繳收入」「其他收入」科目下各專項資金收入明細科目，貸記「非財政補助結轉」科目；將事業支出、其他支出本期發生額中的非財政專項資金支出結轉入「非財政補助結轉」科目，借記「非財政補助結轉」科目，貸記「事業支出——非財政專項資金支出」或「事業支出——項目支出（非財政專項資金支出）」「其他支出」科目下各專項資金支出明細科目。

（2）年末處理非財政補助項目結余資金。完成上述結轉后，應當對非財政補助專項結轉資金各項目情況進行分析，將已完成項目的項目剩余資金區分以下情況處理：繳回原專項資金撥入單位的，借記「非財政補助結轉」科目（××項目），貸記「銀行存款」等科目；留歸本單位使用的，借記「非財政補助結轉」科目（××項目），貸記

「事業基金」科目。

2. 非財政補助結余分配

非財政補助結余分配是指事業單位本年度非財政補助結余分配的情況和結果。事業單位取得的事業結余和經營結余要按照規定在國家、單位和職工之間進行分配。具體核算程序如下：

(1) 將事業結余和經營結余結轉到非財政補助結余分配科目。

(2) 計算應繳所得稅。經營結余要按照企業所得稅法的規定繳納企業所得稅。

(3) 按規定比例計算應提取的專用基金。職工福利基金是按稅后的非財政補助結余的一定比例提取的專門用於單位職工集體福利設施、集體福利待遇等的資金。

(4) 結轉未分配非財政補助結余。將分配后結余轉入事業基金，用於彌補以後年度單位收支差額。

為了核算非財政補助結余分配的業務，應設置「非財政補助結余分配」總帳科目。非財政補助結余分配的主要帳務處理如下：

(1) 年末，將「事業結余」科目余額結轉入「非財政補助結余分配」科目，借記或貸記「事業結余」科目，貸記或借記「非財政補助結余分配」科目；將「經營結余」科目貸方余額結轉入「非財政補助結余分配」科目，借記「經營結余」科目，貸記「非財政補助結余分配」科目。

(2) 有企業所得稅繳納義務的事業單位計算出應繳納的企業所得稅，借記「非財政補助結余分配」科目，貸記「應交稅費——應交企業所得稅」科目。

(3) 按照有關規定提取職工福利基金的，按提取的金額，借記「非財政補助結余分配」科目，貸記「專用基金——職工福利基金」科目。

(4) 年末，按規定完成上述處理后，將「非財政補助結余分配」科目余額結轉入事業基金，借記或貸記「非財政補助結余分配」科目，貸記或借記「事業基金」科目。年末結帳后，「非財政補助結余分配」科目應無余額。

(四) 事業結余和經營結余的帳務處理

1. 事業結余

事業結余是事業單位一定期間除財政補助收支、非財政專項資金收支和經營收支以外各項收支相抵后的余額。事業結余屬於非財政補助結余。

為了核算事業結余的業務，應設置「事業結余」總帳科目。該科目貸方登記從有關收入科目的轉入數，借方登記從有關支出科目轉入數；期末如為貸方余額，反應事業單位自年初至報告期末累計實現的事業結余；如為借方余額，反應事業單位自年初至報告期末累計發生的事業虧損。年末結帳后，「事業結余」科目應無余額。

事業結余的主要帳務處理如下：

(1) 期末事業結余結轉。期末，將事業收入、上級補助收入、附屬單位上繳收入、其他收入本期發生額中的非專項資金收入結轉入「事業結余」科目，借記「事業收入」「上級補助收入」「附屬單位上繳收入」「其他收入」科目下各非專項資金收入明細科目，貸記「事業結余」科目；將事業支出、其他支出本期發生額中的非財政、非專項資金支出，以及對附屬單位補助支出、上繳上級支出的本期發生額結轉入「事業結余」科目，借記「事業結余」科目，貸記「事業支出——其他資金支出」或「事業

支出——基本支出（其他資金支出）、項目支出（其他資金支出）」科目、「其他支出」科目下各非專項資金支出明細科目、「對附屬單位補助支出」「上繳上級支出」科目。

（2）年末事業結余轉入非財政補助結余分配。年末，完成上述結轉後，將「事業結余」科目余額結轉入「非財政補助結余分配」科目，借記或貸記「事業結余」科目，貸記或借記「非財政補助結余分配」科目。

2. 經營結余

經營結余是事業單位一定期間各項經營收支相抵后余額彌補以前年度經營虧損后的余額。經營結余屬於非財政補助結余。

為了核算經營結余的業務，應設置「經營結余」總帳科目。該科目貸方登記從「經營收入」科目轉入的本期實現的經營收入額；借方登記從「經營支出」科目轉入的本期發生的經營支出額；期末如為貸方余額，反應事業單位自年初至報告期末累計實現的經營結余彌補以前年度經營虧損后的經營結余；如為借方余額，反應事業單位截至報告期末累計發生的經營虧損。年末結帳後，「經營結余」科目一般無余額；如為借方結余，反應事業單位累計發生的經營虧損。

經營結余的主要帳務處理如下：

（1）期末經營結余結轉。期末，將經營收入本期發生額結轉入「經營結余」科目，借記「經營收入」科目，貸記「經營結余」科目；將經營支出本期發生額結轉入「經營結余」科目，借記「經營結余」科目，貸記「經營支出」科目。

（2）年末經營結余轉入非財政補助結余分配。年末，完成上述結轉後，如「經營結余」科目為貸方余額，將「經營結余」科目余額結轉入「非財政補助結余分配」科目，借記「經營結余」科目，貸記「非財政補助結余分配」科目；如「經營結余」科目為借方余額，為經營虧損，不予結轉。

【例16-25】A事業單位20×1年12月非財政補助的各項收入和支出科目本月發生額如表16-2所示：

表16-2　　　　　　　　　　　　　　　　　　　　　　　　　　　　　　單位：元

收入科目名稱	貸方金額	支出科目名稱	借方金額
事業收入	260,000	事業支出——其他資金支出	280,000
上級補助收入	200,000	事業支出——非財政專項資金支出	75,000
其中：專項資金收入	100,000	上繳上級支出	40,000
附屬單位上繳收入	80,000	對附屬單位補助支出	60,000
經營收入	50,000	經營支出	37,250
其他收入	30,000	其他支出	72,750
合計	620,000	合計	565,000

A事業單位本月進行非財政補助結轉，應編製如下會計分錄：

①結轉非財政專項資金收支：

借：上級補助收入　　　　　　　　　　　　　　　　　　　　　100,000
　　貸：非財政補助結轉　　　　　　　　　　　　　　　　　　　　100,000

借：非財政補助結轉 75,000
　　貸：事業支出——非財政專項資金支出 75,000
②結轉非專項資金收支：
借：事業收入 260,000
　　上級補助收入 100,000
　　附屬單位上繳收入 80,000
　　其他收入 30,000
　　貸：事業結余 470,000
借：事業結余 452,750
　　貸：事業支出——其他資金支出 280,000
　　　　上繳上級支出 40,000
　　　　對附屬單位補助支出 60,000
　　　　其他支出 72,750
③結轉經營收支：
借：經營收入 50,000
　　貸：經營結余 50,000
借：經營結余 37,250
　　貸：經營支出 37,250
④轉入非財政補助結余分配：
借：事業結余 17,250
　　貸：非財政補助結余分配 17,250
借：經營結余 12,750
　　貸：非財政補助結余分配 12,750

【例16-26】接上例，假設A事業單位的非財政補助結轉項目年末已完成，剩余資金為25,000元，按規定50%通過銀行繳回專項資金撥入單位，50%留歸本單位使用。A事業單位的經營結余按25%的稅率繳納企業所得稅，按照稅后非財政補助結余的30%提取職工福利基金。A事業單位應編製如下會計分錄：

①結轉已完成項目的非財政補助剩余資金：
借：非財政補助結轉 25,000
　　貸：銀行存款 12,500
　　　　事業基金 12,500
②計提經營結余應繳納的企業所得稅：
企業所得稅＝12,750×25%＝3,187.5（元）
借：非財政補助結余分配 3,187.5
　　貸：應交稅費——應交企業所得稅 3,187.5
③計提職工福利基金：
職工福利基金＝［17,250+(12,750-3,187.5)］×30%＝8,043.75（元）
借：非財政補助結余分配 8,043.75
　　貸：專用基金——職工福利基金 8,043.75

④結轉非財政補助結余分配：

借：非財政補助結余分配　　　　　　　　　　　　　　18,768.75

　　貸：事業基金　　　　　　　　　　　　　　　　　　　　　18,768.75

三、各項基金核算

（一）事業基金的帳務處理

事業基金是指事業單位擁有的非限定用途的淨資產，主要來源為非財政補助結余扣除結余分配后滾存的金額。除此之外，留歸本單位使用的非財政補助專項剩余資金和對外轉讓或到期收回長期債券投資成本金額也是事業基金的來源。事業基金是一項非限定用途的淨資產，可以用於事業發展和彌補事業虧損，調節年度之間的收支平衡。事業單位應當加強事業基金的管理，遵循收支平衡的原則，統籌安排、合理使用，支出不得超出基金規模。

為了核算事業基金的業務，應設置「事業基金」總帳科目。該科目的貸方登記年終轉入的當期未分配結余等增加數；借方登記自行支配資金結余的減少數；期末貸方余額，反應事業單位歷年積存的非限定用途淨資產的金額。事業單位發生需要調整以前年度非財政補助結余的事項，通過「事業基金」科目核算。國家另有規定的，從其規定。

事業基金的主要帳務處理如下：

（1）年末，將「非財政補助結余分配」科目余額轉入事業基金，借記或貸記「非財政補助結余分配」科目，貸記或借記「事業基金」科目。

（2）年末，將留歸本單位使用的非財政補助專項（項目已完成）剩余資金轉入事業基金，借記「非財政補助結轉——××項目」科目，貸記「事業基金」科目。

（3）以貨幣資金取得長期股權投資、長期債券投資，按照實際支付的全部價款（包括購買價款以及稅金、手續費等相關稅費）作為投資成本，借記「長期投資」科目，貸記「銀行存款」等科目；同時，按照投資成本金額，借記「事業基金」科目，貸記「非流動資產基金——長期投資」科目。

（4）對外轉讓或到期收回長期債券投資本息，按照實際收到的金額，借記「銀行存款」等科目，按照收回長期投資的成本，貸記「長期投資」科目，按照其差額，貸記或借記「其他收入——投資收益」科目；同時，按照收回長期投資對應的非流動資產基金，借記「非流動資產基金——長期投資」科目，貸記「事業基金」科目。

【例16-27】A事業單位以銀行存款購買3年期國債100,000元，年利率為4.8%，3年期滿兌付本金和利息。A事業單位應編製如下會計分錄：

購入國債時：

借：長期投資　　　　　　　　　　　　　　　　　　　100,000

　　貸：銀行存款　　　　　　　　　　　　　　　　　　　　　100,000

借：事業基金　　　　　　　　　　　　　　　　　　　100,000

　　貸：非流動資產基金——長期投資　　　　　　　　　　　　100,000

兌付本金和利息時：

借：銀行存款 114,400
　　貸：長期投資 100,000
　　　　其他收入 14,400
借：非流動資產基金——長期投資 100,000
　　貸：事業基金 100,000

(二) 非流動資產基金的帳務處理

非流動資產基金是事業單位非流動資產占用的金額。為兼顧預算管理和財務管理的需求，事業單位取得各項非流動資產時，應當按照取得成本增加其對應的非流動資產基金；計提折舊、攤銷和處置非流動資產時，應沖減其對應的非流動資產基金。

為了核算非流動資產基金的業務，應設置「非流動資產基金」總帳科目。該科目貸方登記非流動資產的增加數；借方登記非流動資產的減少數；期末貸方余額，反應事業單位非流動資產占用的金額。「非流動資產基金」科目應當設置「長期投資」「固定資產」「在建工程」「無形資產」等明細科目，進行明細分類核算。

非流動資產基金的主要帳務處理如下：

(1) 非流動資產基金應當在取得長期投資、固定資產、在建工程、無形資產等非流動資產或發生相關支出時予以確認。取得相關資產或發生相關支出時，借記「長期投資」「固定資產」「在建工程」「無形資產」等科目，貸記「非流動資產基金」科目等有關科目；同時或待以后發生相關支出時，借記「事業支出」等有關科目，貸記「財政補助收入」「零余額帳戶用款額度」「銀行存款」等科目。

(2) 計提固定資產折舊、無形資產攤銷時，應當沖減非流動資產基金。計提固定資產折舊、無形資產攤銷時，按照計提的折舊、攤銷額，借記「非流動資產基金」科目（固定資產、無形資產），貸記「累計折舊」「累計攤銷」科目。

(3) 處置長期投資、固定資產、無形資產以及以固定資產、無形資產對外投資時，應當沖銷該資產對應的非流動資產基金。以固定資產、無形資產對外投資，按照評估價值加上相關稅費作為投資成本，借記「長期投資」科目，貸記「非流動資產基金」科目（長期投資），按發生的相關稅費，借記「其他支出」科目，貸記「銀行存款」等科目；同時，按照投出固定資產、無形資產對應的非流動資產基金，借記「非流動資產基金」科目（固定資產、無形資產），按照投出資產已提折舊、攤銷，借記「累計折舊」「累計攤銷」科目，按照投出資產的帳面余額，貸記「固定資產」「無形資產」科目。出售或以其他方式處置長期投資、固定資產、無形資產，轉入待處置資產時，借記「待處置資產損溢」「累計折舊」（處置固定資產）或「累計攤銷」（處置無形資產）科目，貸記「長期投資」「固定資產」「無形資產」等科目。實際處置時，借記「非流動資產基金」科目（有關資產明細科目），貸記「待處置資產損溢」科目。

非流動資產基金帳務處理的例子參見資產的核算的相關例題，在此不再贅述。

(三) 專用基金的帳務處理

專用基金是指事業單位按規定提取或設置的有專門用途的資金，主要包括修購基金、職工福利基金和其他專用基金等。

專用基金的管理應遵循「先提后用、收支平衡、專款專用」的原則。先提后用是

指各項專用基金必須根據規定的來源渠道，在取得資金以後，才能安排使用。在提取各項專用基金時，應嚴格按照《事業單位財務規則》的規定，不得隨意提高標準，支出不得超過基金規模。收支平衡是指各項專用基金應各自量入為出，各自組織收支平衡。專款專用是指各項專用基金都應當按照規定的用途使用，不得相互占用和挪用。要通過保證各項專用基金使用的合理合法，起到促進事業單位持續健康發展的作用。

為了核算專用基金的業務，應設置「專用基金」總帳科目。該科目貸方登記按照規定提取的各項專用基金的增加數；借方登記各項專用基金的減少數；期末貸方余額，反應事業單位專用基金余額。「專用基金」科目應當按照專用基金的類別進行明細核算。

專用基金的主要帳務處理如下：

（1）提取修購基金。修購基金的提取應按照事業收入和經營收入的一定比例提取，確認為本期的事業支出和經營支出，並按照規定在相應的購置費和修繕費科目中列支（各列50%）。也可按照規定，從其他渠道轉入修購基金。事業收入和經營收入較少的事業單位可以不提取修購基金，實行固定資產折舊的事業單位不提取修購基金。按規定提取修購基金的，按照提取金額，借記「事業支出」「經營支出」科目，貸記「專用基金」科目（修購基金）。

（2）提取職工福利基金。職工福利基金應按照非財政撥款結余的一定比例提取以及按照其他規定提取轉入，並用於單位職工的集體福利設施、集體福利待遇。年末，按規定從本年度非財政補助結余中提取職工福利基金的，按照提取金額，借記「非財政補助結余分配」科目，貸記「專用基金」科目（職工福利基金）。

（3）提取其他專用基金。其他專用基金是指事業單位按有關規定提取或設置的專用基金，如住房公積金等。應按照提取金額，借記有關支出科目或「非財政補助結余分配」等科目，貸記「專用基金」科目；若有按規定設置的其他專用基金，按照實際收到的基金金額，借記「銀行存款」等科目，貸記「專用基金」科目。

（4）使用專用基金。按規定使用專用基金時，借記「專用基金」科目，貸記「銀行存款」等科目；使用專用基金形成固定資產的，還應借記「固定資產」科目，貸記「非流動資產基金——固定資產」科目。

【例16-28】A事業單位不實行固定資產折舊制度。該單位本年度事業收入為620,000元，經營收入為60,000元，提取比例都是5%。A事業單位年終根據提取比例增設修購基金，應編製如下會計分錄：

借：事業支出　　　　　　　　　　　　　　　　　　　　　　　　　31,000
　　經營支出　　　　　　　　　　　　　　　　　　　　　　　　　　3,000
　　貸：專用基金——修購基金　　　　　　　　　　　　　　　　　34,000

【例16-29】年末，A事業單位按30%的比例從「非財政補助結余分配」貸方余額70,000元中提取職工福利基金21,000元。A事業單位應編製如下會計分錄：

借：非財政補助結余分配　　　　　　　　　　　　　　　　　　　　21,000
　　貸：專用基金——職工福利基金　　　　　　　　　　　　　　　21,000

【例16-30】A事業單位從職工福利基金中支付職工集體福利項目40,000元，以銀

行存款支付。A 事業單位應編製如下會計分錄：

借：專用基金——職工福利基金　　　　　　　　　40,000
　　貸：銀行存款　　　　　　　　　　　　　　　　　40,000

【例 16-31】A 事業單位使用修購基金購買一批電腦，價值為 165,000 元，以銀行存款支付。A 事業單位應編製如下會計分錄：

借：專用基金——修購基金　　　　　　　　　　　165,000
　　貸：銀行存款　　　　　　　　　　　　　　　　165,000
借：固定資產　　　　　　　　　　　　　　　　　165,000
　　貸：非流動資產基金——固定資產　　　　　　　165,000

思考題

1. 事業單位的負債包括哪些內容？
2. 應繳國庫款和應繳財政專戶款的核算內容有何不同？
3. 應繳稅費的核算內容包括哪些？
4. 事業單位的應付職工薪酬主要核算內容是什麼？
5. 事業單位的長期應付款核算哪些業務？
6. 什麼是事業單位的結轉和結餘？具體包括哪些內容？
7. 事業基金的主要來源有哪些？
8. 事業單位的專用基金具體包括哪些部分？
9. 什麼是非流動資產基金？具體包括哪些內容？
10. 事業單位的財政補助結轉與非財政補助結轉有何不同？
11. 財政補助結餘與非財政補助結餘主要核算什麼資金？兩者之間有何聯繫與區別？

練習題

1. 某事業單位為滿足事業發展的資金需求，從工商銀行借入 150,000 元，期限為 6 個月，年利率為 3.9%，銀行借款利息按季結算，季末一次支付當季利息。

2. 某事業單位為增值稅一般納稅人，經營業務銷售一批商品，銷售收入為 38,000 元，增值稅銷項稅額為 6,460 元，款項已收妥並存入銀行。

3. 某事業單位為增值稅一般納稅人，購入經營用材料一批用於生產加工，材料不含稅價格共計 37,000 元，增值稅進項稅額為 6,290 元。貨款、稅款全部用支票支付。貨物已驗收入庫。

4. 某事業單位為增值稅小規模納稅人，本月購入經營用材料一批用於生產加工，材料含稅價格為 19,260 元，貨款尚未支付。本月經營部門銷售商品一批，計 15,300 元（含稅價），款項已存入銀行。

5. 某事業單位本月按照規定徵收政府性基金收入 8,000 元，該款項實行集中匯繳方式。

6. 某事業單位本月收到應上繳財政專戶的教育收費85,000元，款項已存入銀行，並在規定時間內上繳財政專戶。

7. 某事業單位計算本月應付在職事業編製人員的工資薪酬，其中應付工資為1,820,000元，應付地方（部門）津貼補貼850,000元，應付其他個人收入125,000元，應付社會保險費565,000元（個人承擔部分），應付住房公積金276,000元（個人承擔部分）。工資發放除了其他個人收入以零余額帳戶用款額度支付外，其他薪酬發放實行財政直接支付方式。按照稅法規定，代繳個人所得稅235,000元。該事業單位憑工資單和財政部門開具的撥款通知書進行工資核算。

8. 某事業單位（一般納稅人）採用商業承兌匯票結算方式購入一批經營用材料，按合同規定開出一張無息商業匯票，票面金額15,000元，其中材料價款12,820.5元，增值稅額2,179.5元，期限為6個月。材料已經驗收入庫。6個月後，該事業單位通過銀行按期支付票據款。

9. 某事業單位按合同計算本月應向B單位支付的租入固定資產租金為2,000元，該租入的固定資產用於專業活動。月末，該事業單位開出轉帳支票給B單位。

10. 某事業單位購入一幢辦公樓，價值為280萬元。根據購買合同的約定，A事業單位將扣留20%的價款作為質量保證金，扣留時間為15個月。

請根據以上情況編製相應會計分錄。

11. 某事業單位20×2年11月30日有關結轉和結余科目余額分別為：財政補助結轉5,500元、非財政補助結轉10,000元、事業結余8,000元和經營結余2,000元；同年12月有關收入和支出科目發生額如表16-3所示：

表16-3

收入科目		貸方金額(元)	支出科目		借方金額(元)
事業收入	財政補助收入	850,000	事業支出	財政補助支出	785,000
	非專項資金收入	200,000		非財政專項資金支出	40,000
	專項資金收入	50,000		其他資金支出	240,000
上級補助收入		110,000	對附屬單位補助支出		50,000
經營收入		50,000	經營支出		40,000
附屬單位上繳收入		80,000	上繳上級支出		35,000
其他收入		20,000	其他支出		70,000

假設本年度財政補助結轉有50%符合財政補助結余性質，非財政補助結轉專項資金項目年末全部完成，剩餘資金40%留歸本單位，60%已通過銀行繳回專項資金撥入單位。

要求：
（1）編製結轉12月財政補助收入與支出的會計分錄；
（2）編製結轉12月非財政補助專項資金收入與支出的會計分錄；
（3）計算本年度的事業結余和經營結余，並編製有關收支結轉的會計分錄；

(4) 編製結轉本年度的事業結余和經營結余的會計分錄；
(5) 計算本年度財政補助結余，並編製結轉會計分錄；
(6) 編製結轉本年度非財政補助已完成項目的剩余資金的會計分錄。

12. 某事業單位20×2年實現事業收入120,000元、經營收入80,000元，發生事業支出150,000元（其中，財政補助支出70,000元、其他資金支出80,000元）、經營支出53,000元。

要求：
(1) 分別按5%和10%計提事業收入和經營收入的修購基金，並編製會計分錄；
(2) 按25%的所得稅稅率計算經營結余應繳納的企業所得稅，並編製會計分錄；
(3) 按30%計提職工福利基金，並編製會計分錄；
(4) 計算本年度分配非財政補助結余金額，並編製將其轉入事業基金的會計分錄。

第十七章
事業單位收入與支出的核算

事業單位為了開展業務活動及其他活動，應依法取得非償還性的資金收入，用於相關的資金耗費，這就形成了收入與支出。

通過本章的學習，應該掌握以下內容：
- 事業單位的各項收入與支出的分類及內容
- 對各項收入與支出在管理方面的規定及要求
- 各項收入與支出的帳務處理

第一節　事業單位收入與支出的含義及管理

一、事業單位收入的含義及管理

(一) 事業單位收入的含義

事業單位的收入是指事業單位開展業務及其他活動依法取得的非償還性資金，主要包括財政補助收入、事業收入、上級補助收入、附屬單位上繳收入、經營收入和其他收入等。對於事業單位的收入，應從以下幾方面理解其含義：

1. 事業單位的收入是為開展業務活動和其他活動而取得的

事業單位的主要活動不是直接從事物質資料的生產、交通運輸和商品流通，而是在教育、文化、體育、衛生等領域組織和開展各項業務活動和其他活動。由於這些活動具有非營利性的特點，因此事業單位開展業務活動的資金耗費一般不能從事業收入中得到完全的補償，需要從財政部門獲得財政補助收入，從主管部門或上級單位獲得上級補助收入，來解決其開展正常業務所需資金。同時，事業單位還可以通過開展有償服務活動和生產經營活動獲得事業收入和經營收入，以補償業務活動的資金耗費。

2. 事業單位的收入是依法取得的

事業單位取得的任何收入，都必須符合國家的有關法律、法規和規章制度的規定。事業單位開展業務活動的各項收費項目、收費範圍和收費標準必須按照國家的有關規定，經過法定程序報經批准后方可取得。

3. 事業單位的收入是通過多種形式、多種渠道取得的

在社會主義市場經濟條件下，事業單位的收入來源形式和渠道呈多元化趨勢。既有財政或上級單位撥入或下級單位上繳的，又有本單位自己組織的。在財政或上級單位的撥款中，既有財政性資金，又有非財政性資金；既有經常性補助，又有專項撥款。在本單位自己組織的收入中，既有單位開展正常業務活動取得的經營收入，又有對外投資取得的收益、存款的利息收入等其他收入。這是一個大收入概念，是事業單位在

某一時期所取得的所有收入。

4. 事業單位的收入是非償還性的

事業單位取得的各項收入，是不需要償還的，可以用於業務活動和其他活動。事業單位取得的需要償還的資金，應當作為負債處理，不能作為單位的收入處理。

(二) 事業單位收入的管理及核算規定

1. 事業單位收入的管理原則

事業單位收入的管理原則主要如下：

(1) 收入統管，保證收入的合法性與合理性。事業單位應當將各項收入全部納入單位預算，實行統一核算、統一管理。同時，各部門、單位在組織收入時，屬於行政事業性收費的要使用省以上（含省）財政部門統一監制的票據；屬於經營性收入的應使用稅務發票，並照章納稅。各種收費項目和收費標準，必須按規定程序報經國家有關部門批准，對於各種收入要取之得當，用之合理，嚴禁亂收、濫用。

(2) 依法合理組織各項收入，繳納各種稅費。要根據國家的有關收費政策和管理制度，將事業單位組織收入的活動納入正確軌道，強調收入的合法性與合理性。收費時，要開具行政事業性收費專用發票。對按規定應上繳預算的收入和應上繳財政的收入要及時上繳，不能直接作為事業收入處理。對經營服務性收入，要依法繳納各項稅費。

(3) 充分利用現有條件積極組織收入，提高經費自給率和自我發展能力。有條件的事業單位要按市場經濟的要求，充分利用現有人、財、物等資源和設備，拓寬服務領域，擴大財源，增強自我發展能力。

(4) 正確處理社會效益和經濟效益的關係。事業單位開展各種組織收入的活動，必須將社會效益放在首位，必須有利於事業的發展，有利於社會主義精神文明建設。同時，事業單位組織各項收入要按照市場經濟規律辦事，講求經濟效益。事業單位要將社會效益和經濟效益有機結合起來，不能片面追求經濟效益，要在獲得社會效益的同時取得較好的經濟效益。

2. 注意劃清各種收入界限

正確理解各項收入的含義還必須從性質上劃清各種收入的界限，尤其是以下主要收入的界限：

(1) 財政補助收入與上級補助收入的界限。財政補助收入是指事業單位按照核定的部門預算和經費申報關係，從同級財政部門取得的各類財政撥款，包括正常經費和專項資金，不包括國家對事業單位的基本建設投資。

上級補助收入是指事業單位從主管部門和上級單位取得的非財政補助收入，即事業單位的上級單位用自身組織的收入或集中下級單位的收入撥給事業單位的資金。

(2) 事業收入與經營收入的界限。事業收入是指事業單位開展專業業務活動及輔助活動所取得的收入。所謂專業業務活動，是指事業單位根據本單位專業特點所從事或開展的主要業務活動。通俗地講，也可以叫做「主管業務」。例如，文化事業單位的演出活動、教育事業單位的教學活動等。輔助活動是指與專業業務活動相關，直接為專業業務活動服務的行政管理活動、后勤服務活動及其他有關活動。例如，科研單位的科研收入、技術收入、科普活動收入、試製產品收入等，均作為事業收入處理。

經營收入是指事業單位在專業業務活動及其輔助活動之外開展非獨立核算經營活動取得的收入。例如，科研單位的產品（商品）銷售收入、經營服務收入等。事業單位的經營收入必須同時具備以下兩個特徵：一是經營活動取得的收入，而不是專業業務活動及其輔助活動取得的收入；二是非獨立核算經營活動取得的收入，而不是獨立核算經營活動取得的收入。因此，事業單位經營活動規模較大的，應當盡可能進行獨立核算，執行企業財務制度。有些事業單位經營活動規模較小、不便或無法獨立核算的，可納入到經營收入中核算。

區分事業收入和經營收入的標準主要是看取得收入的業務活動性質，如果是開展專業業務活動及其輔助活動取得的收入，就是事業收入；如果是在專業活動及其輔助活動以外取得的收入就是經營收入。對少部分事業收入與經營收入的性質和內容相互有交叉、難以準確劃分清楚的，由主管部門和財政部門根據實際情況予以認定。

(3) 經營收入與附屬單位上繳收入的界限。經營收入是事業單位附屬非獨立核算單位開展經營活動或者某些經營性項目而獲得的經濟收入。所謂獨立核算，是指單位對其經濟活動或預算執行過程及其結果，獨立地、完整地進行會計核算，如校辦企業。學校的非獨立核算是指單位從上級單位領取一定數額的物資、款項從事業務活動，不獨立計算盈虧，把日常發生的經濟業務資料報給上級集中進行會計核算，如學校的車隊、食堂等後勤單位。

附屬單位上繳收入是指事業單位附屬獨立核算單位按有關規定上繳的收入，包括附屬的事業單位上繳的收入和附屬的企業上繳的利潤等。附屬單位補償上級單位在事業支出中墊支的各種費用，應當相應沖減支出，不能作為繳款收入處理。

(三) 事業單位收入的確認

事業單位應根據業務性質合理確定收入的實現。財政補助收入、事業收入、上級補助收入以及附屬單位上繳收入等，應當在收到款項時予以確認。經營性收入應當在提供勞務或發出商品同時收訖價款或者取得索取價款的憑證時予以確認。對於長期項目的收入，應當根據年度完成進度予以確認。當事業單位取得的收入為實物時，應根據有關憑證確認其價值；沒有憑證可供確認的，可參照市場價格確定。

二、事業單位支出的分類及管理

支出是指事業單位開展業務及其他活動發生的資金耗費和損失。事業單位應當將各項支出全部納入單位預算，建立健全支出管理制度。事業單位的支出多種多樣，需要加強其分類管理。同時，事業單位的各種支出關係到業務的完成和事業計劃的實現，應該加強其核算和監督。下面結合支出的分類，說明事業單位各項支出的主要內容。

(一) 事業單位支出的分類

事業單位由於收入的來源多元化，支出也多種多樣，但支出的主要分類有以下幾方面：

1. 按支出對象的分類

事業單位的支出按其對象的不同，可分為本單位業務支出和對上下級的繳撥款支出兩大類。

(1) 本單位業務支出。本單位業務支出是指在本單位各項業務活動過程中發生的

各種支出，包括人員經費支出和公用經費支出兩類。

人員經費支出是指為了開展業務活動的需要，用於個人方面的支出，包括基本工資、津貼補貼、獎金、職工福利費、社會保障繳費、伙食費等。其金額與相關人員的數量有關。

公用經費支出是指為了完成有關業務任務，實現事業活動的目的，用於公共業務方面的支出，包括辦公費、印刷費、會議費、裝備購置費、工程建設費、勞務費和其他費用。其金額通常與業務活動的規模有關。

（2）對上下級的繳撥款支出。對上下級的繳撥款支出是指事業單位向上級單位上繳的款項和向下屬獨立核算單位撥付的補助款等。

2. 按支出用途的分類

按支出用途分類主要指事業支出，即按照《政府收支分類科目》中的「支出經濟分類」的「款」級科目分類，並設置三級明細科目，進行明細核算。

（1）工資福利支出類。該類反應單位開支的在職職工和臨時聘用人員的各類勞動報酬以及為上述人員繳納的各項社會保險費等。該類下設的「款」級內容包括基本工資、津貼補貼、獎金、社會保障繳費、伙食費、伙食補助費、績效工資和其他工資福利支出等。

（2）商品和服務支出類。該類反應事業單位購買商品和服務的支出，不包括用於購置固定資產等的支出。該類下設的「款」級內容包括辦公費、印刷費、咨詢費、手續費、水費、電費、郵電費、取暖費、物業管理費、差旅費、因公出國（境）費、維修（護）費、租賃費、會議費、培訓費、公務招待費、專用材料費、被裝購置費、勞務費、委託業務費、工會經費、福利費、公車運行維護費、其他交通費、稅金及附加費和其他商品和服務支出等。

（3）對個人和家庭的補助類。該類反應事業單位用於對個人和家庭的補助支出。該類下設的「款」級內容包括離休費、退休費、退職（役）費、撫恤金、生活補助、救濟費、醫療費、助學金、獎勵金、生產補貼、住房公積金、提租補貼、購房補貼和其他對個人和家庭的補助支出等。

（4）基本建設支出類。該類反應各級發展與改革部門集中安排的用於購置固定資產、戰略性和應急性儲備、土地和無形資產以及購建基礎設施、進行大型修繕所發生的支出。該類下設的「款」級內容包括房屋建築物購建、辦公設備購置、專用設備購置、基礎設施建設、大型修繕、信息網絡及軟件購置更新、物資儲備、公務用車購置、其他交通工具購置和其他基本建設支出等。

（5）其他資本性支出類。該類反應非各級發展與改革部門集中安排的用於購置固定資產、戰略性和應急性儲備、土地和無形資產以及購建基礎設施、進行大型修繕等所發生的支出。該類下設的「款」級內容包括房屋建築物購建、辦公設備購置、專用設備購置、基礎設施建設、大型修繕、信息網絡及軟件購置更新、物資儲備、土地補償、安置補助、地上附著物和青苗補償、拆遷補償、公務用車購置、其他交通工具購置和其他資本性支出等。

3. 按支出性質的分類

事業單位支出按其性質的不同，可分為財政補助支出和非財政補助支出。

（1）財政補助支出。財政補助支出是事業單位用財政補助收入安排的各項支出，主要發生在事業單位的事業支出中。

（2）非財政補助支出。非財政補助支出是事業單位用財政補助收入以外的資金安排的支出，包括用事業收入、上級補助收入、附屬單位上繳收入、經營收入和其他收入等安排的支出。對附屬單位的補助支出、上繳上級支出、經營支出、其他支出屬於非財政補助支出，事業支出既包括財政補助支出又包括非財政補助支出。

（二）事業單位支出的管理及核算規定

事業單位應該加強其支出的核算，控制不合理的資金耗費和支出，保證會計信息的真實性，提高資金的使用效率，並促進各項業務的順利進行。

1. 嚴格執行國家財政財務制度和財經紀律

事業單位必須嚴格執行國家財政財務制度和財經紀律，按照規定的各項事業支出的開支範圍和標準，加強支出原始憑證的審核，從源頭上進行嚴格的控制。

2. 對支出實行分類管理，保持合理的支出結構

支出管理的重點是事業支出和經營支出。事業支出應當根據財政補助收入、上級補助收入、事業收入和其他收入的情況統籌安排。上述收入原則上不得用於經營支出。人員經費支出和公用經費支出應保持一個合理的比例。要加強項目資金支出的管理，定期向財政部門或主管部門報送項目資金使用情況。要加強經濟核算，採取切實可行的措施控制支出，不斷提高資金的使用效益。

3. 劃清主要支出的界限，保證支出用途符合規定

按支出管理和資金管理要求，事業單位應該劃清以下幾方面的支出界限：

（1）劃清單位支出與個人支出的界限。

（2）劃清事業支出與經營支出的界限。

（3）劃清事業支出與對附屬單位補助支出、上繳上級支出的界限。

第二節　業務收入的核算

事業單位通過開展專業業務活動及其輔助活動可取得事業收入，開展專業業務活動及其輔助活動以外的非獨立核算經營活動可取得經營收入。

一、事業收入的核算

事業收入是指事業單位通過開展專業業務活動及其輔助活動所取得的收入。所謂專業業務活動，是指事業單位根據本單位專業特點所從事或開展的主要業務活動。所謂輔助活動，是指與其專業業務活動相關的、直接為專業業務活動服務的單位行政管理活動、后勤服務活動以及其他有關活動。

（一）事業收入的種類

在中國，由於事業單位的種類較多，因不同行業的事業單位從事不同的專業業務活動及其輔助活動而有所不同，事業收入在會計上也應劃分不同的類別。下面以學校、文化事業單位、醫院等事業單位的事業收入分類為例進行說明。

1. 中小學校的事業收入

中小學的事業收入是指中小學開展教學及其輔助活動依法取得的收入，包括義務教育階段學生繳納的雜費、非義務教育階段學生繳納的學費、借讀學生繳納的借讀費、住宿學生繳納的住宿費以及按照有關規定向學生收取的其他費用等。

2. 高等學校的事業收入

高等學校的事業收入是指高等學校開展教學、科研及其輔助活動所取得的收入，包括教育事業收入和科研收入。

（1）教育事業收入是指高等學校開展教學及其輔助活動所取得的收入，包括通過學歷和非學歷教育向學生個人或者單位收取的學費、住宿費、委託培養費、考試考務費、培訓費和其他教育事業收入等。

（2）科研收入是指高等學校開展科研及其輔助活動所取得的收入，包括通過承接科技項目、開展科研協作、轉化科技成果、進行科技咨詢所取得的收入等。

3. 文化事業單位的事業收入

文化事業單位取得的收入主要如下：

（1）演出（放映）收入，即藝術表演團體進行各類文藝演出所取得的收入、各類文藝演出和從事電影、錄像放映所取得的分成收入。

（2）技術服務收入，即文化事業單位提供各種技術指導、技術咨詢、技術服務所取得的收入。

（3）委託代培收入，即文化事業單位舉辦各種文化藝術培訓班所取得的收入。

（4）復印複製收入，即圖書館、文化館、群藝館、展覽館、美術館、紀念館等對外提供館藏資料的復印複製等項目服務所取得的收入。

（5）外借人員勞務收入，即文化事業單位對外提供演職人員、技術人員等所取得的勞務收入。

4. 醫院的事業收入

醫院取得的業務收入主要如下：

（1）醫療收入，即醫院在開展醫療服務活動中取得的收入，包括門診收入和住院收入。

（2）科教項目收入，即醫院取得的除財政補助收入外專門用於科研、教學項目的補助收入。

（二）事業收入的帳務處理

為了核算事業收入業務，應設置「事業收入」總帳科目。該科目貸方登記收到（或取得）的專業業務活動的收入和輔助活動的收入金額；借方登記期末結轉的金額；平時只表現貸方余額，反應事業收入的本期累計數。

「事業收入」科目應當按照事業收入類別、項目、《政府收支分類科目》中「支出功能分類」相關科目等進行明細核算。事業收入中如有專項資金收入，還應按具體項目進行明細分類核算。

1. 採用財政專戶返還方式管理的事業收入帳務處理

採用財政專戶返還方式管理的事業收入也稱為財政專戶返還收入，是財政部門通過財政專戶返還事業單位的業務收入。這項收入是事業單位的業務收入，同時也屬於

財政資金。如果一項事業收費是代行政府職能，並已經納入財政專戶管理的收費目錄，事業收入需要按「收支兩條線」方式管理：當收到收入時先應確認為財政專戶返還收入並按規定上繳；當收到從財政專戶返還的收入時才確認為事業收入。這項業務的帳務處理有以下步驟：

（1）收到應上繳財政專戶的事業收入時，按照收到的款項金額，借記「銀行存款」「庫存現金」科目，貸記「應繳財政專戶款」科目。

（2）向財政專戶上繳款項時，按照實際上繳的款項金額，借記「應繳財政專戶款」科目，貸記「銀行存款」等科目。

（3）收到從財政專戶返還的事業收入時，按照實際收到的返還金額，借記「銀行存款」等科目，貸記「事業收入」科目。

2. 其他事業收入帳務處理

如果事業單位的收入未納入財政專戶管理，則事業單位提供的服務等業務收到的收入不需要上繳財政專戶，在收到款項時即可確認為事業收入。收到事業收入時，按照收到的款項金額，借記「銀行存款」「庫存現金」等科目，貸記「事業收入」科目。屬於增值稅一般納稅人的事業單位應當按照扣除增值稅銷項稅額后的金額確認事業收入。

3. 期末結帳

將「事業收入」科目本期發生額中的專項資金收入結轉入非財政補助結轉，借記「事業收入」科目下各專項資金收入明細科目，貸記「非財政補助結轉」科目；將「事業收入」科目本期發生額中的非專項資金收入結轉入事業結余，借記「事業收入」科目下各非專項資金收入明細科目，貸記「事業結余」科目。期末結帳后，「事業收入」科目應無余額。

【例17-1】A事業單位收到銀行通知，該單位開展專業業務活動取得事業服務費32,000元、學術活動收入12,000元，已劃入本單位帳戶。其中，事業服務費採用財政專戶返還方式管理。A事業單位應編製如下會計分錄：

借：銀行存款　　　　　　　　　　　　　　　　　　44,000
　　貸：應繳財政專戶款　　　　　　　　　　　　　　32,000
　　　　事業收入　　　　　　　　　　　　　　　　　12,000

【例17-2】期末，按規定上繳上述事業服務費，當收到從財政專戶返還的事業服務費時，應確認為事業收入。A事業單位應編製如下會計分錄：

上繳時：
借：應繳財政專戶款　　　　　　　　　　　　　　　32,000
　　貸：銀行存款　　　　　　　　　　　　　　　　　32,000

收到返還時：
借：銀行存款　　　　　　　　　　　　　　　　　　32,000
　　貸：事業收入　　　　　　　　　　　　　　　　　32,000

【例17-3】A事業單位收到國庫支付中心委託代理銀行轉來「財政直接支付入帳通知書」，財政部門通過直接支付的方式，用財政專戶管理的資金為事業單位支付相關費用81,000元。此款項是A事業單位上繳的檢驗服務費。A事業單位應編製如下會計

分錄：
  借：事業支出——財政補助支出——基本支出　　　　81,000
    貸：事業收入　　　　　　　　　　　　　　　　　　81,000

【例17-4】A市勘測設計院完成一項移動電話寬帶網的建設項目設計任務，取得收入88,000元，已存入銀行。該事業單位應編製如下會計分錄：
  借：銀行存款　　　　　　　　　　　　　　　　　　88,000
    貸：事業收入　　　　　　　　　　　　　　　　　　88,000

【例17-5】A市郵電科學研究院（一般納稅人）銷售新開發的電子產品一批，不含增值稅的銷售收入為80,000元，增值稅稅率為17%。款項已全部收到，並存入銀行。該事業單位應編製如下會計分錄：
  借：銀行存款　　　　　　　　　　　　　　　　　　93,600
    貸：事業收入　　　　　　　　　　　　　　　　　　80,000
      應交稅金——應交增值稅（銷項稅額）　　　　　13,600

【例17-6】接上例，該事業單位已銷產品中，因部分產品規格不符合要求發生退貨，其價款（不含增值稅）為4,000元。該事業單位已將其款項退回購貨單位。該事業單位應編製如下會計分錄：
  借：事業收入　　　　　　　　　　　　　　　　　　4,000
    應交稅金——應交增值稅（銷項稅額）　　　　　　680
    貸：銀行存款　　　　　　　　　　　　　　　　　　4,680

【例17-7】接上例，期末，該事業單位本年度發生的「事業收入」科目貸方余額為2,000,000元，有關明細科目貸方余額為「技術服務收入」1,000,000元、「學術活動收入」800,000元、專項資金收入200,000元。該事業單位進行期末結帳，應編製如下會計分錄：
  借：事業收入——技術服務收入　　　　　　　　　　1,000,000
      ——科研收入　　　　　　　　　　　　　　800,000
      ——專項資金收入　　　　　　　　　　　　200,000
    貸：事業結餘　　　　　　　　　　　　　　　　　　1,800,000
      非財政資金結轉　　　　　　　　　　　　　　200,000

二、經營收入的核算

經營收入是指事業單位在專業業務活動及其輔助活動之外開展非獨立核算經營活動所取得的收入。經營收入是一種有償收入，以提供各項服務或商品為前提，是事業單位在經營活動中通過收費等方式取得的。

（一）經營收入的特徵

事業單位的經營收入，一般必須同時具備以下兩個特徵：

第一，事業單位的經營收入是開展經營活動所取得的收入，而不是開展專業業務活動及其輔助活動所取得的收入。例如，科研事業單位的社會咨詢服務活動所取得的收入，屬於經營收入；而科研單位為政府等有關單位提供科研服務取得的規費收入，屬於事業收入。又如，教育事業單位（學校）對社會開展服務活動，或利用閒置固定

資產開展有償服務取得的收入,屬於經營收入;而向學生收取的學雜費,屬於專業業務及其輔助活動取得的收入,應作為事業收入處理。

第二,事業單位的經營收入是開展非獨立核算的經營活動取得的收入,而不是開展獨立核算的經營活動取得的收入。例如,學校非獨立核算的車隊取得的收入和發生的支出,報由學校財務部門集中進行會計核算。因此,車隊對外服務取得的收入和發生的支出應作為經營收入和經營支出處理。又如,學校的校辦企業單獨設置財會機構或單獨配備財會人員、單獨設置會計帳簿、單獨計算盈虧,就是獨立核算的經營活動。學校收到校辦企業上繳(或分配)的純收入,應作為附屬單位上繳收入,而不能作為經營收入處理。

(二) 經營收入的種類

事業單位經營收入的種類主要如下:

(1) 銷售收入,即事業單位非獨立核算部門銷售商品取得的收入。
(2) 經營服務收入,即事業單位非獨立核算部門對外提供經營服務取得的收入。
(3) 租賃收入,即事業單位出租房屋、場地和設備等取得的收入。
(4) 其他經營收入,即事業單位在專業業務活動及其輔助活動以外取得的除上述各項收入之外的收入。

(三) 經營收入的帳務處理

為了核算經營收入業務,應設置「經營收入」總帳科目。該科目貸方登記取得的經營收入;借方登記沖銷和期末結轉額;平時的貸方余額表示本期經營收入累計額。「經營收入」科目應當按照經營活動類別、項目、《政府收支分類科目》中「支出功能分類」相關科目等進行明細分類核算。

1. 經營收入的確認

經營收入應當在提供服務或發出存貨,同時收訖價款或者取得索取價款的憑據時,按照實際收到或應收的金額確認收入。

屬於增值稅小規模納稅人的事業單位實現經營收入,按實際出售價款,借記「銀行存款」「應收帳款」「應收票據」等科目,按出售價款扣除增值稅額后的金額,貸記「經營收入」科目,按應繳增值稅金額,貸記「應交稅費——應交增值稅」科目。

屬於增值稅一般納稅人的事業單位實現經營收入,按包含增值稅的價款總額,借記「銀行存款」「應收帳款」「應收票據」等科目,按扣除增值稅銷項稅額后的價款金額,貸記「經營收入」科目,按增值稅專用發票上註明的增值稅金額,貸記「應交稅費——應交增值稅(銷項稅額)」科目。

2. 期末結帳

期末,將「經營收入」科目本期發生額轉入經營結余,借記「經營收入」科目,貸記「經營結余」科目;期末結帳后,「經營收入」科目應無余額。

【例17-8】A大學非獨立核算的車隊向外單位提供服務,取得運輸服務收入16,000元,款項已存入銀行。該單位應編製如下會計分錄:

借:銀行存款　　　　　　　　　　　　　　　　　　　　16,000
　　貸:經營收入　　　　　　　　　　　　　　　　　　　　16,000

【例17-9】A事業單位(一般納稅人)的非獨立核算部門銷售新開發產品一批,

不含增值稅售價為 100,000 元，增值稅稅率為 17%；同時，收到轉帳支票一張，金額為 60,000 元，其余價款尚未收到。該單位應編製如下會計分錄：
  借：銀行存款   60,000
    應收帳款   57,000
   貸：經營收入   100,000
    應交稅費——應交增值稅（銷項稅額）   17,000

【例 17-10】B 事業單位（小規模納稅人）出租閒置房屋用於經營活動，取得半年租金 4,800 元，已存入銀行。該單位應編製如下會計分錄：
  借：銀行存款   4,800
   貸：經營收入   4,800

【例 17-11】期末，A 事業單位「經營收入」科目貸方余額為 116,000 元，全部轉入「經營結余」科目。該單位應編製如下會計分錄：
  借：經營收入   116,000
   貸：經營結余   116,000

第三節 繳撥款收入及其他收入的核算

繳撥款收入包括撥款收入和繳款收入。撥款收入是指財政部門或上級單位撥給事業單位的各種款項，如財政補助收入和上級補助收入；繳款收入是指附屬單位上繳收入和其他收入。

一、財政補助收入的核算

財政補助收入是指事業單位按照部門預算隸屬關係從同級財政部門取得的各類財政撥款。它來源於政府預算資金，是國家對發展各項事業的投入，用來彌補事業單位經費的不足，促使事業單位更好地開展公益性服務活動。

（一）財政補助收入的確認與管理

在國庫集中收付制度下，財政部門對事業單位的撥款包括財政直接支付和財政授權支付。其中，財政直接支付方式與行政單位的核算相同，事業單位根據部門預算向財政部門提出支付申請，財政部門審核后，通過財政零余額帳戶直接將款項支付給收款人並通知事業單位確認。因此，事業單位在確認財政補助收入時，實際上已經使用了財政資金。財政授權支付方式也與行政單位的核算相同，事業單位根據部門預算向財政部門申請用款額度，財政部門審核后，將額度下達到代理銀行，事業單位以銀行通知確認財政補助收入。

尚未實行國庫集中收付改革的事業單位，通過財政實撥資金方式取得財政補助收入。實撥資金方式是傳統撥款方式，財政資金直接進入單位的開戶銀行並確認，再由單位按照部門預算使用資金。

按照部門預算管理的要求，財政補助收入分為基本支出補助和項目支出補助。基本支出補助是指事業單位用於維持正常運轉和完成日常工作任務而從同級財政部門取

得的補助款項，包括人員經費和日常公用經費。項目支出補助是指事業單位為了完成特定工作任務和事業發展目標，在基本支出補助之外從同級財政部門取得的補助款項。項目支出補助必須專款專用、單獨核算、專項結報。

為了加強預算資金的核算與管理，事業單位應根據審批的部門預算編報季度分月用款計劃。在申請當期財政補助時，要填寫「預算經費請撥單」並進行上報。事業單位在使用財政補助收入時，應按計劃控制用款，不得隨意改變資金用途。資金的用途如果確實需要調整，應報同級財政部門審批。

（二）財政補助收入的帳務處理

為了核算財政補助收入業務，應設置「財政補助收入」總帳科目。該科目貸方登記本單位收到的財政補助款；借方登記繳回或核銷數；平時貸方余額表示財政補助收入的本期累計數。

「財政補助收入」科目應當設置「基本支出」和「項目支出」兩個明細科目，兩個明細科目下按照《政府收支分類科目》中「支出功能分類」的相關科目進行明細分類核算。同時，在「基本支出」明細科目下按照「人員經費」和「日常公用經費」進行明細分類核算；在「項目支出」明細科目下按照具體項目進行明細分類核算。

1. 財政直接支付方式下的核算

在財政直接支付方式下，事業單位根據財政國庫支付執行機構委託代理銀行轉來的「財政直接支付入帳通知書」及原始憑證，按照通知書中的直接支付入帳金額，借記有關科目，貸記「財政補助收入」科目。因購貨退回等發生國庫直接支付款項退回的，屬於以前年度支付的款項，按照退回金額，借記「財政應返還額度」科目，貸記「財政補助結轉」「財政補助結余」「存貨」等有關科目；屬於本年度支付的款項，按照退回金額，借記「財政補助收入」科目，貸記「事業支出」「存貨」等有關科目。

年度終了，根據本年度財政直接支付預算指標數與當年財政直接支付實際支出數的差額，借記「財政應返還額度——財政直接支付」科目，貸記「財政補助收入」科目。

【例17-12】在國庫集中收付制度下，A事業單位發生的有關財政補助收入的財政直接支付業務，應編製如下會計分錄：

（1）根據財政國庫支付中心委託代理銀行轉來的「財政直接支付入帳通知書」及有關原始憑證，登記支付文獻印刷費的相關收入5,000元。

借：事業支出　　　　　　　　　　　　　　　　　　　　　　　5,000
　　貸：財政補助收入——基本支出補助　　　　　　　　　　　　5,000

（2）根據代理銀行轉來的「財政直接支付入帳通知書」及有關原始憑證，登記購入汽車一輛160,000元，汽車已投入使用。

借：事業支出　　　　　　　　　　　　　　　　　　　　　　　160,000
　　貸：財政補助收入——基本支出補助　　　　　　　　　　　　160,000
借：固定資產　　　　　　　　　　　　　　　　　　　　　　　160,000
　　貸：非流動資產基金——固定資產　　　　　　　　　　　　　160,000

（3）根據代理銀行通知，使用財政直接支付方式採購的存貨因質量問題予以退回，相關金額退回65,000元，其中屬於上年度支付的款項30,000元，屬於本年度支付的款

項 35,000 元。

  借：財政應返還額度   30,000
    財政補助收入——基本支出補助   35,000
   貸：存貨   65,000

【例17-13】年度終了，A事業單位通過對帳確認本年度財政直接支付預算指標數為2,500,000元，當年財政直接支付實際數為1,850,000元，本年度財政直接支付預算指標數與當年財政直接支付實際支出數的差額為650,000元，該差額全部為日常公用經費。A事業單位應編製如下會計分錄：

  借：財政應返還額度   650,000
   貸：財政補助收入——基本支出補助   650,000

2. 財政授權支付方式下的核算

在財政授權支付方式下，事業單位根據代理銀行轉來的「授權支付到帳通知書」，按照通知書中的授權支付額度，借記「零余額帳戶用款額度」科目，貸記「財政補助收入」科目。

年度終了，事業單位本年度財政授權支付預算指標數大於零余額帳戶用款額度下達數的，根據未下達的用款額度，借記「財政應返還額度——財政授權支付」科目，貸記「財政補助收入」科目。

【例17-14】在國庫集中收付制度下，A事業單位發生的有關財政補助收入的財政授權支付業務，應編製如下會計分錄：

（1）根據代理銀行轉來的「授權支付到帳通知單」，與分月用款計劃核對後，登記住房補貼的授權用款額度180,000元。

  借：零余額帳戶用款額度   180,000
   貸：財政補助收入——基本支出補助   180,000

（2）從零余額帳戶支付本月的住房補貼180,000元。

  借：事業支出——基本支出（住房補貼）   180,000
   貸：零余額帳戶用款額度   180,000

3. 實撥資金方式的核算

在實撥資金方式下，事業單位實際收到財政補助收入時，按照實際收到的金額，借記「銀行存款」等科目，貸記「財政補助收入」科目。

【例17-15】A事業單位收到開戶銀行通知，財政部門撥入的經費800,000元已收到，其中基本支出經費450,000元，項目支出經費350,000元。A事業單位應編製如下會計分錄：

  借：銀行存款   800,000
   貸：財政補助收入——基本支出補助   450,000
        ——項目支出補助   350,000

4. 期末結帳的核算

期末，將「財政補助收入」科目本期發生額轉入財政補助結轉，借記「財政補助收入」科目，貸記「財政補助結轉」科目。期末結帳后，「財政補助收入」科目應無余額。

【例17-16】期末，A事業單位的「財政補助收入」科目貸方余額950,000元，有關明細科目貸方余額為基本支出補助650,000元，項目支出補助300,000元，進行期末結帳。A事業單位應編製如下會計分錄：

借：財政補助收入——基本支出補助　　　　　　　650,000
　　　　　　　　　——項目支出補助　　　　　　　300,000
　　貸：財政補助結轉　　　　　　　　　　　　　950,000

二、上級補助收入的核算

（一）上級補助收入的內容

上級補助收入是指事業單位從主管部門和上級單位取得的非財政性補助收入。這是主管部門或上級單位用自身組織的收入或集中下級單位的收入撥給下級事業單位的非財政性資金。上級補助收入並不是事業單位的常規性收入，而是一種調劑下級單位資金收支余缺的機動財力。

上級補助收入需要按照主管部門或上級單位的要求進行管理，按規定的用途安排使用。按照使用要求的不同，上級補助收入分為專項資金收入和非專項資金收入。專項資金收入應當專款專用、單獨核算、專項結報；當年未完成的項目結轉到下年繼續使用，已經完成項目有結餘的資金，應按規定繳回原撥款單位或留歸單位轉入事業基金。非專項資金收入是主管部門或上級單位撥入用於維持正常運行和保障日常工作所需的資金，無限定性用途，年度有結餘可轉入單位的事業結餘並進行分配。

為了核算上級補助收入業務，應設置「上級補助收入」總帳科目。該科目貸方登記實際收到主管部門或上級單位的資金數；借方登記期末結帳轉銷數；平時的貸方余額表示上級補助收入本期累計數。期末結帳後，「上級補助收入」科目無余額。

「上級補助收入」科目應當按照發放補助單位、補助項目、《政府收支分類科目》中「支出功能分類」相關科目等進行明細核算。上級補助收入中如有專項資金收入，還應按具體項目進行明細核算。

（二）上級補助收入的主要帳務處理

1. 平時核算

收到上級補助收入時，按照實際收到的金額，借記「銀行存款」等科目，貸記「上級補助收入」科目。

2. 期末結帳

期末，將「上級補助收入」科目本期發生額中的專項資金收入結轉入非財政補助結轉，借記「上級補助收入」科目下各專項資金收入明細科目，貸記「非財政補助結轉」科目；將「上級補助收入」科目本期發生額中的非專項資金收入結轉入事業結餘，借記「上級補助收入」科目下各非專項資金收入明細科目，貸記「事業結餘」科目。

【例17-17】A事業單位本期發生下列有關上級非財政性補助資金的經濟業務，應編製如下會計分錄：

（1）收到銀行通知，上級單位撥入的非財政性補助資金300,000元，其中用於乙科研項目資金250,000元，用於彌補事業經費不足的資金50,000元，已收妥入帳。

借：銀行存款　　　　　　　　　　　　　　　　　300,000

貸：上級補助收入——乙科研項目　　　　　　　　　　　　　250,000
　　　　　　　　　　——事業經費　　　　　　　　　　　　　　　50,000
　（2）期末，將「上級補助收入」科目貸方余額300,000元，有關明細貸方余額為「乙科研項目」250,000元，「事業經費」50,000元，進行期末結帳。
　　　借：上級補助收入——乙科研項目　　　　　　　　　　　　　250,000
　　　　　　　　　　——事業經費　　　　　　　　　　　　　　　50,000
　　　貸：非財政補助結轉　　　　　　　　　　　　　　　　　　　250,000
　　　　　事業結余　　　　　　　　　　　　　　　　　　　　　　50,000

三、附屬單位上繳收入的核算

（一）附屬單位上繳收入的內容

附屬單位上繳收入是指事業單位附屬的獨立核算單位按照有關規定上繳的各項收入。附屬單位是指事業單位內部設立的、實行獨立核算的下級單位，與上級單位存在一定的體制關係。附屬單位歸還事業單位在支出中墊付的各種費用，應當沖減相應的支出；事業單位與附屬單位之間的往來款，都不能作為附屬單位上繳收入處理。附屬單位上繳收入是事業單位完成事業計劃所需資金的必要補充，事業單位應當對其附屬單位的業務活動和上繳款項實行計劃管理，並加強調控和監督。

按照使用要求不同，附屬單位上繳收入分為專項資金收入和非專項資金收入。專項資金收入是附屬單位上繳的用於完成特定工作任務的款項。該部分款項的使用必須專款專用、單獨核算、專項結報；非專項資金收入是附屬單位上繳的用於保障其正常運轉、完成日常工作任務的款項，無限定用途。

為了核算附屬單位繳款業務，應設置「附屬單位上繳收入」總帳科目。該科目貸方登記收到實際上繳的款項；借方登記退回數和沖銷數；平時的貸方余額表示附屬單位本期累計繳款額。年終結帳后，「附屬單位上繳收入」科目無余額。「附屬單位上繳收入」科目應當按照附屬單位、繳款項目、《政府收支分類科目》中「支出功能分類」相關科目等進行明細分類核算。附屬單位上繳收入中如有專項資金收入，還應按具體項目進行明細分類核算。

（二）附屬單位上繳收入的帳務處理

1. 平時核算

收到附屬單位繳來款項時，按照實際收到金額，借記「銀行存款」等科目，貸記「附屬單位上繳收入」科目。

2. 期末結算

期末，將「附屬單位上繳收入」科目本期發生額中的專項資金收入結轉入非財政補助結轉，借記「附屬單位上繳收入」科目下各專項資金收入明細科目，貸記「非財政補助結轉」科目；將「附屬單位上繳收入」科目本期發生額中的非專項資金收入結轉入事業結余，借記「附屬單位上繳收入」科目下各非專項資金收入明細科目，貸記「事業結余」科目。

期末結帳后，「附屬單位上繳收入」科目應無余額。

【例17-18】A事業單位本期發生如下附屬單位繳款業務，應編製如下會計分錄：

(1) 收到銀行通知，獨立核算的附屬甲單位按規定標準上繳收入 480,000 元，已收妥入帳。

借：銀行存款　　　　　　　　　　　　　　　　　　　480,000
　　貸：附屬單位上繳收入——甲單位　　　　　　　　　　480,000

(2) 期末，「附屬單位上繳收入」科目貸方余額 500,000 元，其中附屬甲單位上繳的非專項資金 480,000 元，乙單位上繳的專項資金 20,000 元，進行期末結轉。

借：附屬單位上繳收入——甲單位　　　　　　　　　　480,000
　　　　　　　　　　　——乙單位（×專項）　　　　　20,000
　　貸：非財政補助結轉　　　　　　　　　　　　　　　　20,000
　　　　事業結余　　　　　　　　　　　　　　　　　　480,000

四、其他收入的核算

(一) 其他收入的內容

其他收入是指事業單位除財政補助收入、事業收入、上級補助收入、附屬單位上繳收入和經營收入以外的各項收入，包括投資收益、銀行存款利息收入、租金收入、捐贈收入、現金盤盈收入、存貨盤盈收入、收回已核銷應收及預收款項、無法償付的應付及預收款項等。

按照使用要求不同，其他收入分為專項資金收入和非專項資金收入。專項資金收入是事業單位用於完成特定工作任務的其他收入。該部分款項的使用必須專款專用、單獨核算、專項結報；非專項資金收入是事業單位用於保障其正常運轉、完成日常工作任務的其他收入，無限定用途。

為了核算其他收入業務，應設置「其他收入」總帳科目。該科目貸方登記取得的其他收入；借方登記其他收入期末結轉額；平時的貸方余額表示本期其他收入累計額。年終結帳後，「其他收入」科目無余額。

「其他收入」科目應當按照其他收入的類別、《政府收支分類科目》中「支出功能分類」相關科目等進行明細分類核算。對於事業單位對外投資實現的投資淨損益，應單設「投資收益」明細科目進行核算；其他收入中如有專項資金收入（如限定用途的捐贈收入），還應按具體項目進行明細分類核算。

(二) 其他收入的主要帳務處理

1. 投資收益的核算

(1) 對外投資持有期間收到利息、利潤等時，按實際收到的金額，借記「銀行存款」等科目，貸記「其他收入」科目（投資收益）。

(2) 出售或到期收回國債投資本息，按照實際收到的金額，借記「銀行存款」等科目，按照出售或收回國債投資的成本，貸記「短期投資」「長期投資」科目，按其差額，貸記或借記「其他收入」科目（投資收益）。

【例 17-19】A 事業單位購買的 1 年期國庫券到期，實際收到的本息額 118,000 元，並已存入銀行，其債券投資的帳面成本為 100,000 元。A 事業單位應編製如下會計分錄：

借：銀行存款　　　　　　　　　　　　　　　　　　　118,000
　　貸：短期投資　　　　　　　　　　　　　　　　　　100,000

其他收入——投資收益　　　　　　　　　　　　　　　　　　18,000
　2. 銀行存款利息收入、租金收入的核算
　　收到銀行存款利息、資產承租人支付的租金，按照實際收到的金額，借記「銀行存款」等科目，貸記「其他收入」科目。
　　【例17-20】A事業單位出租禮堂使用權，取得租金收入 20,000元，並已存入銀行。A事業單位應編製如下會計分錄：
　　　借：銀行存款　　　　　　　　　　　　　　　　　　　　20,000
　　　　貸：其他收入——固定資產出租收入　　　　　　　　　　　20,000
　3. 捐贈收入的核算
　　(1) 接受捐贈現金資產，按照實際收到的金額，借記「銀行存款」等科目，貸記「其他收入」科目。
　　(2) 接受捐贈的存貨驗收入庫，按照確定的成本，借記「存貨」科目，按照發生的相關稅費、運輸費等，貸記「銀行存款」等科目，按照其差額，貸記「其他收入」科目。接受捐贈固定資產、無形資產等非流動資產，不通過「其他收入」科目核算。
　　【例17-21】A事業單位獲得某企業未限定用途的捐贈收入 58,000元。A事業單位應編製如下會計分錄：
　　　借：銀行存款　　　　　　　　　　　　　　　　　　　　58,000
　　　　貸：其他收入——捐贈收入　　　　　　　　　　　　　　　58,000
　4. 現金盤盈收入和存貨盤盈收入的核算
　　(1) 每日現金帳款核對中如發現現金溢余，屬於無法查明原因的部分，借記「庫存現金」科目，貸記「其他收入」科目。
　　(2) 盤盈的存貨，按照確定的入帳價值，借記「存貨」科目，貸記「其他收入」科目。
　　【例17-22】A事業單位月末盤點現金和存貨，發現現金溢余50元，無法查明該現金的歸屬；發現乙材料盤盈 20 千克，每千克 350 元，尚未入帳。A事業單位應編製如下會計分錄：
　　　借：庫存現金　　　　　　　　　　　　　　　　　　　　　　50
　　　　　存貨　　　　　　　　　　　　　　　　　　　　　　7,000
　　　　貸：其他收入——現金盤盈收入　　　　　　　　　　　　　　50
　　　　　　　　　——存貨盤盈收入　　　　　　　　　　　　　7,000
　5. 收回已核銷應收及預付款項和無法償付的應付及預收款項的核算
　　對已核銷應收帳款、預付帳款、其他應收款在以後期間收回的款項，應按照實際收回的金額，借記「銀行存款」等科目，貸記「其他收入」科目；無法償付或債權人豁免償還的應付帳款、預收帳款、其他應付款及長期應付款，借記「應付帳款」「預收帳款」「其他應付款」「長期應付款」等科目，貸記「其他收入」科目。
　　【例17-23】A事業單位通過銀行收回已核銷的應收帳款 4,000元。A事業單位應編製如下會計分錄：
　　　借：銀行存款　　　　　　　　　　　　　　　　　　　　　4,000
　　　　貸：其他收入　　　　　　　　　　　　　　　　　　　　4,000

【例17-24】A事業單位經營業務的一項應付帳款，帳面餘額為3,580元，因債權人長期消失無法聯繫，予以核銷。A事業單位應編製如下會計分錄：

借：應付帳款　　　　　　　　　　　　　　　　　3,580
　　貸：其他收入——無法償付的款項　　　　　　　　　　3,580

6. 期末結帳的核算

期末，將「其他收入」科目本期發生額中的專項資金收入結轉入非財政補助結轉，借記「其他收入」科目下各專項資金收入明細科目，貸記「非財政補助結轉」科目；將「其他收入」科目本期發生額中的非專項資金收入結轉入事業結余，借記「其他收入」科目下各非專項資金收入明細科目，貸記「事業結余」科目。期末結帳後，「其他收入」科目應無餘額。

【例17-25】期末，A事業單位「其他收入」科目貸方餘額510,000元，有關明細科目餘額為「投資收益」25,000元，「捐贈收入」335,000元（其中限定用途資金為35,000元），「固定資產出租收入」150,000元。A事業單位進行期末結轉，應編製如下會計分錄：

借：其他收入——投資收益　　　　　　　　　　　　25,000
　　　　　　——捐贈收入　　　　　　　　　　　　335,000
　　　　　　——固定資產出租收入　　　　　　　　150,000
　　貸：事業結余　　　　　　　　　　　　　　　　475,000
　　　　非財政補助結轉　　　　　　　　　　　　　35,000

第四節　業務活動支出的核算

事業單位的業務活動支出主要有事業支出和經營支出。

一、事業支出的核算

事業支出是事業單位開展各項專業業務活動及其輔助活動發生的實際支出。它是事業單位支出的主體，是對財政補助收入、上級補助收入、事業收入、經營收入和其他收入等各種收入來源綜合安排使用的結果。事業支出包括財政性資金支出和非財政性資金的支出。

（一）事業支出的分類

事業支出按照不同的分類方法，可以分為不同類型。在前述對事業單位支出的分類進行分析的基礎上，本節主要從核算事業支出的內容進行分類。

1. 按部門預算管理的要求，事業支出可分為基本支出和項目支出。

（1）基本支出是指事業單位為了保障其正常運轉、完成日常工作任務而發生的人員支出和公用支出。其中，人員支出是指為了開展專業活動需要用於個人方面的支出，如基本工資、津貼補貼及獎金、社會保障繳費、離休費、退休費、助學金、醫療費、住房補貼等。人員支出在支出經濟分類科目中體現為「工資福利支出」與「對個人和家庭的補助」兩個部分；公用支出是指為了完成事業活動，用於公共服務方面的開支，包括辦公費、印刷費、咨詢費、水電費、郵電費、取暖費、物業管理費、差旅費、維

修（護）費、租賃費等。公用支出在支出經濟分類科目中體現為「商品和服務支出」「其他資本性支出」等科目中屬於基本支出的內容。

（2）項目支出是指事業單位為了完成特定工作任務和事業發展目標，在基本支出之外所發生的支出，包括基本建設、有關事業發展專項計劃、專項業務、大型修繕、大型購置、大型會議等項目支出。項目支出在經濟分類科目中體現為「基本建設支出」「商品和服務支出」和「其他資本性支出」等科目中屬於項目支出的內容。項目支出具有專項性、獨立性和完整性的特點。

2. 按資金類型分類，事業支出可分為財政補助支出、非財政專項資金支出和其他資金支出。

（1）財政補助支出是事業單位使用財政補助收入安排的事業支出。

（2）非財政專項資金支出是事業單位使用非財政補助收入安排的有指定項目和用途的專項資金支出。該項支出應當專款專用、單獨核算、專項結報，並接受財政部門或者主管部門的監督檢查和驗收。

（3）其他資金支出是事業單位使用除了財政補助收入和非財政專項資金以外的資金安排的事業支出。該支出屬於事業支出中的非財政非專項資金支出。

（二）事業支出的帳務處理

為了核算事業支出業務，應設置「事業支出」總帳科目。該科目借方登記實際發生的屬於事業支出範圍的數額；貸方登記期末結轉數；平時的借方餘額反應本期事業支出本期累計數。

「事業支出」科目應當按照「財政補助支出」「非財政專項資金支出」和「其他資金支出」等層級進行明細核算，並按照《政府收支分類科目》中「支出功能分類」相關科目進行明細核算；「基本支出」和「項目支出」明細科目下應當按照《政府收支分類科目》中「支出經濟分類」的「款」級科目進行明細分類核算；同時在「項目支出」明細科目下按照具體項目進行明細分類核算。具體明細科目層次如表 17-1 所示。

表 17-1　　　　　　　「事業支出」明細科目表

總帳科目	一級明細	二級明細	三級明細	預算科目
事業支出	財政補助支出	基本支出	人員經費	功能分類 經濟分類
			日常公用經費	
		項目支出	項目名稱	
			……	
	非財政專項資金支出	項目支出	項目名稱	
			……	
	其他資金支出	基本支出	人員經費	
			日常公用經費	
		項目支出	項目名稱	
			……	

1. 日常事業支出業務的核算

（1）為從事專業業務活動及其輔助活動人員計提的薪酬等，借記「事業支出」科目，貸記「應付職工薪酬」等科目。

（2）開展專業業務活動及其輔助活動領用的存貨，按領用存貨的實際成本，借記「事業支出」科目，貸記「存貨」科目。

（3）開展專業業務活動及其輔助活動中發生的其他各項支出，借記「事業支出」科目，貸記「庫存現金」「銀行存款」「零余額帳戶用款額度」「財政補助收入」等科目。

【例17-26】A事業單位採用財政授權支付方式，本月發生以下業務：

（1）總務部門購買辦公用品一批，金額為380元，並持有關發票到財務處報銷。A事業單位應編製如下會計分錄：

借：事業支出——基本支出　　　　　　　　　　　　　　380
　　貸：零余額帳戶用款額度　　　　　　　　　　　　　　　　380

（2）收到銀行轉來的付款通知，支付上月電話費1,000元。A事業單位應編製如下會計分錄：

借：事業支出——基本支出　　　　　　　　　　　　　1,000
　　貸：零余額帳戶用款額度　　　　　　　　　　　　　　　1,000

【例17-27】A事業單位採用政府採購方式購置辦公設備，已和供貨商簽訂合同，金額為800萬元。其中，財政性資金400萬元，非財政性專項資金400萬元。A事業單位應編製如下會計分錄：

（1）已收到代理銀行轉來的財政直接支付入帳通知書：

借：事業支出——財政補助支出——基本支出　　　　4,000,000
　　　　　　——非財政專項資金支出——項目支出　　4,000,000
　　貸：財政補助收入——基本支出　　　　　　　　　　4,000,000
　　　　銀行存款　　　　　　　　　　　　　　　　　　4,000,000

（2）設備已到達並驗收：

借：固定資產　　　　　　　　　　　　　　　　　　8,000,000
　　貸：非流動資產基金——固定資產　　　　　　　　　8,000,000

【例17-28】A事業單位按規定標準和實有人數，計提本月從事專業業務及其輔助活動人員的薪酬300,000元。A事業單位應編製如下會計分錄：

借：事業支出——財政補助支出——基本支出　　　　　300,000
　　貸：應付職工薪酬　　　　　　　　　　　　　　　　　300,000

【例17-29】A事業單位為完成科研項目領用一批專用材料，實際成本5,900元，該材料使用上級單位以非財政補助資金撥入的科研經費購入。A事業單位應編製如下會計分錄：

借：事業支出——非財政專項資金支出——項目支出　　　5,900
　　貸：存貨　　　　　　　　　　　　　　　　　　　　　　5,900

【例17-30】A事業單位用事業收入支付一筆公務接待費用3,600元，款項以銀行存款支付。此款項為非財政補助、非專項資金。A事業單位應編製如下會計分錄：

借：事業支出——其他資金支出——基本支出   3,600
　　貸：銀行存款   3,600

2. 期末結帳的核算

期末，將「事業支出」科目（財政補助支出）本期發生額結轉入「財政補助結轉」科目，借記「財政補助結轉——基本支出結轉、項目支出結轉」科目，貸記「事業支出」科目（財政補助支出——基本支出、項目支出或基本支出——財政補助支出、項目支出——財政補助支出）；將「事業支出」科目（非財政專項資金支出）本期發生額結轉入「非財政補助結轉」科目，借記「非財政補助結轉」科目，貸記「事業支出」科目（非財政專項資金支出或項目支出——非財政專項資金支出）；將「事業支出」科目（其他資金支出）本期發生額結轉入「事業結余」科目，借記「事業結余」科目，貸記「事業支出」科目（其他資金支出或基本支出——其他資金支出、項目支出——其他資金支出）。期末結帳後，「事業支出」科目應無余額。

【例 17-31】期末，A 事業單位的「事業支出」科目借方余額為 750,000 元，有關明細科目借方余額為「財政補助支出——基本支出」250,000 元、「財政補助支出——項目支出」150,000 元、「非財政專項資金支出——項目支出」120,000 元、「其他資金支出——基本支出」80,000 元、「其他資金支出——項目支出」150,000 元。進行期末結帳。A 事業單位應編製如下會計分錄：

借：財政補助結轉   400,000
　　非財政補助結轉   120,000
　　事業結余   230,000
　　貸：事業支出——財政補助支出——基本支出   250,000
　　　　　　　——財政補助支出——項目支出   150,000
　　　　　　　——非財政專項資金支出——項目支出   120,000
　　　　　　　——其他資金支出——基本支出   80,000
　　　　　　　——其他資金支出——項目支出   150,000

二、經營支出的核算

經營支出是指事業單位在專業業務活動及其輔助活動之外開展非獨立核算經營活動所發生的各項支出。

（一）經營支出的內容

事業單位為彌補事業經費的不足，更好地開展公益性服務活動，可以開展經營類的業務活動。事業單位開展非獨立核算經營活動所發生的一切支出，應當正確歸集各項費用；無法直接歸集的，應當按規定的標準或比例合理分攤。經營支出與相關經營收入應當配比。對於獨立核算的經營活動，應當按企業會計準則和制度的規定單獨進行核算，不在「經營支出」科目中反應。經營支出屬於事業單位的非財政非專項資金支出，如果事業單位的生產、加工經營業務實行內部成本核算，則經營支出為已銷產品成本。

（二）經營支出的帳務處理

為了核算經營支出業務，應設置「經營支出」總帳科目。該科目借方登記經營支

出的實際發生數；貸方登記經營支出收回數和期末結轉數；平時的借方余額反應經營支出本期累計數，年終結帳后無余額。「經營支出」科目應當按照經營活動類別、項目、《政府收支分類科目》中「支出功能分類」相關科目等進行明細分類核算。

如果事業單位的生產、加工經營業務實行內部成本核算，可在「經營支出」科目下設置「生產成本」明細科目，歸集核算自行加工存貨所發生的實際成本（包括耗用的直接材料費用、發生的直接人工費用和分配的間接費用）。

1. 日常經營支出業務核算

(1) 為在專業業務活動及其輔助活動之外開展非獨立核算經營活動人員計提的薪酬等，借記「經營支出」科目，貸記「應付職工薪酬」等科目。

(2) 在專業業務活動及其輔助活動之外開展非獨立核算經營活動領用、發出的存貨，按領用、發出存貨的實際成本，借記「經營支出」科目，貸記「存貨」科目。

(3) 在專業業務活動及其輔助活動之外開展非獨立核算經營活動中發生的其他各項支出，借記「經營支出」科目，貸記「庫存現金」「銀行存款」「應交稅費」等科目。

2. 期末結帳核算

期末，將「經營支出」科目本期發生額轉入經營結余，借記「經營結余」科目，貸記「經營支出」科目。期末結帳后，「經營支出」科目應無余額。

【例17-32】A事業單位本月發生以下經營業務，應編製如下會計分錄：

(1) 計提本月從事非獨立核算經營活動的職工工資90,000元：
借：經營支出——工資　　　　　　　　　　　　　　90,000
　　貸：應付職工薪酬　　　　　　　　　　　　　　　　90,000

(2) 為加工生產領用材料，實際成本50,000元：
借：經營支出——存貨　　　　　　　　　　　　　　50,000
　　貸：存貨　　　　　　　　　　　　　　　　　　　　50,000

(3) 開出轉帳支票支付本月非獨立核算經營業務的辦公費10,000元：
借：經營支出——辦公費　　　　　　　　　　　　　10,000
　　貸：銀行存款　　　　　　　　　　　　　　　　　　10,000

(4) 月末，結轉本月經營支出總額150,000元：
借：經營結余　　　　　　　　　　　　　　　　　　150,000
　　貸：經營支出　　　　　　　　　　　　　　　　　　150,000

第五節　其他活動支出的核算

事業單位的其他活動支出包括上繳上級支出、對附屬單位補助支出和其他支出等項目。

一、上繳上級支出的核算

(一) 上繳上級支出的內容

上繳上級支出是指事業單位按照財政部門和主管部門的規定上繳上級單位的支出。

有上繳上級支出的單位是實行獨立核算並附屬於上級單位的事業單位，根據本單位與上級之間的體制安排，事業單位取得的各項收入應當按規定的標準或比例上繳上級單位。上繳上級支出屬於非財政非專項資金支出，事業單位需要上繳上級單位的款項通常是事業單位的事業收入、經營收入和其他收入。

為了核算上繳上級支出的業務，應設置「上繳上級支出」總帳科目。該科目借方登記上繳上級單位的資金數；平時借方余額，反應上繳上級支出的本期累計數；期末應將該科目的借方余額全數轉入「事業結余」科目，結帳後該科目無余額。「上繳上級支出」科目應當按照收繳款項單位、繳款項目、《政府收支分類科目》中「支出功能分類」相關科目等進行明細分類核算。該科目與上級單位的「附屬單位上繳收入」科目相對應。

(二) 上繳上級支出的主要帳務處理

(1) 按規定將款項上繳上級單位的，按照實際上繳的金額，借記「上繳上級支出」科目，貸記「銀行存款」等科目。

(2) 期末，將「上繳上級支出」科目本期發生額轉入事業結余，借記「事業結余」科目，貸記「上繳上級支出」科目。期末結帳後，「上繳上級支出」科目應無余額。

【例 17-33】A 事業單位按規定的標準向上級單位繳款 80,000 元，已開出轉帳支票。A 事業單位應編製如下會計分錄：

借：上繳上級支出——上級單位　　　　　　　　　　　　80,000
　　貸：銀行存款　　　　　　　　　　　　　　　　　　　　80,000

【例 17-34】期末，A 事業單位「上繳上級支出」科目借方余額為 380,000 元，進行期末結帳。A 事業單位應編製如下會計分錄：

借：事業結余　　　　　　　　　　　　　　　　　　　　380,000
　　貸：上繳上級支出　　　　　　　　　　　　　　　　　380,000

二、對附屬單位補助支出的核算

(一) 對附屬單位補助支出的內容

對附屬單位補助支出是指事業單位用財政補助收入之外的收入對附屬單位補助發生的支出。附屬單位是指實行獨立核算的下級單位，事業單位作為上級單位，可以使用自有經費對下屬單位進行各項補助，支持所屬單位事業的發展。對附屬單位補助支出屬於非財政非專項資金的支出，事業單位可以使用事業收入、經營收入和其他收入等非財政性資金對附屬單位給予補助。

為了核算對附屬單位補助支出的業務，應設置「對附屬單位補助支出」的總帳科目。該科目借方登記對附屬單位的補助支出數；平時借方余額，反應對附屬單位補助支出的本期累計數；期末應將該科目的借方余額全數轉入「事業結余」科目，結帳後該科目無余額。「對附屬單位補助支出」科目應當按照接受補助單位、補助項目、《政府收支分類科目》中「支出功能分類」相關科目等進行明細分類核算。該科目與附屬單位的「上級補助收入」科目相對應。

(二) 對附屬單位補助支出的主要帳務處理

(1) 發生對附屬單位補助支出的，按照實際支出的金額，借記「對附屬單位補助

支出」科目,貸記「銀行存款」等科目。

(2) 期末,將「對附屬單位補助支出」科目本期發生額轉入事業結餘,借記「事業結餘」科目,貸記「對附屬單位補助支出」科目。期末結帳後,「對附屬單位補助支出」科目應無餘額。

【例17-35】A事業單位用自有資金付給附屬乙單位一次性補助50,000元,並已通過銀行支付。A事業單位應編製如下會計分錄:

借:對附屬單位補助支出——乙單位　　　　　　　　　50,000
　　貸:銀行存款　　　　　　　　　　　　　　　　　　50,000

【例17-36】期末,A事業單位「對附屬單位補助支出」科目借方餘額為150,000元,進行期末結帳。A事業單位應編製如下會計分錄:

借:事業結餘　　　　　　　　　　　　　　　　　　150,000
　　貸:對附屬單位補助支出　　　　　　　　　　　　150,000

事業單位的組織層次較多,需分層次進行會計核算。「上繳上級支出」「對附屬單位補助支出」這兩個科目就反應了事業單位上下級之間的上繳、補助關係。此外,還需要設置相關的會計科目進行核算,有關會計科目之間的對應關係見表17-2所示。

表17-2　　　　　　　　上下級單位上繳、補助會計科目對應表

上級事業單位	本級事業單位	下級事業單位
對附屬單位補助支出	上級補助收入	
	附屬單位上繳收入	上繳上級支出
	對附屬單位補助支出	上級補助收入
附屬單位上繳收入	上繳上級支出	

三、其他支出的核算

(一) 其他支出的內容

其他支出是指事業單位除事業支出、上繳上級支出、對附屬單位補助支出、經營支出以外的各項支出,包括利息支出、捐贈支出、現金盤虧損失、資產處置損失、接受捐贈(調入)非流動資產發生的稅費支出等。

按照支出的使用要求,其他支出分為專項資金支出和非專項資金支出。專項資金支出是用其他收入中的專項資金收入安排的支出;非專項資金支出是用其他收入中非專項資金收入安排的支出。

為了核算其他支出業務,應設置「其他支出」的總帳科目。該科目借方登記實際支出數;平時借方餘額,反應其他支出的本期累計數;期末應將該科目的借方餘額全數轉入「事業結餘」科目,結帳後該科目無餘額。「其他支出」科目應當按照其他支出的類別、《政府收支分類科目》中「支出功能分類」相關科目等進行明細分類核算。其他支出中如有專項資金支出,還應按具體項目進行明細分類核算。

(二) 其他支出的主要帳務處理

1. 利息支出的核算

事業單位支付銀行借款利息時,借記「其他支出」科目,貸記「銀行存款」科目。

【例 17-37】A 事業單位因專業業務發展需要，從銀行借入一筆 3 年期的長期借款，現按規定支付本期借款利息 12,500 元。A 事業單位應編製如下會計分錄：
借：其他支出——利息支出　　　　　　　　　　　　　　　　12,500
　　貸：銀行存款　　　　　　　　　　　　　　　　　　　　　　　12,500

2. 捐贈支出的核算

（1）事業單位對外捐贈現金資產時，借記「其他支出」科目，貸記「銀行存款」等科目。

（2）事業單位對外捐出存貨時，應先將捐出存貨轉入「待處置資產損溢」科目借方，實際捐出時，借記「其他支出」科目，貸記「待處置資產損溢」科目。對外捐贈固定資產、無形資產等非流動資產，不通過「其他支出」科目核算。

【例 17-38】A 事業單位為支持賑災活動，通過銀行向中國紅十字會捐款 120,000 元，捐贈帳篷 100 套，每套 200 元。A 事業單位應編製如下會計分錄：
借：其他支出——捐贈支出　　　　　　　　　　　　　　　140,000
　　貸：銀行存款　　　　　　　　　　　　　　　　　　　　　　120,000
　　　　待處置資損溢　　　　　　　　　　　　　　　　　　　　 20,000

3. 現金盤虧損失的核算

事業單位在每日現金帳款核對中如發現現金短缺，屬於無法查明原因的部分，報經批准後，借記「其他支出」科目，貸記「庫存現金」科目。

【例 17-39】A 事業單位當日對現金進行核對時發現短缺 25 元，無法查明原因，經批准予以核銷。A 事業單位應編製如下會計分錄：
借：其他支出——現金盤虧損失　　　　　　　　　　　　　　　　25
　　貸：庫存現金　　　　　　　　　　　　　　　　　　　　　　　　25

4. 資產處置損失的核算

事業單位逾期 3 年或以上、有確鑿證據表明無法收回的應收及預付款項以及盤虧或毀損、報廢的存貨，應當轉入「待處理資產損溢」科目。報經批准予以核銷時，借記「其他支出」科目，貸記「待處置資產損溢」科目。

【例 17-40】A 事業單位報經批准核銷待處置的壞帳 5,800 元。A 事業單位應編製如下會計分錄：
借：其他支出——資產處置損失　　　　　　　　　　　　　　　5,800
　　貸：待處置資產損溢　　　　　　　　　　　　　　　　　　　 5,800

5. 接受捐贈（調入）非流動資產發生稅費支出的核算

事業單位接受捐贈、無償調入非流動資產發生的相關稅費、運輸費等，借記「其他支出」科目，貸記「銀行存款」等科目；以固定資產、無形資產取得長期股權投資，所發生的相關稅費計入「其他支出」科目。具體帳務處理參見「長期投資」科目相關內容。

【例 17-41】A 事業單位接受某公司捐贈辦公用筆記本電腦 20 臺，每臺價格為 8,500 元（不考慮增值稅），直接交有關部門使用，發生了運輸費 830 元，以現金支付。A 事業單位應編製如下會計分錄：
借：其他支出——捐贈稅費支出　　　　　　　　　　　　　　　　830

　　　　貸：庫存現金　　　　　　　　　　　　　　　　　　　　　　　830
　　　借：固定資產　　　　　　　　　　　　　　　　　　　　　　170,830
　　　　貸：非流動資產基金　　　　　　　　　　　　　　　　　　170,830
　6. 期末結帳核算

期末，將「其他支出」科目本期發生額中的專項資金支出結轉入非財政補助結轉，借記「非財政補助結轉」科目，貸記「其他支出」科目下各專項資金支出明細科目；將「其他支出」科目本期發生額中的非專項資金支出結轉入事業結餘，借記「事業結餘」科目，貸記「其他支出」科目下各非專項資金支出明細科目。期末結帳後，「其他支出」科目應無餘額。

【例17-42】期末，A事業單位「其他支出」科目借方餘額為300,000元，有在關明細科目借方餘額中，非專項資金支出為「利息支出」35,000元、「捐贈支出」140,000元、「資產處置損失」5,000元；專項資金支出為「×課題支出」120,000元。A事業單位進行期末結帳，應編製如下會計分錄：

　　　借：非財政補助結轉　　　　　　　　　　　　　　　　　　120,000
　　　　　事業結餘　　　　　　　　　　　　　　　　　　　　　180,000
　　　　貸：其他支出——×課題支出　　　　　　　　　　　　　120,000
　　　　　　　　——利息支出　　　　　　　　　　　　　　　　 35,000
　　　　　　　　——捐贈支出　　　　　　　　　　　　　　　　140,000
　　　　　　　　——資產處置損失　　　　　　　　　　　　　　　5,000

思考題

1. 事業單位的收入和支出各包括哪些內容？
2. 各項收入和支出應如何確認與計量？
3. 財政補助收入與上級補助收入有何區別？
4. 事業支出是如何進行分類的？
5. 比較事業收入與經營收入、事業支出與經營支出的區別。
6. 對附屬單位補助支出與上級補助收入有何關係？
7. 附屬單位上繳收入和上繳上級支出有何關係？
8. 其他收入與其他支出包括的內容是否相互對應？

練習題

1. 某事業單位收到銀行通知，本單位開展專業業務活動取得事業服務費28,000元、學術活動收入15,000元，已劃入本單位帳戶。其中，事業服務費採用財政專户返還方式管理。期末，該事業單位按規定上繳上述事業服務費。當收到從財政專户返還的事業服務費時，該事業單位應確認為事業收入。

2. 某事業單位收到國庫支付中心委託代理銀行轉來「財政直接支付入帳通知書」，財政部門通過直接支付的方式，用財政專户管理的資金為該事業單位支付相關費用

51,000元。

3. 某事業單位非獨立核算的車隊向外單位提供服務，取得運輸服務收入10,000元，款項已存入銀行。

4. 某事業單位（小規模納稅人）出租閒置房屋用於經營活動，取得半年租金5,600元，已存入銀行。

5. 某事業單位根據財政國庫支付中心委託代理銀行轉來的「財政直接支付入帳通知書」及有關原始憑證，登記支付文獻印刷費8,000元。

6. 某事業單位收到銀行通知，上級部門撥入的非財政性補助資金600,000元，其中用於乙科研項目資金450,000元，用於彌補事業經費不足的資金150,000元。

7. 某事業單位收到銀行通知，獨立核算的附屬乙單位按規定標準上繳收入580,000元，已收妥入帳。

8. 某事業單位接銀行通知，獲得某公司未限定用途的捐贈收入80,000元。

9. 某事業單位經營業務的一項應付帳款，帳面余額為6,580元，因債權人長期消失無法聯繫，予以核銷。

10. 某事業單位採用政府採購方式購置辦公設備，已和供貨商簽訂合同，金額為600萬元。其中，財政性資金300萬元，非財政性專項資金300萬元。該事業單位已收到代理銀行轉來的「財政直接支付入帳通知書」，設備已運達並驗收。

11. 某事業單位為完成科研項目領用一批專用材料，實際成本8,900元，該材料是使用上級單位以非財政補助資金撥入的科研經費購入的。

12. 某事業單位簽發現金支票購買經營業務用辦公用品5,300元。

13. 某事業單位按規定的標準向上級單位繳款90,000元，已開出轉帳支票。

14. 某事業單位用非財政補助收入支付附屬單位補助款50,000元。

15. 事業單位因專業業務發展需要，從工商銀行借入一筆3年期的長期借款，現按規定支付本期借款利息5,000元。

16. 某事業單位接受某公司捐贈辦公用筆記本電腦20臺，每臺價格為7,500元（不考慮增值稅），直接交有關部門使用；發生了運輸費800元，以現金支付。

17. 某事業單位月末盤點，發現現金短缺150元，無法查明原因，經單位領導批准作為其他支出處理。

請根據以上情況編製相應會計分錄。

第十八章
事業單位會計報告

期末，事業單位需要編製會計報表反應本單位財政資金和非財政資金的使用情況和結果。本章從事業單位會計報告的概述出發，具體介紹主要會計報表的內容與編製。

通過本章的學習，應該掌握以下內容：
- 事業單位會計報告的構成及分類
- 會計報表的編製程序
- 事業單位主要會計報表的內容及編製

第一節 事業單位會計報告概述

事業單位會計報告是反應事業單位財務狀況和收支情況的書面文件，是財政部門、上級主管單位、事業單位內部及其他報告使用者，瞭解事業單位事業發展情況、制定政策、指導單位預算執行情況的重要會計信息，也是編製下年度財務收支計劃的基礎。

一、會計報告的構成

事業單位會計報告是反應事業單位某一特定日期的財務狀況和某一會計期間的事業成果、預算執行等會計信息的總結性書面文件。它由會計報表、會計報表附註和財務情況說明書構成。

（一）會計報表

會計報表是以表格形式反應事業單位的財務狀況、收入支出情況和其他會計信息的報表，是會計報告中最重要的組成部分。事業單位的會計報表主要包括資產負債表、收入支出表、財政補助收入支出表以及有關附表。

（1）資產負債表是指反應事業單位在某一特定日期的財務狀況的報表。

（2）收入支出表是指反應事業單位在某一會計期間的事業成果及其分配情況的報表。

（3）財政補助收入支出表是指反應事業單位在某一會計期間財政補助收入、支出、結轉及結餘情況的報表。

（二）會計報表附註

會計報表附註是指對在會計報表中列示項目的文字描述或明細資料以及對未能在會計報表中列示項目的說明等。事業單位的會計報表附註至少應當披露下列內容：

（1）遵循《事業單位會計準則》《事業單位會計制度》的聲明。

（2）單位整體財務狀況、業務活動情況的說明。

（4）重要資產處置情況的說明。
（5）重大投資、借款活動的說明。
（6）以名義金額計量的資產名稱、數量等情況以及以名義金額計量理由的說明。
（7）以前年度結轉結余調整情況的說明。
（8）有助於理解和分析會計報表需要說明的其他事項。
（三）財務情況說明書

財務情況說明書是事業單位財務狀況、事業成果的變動情況及原因所做的數字和文字說明，是事業單位會計報告的有機組成部分。財務情況說明書的內容主要包括事業單位收入及其支出、結轉、結余及其分配、資產負債變動、對外投資、資產出租出借、資產處置、固定資產投資、績效考評的情況，對本期或者下期財務狀況發生重大影響的事項以及需要說明的其他事項。

二、會計報告的作用

事業單位會計報告對其使用者來說具有重要的作用，主要體現在以下方面：
（一）利用會計報告及其他有關業務資料做出正確的決策

對會計報告反應的數據，可以分析、檢查本單位預算的執行情況，評價增收節支的效果，找出存在的問題和差距，吸收好的管理經驗，借以改進其財務管理工作，並為編製下期預算提供科學的依據。

（二）為財政部門掌握總體情況提供數據

財政部門利用各單位上報的會計報告，可以掌握各事業單位預算執行的進度，核算總預算支出，便於核撥預算資金，安排好財政收支計劃；可以監督事業單位財經法規、政策的遵守情況，有效地行使宏觀調控的職能。

（三）為出資者和債權人提供信息

事業單位的出資者和債權人利用會計報告，可以分析單位資金的利用情況，監督事業單位執行國家財經法規、政策和信貸、結算紀律，並據以制定出資、貸款、提供信用的決策。

（四）為上級部門提供考核依據

主管單位利用會計報表可以瞭解和掌握本單位的事業發展、各項收支情況，以便匯總上報本單位的收支情況，並作為對單位的考核。

三、會計報告的編製要求

事業單位的會計報告是主管部門和財政部門以及其他報表使用者，瞭解事業單位財務狀況和經營業績的主要信息來源，也是事業單位加強內部管理、進行管理決策的重要依據。因此，事業單位必須全面、真實、及時地編製會計報告，並提供給有關部門和其他報表使用者。

（一）會計報表應按月報和年報（決算）兩種形式編報

事業單位的會計報表分為月報和年報。月份會計報表和年度會計報表應按財政部決算通知規定及主管部門要求的格式和期限報出。年報應抄同級國有資產管理部門。事業單位各會計報表的名稱、編號及編製期如表18-1所示：

表 18-1　　　　　　　　　　事業單位的財務報表

編號	財務報表名稱	編製期
會事業 01 表	資產負債表	月度、年度
會事業 02 表	收入支出表	月度、年度
會事業 03 表	財政補助收入支出表	年度
	附註	年度

(二) 上級單位需要編報匯總會計報表

事業單位的會計報表需要層層匯總。上級單位要在編製本級會計報表的基礎上，根據本級會計報表和經審查過的所屬單位會計報表，編製匯總會計報表，並將上下級之間的對應科目數字沖銷後，逐級匯總上報。上報上級單位和同級財政部門的會計報表必須經會計主管人員和單位負責人審閱簽章並加蓋公章。

(三) 會計報告要按規定報送

國有事業單位應按《事業單位會計制度》規定的格式、內容和期限向財政部門或主管單位報送會計報表，中央各部門，省、自治區、直轄市財政廳（局）可根據工作需要增設會計報表。事業單位內部管理需要的特殊會計報表，由單位自行規定。會計報告必須做到內容完整、數字真實、計算準確、統一連貫、報送及時。

四、會計報表的編報程序

編製會計報告最主要的工作是編製會計報表。月報和年報的編報程序基本相同，根據有關帳戶的餘額及發生額編製資產負債表、收入支出表和財政補助收入支出表等。但年報編報前，需要做好年終清理結算和結帳工作。具體來說，事業單位在年度終了前，應根據財政部門或主管部門的決算編審工作要求，對各項收支帳目、往來款項、貨幣資金和財產物資等進行全面的年終清理結算，並在此基礎上辦理年終結帳。年終清理結算的主要事項如下：

(一) 清理核對年度各項繳撥款項、上繳下撥款項數字

年終前，對財政部門、上級單位和所屬各單位之間的全年預算數（包括追加、追減和上、下劃數字）以及應上繳、撥補的款項等，都應按規定逐筆進行清理結算，保證上下級之間的年度預算數、領撥經費數與上繳下撥數一致。為了準確反應各項收支數額，凡屬本年度的應撥、應繳款項，均應在 12 月 31 日前匯達對方。主管會計單位對所屬各單位的撥款應截至 12 月 25 日，逾期一般不再下撥。

(二) 清理核對各項預算收支和應繳款項

凡屬本年的各項收入，都應及時入帳。屬於本年的各項支出，應按規定的支出用途如實列報。本年的各項應繳款項，應在年終前全部上繳國庫和財政專戶。實行國庫集中收付制度的單位，要按規定做好年終預算結餘資金的結轉與核算。

(三) 清理核對年度其他款項的數字

事業單位的往來款項應盡量清理完畢，銀行存款的帳面餘額應與銀行對帳單的餘額核對相符，現金的帳面餘額應與庫存現金的實有數額核對相符，有價證券的帳面數字應與有價證券的實有數額核對相符。

(四) 財產物資的清理盤點

年終前,應對各項財產物資進行清理盤點。發生盤盈或盤虧的,應及時查明原因,按規定進行處理,調整帳務,做到帳實相符、帳帳相符。

第二節 事業單位主要會計報表的編製

事業單位會計報表是反應事業單位財務狀況和預算執行情況的書面文件,主要包括資產負債表、收入支出表、財政補助收入支出表和財務情況說明書等。

一、資產負債表的內容與編製

資產負債表是反應事業單位在某一特定日期財務狀況的報表。它能夠反應事業單位資產、負債、淨資產及其相互關係以及事業單位的償債能力和財務前景。資產負債表按編製的時間不同,分為月報和年報。

資產負債表可向有關方面提供的信息資料包括:第一,事業單位掌管的資產分佈結構和狀況;第二,事業單位負債狀況;第三,事業單位基金情況;第四,通過對資產負債表的分析,可以提供事業單位財務實力,短期償債能力和支付能力信息以及資產負債變化情況及財務狀況的發展趨勢。

(一) 資產負債表的格式

按照現行會計制度,事業單位資產負債表是根據「資產＝負債+淨資產」的平衡原理設置的,為帳戶式資產負債表,左方列示資產各項目,右方列示負債和淨資產各項目,左右兩方總額平衡。資產負債表的基本格式如表 18-2 所示:

表 18-2 　　　　　　　　　　　　**資產負債表**　　　　　　　　　　　　會事業 01 表
編製單位:　　　　　　　　　　　　　年　月　日　　　　　　　　　　　　單位:元

資產	期末餘額	年初餘額	負債和淨資產	期末餘額	年初餘額
流動資產:			流動負債:		
貨幣資金			短期借款		
短期投資			應交稅費		
財政應返還額度			應繳國庫款		
應收票據			應繳財政專戶款		
應收帳款			應付職工薪酬		
預付帳款			應付票據		
其他應收款			應付帳款		
存貨			預收帳款		
其他流動資產			其他應付款		
流動資產合計			其他流動負債		

表18-2(續)

資產	期末餘額	年初餘額	負債和淨資產	期末餘額	年初餘額
非流動資產：			流動負債合計		
長期投資			非流動負債：		
固定資產			長期借款		
固定資產原價			長期應付款		
減：累計折舊			非流動負債合計		
在建工程			負債合計		
無形資產			淨資產：		
無形資產原價			事業基金		
減：累計攤銷			非流動資產基金		
待處置資產損溢			專用基金		
非流動資產合計			財政補助結轉		
			財政補助結餘		
			非財政補助結轉		
			非財政補助結餘		
			1. 事業結餘		
			2. 經營結餘		
			淨資產合計		
資產總計			負債和淨資產總計		

(二) 資產負債表的編製方法

一張完整的資產負債表，應當包括表首、正表與附列資料，編製報表時，應從這些方面進行填列。

表首應當填寫編表單位的名稱、編號、編表日期和計量單位等。

正表中包括「期末余額」和「年初余額」兩欄數字。其中，「年初余額」欄內各項數字，應當根據上年年末資產負債表「期末余額」欄內數字填列。如果本年度資產負債表規定的各個項目的名稱和內容同上年度不相一致，應對上年年末資產負債表各項目的名稱和數字按照本年度的規定進行調整，填入本表「年初余額」欄內；「期末余額」欄內各項數字，應當根據資產、負債和淨資產類科目的期末余額填列。其具體方法如下：

(資產類項目)

(1)「貨幣資金」項目，反應事業單位期末庫存現金、銀行存款和零余額帳戶用款額度的合計數。本項目應當根據「庫存現金」「銀行存款」「零余額帳戶用款額度」科目的期末余額合計填列。

(2)「短期投資」項目，反應事業單位期末持有的短期投資成本。本項目應當根據「短期投資」科目的期末余額填列。

(3)「財政應返還額度」項目，反應事業單位期末財政應返還額度的金額。本項目應當根據「財政應返還額度」科目的期末余額填列。

(4)「應收票據」項目，反應事業單位期末持有的應收票據的票面金額。本項目應當根據「應收票據」科目的期末余額填列。

(5)「應收帳款」項目，反應事業單位期末尚未收回的應收帳款余額。本項目應當根據「應收帳款」科目的期末余額填列。

(6)「預付帳款」項目，反應事業單位預付給商品或者勞務供應單位的款項。本項目應當根據「預付帳款」科目的期末余額填列。

(7)「其他應收款」項目，反應事業單位期末尚未收回的其他應收款余額。本項目應當根據「其他應收款」科目的期末余額填列。

(8)「存貨」項目，反應事業單位期末為開展業務活動及其他活動耗用而儲存的各種材料、燃料、包裝物、低值易耗品及達不到固定資產標準的用具、裝具、動植物等的實際成本。本項目應當根據「存貨」科目的期末余額填列。

(9)「其他流動資產」項目，反應事業單位除上述各項之外的其他流動資產，如將在1年內（含1年）到期的長期債券投資。本項目應當根據「長期投資」等科目的期末余額分析填列。

(10)「長期投資」項目，反應事業單位持有時間超過1年（不含1年）的股權和債權性質的投資。本項目應當根據「長期投資」科目期末余額減去其中將於1年內（含1年）到期的長期債券投資余額后的金額填列。

(11)「固定資產」項目，反應事業單位期末各項固定資產的帳面價值。本項目應當根據「固定資產」科目期末余額減去「累計折舊」科目期末余額后的金額填列。

「固定資產原價」項目，反應事業單位期末各項固定資產的原價。本項目應當根據「固定資產」科目的期末余額填列。

「累計折舊」項目，反應事業單位期末各項固定資產的累計折舊。本項目應當根據「累計折舊」科目的期末余額填列。

(12)「在建工程」項目，反應事業單位期末尚未完工交付使用的在建工程發生的實際成本。本項目應當根據「在建工程」科目的期末余額填列。

(13)「無形資產」項目，反應事業單位期末持有的各項無形資產的帳面價值。本項目應當根據「無形資產」科目期末余額減去「累計攤銷」科目期末余額后的金額填列。

「無形資產原價」項目，反應事業單位期末持有的各項無形資產的原價。本項目應當根據「無形資產」科目的期末余額填列。

「累計攤銷」項目，反應事業單位期末各項無形資產的累計攤銷。本項目應當根據「累計攤銷」科目的期末余額填列。

(14)「待處置資產損溢」項目，反應事業單位期末待處置資產的價值及處置損溢。本項目應當根據「待處置資產損溢」科目的期末借方余額填列，如「待處置資產損溢」科目期末為貸方余額，則以「-」號填列。

(15)「非流動資產合計」項目，按照「長期投資」「固定資產」「在建工程」「無形資產」「待處置資產損溢」項目金額的合計數填列。

（負債類項目）

（16）「短期借款」項目，反應事業單位借入的期限在 1 年內（含 1 年）的各種借款。本項目應當根據「短期借款」科目的期末余額填列。

（17）「應交稅費」項目，反應事業單位應納未納的各種稅費。本項目應當根據「應交稅費」科目的期末貸方余額填列，如「應交稅費」科目期末為借方余額，則以「-」號填列。

（18）「應繳國庫款」項目，反應事業單位按規定應繳入國庫的款項（應交納稅費除外）。本項目應當根據「應繳國庫款」科目的期末余額填列。

（19）「應繳財政專戶款」項目，反應事業單位按規定應繳入財政專戶的款項。本項目應當根據「應繳財政專戶款」科目的期末余額填列。

（20）「應付職工薪酬」項目，反應事業單位按有關規定應付給職工及為職工支付的各種薪酬。本項目應當根據「應付職工薪酬」科目的期末余額填列。

（21）「應付票據」項目，反應事業單位期末應付票據的金額。本項目應當根據「應付票據」科目的期末余額填列。

（22）「應付帳款」項目，反應事業單位期末尚未支付的應付帳款的金額。本項目應當根據「應付帳款」科目的期末余額填列。

（23）「預收帳款」項目，反應事業單位期末按合同規定預收但尚未實際結算的款項。本項目應當根據「預收帳款」科目的期末余額填列。

（24）「其他應付款」項目，反應事業單位期末應付未付的其他各項應付及暫收款項。本項目應當根據「其他應付款」科目的期末余額填列。

（25）「其他流動負債」項目，反應事業單位除上述各項之外的其他流動負債，如承擔的將於 1 年內（含 1 年）償還的長期負債。本項目應當根據「長期借款」「長期應付款」等科目的期末余額分析填列。

（26）「長期借款」項目，反應事業單位借入的期限超過 1 年（不含 1 年）的各項借款本金。本項目應當根據「長期借款」科目的期末余額減去其中將於 1 年內（含 1 年）到期的長期借款余額后的金額填列。

（27）「長期應付款」項目，反應事業單位發生的償還期限超過 1 年（不含 1 年）的各種應付款項。本項目應當根據「長期應付款」科目的期末余額減去其中將於 1 年內（含 1 年）到期的長期應付款余額后的金額填列。

（淨資產類項目）

（28）「事業基金」項目，反應事業單位期末擁有的非限定用途的淨資產。本項目應當根據「事業基金」科目的期末余額填列。

（29）「非流動資產基金」項目，反應事業單位期末非流動資產占用的金額。本項目應當根據「非流動資產基金」科目的期末余額填列。

（30）「專用基金」項目，反應事業單位按規定設置或提取的具有專門用途的淨資產。本項目應當根據「專用基金」科目的期末余額填列。

（31）「財政補助結轉」項目，反應事業單位滾存的財政補助結轉資金。本項目應當根據「財政補助結轉」科目的期末余額填列。

（32）「財政補助結余」項目，反應事業單位滾存的財政補助項目支出結余資金。

本項目應當根據「財政補助結余」科目的期末余額填列。

（33）「非財政補助結轉」項目，反應事業單位滾存的非財政補助專項結轉資金。本項目應當根據「非財政補助結轉」科目的期末余額填列。

（34）「非財政補助結余」項目，反應事業單位自年初至報告期末累計實現的非財政補助結余彌補以前年度經營虧損后的余額。本項目應當根據「事業結余」「經營結余」科目的期末余額合計填列，如「事業結余」「經營結余」科目的期末余額合計為虧損數，則以「－」號填列。在編製年度資產負債表時，本項目金額一般應為「0」；若不為「0」，本項目金額應為「經營結余」科目的期末借方余額（「－」號填列）。

「事業結余」項目，反應事業單位自年初至報告期末累計實現的事業結余。本項目應當根據「事業結余」科目的期末余額填列，如「事業結余」科目的期末余額為虧損數，則以「－」號填列。在編製年度資產負債表時，本項目金額應為「0」。

「經營結余」項目，反應事業單位自年初至報告期末累計實現的經營結余彌補以前年度經營虧損后的余額。本項目應當根據「經營結余」科目的期末余額填列，如「經營結余」科目的期末余額為虧損數，則以「－」號填列。在編製年度資產負債表時，本項目金額一般應為「0」；若不為「0」，本項目金額應為「經營結余」科目的期末借方余額（「－」號填列）。

【例18-1】A事業單位20×2年12月31日結帳后各資產、負債和淨資產類會計科目余額表如表18-3所示。據此編製該事業單位的資產負債表。

表 18-3　　　　　　　　　　　　會計科目餘額表
20×2 年 12 月 31 日　　　　　　　　　　　　單位：元

資產	借方餘額	負債和淨資產	貸方餘額
庫存現金	3,500	短期借款	120,000
銀行存款	161,500	應付帳款	8,000
短期投資	22,500	預收帳款	3,000
財政應返還額度	38,000	其他應付款	2,000
應收票據	12,000	長期借款	320,000
應收帳款	40,000	事業基金	100,000
預付帳款	13,000	非流動資產基金	1,909,000
其他應收款	4,500	專用基金	60,000
存貨	331,000	財政補助結轉	28,000
長期投資	161,000	非財政補助結轉	12,000
固定資產	1,957,500	非財政補助結餘	0
累計折舊	-507,000	事業結餘	0
在建工程	86,000	經營結餘	0
無形資產	266,000		
累計攤銷	-53,000		
待處置資產損溢	51,000		
合計	2,587,000	合計	2,587,000

其中：長期投資項目中有 1 年內到期的長期債券投資 40,000 元；長期借款項目中有 1 年到期償還的借款為 85,000 元。

12 月 31 日編製的資產負債表為年度資產負債表時，「年初余額」欄內各項數字，應當根據上年年末資產負債表「期末余額」欄內數字填列（本例題略）；「期末余額」欄內各項數字根據各帳戶的期末余額直接填列、合併填列或分析填列。編製完成的年度資產負債表如表 18-4 所示：

表 18-4　　　　　　　　　　　　　　資產負債表　　　　　　　　　　會事業01表
編製單位：A 事業單位　　　　　　　　20×2 年 12 月 31 日　　　　　　　　單位：元

資　產	期末餘額	年初餘額	負債和淨資產	期末餘額	年初餘額
流動資產：		略	流動負債：		略
貨幣資金	165,000		短期借款	12,000	
短期投資	22,500		應交稅費	0	
財政應返還額度	38,000		應繳國庫款	0	
應收票據	12,000		應繳財政專戶款	0	
應收帳款	40,000		應付職工薪酬	0	
預付帳款	13,000		應付票據	0	
其他應收款	4,500		應付帳款	8,000	
存　貨	331,000		預收帳款	3,000	
其他流動資產	40,000		其他應付款	2,000	
流動資產合計	666,000		其他流動負債	85,000	
非流動資產：			流動負債合計	218,000	
長期投資	121,000		非流動負債：		
固定資產	1,450,000		長期借款	235,000	
固定資產原價	1,957,000		長期應付款	0	
減：累計折舊	507,500		非流動負債合計	235,000	
在建工程	86,000		負債合計	453,000	
無形資產	213,000		淨資產：		
無形資產原價	266,000		事業基金	100,000	
減：累計攤銷	53,000		非流動資產基金	1,090,000	
待處置資產損溢	51,000		專用基金	60,000	
非流動資產合計	1,921,000		財政補助結轉	28,000	
			財政補助結餘	12,000	
			非財政補助結轉	25,000	
			非財政補助結餘	0	
			1. 事業結餘	0	
			2. 經營結餘	0	
			淨資產合計	2,134,000	
資產總計	2,587,000		負債和淨資產總計	2,587,000	

主要項目的金額填列說明：
(1) 貨幣資金項目＝庫存現金＋銀行存款＋零余額帳戶用款額度
　　　　　　　　＝3,500+161,500+0＝165,000（元）
(2) 長期投資項目＝161,000-40,000（作為其他流動資產項目）＝121,000（元）
(3) 固定資產項目＝1,957,500-507,500＝1,450,000（元）
(4) 無形資產項目＝266,000-53,000＝213,000（元）
(5) 長期借款項目＝320,000-85,000（作為其他流動負債項目）＝235,000（元）
(6) 其他項目均可根據各帳戶的期末余額直接填列。

二、收入支出表的內容與編製

（一）收入支出表的概念與作用

收入支出表是反應事業單位在某一會計期間內各項收入、支出和結轉結余情況以及年末非財政補助結余的分配情況的報表，是事業單位的主要會計報表之一，屬於動態報表。收入支出表按照編製報送時間的劃分，可分為月報和年報兩種。

事業單位收入支出表的作用，表現在它可以綜合地反應事業單位在一定期間內收入的來源、支出的用途以及結余的形成與分配情況等多方面的會計信息。這些信息對於財政部門、上級主管部門和其他有關方面瞭解情況、掌握政策、指導單位預算執行等，具有重要的作用。事業單位本身還可以通過收入支出表，作為判斷經營成果、評價業績、加強財務管理、預測未來發展趨勢的依據。

（二）收入支出表的格式內容與編製方法

事業單位的收入支出表包括表首、正表兩大部分，有關欄目應當根據相關帳戶發生額及余額分析填列。

表首應當填寫編表單位的名稱、編號（會事業02表）、編表日期和金額單位等。

正表中包括了本月數和本年累計數兩大欄目。「本月數」欄反應各項目的本月實際發生數。在編製年度收入支出表時，應當將本欄改為「上年數」欄，反應上年度各項目的實際發生數。如果本年度收入支出表規定的各個項目的名稱和內容同上年度不一致，應對上年度收入支出表各項目的名稱和數字按照本年度的規定進行調整，填入本年度收入支出表的「上年數」欄。「本年累計數」欄反應各項目自年初起至報告期末止的累計實際發生數。編製年度收入支出表時，應當將本欄改為「本年數」。月報內容是指一至三項的數字；年報內容還要包括四至七項的數字。

收入支出表中的數字，應當與其他會計報表中相應欄目的數字保持一致。

事業單位收入支出表的格式如表18-5所示：

表18-5　　　　　　　　　　　收入支出表　　　　　　　　　　會事業02表
編製單位：　　　　　　　　　　　年　月　　　　　　　　　　　　單位：元

項目	本月數	本年累計數
一、本期財政補助結轉結余		
財政補助收入		
減：事業支出（財政補助支出）		

表18-5(續)

項目	本月數	本年累計數
二、本期事業結轉結餘		
(一) 事業類收入		
1. 事業收入		
2. 上級補助收入		
3. 附屬單位上繳收入		
4. 其他收入		
其中：捐贈收入		
減：(二) 事業類支出		
1. 事業支出（非財政補助支出）		
2. 上繳上級支出		
3. 對附屬單位補助支出		
4. 其他支出		
三、本期經營結餘		
經營收入		
減：經營支出		
四、彌補以前年度虧損後的經營結餘		
五、本年非財政補助結轉結餘		
減：非財政補助結轉		
六、本年非財政補助結餘		
減：應交企業所得稅		
減：提取專用基金		
七、轉入事業基金		

事業單位的收入支出表採用多步式結構，各項目的內容和編製方法如下：

(本期財政補助結轉結余)

(1)「本期財政補助結轉結餘」項目，反應事業單位本期財政補助收入與財政補助支出相抵后的余額。本項目應當按照本表中「財政補助收入」項目金額減去「事業支出（財政補助支出）」項目金額后的余額填列。

(2)「財政補助收入」項目，反應事業單位本期從同級財政部門取得的各類財政撥款。本項目應當根據「財政補助收入」科目的本期發生額填列。

(3)「事業支出（財政補助支出）」項目，反應事業單位本期使用財政補助發生的各項事業支出。本項目應當根據「事業支出——財政補助支出」科目的本期發生額填列，或者根據「事業支出——基本支出（財政補助支出）」「事業支出——項目支出（財政補助支出）」科目的本期發生額合計填列。

(本期事業結轉結余)

(4)「本期事業結轉結餘」項目，反應事業單位本期除財政補助收支、經營收支以

外的各項收支相抵后的余額。本項目應當按照本表中「事業類收入」項目金額減去「事業類支出」項目金額后的余額填列，如為負數，以「-」號填列。

（5）「事業類收入」項目，反應事業單位本期事業收入、上級補助收入、附屬單位上繳收入、其他收入的合計數。本項目應當按照本表中「事業收入」「上級補助收入」「附屬單位上繳收入」「其他收入」項目金額的合計數填列。

「事業收入」項目，反應事業單位開展專業業務活動及其輔助活動取得的收入。本項目應當根據「事業收入」科目的本期發生額填列。

「上級補助收入」項目，反應事業單位從主管部門和上級單位取得的非財政補助收入。本項目應當根據「上級補助收入」科目的本期發生額填列。

「附屬單位上繳收入」項目，反應事業單位附屬獨立核算單位按照有關規定上繳的收入。本項目應當根據「附屬單位上繳收入」科目的本期發生額填列。

「其他收入」項目，反應事業單位除財政補助收入、事業收入、上級補助收入、附屬單位上繳收入、經營收入以外的其他收入。本項目應當根據「其他收入」科目的本期發生額填列。

「捐贈收入」項目，反應事業單位接受現金、存貨捐贈取得的收入。本項目應當根據「其他收入」科目所屬相關明細科目的本期發生額填列。

（6）「事業類支出」項目，反應事業單位本期事業支出（非財政補助支出）、上繳上級支出、對附屬單位補助支出、其他支出的合計數。本項目應當按照本表中「事業支出（非財政補助支出）」「上繳上級支出」「對附屬單位補助支出」「其他支出」項目金額的合計數填列。

「事業支出（非財政補助支出）」項目，反應事業單位使用財政補助以外的資金發生的各項事業支出。本項目應當根據「事業支出——非財政專項資金支出」「事業支出——其他資金支出」科目的本期發生額合計填列，或者根據「事業支出——基本支出（其他資金支出）」「事業支出——項目支出（非財政專項資金支出、其他資金支出）」科目的本期發生額合計填列。

「上繳上級支出」項目，反應事業單位按照財政部門和主管部門的規定上繳上級單位的支出。本項目應當根據「上繳上級支出」科目的本期發生額填列。

「對附屬單位補助支出」項目，反應事業單位用財政補助收入之外的收入對附屬單位補助發生的支出。本項目應當根據「對附屬單位補助支出」科目的本期發生額填列。

「其他支出」項目，反應事業單位除事業支出、上繳上級支出、對附屬單位補助支出、經營支出以外的其他支出。本項目應當根據「其他支出」科目的本期發生額填列。

（本期經營結余）

（7）「本期經營結余」項目，反應事業單位本期經營收支相抵后的余額。本項目應當按照本表中「經營收入」項目金額減去「經營支出」項目金額后的余額填列，如為負數，以「-」號填列。

（8）「經營收入」項目，反應事業單位在專業業務活動及其輔助活動之外開展非獨立核算經營活動取得的收入。本項目應當根據「經營收入」科目的本期發生額填列。

（9）「經營支出」項目，反應事業單位在專業業務活動及其輔助活動之外開展非獨立核算經營活動發生的支出。本項目應當根據「經營支出」科目的本期發生額填列。

（彌補以前年度虧損后的經營結餘）

（10）「彌補以前年度虧損后的經營結餘」項目，反應事業單位本年度實現的經營結餘扣除本年初未彌補經營虧損后的餘額。本項目應當根據「經營結餘」科目年末轉入「非財政補助結餘分配」科目前的餘額填列，如該年末餘額為借方餘額，以「－」號填列。

（本年非財政補助結轉結餘）

（11）「本年非財政補助結轉結餘」項目，反應事業單位本年除財政補助結轉結餘之外的結轉結餘金額。如本表中「彌補以前年度虧損后的經營結餘」項目為正數，本項目應當按照本表中「本期事業結轉結餘」「彌補以前年度虧損后的經營結餘」項目金額的合計數填列，如為負數，以「－」號填列。如本表中「彌補以前年度虧損后的經營結餘」項目為負數，本項目應當按照本表中「本期事業結轉結餘」項目金額填列，如為負數，以「－」號填列。

（12）「非財政補助結轉」項目，反應事業單位本年除財政補助收支外的各專項資金收入減去各專項資金支出后的餘額。本項目應當根據「非財政補助結轉」科目本年貸方發生額中專項資金收入轉入金額合計數減去本年借方發生額中專項資金支出轉入金額合計數后的餘額填列。

（本年非財政補助結餘）

（13）「本年非財政補助結餘」項目，反應事業單位本年除財政補助之外的其他結餘金額。本項目應當按照本表中「本年非財政補助結轉結餘」項目金額減去「非財政補助結轉」項目金額后的金額填列，如為負數，以「－」號填列。

（14）「應交企業所得稅」項目，反應事業單位按照稅法規定應繳納的企業所得稅金額。本項目應當根據「非財政補助結餘分配」科目的本年發生額分析填列。

（15）「提取專用基金」項目，反應事業單位本年按規定提取的專用基金金額。本項目應當根據「非財政補助結餘分配」科目的本年發生額分析填列。

（轉入事業基金）

（16）「轉入事業基金」項目，反應事業單位本年按規定轉入事業基金的非財政補助結餘資金。本項目應當按照本表中「本年非財政補助結餘」項目金額減去「應交企業所得稅」「提取專用基金」項目金額后的餘額填列，如為負數，以「－」號填列。

上述（10）～（16）項目，只有在編製年度收入支出表時才填列；編製月度收入支出表時，可以不設置此 7 個項目。

【例 18-2】A 事業單位 20×2 年有關收入、支出科目本年發生額如表 18-6 所示：

表 18-6　　　　　　　　　收入、支出科目發生額表

20×2 年　　　　　　　　　　　　　　　　　　　　　　單位：元

科目名稱	本年累計數	科目名稱	本年累計數
事業支出	15,000,000	財政補助收入	10,000,000
其中：財政補助支出	9,400,000	上級補助收入	1,824,000
非財政專項資金支出	280,000	事業收入	6,180,000
其他資金支出	5,320,000	附屬單位上繳收入	300,000

表18-6(續)

科目名稱	本年累計數	科目名稱	本年累計數
對附屬單位補助支出	1,512,000	經營收入	252,000
上繳上級支出	972,000	其他收入	144,000
經營支出	156,000	其中：捐贈收入	75,000
其他支出	60,000		
其中：非財政專項資金支出	13,000		
其他資金支出	47,000		
支出合計	17,700,000	收入合計	18,700,000

其他相關資料如下：

（1）A事業單位「非財政補助結轉」科目貸方發生額中專項資金收入轉入金額合計數為319,000元，本年借方發生額中專項資金支出轉入金額合計數為293,000元；20×1年度資產負債表中的經營結余期末借方余額為5,000元。

（2）A事業單位的經營結余適用稅率為25%，並按照30%的比例計提職工福利基金。

根據上述資料編製的A事業單位20×2年度收入支出表如表18-7所示：

表18-7　　　　　　　　　　收入支出表　　　　　　　　　會事業02表
編製單位：　　　　　　　　　　20×2年　　　　　　　　　　　單位：元

項目	本月數	本年累計數
一、本期財政補助結轉結餘	（略）	,600,000
財政補助收入		10,000,000
減：事業支出（財政補助支出）		9,400,000
二、本期事業結轉結餘		304,000
（一）事業類收入		8,448,000
1. 事業收入		6,180,000
2. 上級補助收入		1,824,000
3. 附屬單位上繳收入		300,000
4. 其他收入		144,000
其中：捐贈收入		75,000
減：（二）事業類支出		8,144,000
1. 事業支出（非財政補助支出）		5,600,000
2. 上繳上級支出		972,000
3. 對附屬單位補助支出		1,512,000
4. 其他支出		60,000
三、本期經營結餘		96,000
經營收入		252,000

表18-7(續)

項目	本月數	本年累計數
減：經營支出		156,000
四、彌補以前年度虧損后的經營結餘		91,000
五、本年非財政補助結轉結餘		395,000
減：非財政補助結轉		26,000
六、本年非財政補助結餘		369,000
減：應交企業所得稅		22,750
減：提取專用基金		110,700
七、轉入事業基金		235,550

主要項目的填列說明如下：
(1) 本期財政補助結轉結餘＝財政補助收入－事業支出（財政補助支出）
　　　　　　　　　　＝10,000,000－9,400,000＝600,000（元）
(2) 本期事業結轉結餘＝事業類收入－事業類支出
　　　　　　　　　＝8,448,000－8,144,000＝304,000（元）
(3) 本期經營結餘＝經營收入－經營支出＝252,000－156,000＝96,000（元）
(4) 彌補以前年度虧損后的經營結餘＝96,000－5,000＝91,000（元）
(5) 本年非財政補助結轉結餘＝304,000＋91,000＝395,000（元）
非財政補助結轉＝319,000－293,000＝26,000（元）
(6) 本年非財政補助結餘＝395,000－26,000＝369,000（元）
應交企業所得稅＝91,000×25%＝22,750（元）
提取專用基金＝369,000×30%＝110,700（元）
(7) 轉入事業基金＝369,000－22,750－110,700＝235,550（元）

三、財政補助收入支出表的內容及編製

(一) 財政補助收入支出表的概念及格式

財政補助收入支出表是指事業單位在某一會計年度財政補助收入、支出、結轉及結餘情況的報表，是事業單位的主要會計報表之一，屬於動態報表。事業單位有一定數額的資金來源於財政撥款，這部分資金的取得與使用應當符合部門預算管理的要求，因此按年編製財政補助收入支出表事業單位年終核算的重要工作。

通過財政補助收入支出表，可以提供事業單位某一會計期間財政補助收入、支出的規模及結構情況；可以提供事業單位某一會計期間財政補助結轉結餘的規模及結構情況。

(二) 財政補助收入支出表的內容及編製方法

完整的財政補助收入支出表由表首和正表構成。

表首應當填寫報表名稱、編製單位名稱、編號（會事業03表）、編製單位、編表時間和金額單位等內容。

正表由「本年數」和「上年數」兩欄組成。「本年數」一欄數據應根據相應帳戶

或報表的數額填列;「上年數」一欄數據應根據上年報表的「本年數」欄內數額填列。其具體格式如表 18-8 所示:

表 18-8　　　　　　　　　　財政補助收入支出表　　　　　　　　會事業 03 表
編製單位:　　　　　　　　　　　　年度　　　　　　　　　　　　　單位:元

項目	本年數	上年數
一、年初財政補助結轉結餘		
(一) 基本支出結轉		
1. 人員經費		
2. 日常公用經費		
(二) 項目支出結轉		
××項目		
(三) 項目支出結餘		
二、調整年初財政補助結轉結餘		
(一) 基本支出結轉		
1. 人員經費		
2. 日常公用經費		
(二) 項目支出結轉		
××項目		
(三) 項目支出結餘		
三、本年歸集調入財政補助結轉結餘		
(一) 基本支出結轉		
1. 人員經費		
2. 日常公用經費		
(二) 項目支出結轉		
××項目		
(三) 項目支出結餘		
四、本年上繳財政補助結轉結餘		
(一) 基本支出結轉		
1. 人員經費		
2. 日常公用經費		
(二) 項目支出結轉		
××項目		
(三) 項目支出結餘		
五、本年財政補助收入		
(一) 基本支出		
1. 人員經費		

表18-8(續)

項目	本年數	上年數
2. 日常公用經費		
(二) 項目支出		
××項目		
六、本年財政補助支出		
(一) 基本支出		
1. 人員經費		
2. 日常公用經費		
(二) 項目支出		
××項目		
七、年末財政補助結轉結餘		
(一) 基本支出結轉		
1. 人員經費		
2. 日常公用經費		
(二) 項目支出結轉		
××項目		
(三) 項目支出結餘		

財政補助收入支出表「本年數」欄各項目的內容和填列方法如下：

（1）「年初財政補助結轉結餘」項目及其所屬各明細項目，反應事業單位本年初財政補助結轉和結余餘額。各項目應當根據上年度財政補助收入支出表中「年末財政補助結轉結餘」項目及其所屬各明細項目「本年數」欄的數字填列。

（2）「調整年初財政補助結轉結餘」項目及其所屬各明細項目，反應事業單位因本年發生需要調整以前年度財政補助結轉結餘的事項，而對年初財政補助結轉結餘的調整金額。各項目應當根據「財政補助結轉」「財政補助結餘」科目及其所屬明細科目的本年發生額分析填列。如調整減少年初財政補助結轉結餘，以「－」號填列。

（3）「本年歸集調入財政補助結轉結餘」項目及其所屬各明細項目，反應事業單位本年度取得主管部門歸集調入的財政補助結轉結餘資金或額度金額。各項目應當根據「財政補助結轉」「財政補助結餘」科目及其所屬明細科目的本年發生額分析填列。

（4）「本年上繳財政補助結轉結餘」項目及其所屬各明細項目，反應事業單位本年度按規定實際上繳的財政補助結轉結餘資金或額度金額。各項目應當根據「財政補助結轉」「財政補助結餘」科目及其所屬明細科目的本年發生額分析填列。

（5）「本年財政補助收入」項目及其所屬各明細項目，反應事業單位本年度從同級財政部門取得的各類財政撥款金額。各項目應當根據「財政補助收入」科目及其所屬明細科目的本年發生額填列。

（6）「本年財政補助支出」項目及其所屬各明細項目，反應事業單位本年度發生的財政補助支出金額。各項目應當根據「事業支出」科目所屬明細科目本年發生額中的財政補助支出數填列。

(7)「年末財政補助結轉結餘」項目及其所屬各明細項目，反應事業單位截至本年末的財政補助結轉和結餘餘額。各項目應當根據「財政補助結轉」「財政補助結餘」科目及其所屬明細科目的年末餘額填列。

第三節　會計報表的審核、匯總與分析

一、事業單位會計報表的審核

(一) 會計報表審核的內容

事業單位會計報表編製完成後，為了保證會計報表的質量，維護財經紀律，需要對會計報表進行認真審核。具體審核內容主要包括：

(1) 審核編製範圍是否全面，是否有漏報和重複編報的現象。

(2) 審核編製方法是否符合財政部頒布的《事業單位會計制度》，是否符合事業單位會計決算報告的編製要求。

(3) 審核編製內容是否真實、完整、準確，審核單位會計帳簿與報表是否相符，金額單位是否正確，有無漏報、重報項目以及虛報和瞞報等弄虛作假現象。

(4) 審核報表中的相關數據是否銜接一致，包括報表之間的數據、分戶數據與匯總數據、報表數據與計算機錄入數據之間是否銜接一致。

(5) 將報表與上年數據資料進行核對，審核數據變動是否合理。

(二) 會計報表審核的方法與工作方式

事業單位會計報表審核的方法應採取人工審核與計算機審核相結合。

1. 人工審核

人工審核包括政策性審核與規範性審核。政策性審核主要側重於以現行財務制度和有關政策規定為依據，對重點指標進行審核；規範性審核主要側重於會計報告編製的正確性和真實性勾稽關係等方面的審核。

2. 計算機審核

計算機審核是利用軟件提供的數據審核功能，逐項審核報表的表內表間關係、檢查數據的邏輯性及數據的完整性。

事業單位會計報表審核的工作方式可根據實際情況採取本單位自行審核、上級部門集中會審和委託仲介機構審核等多種方式。

二、事業單位會計報表的匯總

事業單位會計報表經過審核後，主管會計單位應根據本級報表和審核後的所屬單位報表，編製匯總會計報表，並經逐級匯總，由主管部門上報財政部門。匯總會計報表的種類、內容、格式與各事業單位會計編製的報表相同。

主管會計單位編製的匯總報表主要是資產負債表、收入支出表和財政補助收入支出表。編製的一般程序如下：

(1) 主管會計單位應先編製本單位的資產負債表、收入支出表和財政補助收入支出表。

(2) 與經審核無誤的所屬單位的資產負債表、收入支出表和財政補助收入支出表匯總編製成本部門的匯總報表。

(3) 在匯編中，為了避免上下級重複計列收入和支出，應將上下級單位之間對應項目的數字予以沖銷。需要沖銷的項目是本單位的「對附屬單位補助支出」與所屬單位的「上級補助收入」；本單位的「附屬單位上繳收入」與所屬單位的「上繳上級支出」。其他項目的數字應將本單位報表與所屬單位報表中相同的項目數字相加後直接填列。

三、事業單位會計報表分析

事業單位會計報表分析又稱財務分析，是以會計報表及其他資料為依據，採用比較分析法和比率分析法等分析技術與方法，對事業單位的預算執行情況、資產使用情況物收入支出情況進行剖析與評價的過程。在編製會計決算報表後，事業單位應當對本年度財務活動進行分析，發現財務管理中存在的問題，分析問題產生的原因，總結經驗與教訓，撰寫財務分析報告。

(一) 財務分析的內容

事業單位財務分析的內容主要包括預算編製與執行情況、資產使用情況和收入支出情況等。

1. 預算編製與執行情況分析

主要分析事業單位實際收支與預算安排之間的差異及其差異產生的原因。預算執行情況的分析應著重預算支出執行情況的分析，可以通過編製「預算支出執行情況分析表」進行，分別列示預算支出各項目的上年實際數、本年預算數、本年實際數以及本年實際數占上年實際數的比重和占本年預算數的比重，並分析各項目本年實際數與預算數產生差異的原因。

2. 資產使用情況分析

主要分析事業單位的固定資產、無形資產、存貨等資產是否得到充分有效地使用，是否存在閒置浪費、丟失、毀損和非正常報廢的現象。通過將資產的數量與其產生的事業成果進行比較，考核事業單位資產的利用效率和利用效果。

3. 收入支出情況分析

主要分析事業單位各項收入、支出的變動及結構情況，考核收入尤其是支出的合理性。對於支出，要分析是否存在超標準開支、鋪張浪費現象，找出差距及原因。

(二) 財務分析的指標

根據《事業單位財務規則》的規定，事業單位的財務分析主要採用財務比率分析法，主要分析指標有以下幾方面：

1. 預算收入和支出完成率

這是衡量事業單位收入和支出總預算及分項預算完成程度的指標。計算公式為：

預算收入完成率＝年終執行數÷(年初預算數±年中預算調整數)×100%

其中，年終執行數是年度實際取得的預算收入數，不含上年結轉和結餘收入數；年初預算數是財政部門年初下達的預算收入數；年中預算調整數是預算執行過程中報經財政部門批准的預算收入調增或調減的數額。

預算支出完成率＝年終執行數÷(年初預算數±年中預算調整數)×100%

其中，年終執行數是年度實際發生的預算支出數，不含上年結轉和結余支出數；年初預算數是財政部門年初批准的預算支出控制數；年中預算調整數是預算執行過程中報經財政部門批准的預算支出調增或調減的數額。

2. 人員支出、公用支出占事業支出的比率

這是衡量事業單位事業支出結構的財務指標。計算公式為：

人員支出比率＝人員支出÷事業支出×100%

其中，人員支出是事業支出中人員經費支出的數額，根據部門決算報表中「事業支出」中「人員經費支出」的數額確定；事業支出是事業單位年度事業支出的總額，根據部門決算報表中「事業支出」的數額確定。

公用支出比率＝公用支出÷事業支出×100%

其中，公用支出是事業支出中日常公用經費支出的數額，根據部門決算報表中「事業支出」中「日常公用經費支出」的數額確定。

3. 人均基本支出

這是衡量事業單位按照實際在編人數平均的基本支出水平的財務指標。計算公式為：

人均基本支出＝(基本支出－離退休人員支出)÷實際在編人數

其中，基本支出是事業支出中用於完成日常工作任務而發生的支出，根據部門決算報表中「事業支出」中「基本支出」的數額確定；離退休人員支出是發放給離退休人員的離休費、退休費及其他方面的支出；實際在編人數是事業單位在編人數的平均數。

4. 資產負債率

這是衡量事業單位利用債權人提供資金開展業務活動的能力以及反應債權人提供資金的安全保障程度的財務指標。計算公式為：

資產負債率＝負債總額÷資產總額×100%

其中，資產總額是事業單位年末資產的數額，負債總額是事業單位年末負債的數額。這兩個指標可根據事業單位的資產負債表中的「資產總計」「負債總計」的數額確定。

此外，除了上述財務指標外，主管部門和事業單位可以根據本單位的業務特點增加財務分析指標，如事業收入增長率、經營收入增長率、固定資產利用率、流動比率等。

思考題

1. 什麼是事業單位會計報告？它主要包括哪些內容？
2. 事業單位有哪些主要會計報表？它們按照編製時間劃分為哪幾類？
3. 事業單位的會計報表附註和財務情況說明書包括哪些內容？
4. 事業單位的資產負債表、收入支出表和財政補助收入支出表的含義是什麼？
5. 事業單位財務分析指標主要包括哪些內容？
6. 如何對年度資產負債表和收入支出表進行匯總？

練習題

1. 資料：乙事業單位 20×2 年 11 月 30 日的資產負債表和 20×2 年 11 月的收入支出表如表 18-9 和表 18-10 所示。假設：該單位免繳納企業所得稅；本年度財政補助收入和支出無專項資金收支；以前年度未發生經營虧損。

表 18-9　　　　　　　　　　　　　　　資產負債表

編製單位：乙事業單位　　　　　　　20×2 年 11 月 30 日　　　　　　　　　單位：元

資產	期末餘額	年初餘額	負債和淨資產	期末餘額	年初餘額
流動資產：		(略)	流動負債：		(略)
貨幣資金	135,200		短期借款	80,000	
短期投資	11,500		應交稅費	4,000	
財政應返還額度			應繳國庫款		
應收票據	20,000		應繳財政專戶款		
應收帳款	30,000		應付職工薪酬	120,000	
預付帳款	10,000		應付票據		
其他應收款	13,000		應付帳款	120,000	
存貨	258,000		預收帳款		
其他流動資產			其他應付款	3,700	
流動資產合計	477,700		其他流動負債		
非流動資產：			流動負債合計	327,700	
長期投資	25,000		非流動負債：		
固定資產	110,000		長期借款	60,000	
固定資產原價	150,000		長期應付款		
減：累計折舊	40,000		非流動負債合計	60,000	
在建工程	230,000		負債合計	387,700	
無形資產			淨資產：		
無形資產原價			事業基金	40,000	
減：累計攤銷			非流動資產基金	365,000	
待處置資產損溢			專用基金	10,000	
非流動資產合計	365,000		財政補助結轉	10,000	
			財政補助結餘		
			非財政補助結轉	10,000	
			非財政補助結餘	20,000	
			1. 事業結餘	10,000	
			2. 經營結餘	10,000	
			淨資產合計	455,000	
資產總計	842,000		負債和淨資產總計	842,700	

表 18-10　　　　　　　　　　　　　收入支出表

編製單位：乙事業單位　　　　　　20×2 年 11 月　　　　　　　　　　　單位：元

項目	本月數	本年累計數
一、本期財政補助結轉結餘	（略）	10,000
財政補助收入		850,000
減：事業支出（財政補助支出）		840,000
二、本期事業結轉結餘		20,000
（一）事業類收入		450,000
1. 事業收入		250,000
2. 上級補助收入		100,000
3. 附屬單位上繳收入		80,000
4. 其他收入		20,000
其中：捐贈收入		
減：（二）事業類支出		430,000
1. 事業支出（非財政補助支出）		280,000
2. 上繳上級支出		30,000
3. 對附屬單位補助支出		50,000
4. 其他支出		70,000
三、本期經營結餘		10,000
經營收入		50,000
減：經營支出		40,000

2. 乙事業單位 12 月份發生如下經濟業務：

（1）通過銀行上繳上月稅費 4,000 元。

（2）收到授權支付額度 7,000 元，隨即開出支付令從零余額帳戶中支取 7,000 元購買復印紙一批。

（3）支付從事專業活動職工薪酬 120,000 元，實行財政直接支付。

（4）以銀行存款支付臨時工工資 50,000 元。

（5）收到非獨立核算經營活動銷售產品款項，發票上註明的貨款為 30,000 元，增值稅稅額為 5,100 元。款項已存入銀行。

（6）開展專業活動取得事業收入 60,000 元，款項已存入銀行。

（7）歸還到期的 1 年期銀行借款本息 63,600 元，其中本金 60,000 元，利息 3,600 元。

（8）計提本月從事專業活動人員薪酬 120,000 元，該薪酬將在下年年初由財政補助收入支付。

（9）年末盤點材料和固定資產，發現經營用 A 材料多出 10 千克，該類材料的市場價格為每千克 100 元；一臺電腦沒有入帳，該類電腦的市場價格為 12,000 元。

（10）12 月 31 日通過對帳確認本年度財政直接支付預算指標數為 100,000 元，當年財政直接支付實際數為 90,000 元；財政授權支付預算指標數為 20,000 元，財政部門

已下達到單位零余額帳戶的用款額度為 18,000 元，均為基本支出。

3. 要求：

（1）根據本年度 12 月發生的經濟業務編製會計分錄，並對涉及「事業支出」和「財政補助收入」科目的要求列出二級明細科目。

（2）結轉本年度 12 月份各類收支。

（3）本年度非財政補助結轉專項資金年末全部完成，剩余資金全部留歸本單位使用。編製結轉非財政補助結轉的會計分錄。

（4）結轉本年度事業結余和經營結余。

（5）根據有關規定，按結余的 30% 提取職工福利基金，並編製會計分錄。

（6）結轉本年度未分配非財政補助結余。

（7）編製 20×2 年度資產負債表和收入支出表。

國家圖書館出版品預行編目(CIP)資料

新編預算會計 / 羅紹德、鄔勵軍 主編. -- 第四版.
-- 臺北市：崧燁文化，2018.08

　面 ；　公分

ISBN 978-957-681-441-9(平裝)

1.政府會計 2.預算 3.中國

564.7　　　　107012351

書　　名：新編預算會計
作　　者：羅紹德、鄔勵軍 主編
發行人：黃振庭
出版者：崧燁文化事業有限公司
發行者：崧燁文化事業有限公司
E-mail：sonbookservice@gmail.com
粉絲頁　　　　　　網　　址：
地　　址：台北市中正區重慶南路一段六十一號八樓 815 室
8F.-815, No.61, Sec. 1, Chongqing S. Rd., Zhongzheng Dist., Taipei City 100, Taiwan (R.O.C.)
電　　話：(02)2370-3310　傳　真：(02) 2370-3210
總經銷：紅螞蟻圖書有限公司
地　　址：台北市內湖區舊宗路二段 121 巷 19 號
電　　話：02-2795-3656　傳真：02-2795-4100　網址：
印　　刷：京峯彩色印刷有限公司（京峰數位）

　　本書版權為西南財經大學出版社所有授權崧博出版事業股份有限公司獨家發行電子書繁體字版。若有其他相關權利需授權請與西南財經大學出版社聯繫，經本公司授權後方得行使相關權利。

定價：550 元
發行日期：2018 年 8 月第四版
◎ 本書以POD印製發行